21 世纪高职高专财经
21SHIJI GAOZHIGAOZHUAN CAIJING

U0680598

经济学基础
（第 3 版）

Jingjixue jichu

杨洁 喻文丹 ◎ 主编
邹津宁 崔细根 ◎ 副主编

人民邮电出版社
北　京

21SHIJI GAOZHIGAOZHUAN CAIJINGLEI GUIHUA JIAOCAI

图书在版编目（CIP）数据

经济学基础 / 杨洁，喻文丹主编. -- 3版. -- 北京：人民邮电出版社，2019.3（2021.8 重印）
21世纪高职高专财经类规划教材
ISBN 978-7-115-50208-7

Ⅰ. ①经… Ⅱ. ①杨… ②喻… Ⅲ. ①经济学－高等职业教育－教材 Ⅳ. ①F0

中国版本图书馆CIP数据核字(2018)第273958号

内 容 提 要

本书对经济学基本原理做了简要介绍，全书共分为 11 章，在内容体系上可分为导论、微观篇和宏观篇三部分。在导论（第一章）的基础上，微观篇的内容主要包括需求与供给、消费者行为理论、生产者行为理论、市场理论、分配理论、市场失灵与政府干预；宏观篇的内容主要包括国民收入核算、国民收入决定、失业与通货膨胀、经济周期与经济增长以及宏观经济政策。

本书正文内有大量二维码链接的视频或文字案例、思考讨论性题目和知识拓展性内容等，章后设有本章小结、关键概念、习题和拓展阅读推荐。为鼓励读者在学习中将理论与实际相结合，特在习题中强化了课外实践性题目；拓展阅读推荐则供学有余力的读者进一步学习参考。

本书配有电子教案、教学大纲、电子课件、习题答案、文字和视频案例、模拟试卷等资料，下载方式见"配套资料索取示意图"，或通过 QQ（602983359）向编辑咨询。

本书是高职高专财经类专业经济学基础课程的教材，也可作为成人教育、网络教育相关专业经济学基础课程的教材或自学经济学读者的入门读物。

◆ 主　　编　杨　洁　喻文丹
　　副 主 编　邹津宁　崔细根
　　责任编辑　万国清
　　责任印制　焦志炜

◆ 人民邮电出版社出版发行　　北京市丰台区成寿寺路 11 号
　　邮编　100164　电子邮件　315@ptpress.com.cn
　　网址　http://www.ptpress.com.cn
　　山东华立印务有限公司印刷

◆ 开本：787×1092　1/16
　　印张：17　　　　　　　　　　　2019 年 3 月第 3 版
　　字数：411 千字　　　　　　　　2021 年 8 月山东第 5 次印刷

定价：49.80 元

读者服务热线：(010)81055256　印装质量热线：(010)81055316
反盗版热线：(010)81055315
广告经营许可证：京东市监广登字 20170147 号

第 3 版前言

经济学理论可以运用到生活中的方方面面，学习经济学理论有助于读者正确认识身边的经济现象，解读经济信息与经济政策，更加理性地参与经济活动。

本书第 1 版、第 2 版出版至今，获得了许多读者的认可和厚爱。本书在第 3 版的编写过程中，试图在以下几个方面做出更多改进。

（1）更新教材案例，尽可能采用近 3 年的新闻事件和热点案例，并运用经济学原理进行分析。

（2）突出学习重难点。为便于学生把握学习内容的不同层次要求，每章开篇在学习要点中指出了相应的学习重点和学习难点。

（3）添加专业词汇的英文名称和关键概念总结。鉴于经济学公式中用到大量的专业词汇英文简写，更重要的是财经新闻中也经常提到，为加强读者识记，特在书内增加了关键专业词汇的英文名称及缩写。为便于学生把握学习的重难点，每章后设"关键概念"栏目，总结各章的重点概念。

（4）丰富教学形式。为方便学生学习和教师课堂教学，本书围绕经济学的核心内容，采用文字和图示并重的方式进行编写，辅助性内容调整成"知识拓展""探索与思考""生活中的实例""名人有约"等小模块。完善思考讨论、课外实践题目，使之更具有可操作性，鼓励学生课上讨论、课下实践。

（5）落实"互联网+"的智慧学习理念，以二维码的形式链接网络学习资源，包括视频案例、新闻和文章等。读者使用手机等终端扫描书中的二维码，即可观看视频或阅读相关资料。

（6）丰富了课后习题。为增强课堂理论的学习效果，本书在第 2 版的基础上补充了更多的习题，题型包括单选题、多选题、判断题、实训题和扩展性题目。对习题做出了较多调整，这主要是因为习题可以及时检查学习效果，同时还可起到鼓励读者将经济学理论知识与真实生活中的经济现象相结合的作用。

（7）完善了教材配套资料。本书将继续补充、完善原有的教学资料，多媒体教学课件、电子教案、教学大纲、文字或视频案例、模拟试卷等配套资料将持续更新。这些资料的索取方式参见"配套资料索取示意图"。

（8）为鼓励学有余力的读者多学多看，章后添加了"扩展阅读推荐"，其中所推荐的网站栏目或图书均为精心挑选，推荐的图书大多是经典或畅销的经济学课外读物。

本书适合 36～72 学时的高职高专经济学课程教学。以 72 学时为例，各章的学时分配可参考下表。

章	内容	学时数	章	内容	学时数	章	内容	学时数
第一章	经济学概述	2	第五章	市场理论	12	第九章	国民收入决定	6
第二章	需求与供给	4	第六章	分配理论	4	第十章	当代宏观经济问题	8
第三章	消费者行为理论	8	第七章	市场失灵与政府干预	4	第十一章	宏观经济政策	6
第四章	生产者行为理论	10	第八章	国民收入核算	8	总　计		72

本书由杨洁（陕西省委党校）、喻文丹（长沙师范学院）担任主编，邹津宁（长沙师范学院）、崔细根（人民邮电出版社）担任副主编。杨洁负责制订大纲、设计样章、修改初稿并编写第一章和第二章，邹津宁编写第三章，崔细根负责修订第四章和第五章，喻文丹编写第六章到第十一章并负责全书的统稿。

本书在编写过程中，参考了诸多国内外经济学教材，在此对有关作者表示感谢。由于编者时间和水平有限，错误和疏漏之处在所难免，书中不妥之处敬请广大读者和专家同行批评指正。编者邮箱为 yu_wendan@163.com。

编　者
2018 年 12 月

第 1 版前言

现代市场经济条件下，进行经济管理和决策，从事经济理论研究，都必须以扎实的经济学知识为基础。

本书借鉴国内外经济学教材的写作特点和思路，采用案例导入教学，围绕现实生活中的经济现象展开基本理论的叙述，突出实践性、实用性及职业教育的特色。通过穿插示例、补充说明、探索与思考等小模块，使本书形式活泼生动，内容通俗易懂，可读性强。

本书具有如下特色。

（1）坚持能力本位，强化学生理论知识，注重学生参与、师生互动。本书围绕培养应用型人才的教育目标，构建了以学习目标、案例导入、实例链接、补充说明、本章小结、思考与练习为内容的复合型教材，在思考与练习中设有课堂实训、课外实践和课后作业三个环节，力求做到深入浅出，培养学生实践和创新的能力。

（2）结合高职高专的教学特色，按照"理论够用为度，知识注重实用"的原则，本书坚持以专业知识为基础，在不影响教材的逻辑性和内容的一贯性的前提下舍弃过难过繁、不适于高职教育的内容，尽量做到浅显易懂，贴近经济生活。

（3）重视运用图、表、例进行分析说明，避免繁杂的计算和模型推导过程，对必要的计算进行了有针对性的命题演示，以帮助学生理解。

本书由杨洁提出编写的基本思路和框架，并制订了写作大纲。具体撰稿人分工：杨洁编写第一章、第四章、第五章、第九章和第十二章；顾振强编写第二章；陈心宇、顾振强编写第三章；史耀雄编写第六章、第七章；张宏编写第八章；方欣编写第十章；张倩编写第十一章。初稿完成后，由杨洁总纂、修改和定稿。

本书提供电子教案、电子课件、习题答案，索取方式参见正文末页。

在本书的编写过程中，借鉴和吸收了国内外专家学者的研究成果，参考了大量相关领域的文献，顾振强编写了部分课后习题并从事了大量的校对工作，在此一并表示诚挚的谢意。

由于编者水平有限，错误和疏漏之处在所难免，敬请广大读者和专家同行批评指正。

编　者
2010 年 4 月

目　　录

第一章

经济学概述

【学习要点】

◆学习重点

经济学的概念、经济学研究的基本问题、微观经济学与宏观经济学、分析方法（均衡分析、边际分析、静态分析、比较静态分析和动态分析）

◆学习难点

分析方法（均衡分析、边际分析）

【导入案例】

生活中的经济学问题

同学们在平时的生活和未来生活中会遇到下面这些问题吗？

大学毕业后去找工作还是继续深造？

如果找工作，选择哪个行业好呢？

工作后，挣的工资你准备花多少钱（消费）、留多少钱（储蓄）？留下的钱是存进银行还是买股票？有了点积蓄后，你是先买车还是先买房？

或许有一天你有了一家自己的公司，或者成为企业高级管理者，你准备生产什么产品？卖什么样的价格？在什么媒体上做广告？招收什么样的人员？提拔谁当你的助手？

工作后，为什么你辛辛苦苦也就过上还算富裕的生活，而歌星一晚上的出场费就抵得上你若干年的收入？

为什么汽车、电子产品长期处于降价趋势，而猪肉价格三年忽高两年忽低地来回波动？

为什么 2008 年之后多国政府都执行货币宽松政策？为什么之后又转为货币紧缩政策？为什么有时候政府上调利率而有时候又下调利率？

......

案例分析：这些躲不开的问题，它的答案全都隐藏在我们将要学习的经济学里面。仅学习本书（课程）也许不会使读者成为经济学家，大部分读者也没有必要像经济学家一样做深入的研究，但是，我们要学会"像经济学家一样思考"，像经济学家一样思考可以让你变得更加理性！

人类从事经济活动的历史源远流长，在试图解决生存与发展的困扰中形成了众多较成熟的经济思想；系统研究经济活动并形成学科体系的经济学虽仅有 200 多年的历史，但如今它已成为分支众多的一门学科。

经济学基础为起源于西方的微观经济学和宏观经济学，一般合称西方经济学。本书因篇幅所限，仅介绍微观经济学和宏观经济学的基础知识，不对其他经济学分支做更多的介绍。

第一节　经济学的三个基础问题

经济学大师保罗·A. 萨缪尔森指出，在人的一生中，从摇篮到坟墓，我们都会碰到无数的经济学真理。既然避不开，那我们就来看看经济学是什么，在研究什么问题。本节从西方经济学角度简单解释经济学的三个基础问题。

一、稀缺性

1. 欲望

欲望是人们为了满足生理或心理上的需要而产生的渴望。简言之，欲望是一种缺乏的感受与求得满足的愿望，即"求之不得"的感受。美国心理学家马斯洛认为，人的欲望是有层次的，当一个较低层次的欲望得到满足或部分地得到满足时，就会产生更高层次的欲望。

> **知识拓展**
>
> 美国著名心理学家亚伯拉罕·马斯洛（1908—1970）在《动机与人格》一书中把人的需要（欲望）分为五个层次：①生理的需要。这是人类维持自身生存最基本的需要，包括衣、食、住、行等方面的生理需要。如果这些需要得不到满足，人类的生存就成了问题。从这个意义上讲，生理需要是推动人们行动的最强大的动力。②安全的需要。这是人类要求得到保障自身安全、摆脱失业和丧失财产威胁等方面的需要。这种欲望实际上是生理需要的延伸。③归属和情感的需要。这一层次的需要包括人们希望得到友爱和归属的需要，这种欲望产生于人的社会性。④尊重的需要，即人们希望受到别人的尊重、信赖和高度评价的需要。⑤自我实现的需要。这是最高层次的需要，它指实现个人理想、抱负，将个人能力发挥到最大程度，完成与自己能力相称的一切事情的需要。马斯洛需要的层次如图 1.1 所示。

图 1.1　马斯洛需要的层次

人的欲望是无穷的，欲望的实现需要借助一定的物品。满足人们欲望的物品分为两类：自由取用的物品（非经济物品或免费物品）和经济物品（需要花钱购买的物品）。

自由取用的物品是指人类无须做出努力或付出任何代价便可随意得到的物品，如阳光、空气和水等。面对人类无限的欲望，用来满足人类需要的自由取用的物品将越来越少。比如水，在 200 年前是自由取用的，而在今天，水已成为最为稀缺的资源之一。

经济物品是指人类必须付出一定代价或花费一定数量的金钱才能得到的物品。人类欲望的满足主要依赖于消费各种经济物品，经济物品在数量上常常是稀缺的。

2. 稀缺性

稀缺性来自资源的有限性和欲望的无限性的矛盾。人的欲望是无限的，而用来满足人的欲望的资源又是有限的，这种矛盾就反映为资源的稀缺性。

（1）资源的稀缺性具有绝对性。稀缺性是人类社会永恒的问题，资源稀缺的绝对性存在于人类社会的各个时期和人们生存的所有区域。从历史上来看，稀缺性存在于人类社会的所有时期。从世界各地来看，稀缺性存在于所有人类活动的区域。现实生活中的每个人都面临着稀缺性的问题，只不过稀缺的内容各自不同而已。

（2）资源的稀缺性具有相对性。资源稀缺的相对性是指相对于人类无限的欲望而言，再多的资源也是稀缺的。

著名经济学家曼昆曾这样描述"稀缺性"：社会提供给你的东西总是少于你想要拥有的。正是普遍存在的资源稀缺性与人类需要的无限性之间的矛盾，决定了经济学的研究对象是稀缺资源的配置和利用问题。

> **探索与思考**
>
> 你能找出生活中不稀缺的资源吗？你认为当今社会中最稀缺的是什么？

> **知识点滴**
>
> 俗话说"鱼与熊掌不可得兼"，在选择的过程中，人们为了得到某种东西，必须先学会放弃另外的东西。

> **生活中的实例**
>
> **二孩，生还是不生？**
>
> 中国已全面放开"二孩"政策，然而调查结果显示，半数以上受访家庭没有生育二孩的意愿。过低的生育率持续改变着中国的人口结构，未来的中国社会老龄化将日趋严重。为什么家庭二孩生育意愿这么低呢？请扫码观看视频后以小组为单位从资源稀缺性的角度进行探讨。

二、经济学的定义

"经济"一词来源于希腊语，意为"管理一个家庭的人"。在中国古汉语中，"经济"一词是"经邦"和"济民""经国"和"济世"，以及"经世济民"等词的综合和简化，含有"治国平天下"的意思，内容不仅包括国家如何理财、如何管理其他各种经济活动，而且包括国家如何处理政治、法律、教育、军事等方面的问题。

西方经济学家对经济学的概念有多种定义。例如，经济学是研究国民财富的科学；经济学是研究生产关系的科学；经济学是研究如何把日子过得更好的科学；经济学是研究"快乐与痛苦"的微积分；经济学是研究如何"尽我们所有的，做我们最好的"……如此种种，从不同角度给出了经济学要研究的对象和内容。

目前，西方学者比较认同的经济学定义为：经济学是研究人和社会如何进行选择，来使用可以有其他用途的稀缺的资源，以便生产各种商品，并在现在或将来把商品分配给社会的各个成员或集团以供消费之用的科学（保罗·A. 萨缪尔森）。即，经济学是研究稀缺资源在可供选择的用途中进行有效配置和合理利用的科学。

> **探索与思考**
>
> 你能说出稀缺性和经济学的关系吗？

 **名人有约**

保罗·A.萨缪尔森（1915—2009），1935年毕业于芝加哥大学，随后获得哈佛大学的硕士学位和博士学位，并一直在麻省理工学院任经济学教授。他发展了数理和动态经济理论，将经济科学提高到新的水平。他是当代凯恩斯主义的集大成者，是当今世界经济学界的巨匠之一。他所研究的内容十分广泛，涉及经济学的各个领域，是世界上罕见的多能学者。

读者可查看百度百科或其他网络百科"保罗·A.萨缪尔森"词条了解更多情况。本书涉及的其他人物或名词均可通过此方法查看更详细的介绍。

萨缪尔森首次将数学分析方法引入经济学，帮助在经济困境中上台的肯尼迪政府制定了著名的"肯尼迪减税方案"，并且写出了一部流传颇广、被数百万大学生奉为经典的教科书——《经济学》。该书的英文版出版后，先后被翻译成日、德、意、匈、葡、俄等多种文字出版，曾有报道说其销售量已达1000多万册，成为许多国家和地区制定经济政策的理论根据。保罗·A.萨缪尔森于1947年成为约翰·贝茨·克拉克奖的首位获得者，并于1970年获得诺贝尔经济学奖。

 **知识拓展**

为什么要学习经济学？

经济学家张维迎曾在《市场经济导报》2000年第2期发表一篇文章《为什么要学习经济学》，该文列出了学习经济学的四条理由：首先，学习经济学有助于你做出更好的决策；其次，学习经济学有助于你理解你生活于其间的世界是如何运转的；再次，学习经济学有助于你理解政府政策的优与劣；最后，学习经济学可以改进你的思考方式。或许你并不想成为一名经济学家，但即使如此，你仍然应该学点经济学。

《为什么要学习经济学》

三、经济学研究的基本问题

从经济学的定义中我们看到，经济学从"稀缺性"出发，研究两大类基本问题：一是资源配置问题，二是资源利用问题。

1. 资源配置问题

经济学是为解决稀缺性问题而产生的；因此，经济学所研究的对象是由稀缺性而引起的选择问题，即资源配置问题。资源的配置问题又包含了以下三个子问题。

第一，生产什么和生产多少。产品生产出来是为了满足人们的某种需要，不同的产品满足不同的需要，不同数量的产品满足不同程度的需要。因为资源是稀缺的，而人们的需要又是多种多样的，所以把既定的资源用来生产何种产品，或者用多少资源来生产某种产品组合，都是经济决策者要进行的必要选择。

第二，如何生产。也就是用什么方式组织生产。一般而言，一种产品的生产可以采取多种不同的方法，一个经济社会满足其成员需要的方式有很多，因此，这需要做出恰当的选择，力求用尽可能少的资源消耗获得尽可能大的需要满足。

第三，为谁生产。也就是生产出来的产品如何分配。有限的资源给谁使用，为满足谁的需要而使用，这涉及的是产品的分配问题。任何社会的生产都是周而复始的再生产过程，产品在社会成员间的分配将影响生产要素的流向和配置。一般情况下，优质的劳动、资本、土地总会流向效率较高的部门。为了合理配置各种生产要素，人们就必须研究社会产品如何分配的问题。

> **知识点滴**
>
> 在既定资源的条件下，尽量采用效率较高的方法，尽可能高效率地利用现有资源，生产出尽可能多的产品，就是最佳的选择。

2. **资源利用问题**

在现实的经济社会中，劳动者失业、生产设备和自然资源闲置是经常存在的状态，这说明一方面资源是稀缺的，另一方面稀缺的资源还得不到充分利用。这就给经济学提出了另一个问题，即要进一步研究造成这种状况的原因是什么，用什么办法来改进这种状况，也即稀缺经济资源的充分利用问题。资源利用问题也包含三个子问题。

第一，如何实现充分就业。研究为什么资源得不到充分利用，如何能使稀缺的资源得到充分利用，如何使社会既定资源能实现效用最大化而没有资源闲置和浪费。

第二，如何实现经济增长。在资源既定的条件下，一个国家的生产能力不能始终保持最大，有时高有时低，这表现为一个国家经济的周期性波动。研究资源的充分利用，就是要考虑如何用既定的资源生产出更多的产品，从而实现经济增长。这就是一般所说的"经济周期和经济增长"问题。

第三，如何保持物价稳定。现代社会以货币为交换媒介，物价的变动会影响经济运行和增长。物价水平过低，会导致资源利用不足、失业增加，这就是通货紧缩问题；物价水平过高，则可能导致资源利用过度，形成通货膨胀问题。因此，经济学研究资源的充分利用，就必然涉及货币购买力的问题，即如何保持物价的稳定。

> **知识拓展**
>
> 当前世界上解决资源配置和资源利用问题的经济体制有两种基本形式。
>
> 一是市场经济体制，即通过市场上价格的调节来决定生产什么和生产多少、如何生产与为谁生产，资源的优化配置可充分利用价格的调节和刺激来实现。
>
> 二是计划经济体制，即通过中央行政命令来决定生产和分配问题，资源的优化配置和充分利用都依靠中央计划来实现。
>
> 在现实生活中，许多国家的经济体制都是市场经济体制和计划经济体制不同程度的混合体，但一般总要以一种经济体制为主，另一种经济体制为辅。
>
> 总体而言，市场经济体制要比计划经济体制效率高，更有利于经济发展。

第二节　经济学的主要内容

西方经济学被分为微观经济学和宏观经济学两个分支。微观经济学研究家庭和企业如何做出决策，以及它们在某个市场上的相互交易；宏观经济学研究整体经济现象，如通货膨胀、失业、经济周期性波动等。现实中，微观经济学和宏观经济学是密切联系的，不考虑微观经济主体的决策就无法理解宏观经济问题。尽管微观经济学与宏观经济学之间存在固有的关系，但这两个领域仍然是不同的，所以它们有时采用不同的分析方法。

一、微观经济学

微观经济学的英文为"Microeconomics"，"Micro"的原意是"小"。微观经济学又称个量经济学，是以单个经济单位为研究对象，其着眼于分析单个生产者、单个消费者的经济行为及单个市场的变化规律，核心是说明价格机制是如何解决社会的资源配置问题的。

1. 对微观经济学概念的理解

理解微观经济学的概念时，要注意以下几点。

（1）微观经济学的研究对象是单个经济单位的经济行为。单个经济单位是指组成经济的最基本单位——厂商和居民户。厂商又称企业，是经济活动中的生产者；居民户又称家庭，是经济活动中的消费者。在微观经济学的研究中，假设居民户经济行为的目标是效用最大化，厂商经济行为的目标是实现利润最大化。

知识拓展

> 对于单个居民户来说，在生产要素市场上提供要素以取得收入，然后在商品市场上购买最佳的商品数量，在消费中获得最大的满足，居民户消费行为的目标是满足程度最大化。对于单个厂商来说，在要素市场上购买所需的生产要素，在生产过程中以最佳的要素组合和最佳的产量组合进行生产，通过产品的出售以获得最大的利润，也就是说，厂商的目标是利润最大化。

（2）微观经济学解决的是资源配置问题。资源配置就是根据现有的资源和人们的需要，决定生产的种类和数量，并寻找合适的分配方式。资源配置的核心是要使生产要素配置达到最优化。如果每个经济单位都实现了要素效率最大化，整个社会资源的配置效率也就实现了最大化，这将给社会带来最大的经济福利。

（3）微观经济学的中心理论是价格理论。在市场经济条件下，居民户和厂商的行为都要受价格调节机制的作用。生产什么、如何生产和为谁生产，都由价格机制决定。价格机制如同"一只看不见的手"，调节着整个社会的经济活动。通过价格机制的调节，社会资源的配置实现最优化。微观经济学的内容相当丰富，主要包括均衡价格理论、消费者行为理论、生产者行为理论、市场理论、分配理论、市场失灵与微观经济政策。价格理论是微观经济学的核心，其他内容都是围绕这一中心问题展开的。

生活中的实例

"猪周期"有望告别？

2016年，猪肉价格一路走高。按照以往的"猪周期"规律，生猪存栏量应该会出现明显增长。

2016 年年底，中央电视台记者在调查采访中发现，近一年多的时间里，尽管猪肉价格在上涨，但生猪的存栏量却大幅降低。这是为什么呢？推荐观看 2016 年 12 月 18 日央视财经频道《经济信息联播》片段，分析"看不见的手"对生猪价格的价格调节机理。

（4）微观经济学的研究方法是个量分析。个量分析是研究经济变量的单项数值是如何确定的。微观经济学中所涉及的变量，如某种产品的产量、价格、需求量，某企业的成本、收益等，均属于个量。微观经济学通过分析这类个量的确定、变动与相互关系，来说明价格机制是如何实现社会资源的合理配置的。

名人有约

阿尔弗雷德·马歇尔（1842—1924），19 世纪末 20 世纪初英国乃至世界最著名的经济学家。1842 年，马歇尔出生于英国伦敦一个朴实的中产阶级家庭，从小接受他那极为严厉的、期望他能成为一个牧师的父亲的教育。但他背叛了父亲的意愿，去剑桥大学圣约翰学院学习数学并获得学士学位，被选为圣约翰学院教学研究员。1890 年，马歇尔发表了《经济学原理》，该著作是对古典经济学体系的颠覆，构成了现代经济学的基础。由此，马歇尔被称为微观经济学的创始人。

2. 微观经济学的基本假设

经济学的研究总是以一定的假设条件为前提的。就微观经济学而言，其基本的假设条件如下。

（1）完全理性。完全理性指居民户和厂商都是理性的经济人，其行为动力是自己的利益，行为目标是利益最大化。在这一假设条件下，价格调节资源优化配置才是可能的。"经济人"又称"理性经济人"，这种假设最早由英国经济学家亚当·斯密提出，他认为人的行为动机起源于经济诱因，因为每个人都要争取最大的经济利益，工作就是为了取得经济报酬。"理性经济人"就是在一定约束条件下总希望实现自己的效用最大化的人。

生活中的实例

房产怎么给子女最划算？

把房产给子女不是件简单的事情。房产给子女的主要方式分为继承、赠予和买卖三种。哪种方式更好呢？不同地区、不同时期、不同的具体情况下，答案并不相同。理性经济人会选择哪种方式呢？推荐通过扫描二维码观看视频进行学习。

（2）完全信息。完全信息是指居民户和厂商可以免费而迅速地获得全部市场信息，并可借助对自己有用的信息做出理性的经济决策的情况。在市场经济条件下，只有信息是完全的，居民户和厂商才能及时对价格信号做出反应，资源才能得到最优配置，居民户和厂商才能实现其利益的最大化。

（3）市场出清。市场出清是指市场供求相等，即没有商品短缺或供过于求的情况。市场出清是供求相等的均衡状态。在理想的状态下，价格机制可以自发实现市场出清。市场出清假设可以使复杂的动态研究转化为静态分析。

3. 微观经济学研究的基本内容

微观经济学研究的基本内容包括以下方面。

（1）均衡价格理论。该理论主要研究在市场机制下需求、供给和价格是如何决定的，以及价格如何调节整个经济的运行。

（2）消费者行为理论。该理论从欲望与效用入手，研究消费者如何把自己有限的收入分配于各种物品的消费，以实现效用最大化。

（3）生产者行为理论。该理论从生产要素与生产函数、短期成本与长期成本分析入手，研究生产者如何把自己有限的资源用于各种物品的生产以实现利润最大化。这一部分包括生产要素与产量关系的研究、成本与收益关系的研究。

（4）市场理论。该理论从市场结构入手，重点研究在完全竞争、垄断竞争、寡头垄断和完全垄断四种市场条件下的厂商行为及其均衡分析。

（5）分配理论。该理论从生产要素的需求与供给入手，研究产品按什么原则分配给社会成员，即工资、利息、地租和利润的性质、形成机制及其在经济中的作用。

（6）市场失灵与微观经济政策。该理论研究市场失灵的四种类型及其产生的原因，以及政府干预解决市场失灵的方法。

二、宏观经济学

宏观经济学以总体国民经济为对象，研究如何充分利用社会资源、国民收入总量均衡、就业、通货膨胀和经济增长等问题，通过分析经济中各有关总量的确定及其变化，说明资源如何才能得到充分利用。

🧑 名人有约

约翰·梅纳德·凯恩斯（1883—1946），英国著名经济学家，他创立的宏观经济学与弗洛伊德所创的精神分析法和爱因斯坦发现的相对论一起被并称为20世纪人类知识界的三大革命。1936年，凯恩斯的经典著作《就业、利息和货币通论》出版，这是他最有影响力的代表作，也是20世纪最伟大的经济学著作，西方宏观经济学由此得以建立。

他指出，资本主义无法依靠市场自发调节来消除经济危机，充分就业的均衡状态是很难达到的。他将自己的理论称为"通论"。他提出了系统的就业理论和与新古典经济理论完全不同的国家干预经济的政策主张，因此被称为"凯恩斯革命"。凯恩斯经济思想符合当时西方国家干预经济、消除经济危机的需要，因此在西方迅速传播。此后西方经济学的发展，都直接或间接地受到凯恩斯经济理论和分析方法的影响。

1. 对宏观经济学概念的理解

理解宏观经济学概念时，请注意以下几点。

（1）宏观经济学的研究对象是整个国民经济。宏观经济学研究的不是经济中的各个单位，而是由这些单位组成的整体以及有关的经济总量，即研究整个国民经济的运行方式与规律，从总体上分析经济问题。

（2）宏观经济学解决的问题是资源利用问题。宏观经济学以资源实现配置作为既定的条件，研究现有资源未能得到充分利用的原因、达到充分利用的途径以及如何实现增长等问题。

（3）宏观经济学的中心理论是国民收入决定理论。宏观经济学把国民收入作为最基本的总量，以国民收入决定理论为基础来研究资源利用问题，分析整个国民经济的运行，内容相当广泛，包括国民收入核算理论、国民收入决定理论、失业与通货膨胀理论、经济周期与经济增长理论，以及宏观经济政策理论等。其中，国民收入决定理论被称为宏观经济学的核心。

（4）宏观经济学的研究方法是总量分析。总量是指能反映整个经济运行情况的经济变量。总量分析就是分析这些总体经济变量的确定、变动及其相互关系，并由此说明经济的运行状况和决定经济政策。

2. 宏观经济学的基本假设

宏观经济学问题的研究，基于以下假设。

（1）市场机制是不完善的。市场经济条件下的各国经济在繁荣与萧条的交替中发展。经济危机的一次次发生，打破了资本主义自由市场经济的完美神话，使人们对自发调节的市场机制产生了怀疑。尤其是 20 世纪 30 年代的世界经济大危机，使经济学家认识到，要让社会资源得到充分利用，仅靠市场机制是不够的，如果只依靠市场机制的自发调节，是无法克服经济危机的。

> **知识点滴**
>
> 宏观经济学所涉及的总量有很多，主要包括国内生产总值、总投资、总消费、价格水平、增长率、利率、国际收支、汇率、货币供给量和货币需求量等。

（2）政府有能力调节经济。市场机制的不完善主要表现为外部性、公共物品垄断、信息不完全等市场失灵现象。解决市场失灵问题，必须依靠政府的力量。通过研究，认识经济运行的规律，政府可以采取恰当的手段对宏观经济进行调节。20 世纪 30 年代资本主义世界经济大危机中的"罗斯福新政"，成功地说明了政府调节经济的重要性和必要性。

3. 宏观经济学的基本内容

宏观经济学的基本内容包括以下几个方面。

（1）国民收入核算理论。国民收入是衡量一国经济资源利用情况和整个国民经济状况的基本指标。国民收入核算理论主要研究国民收入的基本总量及其相互关系、国民收入核算的主要方法，说明国民收入核算中的恒等关系。

（2）国民收入决定理论。这是宏观经济学的核心。国民收入决定理论就是从总需求和总供给的角度出发，分析国民收入的决定因素及其变动规律。

（3）失业与通货膨胀理论。失业与通货膨胀是各国经济中最主要的问题。宏观经济学把失业与通货膨胀和国民收入联系起来考察，分析其原因和相互关系，以及找出解决这两个问题的途径。

（4）经济周期与经济增长理论。经济周期是指国民收入的短期波动，经济增长是国民收入的长期增加趋势。这一理论主要分析国民收入短期波动的原因、长期增长的源泉等，以及实现经济增长的调节问题。

（5）宏观经济政策理论。宏观经济政策是国家干预经济的具体措施，宏观经济政策理论主要研究宏观调控的基本工具、政策目标和政策效果等。

三、微观经济学与宏观经济学的联系

微观经济学与宏观经济学各有其研究的内容和相应的分析工具，这两者作为一门学科理论体系的两大组成部分，又是密切联系的。

（1）微观经济学与宏观经济学是互相补充的。经济学的目的是要实现社会福利的最大化，为了实现这一目的，既要实现资源的最优配置，又要实现资源的充分利用。微观经济学是在既定社会资源已实现充分利用的前提下，分析如何达到资源最优配置的问题；宏观经济学是在假定资源已实现最优配置的前提下，分析如何实现社会资源充分利用的问题。它们从不同的角度分析社会经济问题，共同组成经济学的基本原理。

（2）微观经济学是宏观经济学的基础。整体经济是单个经济单位的总和，宏观经济行为的分析总是要以一定的微观经济分析为理论基础的。例如，失业理论与通货膨胀理论又涉及劳动的供求与工资的决定等微观经济理论。

（3）微观经济学和宏观经济学既有区别又有联系。微观经济学和宏观经济学使用的分析方法，除个量分析和总量分析的区别外，基本是相同的，如二者都使用模型法、静态分析法和动态分析法；在进行数量分析时都采用边际分析法，都把制度作为既定前提来分析资源的配置与利用问题。

📖 知识拓展

经济学的产生和发展经历了重商主义、古典经济学、新古典经济学和当代经济学四个阶段。

重商主义始于 15 世纪，止于 17 世纪中期。这一时期是西方经济学的萌芽时期，此时并没有形成一个完整的经济学体系。

古典经济学从 17 世纪中期开始，到 19 世纪 70 年代结束，主要代表人物有英国经济学家亚当·斯密、大卫·李嘉图等。亚当·斯密的代表作是 1776 年出版的《国民财富的性质和原因的研究》（简称《国富论》），被视为经济学史上的第一次革命，标志着现代经济学的产生。古典经济学的政策主张是自由放任，主张通过价格这只"看不见的手"来调节经济的运行。

新古典经济学从 19 世纪 70 年代的"边际革命"开始，到 20 世纪 30 年代结束，这一时期是微观经济学的形成和发展时期。这一阶段，经济学的中心思想仍然是自由放任，是古典经济学的延伸。但是它用新的方法论述了自由放任这一阶段思想，并建立了说明价格是如何调节经济的微观经济学体系，因而被称作新古典经济学。

当代经济学是以 20 世纪 30 年代凯恩斯主义的出现为标志的。这一时期是宏观经济学的形成与发展时期。凯恩斯在《就业、利息和货币通论》一书中提出了国家干预经济的主张，史称"凯恩斯革命"。这一阶段包括凯恩斯革命时期、凯恩斯主义发展时期和自由放任思想复兴时期。

第三节 经济学的基本分析方法

经济学家在研究经济问题时采用了一套独特的方法、工具和概念，建立了反映市场经济规律的理论。学习经济学就是学会像经济学家一样思考，学会分析经济问题的方法。经济学的研究方法有多种，本节简单介绍最主要的几种。

一、实证分析与规范分析

1. 实证分析

实证分析排斥一切价值判断，只研究经济本身的内在规律，并根据这些规律分析和预测人们经济行为的后果。实证分析通常回答"是什么"的问题，用实证方法分析经济问题被称为实证经济学。运用实证方法研究经济问题，是从对经济现象的观察出发得出经验性结论，然后通过进一步观察检验这些结论并发展或修改这些结论。实证分析是所有实证科学（物理学、生物学等自然科学）均遵循的方法。

> **📖 生活中的实例**
>
> **经济学家用什么方法分析经济问题？**
>
> 在中国，随着经济的持续发展，汽车进入家庭是社会所面临的一个选择问题。经济学家认为，这个问题实际上包含两方面的内容：一是汽车能否进入家庭；二是汽车是否应该进入家庭。这两个方面的内容在经济学上适用两种不同的分析方法。
>
> 汽车能否进入中国家庭，涉及全国居民对汽车的需求量、汽车的价格变动、消费者收入水平等方面。作为消费者，我们关注的是个人的收入水平能否支持汽车的购买和后期的维护、保养等费用问题，而经济学家分析这个问题则要比我们复杂得多。首先，经济学家要通过分析得出在收入达到什么水平以及汽车价格为多少时汽车才可以进入家庭。分析这个问题时，经济学家用到的是实证分析法。其次，汽车是否应该大规模进入家庭涉及人们的价值判断，即汽车进入家庭是好事还是坏事。对此，不同的经济学家看法不同，得出的结论也完全不同。经济学家以某种价值判断为基础分析这一问题时，他们用的是规范分析法。

在上面的案例中，研究汽车能否进入家庭这一问题时，可以先假设其他影响汽车需求量的因素（如政府政策、汽油价格、汽车价格等）不变，分析汽车需求量和收入水平之间的关系，得出在收入为多少时汽车可以大量进入家庭，最后根据不同收入水平下汽车实际销售量的数据来检验所得出的假说。如果这个假说是正确的，就成为理论；如果不正确，就要进行修改。用实证方法进行研究时，可以建立汽车需求量与收入水平的经济模型。

2. 规范分析

规范分析以一定的价值判断为基础，提出分析处理经济问题的标准，并研究如何才能符合这些标准。规范分析通常回答"应该是什么"的问题，用规范方法分析经济问题被称为规范经济学。运用规范方法研究经济问题，必然要判断经济事物的好坏，从一定的价值判断出发来分析问题，因此会涉及是非善恶、应该与否、合理与否的问题。很显然，人们的立场观点、伦理道德标准不同，对同一经济事物会有完全不同的看法，因此，规范分析所得出的结论可能是千差万别的。

例如，在上面的案例中，汽车是否应该进入家庭这一问题涉及人们的价值判断，汽车进入家庭究竟是一件好事还是一件坏事，不同的人看法不同，并不能客观地检验其结论。

探索与思考

"富人的税率比穷人高"和"富人的税率应该比穷人高吗"两个句子，哪个是实证分析，哪个是规范分析？

二、均衡分析

均衡是从物理学中"借来"的概念。在物理学中，均衡是表示同一物体同时受到几个方向不同的外力作用合力为 0 时，该物体所处的静止或匀速运动的稳定状态。英国经济学家马歇尔把这一概念引入经济学，主要是指经济中各种对立的、变动着的力量处于一种力量相当、相对静止、不再变动的境界。均衡一旦形成，如果有另外的力量使它离开原来的均衡位置，就会有其他力量使它恢复到均衡。

均衡分析就是在假定经济体系中的经济变量既定的情况下，考察经济体系达到均衡时所出现的情况以及实现均衡所需要的条件。

均衡分析是经济学常用的一种方法，可分为局部均衡分析和一般均衡分析。

1. 局部均衡分析

局部均衡分析是仅就经济体系的某一部分加以考察和研究，以分析经济事物均衡的出现和均衡与不均衡的交替过程，而假定其他部分对所观察的部分没有影响。局部均衡分析在分析一种商品的价格决定时，总是假定"其他条件不变"。这种分析方法由马歇尔首创，其主要针对单个市场分析。

2. 一般均衡分析

一般均衡分析是就整个经济体系加以观察和分析，以探讨整个经济总体达到均衡的过程，又称全部均衡分析。一般均衡分析是关于整个经济体系的价格和产量结构的一种研究方法，是一种全面的分析方法。一般均衡分析在分析商品价格的决定时，不仅要考虑其本身的供给与需求情况，而且还要考虑其他商品的价格及供求情况。一般均衡分析方法由瓦尔拉斯首创，用于多个市场的均衡分析。

三、边际分析

边际分析是经济学经常用来预测或评价决策后果的一种基本方法，被认为是了解和掌握经济理论的钥匙，是数量分析的一种。边际的含义本身是因变量关于自变量的变化率，或者说自变量变化一个单位时因变量的改变量。边际分析是以各种经济变量存在函数关系为前提的，这种方法实际上是用来确定适度的变量界限的最好方法。边际分析在微观经济学中被广泛使用，如在效用分析、收入分析、成本分析以及其他理论分析中，都可以使用边际分析法，由此也产生了一系列极为重要的边际概念和边际法则，例如边际效用、边际收益、边际成本、边际利润、边际产量、边际生产力、边际效用递减规律和边际收益递减规律等。

生活中的实例

假如你开客车从北京到济南，客车已满，当我们考虑是否让额外的乘客以 190 元/人的票价上车时，实际上我们应该考虑的是边际成本和边际收益的关系。边际成本是再增加一名乘客（相当于自变量）所增加的成本（因变量）。增加这一名乘客，所需增加的汽车折旧费、汽油消耗、工作人员工资和过路费等都是极低的，所增加的成本绝大多数是发给这个乘客的食物和饮料。假设上述所有成本合计为 50 元，则边际成本就是 50 元。边际收益是增加一名乘客（自变量）所增加的收入（因变量），即 190 元。在根据边际分析法做出决策时，就是要对比边际成本与边际收益。现在边际收益（190元）大于边际成本（50 元），即增加这一名乘客所需增加的收入大于所增加的成本。因此，在不考虑超载等问题的情况下，让这名乘客上车就是合适的；反之，就是亏损的，是非理性决策。

四、静态分析、比较静态分析和动态分析

静态分析是分析经济现象的均衡状态以及有关的经济变量达到均衡状态所必须具备的条件。这种分析方法完全忽略了时间因素和变量变化达到均衡状态的过程，注重经济变量对经济体系影响的最终结果。犹如观察一张不动的照片，仅就这个不动的画面进行分析。这是一种静止地、孤立地分析经济问题的方法。

比较静态分析是就经济现象一次变动的前后，以及两个或两个以上的均衡位置进行分析研究，并把新旧均衡状态加以比较，完全抛开了对转变期间和变动过程本身的分析，是只对一个个变动过程的起点和终点进行对比分析。犹如观察几张不同时点的照片，对其进行起点和终点的对比研究。

动态分析是分析经济现象在时间推移中变动过程的状态和关系，说明某一时点上经济变量的变动如何影响下一时点上该经济变量的变动，以及这种变动对整个均衡状态变动的影响。这种分析方法把经济现象的变化当作一个连续不断的过程看待，探讨经济事物从均衡到非均衡而又达到均衡的交替发生过程。犹如观察一系列连续移动的照片，来分析各张照片的变动、衔接，像电影图像的出现过程一样，也就如同一个视频。

小结：静态分析犹如研究一张照片的全部信息（某个时点），比较静态分析犹如对比研究两张照片的信息（两个时点），动态分析犹如研究一个视频里的全部信息（一段连续时间）。

五、经济模型

经济模型是用来描述与所研究的经济现象有关的经济变量之间依存关系的理论结构。简单来说，就是把经济理论用变量的函数关系来表示。一个经济模型是指论述某一经济问题的一个理论，它可用文字说明（叙述法），也可用数学方程式表达（代数法），还可用几何图形表达（几何法）。

模型分析是一种抽象分析方法，所有的模型都是通过去掉一些不必要的部分而使问题简单化。也就是说，模型以简单的方式展示所提出问题的重要方面。但是，当使用模型这一重要的经济工具时，必须注意到由于模型过于简单，可能会偏离现实的社会经济和政治实际的情况。

知识拓展

怎样学习经济学

经济学在我们的生活中无处不在，既有趣又有用，但是也具有抽象性，学习过程中容易让大家感到"为难"。然而，把握了正确的学习方法，就能事半功倍。

（1）做生活的有心人。日常生活中留心经济学相关话题，带着好奇学习总是能让人印象深刻。

（2）课前要预习。课前预习不要一目十行、走马观花，而是要把看不懂、有困难的地方画上问号，带着问号进课堂，听听老师怎么说，看看你的疑惑老师是怎么迎刃而解的。

（3）课上勤思考。课堂学习是整个学习经济学的精华所在，不光要认真听、做好笔记，更要开动脑筋主动思考，积极且及时地向老师提出你听课过程中的疑问。

（4）课下多交流。每课一次小结，每章一次总结，总结归纳课上知识，加强学习效果，对疑问之处可以和小伙伴多交流、多探讨，并记录下来以备不时之需。

（5）多做题、多练习。光听不练假把式。一定要把课上学到的理论知识用起来，做练习题就是对基本技巧和技能的训练。每章后面的"边学边练"不论教师布置与否，都应认真完成。

（6）学以致用。本书中"探索与思考""生活中的实例""知识拓展"都是将理论与现实结合起来的内容，应予以关注；平时多听多看新闻、多与家人朋友探讨经济话题，发挥所学；遇到人生重大决策亦可用经济学指引自己，比如"机会成本""信息不对称"等都是很好的经济学思维。

本 章 小 结

经济学是人类社会经济发展到一定阶段的产物，其发展经历了重商主义、古典经济学、新古典经济学和当代经济学四个阶段。经济学产生于稀缺性，是研究稀缺资源在各种可供选择的用途中进行有效配置和合理利用以使人类的欲望得到最大满足的一门科学。经济学的研究对象是资源的稀缺性以及由此产生的选择问题。经济学要解决的基本问题是由资源的稀缺性引发的生产什么、怎样生产和为谁生产等。

经济学的主要内容包括微观经济学和宏观经济学两个部分。微观经济学主要运用个量分析法，着眼于分析单个经济单位如厂商或消费者的经济行为，以及单个市场的经济现象等；宏观经济学主要运用总量分析法，以整个国民经济为考察对象，研究经济中各有关总量的确定及其变动，以解决失业、通货膨胀、经济周期性波动与经济增长等总体经济问题。

实证分析和规范分析是研究西方经济学的主要方法。实证分析是描述经济现象"是什么"以及社会经济问题实际上是如何解决的。规范分析则是研究经济活动"应该是什么"以及社会经济问题应该怎样解决的。此外，经济学的研究方法还包括均衡分析、边际分析、静态分析、比较静态分析和动态分析、经济模型等。

关 键 概 念

稀缺性、经济学、微观经济学、宏观经济学、实证分析、规范分析、边际分析、均衡、均衡分析、局部均衡分析、一般均衡分析、静态分析、比较静态分析、动态分析。

边 学 边 练

一、单项选择题

1. 经济学研究的是（　　　）。
   A. 如何实现稀缺资源的有效配置问题　　B. 企业如何赚钱的问题
   C. 用数学方法建立理论模型　　　　　　D. 政府如何管制的问题

2. 人们在进行决策时必须做出某种选择，这是因为（　　　）。
   A. 选择会导致短缺
   B. 人是自私的，所做出的选择会实现自身利益的最大化
   C. 人们在决策时面临的资源是有限的
   D. 个人对市场的影响是微不足道的

3. 下列（　　　）属于规范经济学研究范畴。
   A. 电冰箱在夏季热销的原因分析　　　　B. 政府如何改变收入分配不均的现象
   C. 对中国经济进入新常态的研究　　　　D. 失业人员的再就业问题研究

4. 由市场配置资源意味着（　　　）。
   A. 所有的人都会得到他想要的东西
   B. 资源的配置是由市场规则（机制）实现的
   C. 政府能够决定谁获得多少消费品
   D. 要得到急需的物品你只能"走后门"

5. 下列（　　　）符合经济学中有关经济人的假设。
   A. 东北人都是活雷锋　　　　　　　　　B. 个人利益服从集体利益
   C. 三十亩地一头牛，老婆孩子热炕头　　D. 如果可能，我会买下全世界的黄金

6. 微观经济学和宏观经济学的区别在于（　　　）。
   A. 微观经济学研究个体经济行为，宏观经济学研究总体经济现象
   B. 微观经济学研究厂商行为，宏观经济学研究政府行为
   C. 微观经济学研究产品市场，宏观经济学研究失业问题
   D. 微观经济学研究范围狭小，宏观经济学研究涉猎广泛

7. 下列命题中，（　　　）属于规范分析范畴。
   A. 去年某型号计算机的价格是 5500 元/台
   B. 收入分配中有太多的不平等
   C. 我国城乡居民恩格尔系数呈下降趋势

D．通货膨胀率上升

8．资源的稀缺程度可用（　　）来衡量。

　　A．资源质量　　　B．资源数量　　　　　C．人们的欲望　　　　D．市场价格

9．微观经济学的核心理论是（　　）。

　　A．价格理论　　　B．效用理论　　　　　C．市场理论　　　　　D．生产理论

10．宏观经济学的核心理论是（　　）。

　　A．经济增长理论　　　　　　　　　　　B．国民收入决定理论

　　C．失业理论　　　　　　　　　　　　　D．国民收入核算理论

二、多项选择题

1．下列属于微观经济学研究内容的是（　　）。

　　A．价格理论　　　B．生产者行为　　　　C．消费者行为　　　　D．失业与通货膨胀

　　E．市场理论　　　F．分配理论　　　　　G．国民收入的决定

2．下列属于宏观经济学研究内容的是（　　）。

　　A．市场理论　　　　　　　　　　　　　B．经济增长与经济周期

　　C．国民收入核算　　　　　　　　　　　D．失业与通货膨胀

　　E．国民收入的决定　　　　　　　　　　F．宏观经济政策

　　G．市场失灵与政府规制

3．微观经济学的基本问题有（　　）。

　　A．国民收入的决定　　　　　　　　　　B．生产什么

　　C．为谁生产　　　　　　　　　　　　　D．怎样生产

4．下列属于微观经济学的假设前提的是（　　）。

　　A．完全理性　　　　　　　　　　　　　B．市场机制是不完善的

　　C．市场出清　　　　　　　　　　　　　D．完全信息

5．下列属于宏观经济学假设前提的是（　　）。

　　A．市场出清　　　　　　　　　　　　　B．政府有能力调节经济

　　C．政府有必要调节经济　　　　　　　　D．市场机制是不完善的

6．经济学的产生和发展经历了（　　）时期。

　　A．重商主义　　　B．古典经济学　　　　C．新古典经济学　　　D．当代经济学

7．经济学的基本分析方法有（　　）法。

　　A．实证分析　　　B．均衡分析　　　　　C．边际分析　　　　　D．经济模型

8．关于经济学，下列说法正确的有（　　）。

　　A．没有稀缺性，就没有经济学　　　　　B．是研究如何配置和利用稀缺资源的科学

　　C．经济学能解决资源稀缺的问题　　　　D．研究人和社会如何进行选择

9．属于宏观经济学研究范畴的问题有（　　）。

　　A．如何实现充分就业　　　　　　　　　B．如何实现经济增长

　　C．如何保持物价稳定　　　　　　　　　D．如何实现自由市场

10．（　　）是微观经济学研究的基本内容。

　　A．均衡价格　　　B．消费者行为　　　　C．生产者行为　　　D．市场理论

三、判断题

1. 资源的稀缺性是由于人们的欲望存在无限性特征。　　　　　　　（　　）
2. 实证分析和规范分析对经济问题研究的结论是一样的。　　　　　（　　）
3. 微观经济学的核心理论是需求与供给理论。　　　　　　　　　　（　　）
4. 经济学研究的基本问题是为什么生产、怎样生产。　　　　　　　（　　）
5. 经济人假设意味着每一个人在任何场合下都是自私自利的。　　　（　　）
6. 汽车可以自由买卖，因此是自由取用的物品。　　　　　　　　　（　　）
7. 《就业、利息和货币通论》标志着宏观经济学理论体系的诞生。　（　　）
8. "看不见的手"是亚当·斯密在《国富论》中提出来的。　　　　　（　　）
9. 资源的有限性和用途的多样性是配置资源的前提条件。　　　　　（　　）
10. 价格理论是微观经济学的核心，国民收入决定理论是宏观经济学的核心。（　　）

四、简答题

1. 请简要介绍微观经济学的基本研究内容。
2. 经济学的基本问题是什么？
3. 如何区分实证分析与规范分析？

五、思考讨论题

1. 某地一造纸厂排出的污水污染了周围的农田，造成农产品减产。请分别用实证分析方法和规范分析方法对其进行分析。

2. 现在很多都市都流行"拼车"。对"拼车"这一方式，人们见仁见智。赞成者认为，拼车是一种精明消费，花很少的钱享受到了方便快捷，更有利于社会资源的节约，以及环境污染及交通拥挤问题的缓解。反对者认为，它会损害合法车辆经营者的利益，同时也不利于国家税收。

思考讨论：

（1）拼车是在什么条件下产生的？拼车的人出于什么样的目的参与其中？
（2）参与拼车对拼车人的生活水平会有什么样的影响？

扩展阅读推荐

学习经济学应充分利用丰富的互联网资源和我们的移动客户端，随时随地阅读更丰富、更"新鲜"的经济学思想。到哪里去学习呢？在此推荐几个网站供读者参考。

（1）经管之家（原中国人民大学经济论坛），可以"经管之家"为关键词搜索后登录。
（2）经济金融网，北京大学汇丰商学院主办，可以"经济金融网"为关键词搜索后登录。
（3）"经济学人·商论"APP（应用程序）。
（4）喜马拉雅 APP 上的"用经济学看懂世界"等相关栏目、爱奇艺 APP 上的"吴晓波频道"等。

第二章

需求与供给

【学习要点】

◆学习重点

需求的定义与表达、需求量的变动与需求的变动、供给与供给的表达、供给量的变动与供给的变动、均衡的形成、需求价格弹性、供给弹性

◆学习难点

需求量的变动与需求的变动、供给量的变动与供给的变动、需求价格弹性、供给弹性、需求弹性理论的应用

【导入案例】

西山橘子滞销　果农心急如焚

据名城新闻网 2012 年 10 月 25 日讯（记者王鹏）　金秋十月，西山的橘子熟透了，眼看又是丰收的一年，可是最近很多果农都非常着急，因为看着满眼的橘子，就是卖不掉。

记者："观众朋友，我现在在西山的一处果园，从这里到半山腰上栽满了橘子树，而这些黄澄澄的橘子更是给整座山增添了一分亮色。可让人不解的是，这熟透了的橘子却挂在枝头无人问津。"

果农老吴："有人来收卖掉一点，没人来收就放在家里，没有办法了。"

老吴说，去年像这样的橘子早就被摘光卖掉了。而记者一打听，西山不少果农都面临着相同的问题。

果农金师傅："像年轻人，能挑着担子，到城市里面去，大街小巷，肩挑叫卖。"

果农老吴："以往卖给山东人，做罐头嘛不是，他们肯收的。现在没有人来买嘛，就完蛋了。"

橘子卖不出去，大家只能降价贱卖。像老吴家的这种橘子，去年每斤最贵卖到八毛五，今年平均只有四毛五一斤。记者了解到，西山的橘子往年绝大部分是批发销往外地，少部分留在本地销售，那么，为何今年突然少了很多外地的批发商呢？

果农："听说今年浙江那边橘子是大年，以前发洪水那边树淹死了，现在那边种了一批又投产了。"

西山农林服务中心张海如："一是外地橘子冲击比较大一些，二是小商小贩到我们这里少一点。可能是成本，比如说汽油涨价，他的运输成本也会比较高一点。"

农技人员表示，目前西山的橘子大都已成熟，但只卖出 1/3 都不到。针对这样的情况，农

林部门表示会采取措施，积极帮助果农推销橘子。

西山农林服务中心张海如："准备跟一些合作社、一些大的企业和一些老板进行协商沟通，一起想想办法，把我们西山的传统高质量的好品种卖出去。"

案例思考：西山的橘子为什么会滞销？应该怎么办？

要解答西山的橘子为什么会滞销的问题，首先需要学习经济学的需求与供给理论。

第一节　需求理论

一、需求的定义与表达

（一）需求的定义

需求是指消费者在某一特定时期内，在每一价格水平下愿意并且能够购买的某种商品的数量。

这就说明，要形成"需求"，需要同时具备两个必要条件：第一，消费者购买的主观意愿，也就是说消费者要有购买的欲望；第二，消费者的客观能力，光有购买欲望没有足够的支付能力不能算作需求。因此，需求是购买欲望和支付能力的统一，两者缺一不可。

此外，需求的大小是与相应的价格水平相联系的。需求是与一定价格相应的人们愿意并且有能力购买的数量。在其他条件不变的情况下，一种商品的价格发生变动，会使人们愿意购买的数量发生变动。

（二）需求的表达形式

1. 需求表

需求可以用"表格"的形式来表达，需求表是一张表示在其他条件不变的情况下，某种商品的各种价格和与这些价格相对应的需求量的数字表格。

我们可以用一个例子来表述"需求"这个概念。在某年第一季度某地市场上，当鸡蛋的价格为 3.5 元/kg 时，市场需求量为 200kg；当价格为 3.6 元/kg 时，市场需求量为 190kg；当价格为 3.7 元/kg 时，市场需求量为 170kg；当价格为 3.8 元/kg 时，市场需求量为 165kg；当价格为 3.9 元/kg 时，市场需求量为 160kg 等。根据这些价格和数量，我们可以做出表 2.1。

表 2.1　鸡蛋的需求表

	价格（元/kg）	需求量（kg）
a	3.5	200
b	3.6	190
c	3.7	170
d	3.8	165
e	3.9	160

2. 需求曲线

需求也可以用"图形"的形式来表达。需求曲线是表明在其他条件不变的情况下，商品价格与需求量关系的曲线。当我们把需求表中的数据在坐标系中描述出来时，就得到了该商品的需求曲线。图 2.1 是根据表 2.1 中鸡蛋的价格与市场需求量的数据绘制的一条鸡蛋需求曲线。需求曲线纵轴表示鸡蛋的价格（P），横轴表示鸡蛋的需求量（Q）。

从图 2.1 中可以看出，需求曲线是向右下方倾斜的，其斜率为负值，这说明价格与需求量之

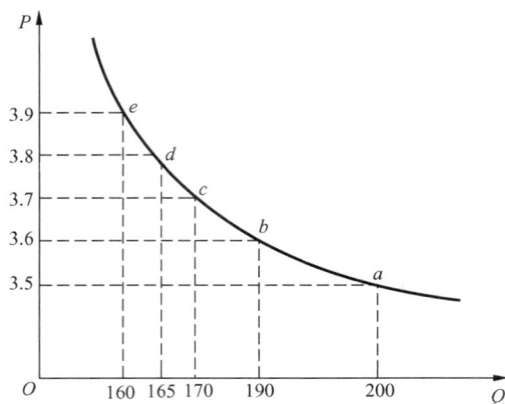

图2.1 鸡蛋的需求曲线

间存在着反方向变化的关系。

3. 需求函数

需求函数表示在其他条件不变的情况下，一种商品的需求数量和影响该需求数量的各种因素之间的相互关系。若以 Q_d 代表消费者在一定时期内对某种商品的需求量，P 代表商品的价格，I 代表消费者的收入，P_r 代表相关商品的价格，T 代表消费者的偏好，E 代表消费者的预期等影响需求的各种因素，那么需求函数可以表示为

$$Q_d = f(P, I, P_r, T, E, \cdots) \qquad (2.1)$$

考虑到所有影响因素的全部均衡分析比较复杂，为简化起见，我们通常假设影响需求变化的其他因素不变，只研究商品本身的价格和需求数量之间的关系，因此，需求函数可以简化为

$$Q_d = f(P) \qquad (2.2)$$

此式表明某种商品的需求 Q_d 是其价格 P 的函数，后面的章节中会用到公式（2.2）。

二、影响需求的因素

在需求函数中，我们已经提到影响需求的因素有许多种，下面来具体分析一下。

（1）商品本身的价格。商品本身的价格是影响商品需求的最主要、最灵敏的因素。一般情况下，一种商品的价格越高，消费者对它的需求量就越小；反之，价格越低，消费者对它的需求量就越大。因此，商品的需求量和价格呈负相关性。

（2）相关商品的价格。各种商品之间存在着不同的关系，如果一种商品本身的价格保持不变，而和它相关的其他商品的价格发生了变化，则这种商品本身的需求也会发生变化。相关商品之间一般有两种关系：一种是替代关系，另一种是互补关系。替代商品是指两种商品可以互相代替来满足同一需求欲望的关系。例如，可乐和芬达、牛肉和羊肉等就是这种替代关系。两种替代商品之间价格与需求呈同方向变动。互补商品是指两种商品共同满足一种欲望，它们之间是相互补充的。

探索与思考

猪肉的替代商品有哪些？当猪肉涨价时，其替代品的需求会发生怎样的变化呢？

例如，汽车和汽油、电脑和软件等就是这种互补关系。两种互补商品之间价格与需求呈反方向变动。

（3）消费者的收入水平。一般来说，在其他条件不变的情况下，消费者的收入越高对商品的需求量就越多；反之，则对商品的需求量越少。例如，收入增加提高了消费者对小汽车、名牌服装的需求；富裕的国家或家庭几乎对一切物品如汽车、家电、住宅等的需求都高于贫困国家或家庭。但是，有些商品，当消费者的收入增加时需求量反而减

知识点滴

示范效应：消费行为不但受到收入水平的影响，而且受那些收入与其相近的人的消费行为的影响。通常，当消费者看到这些人因收入水平或消费习惯的变化而购买高档消费品时，尽管自己的收入没有变化，也可能仿效他人扩大自己的消费开支。

少。例如，消费者的收入增加，对火车普通硬座的需求就会逐渐减少。经济学上，把随着消费者收入增加需求量相应增加的商品称为正常品；把随着消费者收入增加需求量反而减少的商品称为低档品。

（4）消费者的个人偏好。消费者的偏好是指消费者对商品的喜好程度，而这一程度取决于消费者对商品的主观心理评价。当消费者对某种商品的偏好程度增强时，对该商品的需求数量就会增加；当偏好程度减弱时，对该商品的需求数量就会减少。消费者的偏好事实上是一种主观心理评价，它会受到周围示范效应、广告宣传以及风俗、时尚等因素的影响。

生活中的实例

消费者对颜色的偏好，你知道吗？

据搜狐网 2017 年 2 月 13 日文章（元典商学院）　除了工作之外，我们每天接触最多的产品就是手机。观察一下你会发现，各类手机品牌商生产的手机颜色基本以黑色、白色为主；如果经常去快餐店吃饭，你可以看到大多数店铺的装饰以红色为主……其实这并不是巧合，任何产品外观颜色的选择都是经过分析研究的。

不同色彩会使顾客产生不同的心理状态和感觉。例如，红色会给人以兴奋、快乐的感受，令人产生温暖、喜庆的联想；蓝色会给人以宁静、理智的感受，使人产生对万里晴空、碧波海洋的联想；黄色会给人一种阳光、活力、明亮的心理感受；白色能够使人联想到纯洁、神圣、品质优良。

色彩营销，就是要在了解和分析消费者心理的基础上，给产品本身、产品包装、环境设置、店面装饰等配以恰当的色彩，使商品高情感化，成为与消费者沟通的桥梁，实现"人心—色彩—商品"的统一，将商品的思想传达给消费者，提高营销的效率，并减少营销成本。

营销中有个理论叫"7 秒定律"，即消费者会在 7 秒内决定是否购买商品。有很多消费者根据第一印象做出购买选择，而色彩是第一印象中的首要关键因素。商品留给消费者的第一印象可能引发消费者对商品的兴趣，使消费者希望在功能、质量等其他方面对商品有进一步的了解。如果企业对商品的视觉设计敷衍了事，则失去的不仅仅是一分关注，更将失去一次商机。通过合适的色彩营销，可以给企业带来巨大的经济价值。国际流行色协会的调查结果表明，在不增加成本的基础上，通过改变颜色可以给产品带来 10%～25% 的附加值，为企业和商家带来更多的利润。

比如，雀巢咖啡曾经做过一个有趣的试验，把同样的咖啡分装在绿色、红色和白色的杯子中让消费者品尝，得到的结果是大多数消费者认为红色杯中的咖啡味道最棒，而绿色杯中的咖啡感觉偏酸，白色杯中的咖啡则感觉偏淡。于是雀巢选择了将红色作为包装设计的主要色彩，结果一推出即在市场上大受欢迎。

苹果公司经典的白色 iPod 播放器，既是设计的胜利，也是色彩的胜利。白色意味着极度简约，而 iPod 就胜在简约。

一直致力于研究"蓝海战略"的 LG 电子，就因为善用消费的"7 秒定律"而获益。通体纯黑、一触即红的"巧克力"手机——这也许是中国时尚男女 2006 年展示个性的最好标志物。而在一项手机网络调查中，绝大多数消费者表示，他们一眼就被"巧克力"的红黑色彩所吸引。

无论是品牌、产品，还是企业外观，都离不开各种颜色，所以企业可以结合颜色对消费者心理的影响和企业定位，选择最合适的颜色，让消费者第一眼看到企业产品时便选择它。

（5）人口数量与结构的变动。人口数量的增加会使需求数量增加，人口数量的减少会使需求数量减少。人口结构的变动主要影响需求的构成，从而影响某些商品的需求。

（6）政府的宏观经济政策。如果政府采取某些扩张性的经济政策，如增加财政支出、减免购物税和降低利息率等，市场上对商品的需求量就会增加。反之，如果政府采取某些紧缩的经济政策，如削减财政支出、增加购物税和提高利息率等，市场上对商品的需求量就会减少。

（7）消费者对未来的预期。消费者对未来的预期会影响其现在对物品与劳务的需求。例如，当消费者预期一种商品的价格在未来会上涨或供给会减少时，就会增加对该商品的现期需求量。相反，当消费者预期该商品的价格在未来会下降或供给会增加时，就会减少对该商品的现期需求量。这就是人们常说的"买涨杀跌"。

以上只是影响商品需求的主要因素，其他因素还有很多，比如广告规模、历史传统、风俗习惯、市场饱和程度、时间、地点、天气以及政策法规等。上述这些因素中，我们通常把除去第一条"商品本身的价格"之外的其他因素统称为"除商品本身价格之外的其他影响因素"。

三、需求定理

1. 需求定理

从需求表和需求曲线可以看出，在其他条件不变的情况下，某种商品的需求量与其价格是呈反方向变动的，这种现象被称为需求定理，即需求量随着商品本身价格的上升而减少，随商品本身价格的下降而增加。

值得注意的是，如果大雨连天，雨伞的价格上升，但其需求量也会随之增加。从现象来看，这显然是违背需求定理的。那么，需求定理错了吗？不是，因为我们没有考虑"其他条件"。雨伞的需求量增加，不是因为其价格上升，而是因为连天大雨。需求定理的前提条件是：价格为因，需求为果。

生活中的实例

七夕到：鲜花畅销，价格暴涨

宁波电视台新闻

七夕是中国的"情人节"。鲜花是人们表达爱意与情感的一种常用工具。每逢此节，玫瑰、百合等鲜花的销售便异常火爆，价格暴涨。请观看视频后试着思考七夕鲜花价格暴涨背后的经济学原理是什么。

2. 需求定理的例外

需求定理是经过大量经验材料的检验和证明，并建立在一定的经济理论基础之上的，适用于大多数商品。但是，需求定理也有如下的例外。

（1）炫耀性商品。炫耀性商品是用来显示消费者地位和身份的商品，如珠宝、文物、名画、名车和名表等。这类商品只有在高价时才有炫耀作用，因此，其价格越高，越能显示拥有者的地位，需求量也越大；这类商品价格下降时需求反而减少。

（2）"吉芬商品"。1845 年，爱尔兰发生大饥荒，出现了一件奇怪的事，马铃薯价格在上升，但需求量也在持续增加。英国经济学家罗伯特·吉芬研究了当时马铃薯价格与人们的马铃薯消费量之间的关系，他由此观察到必需品在一定条件下提高价格然而需求却不降反升的现象，得出必然存在一种需求量和价格同方向变化的商品的结论，后人将其称作"吉芬之谜"和"吉芬商品"。

> ### 名人有约
>
> 　　罗伯特·吉芬（Robert Giffen，1837—1910），生于英国拉纳克郡，是英国著名的经济学家。罗伯特·吉芬是享有盛誉的一位财政新闻记者和统计学家。1882 年吉芬被任命为统计大臣秘书助理，担任政府统计顾问委员会主席、皇家统计学会会长，并获得了英国皇家学会最高金奖——盖伊奖。他出版有《经济调查学》《资本增长论》《投资发展》《财政评论》等书。罗伯特·吉芬研究了爱尔兰马铃薯问题和伦敦雨伞问题等，并提出著名的"吉芬现象"和"吉芬商品"理论。"吉芬商品"就是后人为纪念罗伯特·吉芬而命名的，马歇尔的需求和价格理论也来自吉芬的经济理论。

　　（3）投机性商品。一些投机性强的商品，价格小幅度变化，该商品的需求符合常规；但当价格大幅度变化时，需求量与价格之间的关系将完全不符合需求规律。如股票、证券、黄金等商品，投机性很强，人们有一种"买涨不买跌"的心理，即价格上涨时反而抢购，价格下跌时反而抛出。

四、需求量变化和需求变化

1. 需求量与需求概念的区分

　　首先我们来看需求量与需求的区别。需求量是指在某一特定价格水平时消费者计划购买的量，而需求是在不同价格水平时不同需求量的总称。

　　要区分需求量的变动与需求的变动，就要考虑影响需求量与需求的各种因素。我们把商品本身价格变动所引起的消费者计划购买量的变动称为需求量的变动，把商品本身价格之外其他因素变动所引起的消费者计划购买量的变动称为需求的变动。例如，鸡蛋价格上涨了，消费者计划购买的鸡蛋量减少了，这就是需求量的减少；但如果鸡蛋价格不变，消费者收入减少，则消费者计划购买的鸡蛋量也会减少，这就是需求在减少。

2. 图形表现的区分

　　在需求曲线图中，需求量是需求曲线上的一个点，需求是指整个曲线。

　　需求量的变动表现为需求量在同一条需求曲线上点的移动，可用图 2.2 来说明这一点。在图 2.2 中，当价格由 P_0 上升为 P_1 时，需求量从 Q_0 减少到 Q_1，在需求曲线 D 上则是从 b 点向左上方移动到 a 点。当价格由 P_0 下降到 P_2 时，需求量从 Q_0 增加到 Q_2，在需求曲线 D 上则是从 b 点向右下方移动到 c 点。可见，在同一条需求曲线上，向左上方移动是需求量减少，向右下方移动是需求量增加。

　　需求的变动表现为需求曲线的整体平移，可以用图 2.3 来说明这一点。在图 2.3 中，价格是 P_0，由于其他因素变动（例如，收入变动）而引起的需求曲线的移动是需求的变动。例如，收入减少了，在同样的价格水平下，需求从 Q_0 减少到 Q_1，则是需求曲线由 D_0 移动到 D_1。收入增加了，在同样的价格水平下，需求从 Q_0 增加到 Q_2，则需求曲线由 D_0 移动到 D_2。可见，需求曲线向左下方移动是需求减少，需求曲线向右上方移动是需求增加。

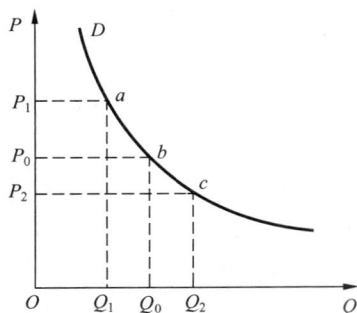

图 2.2　需求量的变动

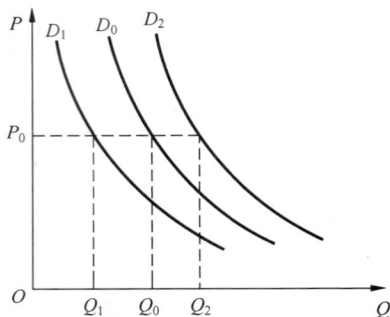

图 2.3　需求的变动

表 2.2　需求/需求量的决定因素与需求曲线变动的关系

影响需求/需求量的变量	变量变动的表现
商品自身价格	沿着需求曲线点的移动
相关商品的价格	需求曲线平行移动
消费者收入	需求曲线平行移动
消费者偏好	需求曲线平行移动
消费者预期	需求曲线平行移动

小结："需求量的变动"与"需求的变动"仅一字之差，含义明显不同。归纳起来，两者的根本区别在于：一是影响因素不同；二是图形表现不同。

对于需求和需求量之间的关系，从影响因素方面可做如表 2.2 所示的对比。

第二节　供　给　理　论

一、供给的定义与表达

（一）供给的定义

供给是指在某一特定时期内，厂商在每一价格水平下愿意并且能够提供生产的商品数量。

这就说明，要形成"供给"，需要同时具备两个必要条件：第一，厂商有提供的主观意愿，也就是说厂商有生产的欲望；第二，厂商有提供生产的客观能力，光有生产欲望没有足够的生产能力也不能算作供给。因此，供给是生产欲望和生产能力的统一，两者缺一不可。

此外，在其他条件不变的情况下，供给的大小与商品价格的高低相关，即一种商品价格发生变动会使厂商愿意提供的商品数量也发生变动。

（二）供给的表达

1. 供给表

供给可以用"表格"的形式来表达。某种商品的价格与供给量之间关系的数字表格就是供给表。供给表实际上是用数字表格的形式来表述供给这个概念。

我们同样可以用鸡蛋供给的实例来表示这个概念。2009 年
第二季度，当鸡蛋的价格为 3.5 元/kg 时，厂商提供的供给量为
160kg；当鸡蛋价格为 3.6 元/kg 时，鸡蛋供给量为 170kg；当鸡
蛋价格为 3.7 元/kg 时，供给量为 180kg；当鸡蛋价格为 3.8 元/kg
时，供给量为 190kg；当价格为 3.9 元/kg 时，供给量为 200kg。
根据这些数字，我们可以做出表 2.3。

表 2.3　鸡蛋的供给表

	价格（元/kg）	供给量（kg）
a	3.5	160
b	3.6	170
c	3.7	180
d	3.8	190
e	3.9	200

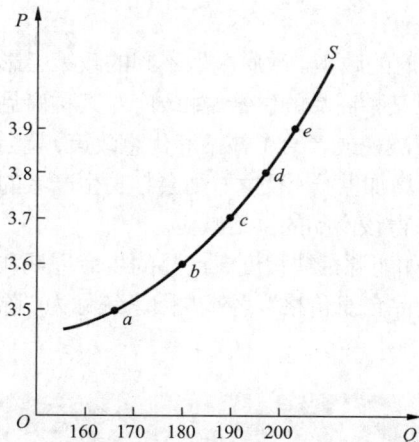

图 2.4　鸡蛋的供给曲线

2．供给曲线

供给也可以用"图形"的形式来表达。供给曲线是
表明商品价格与供给量之间关系的曲线。我们可以根据
表 2.3 做出供给曲线，如图 2.4 所示。其中，横轴 OQ 表
示供给量，纵轴 OP 表示价格，S 表示供给曲线。从
图 2.4 可以看出，供给曲线是向右上方倾斜的，这说明
价格与供给量之间存在着同方向变化的关系。

3．供给函数

如果把影响供给的各种因素作为自变量，把供给作
为因变量，则可以用函数关系来表示供给与其影响因素
之间的关系，这种函数称为供给函数，即一种商品的供
给量可以看成所有影响该商品供给量的因素的函数，可用公式表示为

$$Q_s = f(P,P_r,C,E,\cdots) \tag{2.3}$$

式中，Q_s 为供给量；P 为商品的自身价格；P_r 为相关商品的价格；C 为商品的生产成本；E 为
厂商预期。P、P_r、C、E 等均为影响商品供给的因素。

考虑所有影响因素的全部均衡分析比较复杂，为简化起见，我们通常假设相应供给变化的
其他因素不变，只研究商品本身价格和供给数量之间的关系，因此，供给函数可以简化为

$$Q_s = f(P) \tag{2.4}$$

此式表明某种商品的供给量 Q_s 是价格 P 的函数，后面的章节中只用到公式（2.4）。

二、影响供给的因素

在供给函数中，我们已经提到影响供给的因素有许多种，下面来具体分析一下。

（1）商品自身价格。商品自身价格是决定商品供给数量最主要的因素。一般情况下，供给量
的多少与商品价格的高低同方向变动——价格越高，供给量越多；反之，价格越低，供给量越少。

（2）相关商品的价格。商品本身价格虽无变动，但相关商品价格的变化会改变商品间的相
对价格，使生产者改变生产经营决策，进而会影响到这种商品的供给。研究相关商品价格变动
对供给的影响，同样要区分替代品和互补品。

（3）生产技术的进步。在资源既定的条件下，生产技术的进步会提高劳动生产率，使资源
得到更充分的利用，有效地降低成本，增加利润空间，从而使供给增加。例如，杂交水稻技术
的进步，使得农田亩产量大幅度提高。

（4）生产要素的价格。在商品价格不变的情况下，生产要素的价格下降，会使商品的生产成本减少，从而利润增加，厂商就会增加供给。反之，生产要素的价格上升，成本增加，在商品价格不变的情况下，利润减少，厂商就会减少供给。

（5）生产者的预期。如果生产者对未来的预期是乐观的，如预期商品的价格会上升，生产者在制订生产计划时就会增加产量供给；如果生产者对未来预期是悲观的，如预期商品的价格会下降，则生产者在制订生产计划时就会减少产量供给。

知识点滴

在互补品之间，一种商品的需求会随另一种商品价格的上升而减少，这种商品需求的减少会引起价格下降，从而使供给减少。在替代商品之间，一种商品的需求会随另一种商品价格的上升而增加，这种商品需求的增加会引起价格上升，从而使供给增加。

（6）政府的政策。政府采取不同的政策会影响生产者对某种商品的供给，如政府对某种商品的生产实行减税或者给予补贴等优惠政策，就会刺激生产，增加供给。反之，则会打击生产者的积极性，使得该商品的供给减少。

除上述这些主要因素外，还有很多因素会影响供给，如能源稀缺程度、产品的生命周期和自然条件变化等。上述因素中，我们通常把除了第一条"商品自身价格"之外的因素统称为"除商品自身价格之外的其他影响因素"。

生活中的实例

谁说实体书店不行了？

在经历了网上书店兴盛与传统实体书店衰落之后，网上书店和实体书店从对立走向并存，走向融合发展，这已经成为图书零售市场的新常态。中国最大的图书电商当当网宣布推行实体书店计划，在三年内建设 1000 家实体书店。2016 年 9 月 3 日，当当网与步步高联合打造的首家当当实体书店——当当梅溪书店，在湖南长沙正式开业。开业当天营业额为 20.56 万元，销售图书 10 373 册。

当当梅溪书店开业新闻（湖南卫视）

三、供给定理

1. 供给定理

通过前面的分析可知，通常情况下，商品的供给量与其本身价格是呈同方向变动的。我们把这种普遍存在的规律称为供给定理：在其他条件不变的情况下，某商品的供给量与价格之间呈同方向变动，即供给量随商品本身价格的上升而增加，随商品本身价格的下降而减少。

商品的供给量与价格同方向变动的主要原因，一是某种商品价格上升后，现有的厂商愿意生产和出售更多的这种商品；二是这种商品价格上升后，会吸引新的厂商进入该商品的生产行列，这样就必然会使商品的供给增加。

供给定理是在假定影响供给的其他因素不变的前提下，研究商品本身价格与供给量之间的关系，离开这一前提，供给定理无法成立。例如，在抗震救灾时，厂商生产救灾物资的目的不是实现利润最大化，而是为了人道主义。那么，救灾物资的价格与供给量就不一定呈同方向变动。

2. 供给定理的例外

（1）劳动的供给。在劳动的价格即工资较低的情况下，随着工资的上升，劳动的供给增加，但当工资提高到一定程度时，继续提高工资，劳动者不仅不会增加劳动供给，反而会减少劳动供给。这是因为在高工资条件下人们更加珍视闲暇。因此，供给曲线先向右上方倾斜，而后又向左上方倾斜，称为"向后弯曲的供给曲线"（此知识点将在第六章中详细介绍）。

（2）不可再生商品。不可再生商品也不遵循供给规律。例如，土地、文物、艺术品的供给是固定的，不随价格变动而变动，所以这类商品的供给曲线是一条垂线。

（3）投机性商品。股票、证券、黄金等投机性商品则可能出现不规则的变化。

四、供给量变化和供给变化

1. 概念的区分

我们首先区分供给量与供给。在经济分析中，供给量是指在某一特定价格水平时厂商愿意或计划供给的商品量。供给是在不同价格水平时不同供给量的总称。

在经济分析中，影响供给的各种因素，既影响供给量，又影响供给。为方便起见，我们把商品本身价格变动所引起的厂商计划的供给量变动称为供给量的变动，把商品本身价格之外其他因素变动所引起的厂商计划供给量的变动称为供给的变动。例如，鸡蛋价格上升了，厂商计划供给的鸡蛋量多了，这就是供给量增加了；但如果生产技术提高了，同样价格的原材料能生产更多的汽车，这就是供给增加了。

2. 图形表现的区分

在供给曲线图中，供给量是供给曲线上的一个点，供给是指整个供给曲线。

供给量的变动表现为同一条供给曲线上点的移动。可以用图2.5来说明。在图2.5中，当价格由 P_0 上升为 P_1 时，供给量从 Q_0 增加到 Q_1，在供给曲线 S 上则是从 b 点向右上方移动到 a 点。当价格由 P_0 下降为 P_2 时，供给量从 Q_0 减少到 Q_2，在供给曲线 S 上则是从 b 点向左下方移动到 c 点。可见，在同一条供给曲线上，向左下方移动是供给量减少，向右上方移动是供给量增加。

供给的变动表现为供给曲线的平行移动。可以用图2.6来说明。在图2.6中，价格是 P_0，由于其他因素变动（如生产要素价格的变动）而引起的供给曲线的移动，是供给的变动。例如，

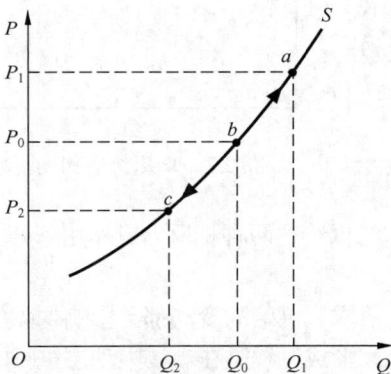

图 2.5　供给量的变动

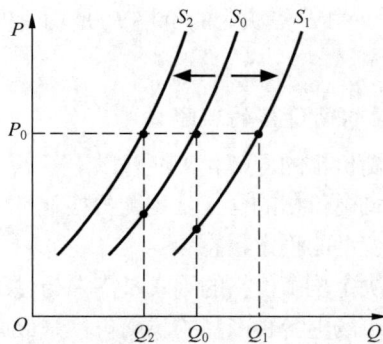

图 2.6　供给的变动

生产要素价格下降，厂商所得到的利润增加，从而产量增加，供给从 Q_0 增加到 Q_1，则供给曲线由 S_0 移动到 S_1；生产要素价格上升，厂商所得到的利润减少，从而产量减少，供给从 Q_0 减少到 Q_2，则供给曲线由 S_0 移动到 S_2。可见，供给曲线向左上方移动是供给减少，供给曲线向右下方移动是供给增加。

表 2.4　供给/供给量的决定因素与供给曲线变动的关系

影响供给/供给量的变量	变量变动的表现
商品自身价格	沿着供给曲线点的移动
相关商品的价格	供给曲线平行移动
生产技术水平	供给曲线平行移动
生产要素的价格	供给曲线平行移动
厂商预期	供给曲线平行移动
政府政策	供给曲线平行移动

小结："供给量的变动"与"供给的变动"仅一字之差，含义明显不同。归纳起来，两者的根本区别在于：一是影响因素不同；二是图形表现不同。

对于供给和供给量之间的关系，从影响因素方面可做如表 2.4 所示的对比。

第三节　均衡价格理论

在市场经济中，价格是由需求和供给两种力量共同决定的，需求量和供给量相等时的价格称为均衡价格，此时对应的数量称作均衡数量。

一、均衡价格的决定

均衡是物理学中的概念，它表示当一个物体同时受到方向相反的外力作用且合力为零时该物体处于静止或者匀速运动的稳定状态。英国古典经济学家马歇尔把这一概念引入经济学，主要指经济现象中各种对立的、变动着的力量处于一种力量相当、相对静止、不再变动的状态。因此，均衡指的是经济事物处于一种相对稳定的状态。

均衡价格是指需求曲线与供给曲线的交点对应的价格，此时需求价格等于供给价格，需求数量等于供给数量。如图 2.7 所示，横轴 Q 表示数量，纵轴 P 表示价格，D 是需求曲线，S 是供给曲线，需求曲线与供给曲线相交于 E 点，由 E 点决定的价格 P_e 是均衡价格，数量 Q_e 是均衡数量。

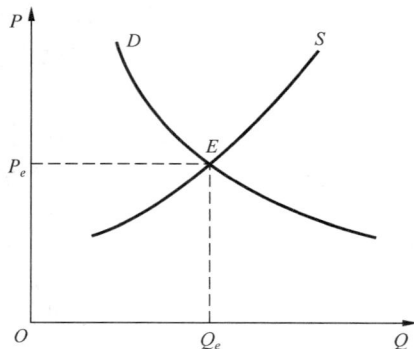

图 2.7　均衡价格和均衡数量

1．对均衡价格的理解

对均衡价格的理解，应注意以下三点。

（1）均衡价格的含义。均衡价格就是价格在需求与供给这两种相反力量作用下处于相对静止、不再变动的稳定状态。

（2）决定均衡价格的因素是需求与供给。因此，需求和供给的变动都会影响均衡价格。

（3）市场上各种商品的均衡价格是最后的结果，其形成过程是在市场中动态进行的。

2. 均衡价格的形成

商品的均衡价格是商品市场上需求和供给这两种相反的力量共同作用的结果，它是在市场供求力量的自发调节下形成的，不需要外力的干预。当需求大于供给时，价格上升，从而导致需求减少，供给增加；当供给大于需求时，价格下降，从而供给减少，需求增加。这正是前述的需求定理和供给定理交叉作用的结果，它使供给与需求在价格的波动中逐渐趋于一致，并形成买者和卖者都能接受的共同价格，即需求价格与供给价格相等的均衡价格。

均衡价格的形成过程，还可以通过需求—供给表来说明，如表 2.5 所示。

表 2.5 中的数据表明，价格在 6.0 元/kg 以下时，该商品需求量大于供给量，这时商品供不应求，价格必然上涨。当价格上升到 6.0 元/kg 以上时，供给

表 2.5 某商品的需求—供给表

供给量（kg）	50	100	150	200	250
价格（元/kg）	5.6	5.8	6.0	6.2	6.4
需求量（kg）	250	200	150	100	50

量大于需求量，这时商品供过于求，价格必然下跌。只有价格在 6.0 元/kg 时，供给量和需求量才会达成一致，从而形成均衡价格 6.0 元/kg 和均衡数量 150kg。

小结：需求曲线衡量的是在不同价格上人们愿意并且能够购买的需求量；供给曲线衡量的是在不同价格上厂商愿意并且能够提供的供给量。均衡价格是需求量与供给量相等时的价格。

二、需求与供给变动对均衡价格的影响

均衡价格及均衡数量是由需求与供给共同决定的，因此，需求或供给任何一方的变动或者同时变动，都会引起均衡价格和均衡数量的变动。

1. 需求变动对均衡价格的影响

如前所述，需求变动是指价格不变的情况下，影响需求的其他因素变动所引起的变动，这种变动在图形上表现为需求曲线的平行移动。我们可以用图 2.8 来说明需求变动对均衡价格（以及均衡数量）的影响。在图 2.8 中，既定的供给曲线 S 与最初的需求曲线 D_1 相交于 E_1，均衡价格为 P_1，均衡数量为 Q_1。需求增加后，需求曲线由 D_1 平移到 D_2，均衡价格和均衡数量分别提高到 P_2 和 Q_2；需求下降后，需求曲线由 D_1 平移到 D_3，均衡价格和均衡数量分别降低到 P_3 和 Q_3。由此可见，在供给不变的条件下，需求增加会使均衡价格和均衡数量都增加，需求减少会使均衡价格和均衡数量都减少。

因此，需求的变动会引起均衡价格与均衡数量同方向的变动。

2. 供给变动对均衡价格的影响

供给变动是指价格不变的情况下，影响供给的其他因素变动所引起的变动，这种变动在图形上表现为供给曲线的平行移动。我们可以用图 2.9 来说明供给变动对均衡价格（以及均衡数量）的影响。在图 2.9 中，在既定需求不变的条件下，供给变化前的均衡价格和均衡数量分别为 P_0 和 Q_0。供给减少后，均衡数量由 Q_0 减少为 Q_1，但均衡价格由 P_0 上升为 P_1；供给增加后，均衡数量由 Q_0 增加到 Q_2，但均衡价格由 P_0 下降为 P_2。显然，当需求既定时，供给增加使会均衡数量增加而均衡价格下降，供给减少会使均衡数量减少而均衡价格上升。

因此，供给的变动会引起均衡价格的反方向变动，引起均衡数量的同方向变动。

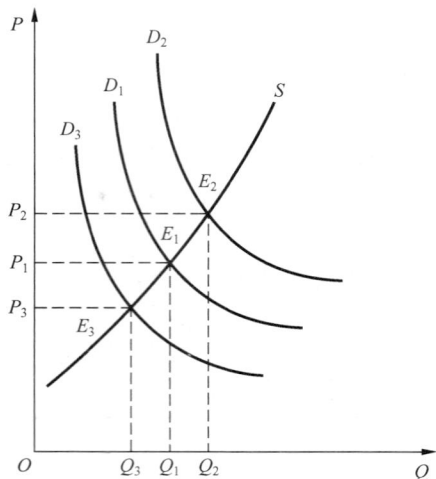

图2.8　需求变动对均衡价格和均衡数量的影响

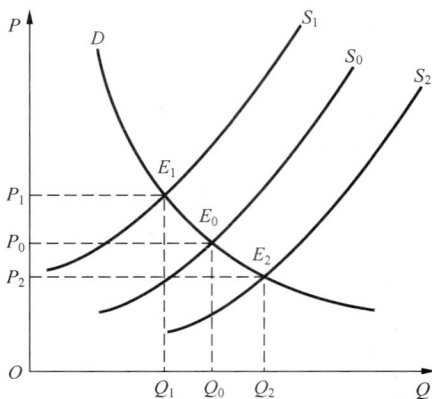

图2.9　供给变动对均衡价格和均衡数量的影响

探索与思考

需求与供给同时变化会引起均衡价格和均衡数量怎么变化？试着画图看看（同时增加、同时减少、一增一减、一减一增）。

3.　供求定理

运用以上关于需求与供给变动对均衡的影响的知识，分析供求定理：

第一，需求的增加引起均衡价格上升，需求的减少引起均衡价格下降。

第二，需求的增加引起均衡数量增加，需求的减少引起均衡数量减少。

第三，供给的增加引起均衡价格下降，供给的减少引起均衡价格上升。

第四，供给的增加引起均衡数量增加，供给的减少引起均衡数量减少。

生活中的实例

中金在线新闻

数据显示，2007年到2014年，阿胶类产品市场规模增长了将近4倍，但毛驴的存栏量却下降了百万头。阿胶正迎来10年间的第17次提价，一斤装纯阿胶块价格逼近5000元。请观看视频后试着用供求定理来讨论这一现象。

小结： 供求定理不需要死记硬背，应该用"画图"的方法来解决。画图要遵循以下三个步骤：

（1）确定该事件是移动供给曲线还是需求曲线（或者两者都移动）；

（2）确定曲线移动的方向（向左还是向右）；

（3）说明移动如何影响均衡价格和均衡数量。

三、均衡价格理论的应用

在自由市场条件下，需求、供给两种力量的对比决定了市场的均衡价格，而均衡价格又影响着供求的变化。因此，在现实经济生活中，运用均衡价格理论来调整社会的供求关系，将对经济活动起着积极的作用。

（一）价格对经济的调节

在市场经济中，经济的运行、资源的配置，都是由价格这只"看不见的手"来调节的。美国经济学家 M. 弗里德曼把价格在经济中的作用归纳为三种：第一，传递情报；第二，提供一种刺激，促使人们采用最节省成本的生产方法把可得到的资源用于最有价值的目的；第三，决定谁可以得到多少产品，即决定收入的分配。这三种作用实际上解决了资源配置所包括的三个问题：生产什么、如何生产和为谁生产。

从价格调节经济即决定"生产什么"的角度来看，价格的作用可以具体化为以下几种。

（1）价格作为指示器反映市场的供求状况。人们可以通过价格的变动来及时、准确地了解市场中的供求变化：某商品价格上升，表示此商品供不应求；价格下降，表示供过于求。价格作为供求状况指示器的作用，是任何其他指标都不能代替的。

（2）价格变动可以调节需求。在市场经济中，消费者享有完全的消费自由，消费决策受价格的影响。当商品价格下降时，消费者会增加购买；而当商品价格上升时，消费者则减少购买。价格对需求的调节作用也是任何其他指标都不能代替的。

（3）价格变动可以调节供给。在市场经济中，生产者也享有完全的生产自由，其生产、销售行为受价格影响。当商品价格上升时，生产者会增加产量；而当商品价格下降时，生产者则会减少产量。价格对供给的调节作用，也是任何其他指标都不能代替的。

（4）价格的调节可以使资源配置达到最优。通过价格对需求和供给的调节，最终会使需求等于供给。此时，消费者的欲望得到满足，生产者的资源得到充分利用。社会资源通过价格分配于各种用途，这种分配使消费者的效用最大化和生产者的利润最大化得以实现，从而实现资源配置的最优化状态。

📖 生活中的实例

在现实生活中，你是否有心注意过这样的细节：当你所在的小区菜摊上的黄瓜从 4.2 元/kg 上涨到 4.5 元/kg 时，全市所有菜市场上的黄瓜都是 4.5 元/kg。这就是神奇的市场机制的作用，它像一只"看不见的手"在背后操纵着这一切。著名的古典经济学家亚当·斯密把这种神奇的机制比喻为"看不见的手"。他在其著作《国民财富的性质和原因的研究》（1776）中指出，借助这只"看不见的手"配置资源效率高、成本低。政府只需要保证市场机制正常运转，就可以获得产品充裕、生产者与消费者均满意的效果。

（二）价格政策

根据价格理论，市场价格应该是供求平衡时的均衡价格，它是由自由市场上的供求关系自发调节形成的。因为市场调节具有一定程度的盲目性，所以在现实中由价格机制进行调节得出的结果并不一定完全符合社会的长远利益。

基于以上认识，国家制定一些价格政策来适当地控制商品价格就很有必要了。价格政策的形式有很多，以下主要介绍两种。

1. 支持价格

<u>支持价格也称为最低限价，是政府为了扶持某一行业的发展而规定的该行业产品高于均衡价格的最低价格。</u>可用图2.10来分析、说明支持价格。从图2.10中可以看出，该行业产品由供求关系所决定的均衡价格为 P_0，均衡数量为 Q_0。政府为支持该行业生产而规定的支持价格为 P_1，这时需求量为 Q_1，相对应的供给量为 Q_2，Q_2 明显大于 Q_1，实行这一价格的结果就是供过于求，必然产生部分剩余产品。

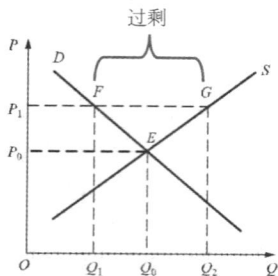

为了维持支持价格，政府可采取以下措施：一是政府购买过剩商品，用于国家储备或用于出口，但政府收购过剩商品会增加财政开支；二是给消费者补贴，如减免税收等，从而降低产品的销售价格，或者由政府按照 P_1 价格收购，却用 P_0 的价格出售，差额由政府补贴；三是给厂商补贴，为了销售商品，厂商按低于其成本价出

图 2.10 支持价格

售，政府为了支持该行业的生产，给予差额补贴，从而促进生产。支持价格一旦取消，商品的市场价格将会迅速下降，恢复到原有的均衡价格水平。

许多国家实行的农产品最低限价和最低工资，都属于支持价格政策。在美国，采用支持价格的一个重要部门是农业部门。就农产品支持价格而言，其目的是稳定农业生产和农民收入，这有其积极意义，但也使得农产品过剩，不利于市场调节下的农业结构调整，同时收购过剩的农产品也增加了财政负担。

生活中的实例

农产品支持价格的利弊

各国对农产品实行最低限价通常有两种做法：一种是缓冲库存法，即政府按照某种保护价收购农产品，在供大于求时政府按这一价格增加对农产品的收购，在供小于求时政府抛出农产品，以保护价进行买卖，从而使农产品价格由于政府的支持而维持在某一水平上；另一种是稳定基金法，也由政府按某种保护价收购全部农产品，但并不是按保护价出售，而是在供大于求时低价出售，供小于求时高价出售。

支持价格稳定了农业生产，保证了农业生产，保证了农民收入，促进了农业投资，也有利于调整农业结构，从整体上看对农业发展起到了促进作用。但支持价格也引起了一些问题。首先，使政府背上了沉重的财政包袱。政府为收购过剩农产品而支付的费用、出口补贴及为限产而向农户支付的财政补贴等，都是政府必须为支持价格政策付出的代价。其次，形成农产品的长期过剩。过剩的农产品主要由政府收购，政府解决农产品过剩的重要方法之一就是扩大出口，这就有可能引起国家为争夺农产品市场而进行贸易战。最后，受保护的农业竞争力会受到削弱。因此，农产品自由贸易问题成为国际贸易争论的中心。

我国实行的"保护价敞开收购"，也是一种支持价格，但是治标不治本，要从根本上改变我国农业落后的状况和农民收入低的现状，并使我国农业进入世界市场与发达国家农业竞争，必须提高我国农业自身的竞争力。

2. 限制价格

限制价格是政府为了防止某些生活必需品物价上涨而规定的这些产品低于均衡价格的最高价格。我们可用图 2.11 来分析限制价格。在图 2.11 中，某产品由供求关系所决定的均衡价格为 P_0，均衡数量为 Q_0。但在这种价格水平下，穷人可能无法得到必需的生活品。政府为了制止过高的价格，规定的限制价格为 P_1，$P_1<P_0$，即限制价格低于均衡价格。这时需求量为 Q_2，$Q_2>Q_1$，即供给量小于需求量，该商品将出现短缺。这样，市场就可能出现抢购现象或黑市交易。为解决商品短缺，政府可采取的措施是控制需求量，一般采用配给制，发放购物券。但配给制只适用于短时期内的特殊情况，否则，一方面可能使购物券货币化，还会出现黑市交易；另一方面会挫伤厂商的生产积极性，使短缺变得更加严重。

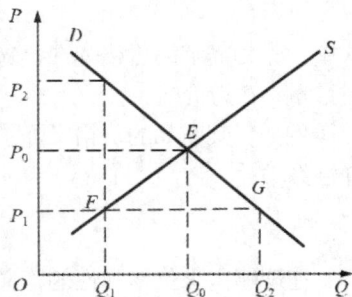

图 2.11　限制价格的影响

> ### 📖 生活中的实例
>
> 法国在第二次世界大战后对关系国计民生的煤炭、电力、煤气、交通与邮电服务等都实行了限制价格政策。英国、瑞典、澳大利亚等国则对房租实行限制价格政策。还有一些国家，对粮食等生活必需品实行限制价格政策。

因此，限制价格的实行虽然有利于社会平等的实现、有利于社会的安定，但也有不利作用：第一，低价格水平不利于刺激生产，从而使产品长期存在短缺现象；第二，低价格水平不利于抑制需求，从而会在资源缺乏的同时造成严重的资源浪费；第三，价格水平不合理是社会风气败坏、官员腐败等不良风气的经济根源之一。

第四节　弹性理论

对需求、供给与价格之间关系的分析，揭示了需求定理、供给定理及均衡价格的决定和形成机理，使我们从定性角度初步了解了商品的需求量和供给量会随着影响它们的各种因素的变动而变动。弹性理论将进一步从量的角度说明需求量、供给量其与影响因素之间的变动关系。

弹性的概念来源于物理学。经济学中借用弹性概念来表示自变量对因变量的影响程度。通常弹性的大小用弹性系数来表示，其公式为

$$弹性系数 = \frac{因变量的变化率}{自变量的变化率} \tag{2.5}$$

一、需求价格弹性

（一）需求价格弹性的含义

需求价格弹性是价格变动的百分比所引起的需求量变动的百分比，或者说是价格的相对变

动引起的需求量相对变动的程度，其计算公式为

$$E_d = -\frac{需求量变动的百分比}{价格变动的百分比}$$

$$= -\frac{\Delta Q_d / Q_d}{\Delta P / P} = -\frac{\Delta Q_d}{\Delta P} \cdot \frac{P}{Q_d} \qquad (2.6)$$

式中，E_d 为需求的价格弹性；ΔQ_d 为需求量变动的绝对数量；Q_d 为需求量；ΔP 为价格变动的绝对数量；P 为价格。

例如，某商品的价格下降了 10%，消费者的需求量增加了 15%，则可以计算出需求弹性的弹性系数：

$$E_d = -\frac{\Delta Q_d / Q_d}{\Delta P / P} = -\frac{15\%}{-10\%} = 1.5$$

在理解需求价格弹性的含义时，要注意以下几点。

（1）需求量和价格这两个经济变量，价格是自变量，需求量是因变量，因此，需求价格弹性就是指价格变动所引起的需求量变动的程度。

（2）需求价格弹性系数是需求量变动比率与价格变动比率之比，而不是需求量变动绝对量与价格变动绝对量的比率。

（3）弹性系数的数值可以为正，也可以为负。如果两个变量为同方向变化，则为正值；反之，如果两个变量为反方向变化，则为负值。但在实际运用时，为方便起见，一般都取其绝对值来比较大小。

（4）同一条需求曲线上不同点的弹性系数大小并不相同。

（二）需求价格弹性的计算

在计算需求价格弹性时，要区分点弹性与弧弹性。

1. 点弹性

点弹性是需求曲线上某一点的弹性，也就是价格变动无限小时所引起的需求量变动的反应程度，其计算公式为

$$E_d = -\lim_{\Delta P \to 0} \frac{\Delta Q_d}{\Delta P} \times \frac{P}{Q_d} = -\frac{dQ_d}{dP} \times \frac{P}{Q_d} \qquad (2.7)$$

点弹性是当两点无限接近时弧弹性的极限。根据点弹性公式（2.7），同一种商品在不同价格水平下其价格弹性是不同的。同一种商品，往往在其价格越高时需求价格弹性越大，价格越低时需求价格弹性越小。

【例 2.1】 某种商品的需求函数为 $Q_d = f(P) = 15 - 3P$，求价格分别为 1 元、3 元时的点弹性。

解： 根据点弹性计算公式：

$$E_d = -\frac{dQ_d}{dP} \cdot \frac{P}{Q_d} = -(-3)\frac{P}{Q_d} = 3 \cdot \frac{P}{15 - 3P}$$

将 $P = 1$ 或 3 分别代入上式，解得：当 $P = 1$ 时，$E_d = 0.25$；当 $P = 3$ 时，$E_d = 1.5$。

2. 弧弹性

上面介绍的点弹性的计算方法适用于价格和需求量变化极其微小的情况，如果商品价格与需求量的变化都相当大，就要计算需求曲线上两点之间一段弧的弹性，即弧弹性。

弧弹性是需求曲线上两点之间弧的弹性，表示某商品需求曲线上两点之间需求量的相对变动对价格相对变动的反应程度。实际上，弧弹性是需求曲线上两点之间的平均弹性，其计算公式为

$$E_d = -\frac{Q_2 - Q_1}{P_2 - P_1} \times \frac{P_1 + P_2}{Q_1 + Q_2} \tag{2.8}$$

【例 2.2】　某种商品的需求函数为 $Q_d = f(P) = 2400-400P$，当价格 $P=5$ 时，$Q_d=400$，如果该商品的价格下降到 $P=4$，则需求量上升到 $Q_d=800$，求从（400，5）到（800，4）的弧弹性。

解：根据弧弹性计算公式：

$$E_d = -\frac{Q_2 - Q_1}{P_2 - P_1} \times \frac{P_1 + P_2}{Q_1 + Q_2} = -\frac{400}{-1} \times \frac{5+4}{400+800} = 3$$

（三）需求价格弹性的类型

不同商品的需求价格弹性是不同的。根据弹性系数绝对值的大小，一般把需求价格弹性分为五种类型。

（1）$E_d = 0$，即需求完全无弹性。在这种情况下，无论价格如何变动，需求量都不会变动。例如，糖尿病人对胰岛素这种药品的需求就是如此。需求完全无弹性时，需求曲线是一条与坐标横轴垂直的直线，如图 2.12（a）图所示。

（2）$E_d \to +\infty$，即需求完全有弹性。在这种情况下，当价格既定时，商品的需求量无限大。例如，银行以一固定价格收购黄金，无论有多少黄金都可以按这一价格收购，则银行对黄金的需求是无限的。需求完全有弹性时，需求曲线是一条与横轴平行的直线，如图 2.12（b）所示。

（3）$E_d = 1$，即需求单位弹性，表示需求量变动的幅度与价格变动的幅度相同。在这种情况下，需求量变动的比率与价格变动的比率相等，需求曲线是一条正双曲线（或者以 45° 角向右下方倾斜的直线），如图 2.12（c）所示。

（4）$0 < E_d < 1$，即需求缺乏弹性。在这种情况下，需求量变动的比率小于价格变动的比率。生活必需品，如粮食、蔬菜等都属于这种情况。需求缺乏弹性时需求曲线是一条比较陡峭的曲线，如图 2.12（d）所示。

（5）$1 < E_d < +\infty$，即需求富有弹性。在这种情况下，需求量变动的比率大于价格变动的比率。奢侈品，如汽车、珠宝等都属于这种情况。需求富有弹性时需求曲线是一条比较平缓的曲线，如图 2.12（e）所示。

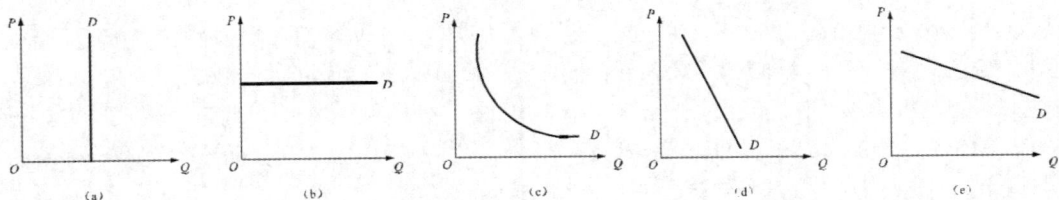

图 2.12　需求价格弹性的类型

（四）影响需求价格弹性的因素

同一种商品在不同价格水平下其价格弹性不同，不同商品的需求弹性也存在差异，特别是在消费品的需求弹性方面。通常情况下，很难定量地测定某商品在某价格下的需求弹性，常常只能定性地判断其弹性的大小，这就需要知道影响需求价格弹性的因素有哪些，会对需求的价格产生什么样的影响。

探索与思考

从弹性理论角度，考虑到消费者收入的提高，厂商对农产品专业摄影器材、高端手机等高档商品应分别采取提价还是降价的措施？为什么？

（1）消费者对某商品的依赖程度。一般来说，消费者对商品的依赖程度越高，则该商品对消费者而言其弹性越小；反之则越大。例如，消费者对生活必需品的依赖程度很高，如一些基本生活用品，即使在战争年代食品价格飞涨，需求依然不会大幅度减少。而奢侈品往往是富有弹性的，如高档衣物打折的时候需求量会大幅增加。

（2）商品的可替代程度。一种商品的可替代品越多、可替代程度越高，它的需求就越富有弹性。因为价格上升时，消费者会购买其他替代品；价格下降时，消费者会购买这种商品来取代其他替代品。一种商品的可替代品越少、可替代程度越低，它的需求就越缺乏弹性。

（3）用于购买该商品的支出在总支出中所占的比例。商品的花费占总支出的比例越大，价格变动对需求的影响越大，需求弹性就越大；商品的花费占总支出的比例越小，价格变动对需求的影响越小，需求弹性就越小。例如，报纸以前的价格是 0.5 元/份，现在翻了一番为 1 元/份，需求量却不会有明显的变化；而汽车的价格下降30%，则需求量会呈现明显上升的趋势。

（4）商品本身用途的广泛性。一般来讲，商品的用途广泛，需求弹性就大，因为价格上升，会有多种途径导致对它的需求量减少；用途单一，则需求弹性小。

在以上影响需求弹性的因素中，最重要的是对商品的依赖程度、可替代程度和在总支出中所占的比例。商品的需求弹性到底有多大，是由上述这些因素综合决定的，而不能只考虑其中的一种因素。而且，某种商品的需求弹性也因时期、地区、价格、收入水平和消费者的不同而不同。

生活中的实例

为什么石油输出国组织不能保持石油的高价格

在20世纪70年代，石油输出国组织（OPEC）的成员国决定结成联盟提高世界石油价格，以增加其收入。他们联合采用减少石油产量的办法来实现这个目标。1973—1974年石油价格上升了50%，1979年上升了4%，1980年上升了34%，1981年也上升了34%。

但石油输出国组织国家发现，维持高价格是困难的。1982—1985年，石油价格连续每年下降约10%。1986年石油输出国组织国家之间的合作关系完全破裂，石油价格猛跌45%。1990年石油价格又回到了1970年的水平，而且20世纪90年代的大部分年份都保持了这个低水平。

这个事件表明，供给与需求在短期和长期的弹性是不一样的。在短期，供给与需求是比较缺乏弹性的。供给缺乏弹性是因为已知的石油储藏量开采能力不能改变；需求缺乏弹性是因为购买习惯不会立即对价格变动做出反应。这就表明了为什么石油输出国组织只能在短期内保持住石油的高价格。而在长期内，当供给和需求较为富有弹性时，石油输出国组织共同减少供给则使得他们在长期中无利可图。进入 21 世纪，石油输出国组织国家在控制石油价格上的合作越来越少，这主要是因为该组织过去在保持高价格策略上的失败。

二、需求收入弹性

1. 需求收入弹性的定义

价格是影响需求最重要的因素，除了价格因素外，人们对商品的需求和其收入水平也有很大的关系。当然，不同商品的需求量对收入变化反应的程度是不同的，需求收入弹性反映了某一种商品的需求量对消费者收入变动反应的敏感程度。

需求收入弹性又称收入弹性，是指收入变动的百分比所引起的需求量变动的百分比，即需求量变动对收入变动的反应程度。

一般用收入弹性的弹性系数来表示弹性的大小。这一弹性系数是需求量变动的百分比与收入变动的百分比的比率，可用公式表示为

$$E_m = \frac{\Delta Q_d / Q_d}{\Delta I / I} = \frac{\Delta Q_d}{\Delta I} \times \frac{I}{Q_d} \qquad (2.9)$$

式（2.9）中，E_m 表示需求的收入弹性的弹性系数；$\frac{\Delta Q_d}{Q_d}$ 表示需求量变动的百分比；$\frac{\Delta I}{I}$ 表示收入变动的百分比。

例如，假定某消费者收入增加 10%，对该商品的需求量增加 12%，则 $E_m = \frac{0.12}{0.10} = 1.2$，这表明消费者收入增加 1% 时对该商品的需求量增加 1.2%。

2. 需求收入弹性的分类

在其他条件不变的情况下，消费者对各种商品的需求量随收入的增加而增加，但是对不同商品来说，其需求增加的多少并不相同，因此各种商品的需求收入弹性大小也就不同。需求收入弹性一般分为五类，如图 2.13 所示。

> **知识点滴**
>
> 第一，在计算收入弹性时，假设价格和其他影响需求的因素是不变的。第二，一般而言，（正常品）收入与需求量同方向变动，所以收入弹性系数一般为正值。

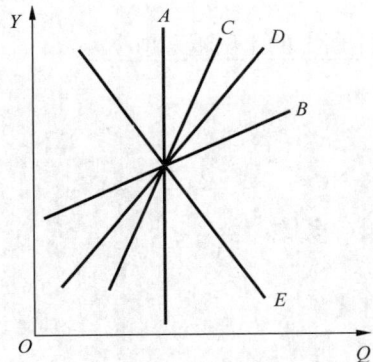

图 2.13　需求收入弹性

（1）$E_m = 0$，即需求收入无弹性。在这种情况下，无论收入如何变动，需求量都不会变化。这时收入—需求曲线是一条垂线，如图 2.13 中的 A 线所示。

（2）$E_m > 1$，即需求富有收入弹性。在这种情况下，需求量变动的百分比大于收入变动的百分比。这时收入—需求曲线是一条向右上方倾斜而比较平坦的线，如图 2.13 中的 B 线所示。

（3）$0 < E_m < 1$，即需求缺乏收入弹性。在这种情况下，需求量变动的百分比小于收入变动的百分比。这时收入—需求曲线是一条向右上方倾斜而比较陡峭的线，如图 2.13 中的 C 线所示。

（4）$E_m = 1$，即需求单位收入弹性。在这种情况下，需求量变动与收入变动的百分比相同。这时收入—需求曲线是一条向上方倾斜而与横坐标轴呈 45°角的线，如图 2.13 中的 D 线所示。

（5）$E_m < 0$，即需求负收入弹性。在这种情况下，需求量的变动与收入的变动呈反方向变化。这时收入—需求曲线是一条向右下方倾斜的线，如图 2.13 中的 E 线所示。

一般来说，消费者的收入与需求量是同方向变动的，但各种商品的需求收入弹性大小并不相同，依据需求收入弹性数值，可将商品分为正常品和劣等品。正常品的需求收入弹性系数为正值，这种商品的需求量将随收入的增加而增加。其中，$0 < E_m < 1$ 的称为生活必需品，如粮食、服装等；$E_m > 1$ 的称为奢侈品，如珠宝、高档服装等。劣等品的需求收入弹性系数为负值，这类商品的需求量将随收入的增加而减少。

3. 需求收入弹性与恩格尔定理

经济学家根据长期统计资料分析得出：生活必需品的收入弹性小，而奢侈品和耐用品的收入弹性大。19 世纪德国统计学家恩格尔对德国某些地区的消费统计资料进行研究，提出了恩格尔定理，该定理正是这个结论的证明。

名人有约

恩斯特·恩格尔（1821—1896），19 世纪德国统计学家和经济学家，以恩格尔曲线和恩格尔定律闻名。

1860—1882 年恩格尔在柏林任普鲁士统计局局长期间，以普鲁士统计局的名义为发展和加强官方统计学做了大量工作。他因反对俾斯麦的保护主义政策而辞职。他对官方统计学的影响不仅限于德国，1885 年他还参与创立了国际统计学会。

恩格尔系数是用于食物的支出与全部支出之比。恩格尔系数可以反映一国或一个家庭的富裕程度与生活水平。一般来说，恩格尔系数越高，富裕程度和生活水平越低；恩格尔系数越低，富裕程度和生活水平越高。恩格尔系数的计算公式为

$$\text{恩格尔系数} = \frac{\text{食物支出}}{\text{全部支出}} \qquad (2.10)$$

恩格尔定理：随着收入水平的提高，食物支出在全部支出中所占的比例越来越小。

知识拓展

国际上常用恩格尔系数来衡量一个国家和地区人民生活水平的状况。

根据联合国粮农组织提出的标准，恩格尔系数在 59% 以上为贫困，50%～59% 为温饱，40%～50% 为小康，30%～40% 为富裕，低于 30% 为最富裕。

在我国，运用这一标准进行国际和城乡对比时要考虑到那些不可比因素，如消费品价格比价的不同、居民生活习惯的差异，以及由社会经济制度不同所产生的特殊因素等。

我国恩格尔系数可在国家数据库"年度数据"页面"指数—人民生活—城镇居民家庭人均收入和恩格尔系数"中查询。

三、需求交叉价格弹性

需求的交叉价格弹性简称需求交叉弹性，表示一种商品价格变化的百分比所引起的另一种商品需求数量变化的百分比，即一种商品需求量变动的百分比与另一种商品价格变动的百分比之比，用公式表示为

$$E_{XY} = \frac{X\text{商品需求量变化的百分比}}{Y\text{商品价格变化的百分比}} = \frac{\Delta Q_X / Q_X}{\Delta P_Y / P_Y} = \frac{\Delta Q_X}{\Delta P_Y} \times \frac{P_Y}{Q_X} \qquad (2.11)$$

需求的交叉弹性可以用来判断两种商品之间的关系。

当 $E_{XY} = 0$ 时，两种商品互不相关。

当 $E_{XY} > 0$ 时，两种商品为替代品。随着 Y 商品价格的提高，X 商品的需求量随之增加；随着 Y 商品价格降低，X 商品的需求量也随之减少，则 X 商品和 Y 商品互为替代品。如大米和面粉，当大米涨价时，人们对大米的需求减少，而相应地对面粉的需求量增加。需求交叉弹性系数 E_{XY} 越大，两种商品的替代性就越强。

当 $E_{XY} < 0$ 时，两种商品为互补品。随着 Y 商品价格提高，X 商品需求量随之减少；随着 Y 商品价格降低，X 商品的需求量随之增加，则 X 商品和 Y 商品为互补品。如汽车和汽油，随着汽油价格降低，汽车的需求量会上升。需求交叉弹性系数 $|E_{XY}|$ 越大，互补性越强。

四、供给价格弹性

1. 供给弹性的含义

供给价格弹性又称供给弹性，指价格变动的百分比所引起的供给量变动的百分比。它反映供给量变动对价格变动的反应程度。供给弹性的大小可用供给弹性系数来表示，供给弹性系数是供给量变动的百分比与价格变动百分比的比值。用公式表示为

$$E_s = \frac{\dfrac{\Delta Q_s}{Q_s}}{\dfrac{\Delta P}{P}} = \frac{\Delta Q_s}{\Delta P} \cdot \frac{P}{Q_s} \qquad (2.12)$$

式中，E_s 表示供给弹性系数；$\Delta Q_s / Q_s$ 表示供给量变动的百分比；$\Delta P/P$ 表示价格变动的百分比。因为供给曲线通常是向右上方倾斜的，供给量与价格一般呈同方向变动，所以供给弹性系数一般为正值。

2. 供给价格弹性的分类

根据弹性系数的大小，供给价格弹性可分为以下五类，如图 2.14 所示。

（1）$E_s = 0$，即供给完全无弹性，表示无论价格如何变动，供给量始终不变，如土地、文物、某些艺术品的供给。这时的供给曲线是一条与横坐标轴垂直的线，如图 2.14（a）所示。

（2）$E_s \to \infty$，即供给完全弹性。在这种情况下，价格既定而供给量无限。如在劳动力严重过剩的情况下，劳动力的价格（工资）即使不发生变化，劳动力的供给也会源源不断地增加。这时的供给曲线是一条与横坐标轴平行的线，如图 2.14（b）所示。

（3）$E_s = 1$，即供给单位弹性。在这种情况下，价格变动的百分比与供给量变动的百分比相同。例如，某些机械产品的供给量变动幅度接近于它们的价格变动幅度。这时的供给曲线是一条与横轴呈 45° 角并向右上方倾斜的线，如图 2.14（c）所示。

（4）$0<E_s<1$，即供给缺乏弹性。在这种情况下，供给量变动的百分比小于价格变动的百分比。一般来讲，资本密集型产品的供给多属于此类情况，因为这类生产不容易很快增加或减少，所以价格变动后供给量的增减不会太大。这时的供给曲线是一条向右上方倾斜且较为陡峭的线，如图2.14（d）所示。

（5）$E_s>1$，即供给富有弹性。在这种情况下，供给量变动的百分比大于价格变动的百分比。一般来说，劳动密集型产品的供给多属于这种情况，因为这种产品的生产增加或减少相对容易些，所以价格变动后供给量能较大幅度地改变。这时的供给曲线是一条向右上方倾斜且较为平坦的线，如图2.14（e）所示。

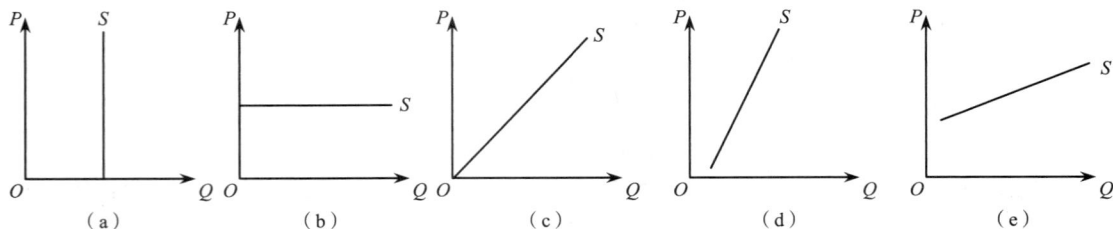

图 2.14 供给价格弹性的类型

3. 影响供给价格弹性的因素

供给弹性的大小主要受下列因素影响。

（1）生产周期的长短。市场上价格发生变化要影响到供给量的增减必须经过一段时间，调整生产要素，改变生产规模，从价格变化到供给量的变化有一个过程，存在一个时滞。时间越短，供给弹性越小；时间越长，供给弹性越大。

（2）生产的难易程度。一般而言，容易生产而且生产周期短的产品对价格变动的反应快，其供给弹性大；反之，生产不易且生产周期长的产品对价格变动的反应慢，其供给弹性小。

（3）生产要素的供给弹性。从一般理论来讲，产品供给取决于生产要素的供给。因此，生产要素的供给弹性大，产品供给弹性也大；反之，生产要素的供给弹性小，产品的供给弹性也小。

（4）生产所采用的技术类型。一般来讲，技术水平高、生产过程复杂的产品，其供给弹性小；而技术水平低、生产过程简单的产品，其供给弹性大。

在分析某种产品的供给弹性时，要把以上因素综合起来考虑。一般而言，重工业产品一般是资本密集型的，生产较为困难，并且生产周期长，所以供给弹性小；轻工业产品，尤其是食品、服装这类产品，一般采用劳动密集型技术，生产较为容易，并且生产周期短，所以供给弹性大。农产品的生产尽管也多采用劳动密集型技术，但因为生产周期长，所以供给仍然缺乏弹性。

五、需求弹性理论的应用

弹性理论在人们经济活动的分析中应用广泛，不论是企业制定营销策略，还是个人进行消费决策，抑或政府一些政策的制定，都可以用弹性理论来分析。下面以需求弹性与总收益的关系为例。

总收益也称总收入，是厂商出售一定量商品所得到的全部收入，也就是销售量与价格的乘积，其计算公式为

$$\text{TR} = P \times Q \qquad\qquad (2.13)$$

式中，TR 为总收益；Q 为与需求量一致的销售量；P 为价格。

厂商的总收益，对消费者来说就是他们为购买这一定量的商品而付出的总支出。所以说，分析需求弹性对厂商总收益的影响，实际上也就是分析需求弹性对消费者总支出的影响。

从总收益的计算公式可以看出，总收益取决于价格和需求量。因此，需求价格弹性若发生变化，必然会引起总收益的变动。

不同商品的需求弹性不同，对总收益的影响也不同。下面主要讨论需求缺乏弹性的商品及需求富有弹性的商品价格变动与总收益之间的关系。

1. 富有弹性商品的价格变动与总收益的关系

如商品需求是富有弹性的，则价格上升引起总收益减少，即价格和总收益呈反方向变动。这是因为需求量减少的幅度大于价格上升的幅度。这可用图 2.15 来说明。

在图 2.15 中，D 是某种富有弹性的商品的需求曲线。当价格为 P_1 时，需求量为 Q_1，总收益为 OQ_1AP_1；当价格为 P_2 时，需求量为 Q_2，总收益为 OQ_2BP_2。当价格由 P_1 下降为 P_2 时，总收益增加，$OQ_2BP_2 > OQ_1AP_1$；反之，当价格由 P_2 上升为 P_1 时，总收益减少，$OQ_1AP_1 < OQ_2BP_2$。

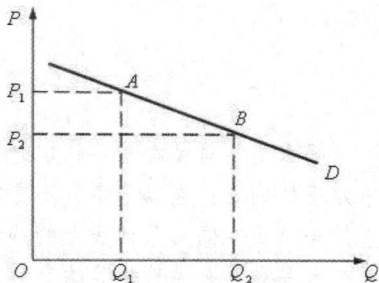

图 2.15　需求富有弹性的商品
需求弹性与总收益的关系

根据这种富有弹性的商品价格上升与下降引起的总收益的变化，可以得出：如果某种商品的需求是富有弹性的，则其价格与总收益呈反方向变动，即价格上升总收益减少，价格下降总收益增加。富有弹性的商品价格下降而总收益增加，就是我们一般所说的"薄利多销"。

知识点滴

生活中的"薄利多销"就是这个道理。在降低价格的情况下，虽然单个商品的利润减少，但由于降价而增加了销售量，反而使商家获得的总利润增加。电冰箱属于需求富有弹性的商品，其价格下降，虽然单个电冰箱的利润降低了，但通过增加的销售量却使获得的总利润增加了。

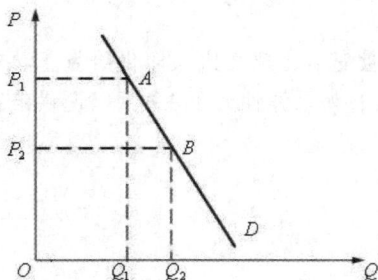

图 2.16　需求缺乏弹性的商品
需求弹性与总收益的关系

2. 缺乏弹性商品的价格变动与总收益的关系

如商品需求是缺乏弹性的，那么价格上升会引起总收益增加，这是因为需求量减少的幅度小于价格上升的幅度。这可用图 2.16 来说明。

在图 2.16 中，D 是某种缺乏弹性商品的需求曲线。当价格为 P_1 时，需求量为 Q_1，总收益为 OQ_1AP_1；当价格为 P_2 时，需求量为 Q_2，总收益为 OQ_2BP_2。当价格由 P_1 下降为 P_2 时，总收益减少，$OQ_2BP_2 < OQ_1AP_1$；当价格由 P_2 上升到 P_1 时，总收益增加，$OQ_1AP_1 > OQ_2BP_2$。

通过比较可以得出以下结论：对于需求缺乏弹性的商品，它的价格与总收益呈同方向变动。价格上升，总收益增加；价格下降，总收益减少。我们所说的"谷贱伤农"，就是这个道理。粮食是生活的必需品，需求价格缺乏弹性，降低价格虽然使销量增加，但由于价格的下降幅度大于销量的增加幅度，从而会使得销售收入反而下降。

知识点滴

俗语"谷贱伤农"就是这个道理。在丰收的情况下，由于粮价下跌，农民的收入反而减少了。因为农产品属于需求缺乏弹性的商品，丰收造成的粮价下跌并不会使需求同比例增加，从而总收益减少，农民受损失。

本 章 小 结

需求是指居民在某一特定时期内，在每一价格水平时愿意并且能够购买的某种商品量。需求定理的内容：在其他条件不变时，商品价格与需求量之间呈反方向变动。由商品价格变动引起的需求量在同一条曲线上的移动，称为需求量的变动。由其他因素包括收入、偏好、预期以及替代品和互补品价格等的变动引起的需求曲线位置的移动，称为需求的变动。

供给是指在某一特定时期内，厂商在每一价格水平愿意并且能够提供的商品量。供给定理的内容：在其他条件不变时，商品价格与供给量之间呈同方向变动。由商品价格变动引起供给量在同一条曲线上的移动，称为供给量的变动。由其他因素包括投入生产要素、技术以及预期等引起的供给曲线位置的移动，称为供给的变动。

供给曲线与需求曲线相交决定了市场均衡。在均衡价格时，需求量等于供给量。当市场价格高于均衡价格时，存在超额供给，会引起市场价格下降。当市场价格低于均衡价格时，存在超额需求，会引起市场价格上升。

价格政策就是为了纠正"市场失灵"而采取的政策。价格政策也包括许多种，在这里我们主要介绍两种：支持价格和限制价格。

需求价格弹性是需求量对价格变动的反应程度，或者说是价格的相对变动引起的需求量相对变动的程度。如果弹性小于1，可以说需求缺乏弹性；如果弹性大于1，可以说需求富有弹性。需求收入弹性又称收入弹性，是指收入变动的比率所引起的需求量变动的比率，即需求量变动对收入变动的反应程度。

供给价格弹性又称供给弹性，指价格变动的比率与供给量变动比率之比，即供给量变动对价格变动的反应程度。如果弹性小于1，可以说供给缺乏弹性；如果弹性大于1，可以说供给富有弹性。

关 键 概 念

需求、需求量、需求定理、需求量的变动与需求的变动、供给、供给量、供给定理、供给量的变动与供给的变动、均衡、均衡价格、均衡数量、最高限价、最低限价、需求弹性、供给弹性

边 学 边 练

一、单项选择题

1．下列（　　）体现了需求定理。

　　A．药品的价格上涨，药品质量得到了提高　　B．汽油的价格提高，小汽车的销售量减少

　　C．丝绸价格提高，游览公园的人数增加　　　D．照相机价格下降，导致销售量增加

2．供给定理可以反映为（　　）。

　　A．消费者不再喜欢消费某商品，该商品的价格下降

　　B．政策鼓励某商品的生产，因而该商品的供给量增加

　　C．生产技术提高会使商品的供给量增加

　　D．某商品价格上升将导致对该商品的供给量增加

3．对于大白菜供给的减少，不可能是由于（　　）。

　　A．气候异常严寒　　　　　　　　　　B．政策限制大白菜的种植

　　C．大白菜的价格下降　　　　　　　　D．化肥价格上涨

4．当某种商品的需求和供给出现同时减少的情况时，那么（　　）。

　　A．均衡价格下降，均衡产销量减少　　B．均衡价格下降，均衡产销量无法确定

　　C．均衡价格无法确定，均衡产销量减少　D．均衡价格上升，均衡产销量减少

5．如果商品 A 和商品 B 是相互替代的，则商品 A 的价格下降将造成（　　）。

　　A．A 的需求曲线向右移动　　　　　　B．A 的需求曲线向左移动

　　C．B 的需求曲线向右移动　　　　　　D．B 的需求曲线向左移动

6．如果两种商品 A 和 B 的交叉弹性是−3，则（　　）。

　　A．A 和 B 是替代品　　　　　　　　　B．A 和 B 是正常品

　　C．A 和 B 是劣质品　　　　　　　　　D．A 和 B 是互补品

7．假定有一种商品的供给曲线是一条过原点的直线，那么该商品供给的价格弹性（　　）。

　　A．随价格的变化而变化　　　　　　　B．恒等于 1

　　C．为其斜率值　　　　　　　　　　　D．无法确定

8．所有下列因素除（　　）外都会使需求曲线移动。

　　A．消费者收入变化　　　　　　　　　B．商品价格变化

　　C．其他相关商品价格下降　　　　　　D．消费者偏好变化

9．生产者预期某物品未来价格要下降，则该物品当前的价格会（　　）。

　　A．不变　　　　　　B．减少　　　　　　C．增加　　　　　D．上述三种情况都可能

10．建筑工人工资提高将使（　　）。

　　A．新房子供给曲线左移并使房子价格上升

　　B．新房子供给曲线右移并使房子价格下降

　　C．新房子需求曲线左移并使房子价格下降

　　D．新房子需求曲线右移并使房子价格上升

二、多项选择题

1．对西红柿需求的变化，可能是由于（　　）。

　　A．消费者认为西红柿价格太高了　　　B．消费者得知西红柿有益健康

C. 消费者预期西红柿将降价   D. 种植西红柿的技术有了改进

2. 以下（   ）项的需求和价格之间的关系是需求定理的例外。

    A. 面包   B. 吉芬商品   C. 低档品   D. 炫耀性商品

3. 已知一条线性需求线（图2.17），*M*点为*AB*线段的中点，则（   ）。

    A. *b*点的需求价格弹性大于*c*点的需求价格弹性

    B. *b*点的需求价格弹性等于*c*点的需求价格弹性

    C. *b*点的需求价格弹性大于1

    D. *b*点的需求价格弹性小于1

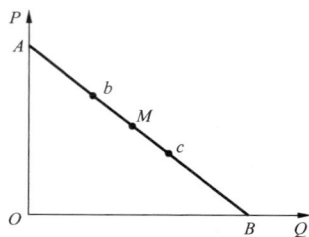

图 2.17

4. 1966年以前，某教不许教徒在星期五吃肉，教徒便吃鱼。1966年后，教皇允许教徒们在星期五吃肉，则（   ）。

    A. 一周内的平均鱼价将上涨   B. 鱼的消费量将增加

    C. 鱼的消费量将减少   D. 肉的价格将上涨

5. 下列商品中，（   ）的需求是富有弹性的。

    A. 戏剧   B. 大米   C. 保健品   D. 钻戒

6. 若某商品需求收入弹性是正数，则该商品可能为（   ）。

    A. 劣等品   B. 必需品   C. 奢侈品   D. 正常品

7. 影响需求的因素包括（   ）。

    A. 政府政策   B. 消费者偏好   C. 消费者预期   D. 收入水平

8. 影响供给的因素包括（   ）。

    A. 要素价格   B. 技术水平   C. 替代品价格   D. 互补品价格

9. 一般情况下，适用于"薄利多销"或"降价促销"定价的商品是（   ）。

    A. 食盐   B. 奶茶   C. 面膜   D. 胰岛素

10. 需求的条件包括（   ）。

    A. 供给能力   B. 供给愿望   C. 需求能力   D. 需求愿望

三、判断题

1. 英国古典经济学家亚当·斯密在1776年出版了《国富论》。   （   ）

2. 相关商品的价格变动将导致需求曲线平移。   （   ）

3. 需求的变动会引起均衡价格和均衡数量同方向的变动。   （   ）

4. 供给的变动会引起均衡价格的同方向变动和均衡数量的反方向变动。   （   ）

5. 支持价格是政府为了防止某些必需品上涨过快而规定的价格。   （   ）

6. 某商品越容易被替代，其需求也越缺乏弹性。   （   ）

7. 当商品的需求价格弹性小于1时，降低价格会使得总收益上升。   （   ）

8. 在均衡价格处，需求数量与供给数量相等。   （   ）

9. 粮食的需求价格弹性比化妆品的要大。   （   ）

10. 如果价格高于均衡价格的话，会出现供小于求。   （   ）

四、简答题

1. 分析影响需求和供给的因素。

2．简述影响需求价格弹性的因素。

3．汽车和汽油是互补商品，汽车的需求交叉价格弹性如何？汽车和飞机互为替代商品，汽车的需求交叉价格弹性有何不同？

4．简述均衡价格的形成过程，并分析其对于制定价格政策的现实意义。

五、计算题

1．假设某商品的需求曲线是 $Q_d = 10 - P$，供给曲线是 $Q_s = 2 + 3P$，试回答下列问题：

（1）该商品的均衡价格是多少？

（2）供求平衡时该商品的销量是多少？

（3）计算均衡点的需求弹性与供给弹性。

2．假定表 2.6 是需求函数 $Q_d = 500 - 100P$ 在一定价格范围内的需求表：

（1）求出价格 2 元和 4 元之间的需求价格弧弹性。

（2）根据给出的需求函数，求 $P=2$ 时的需求价格点弹性。

表 2.6　某商品的需求表

价格（元）	1	2	3	4	5
需求量	400	300	200	100	0

六、思考讨论题

在"中国汽车工业信息网"可查询我国及世界汽车产业的相关数据，读者可关注其"专题新闻"栏目。

中国汽车工业信息网公布的数据显示，2018 年一季度我国汽车产销分别为 702.22 万辆和 718.27 万辆，产量同比下降 1.4%，销量同比增长 2.8%，分别低于上年同期 9.4 个和 4.2 个百分点。数据显示，2009 年，我国汽车产销分别为 1379.10 万辆和 1364.48 万辆，同比分别增长 48% 和 46%，总销量首次超越美国，成为世界第一。

思考讨论：请结合本章理论，与同学讨论分析我国汽车产销量增速下降的原因。

扩展阅读推荐

《富爸爸穷爸爸》（20 周年修订版）

作　　者：罗伯特·清崎

出 版 社：四川人民出版社

出版时间：2017 年

简　　介：清崎有两个爸爸："穷爸爸"是他的父亲，一个高学历的教育官员；"富爸爸"是他好朋友的父亲，一个高中没毕业却善于投资理财的企业家。清崎遵从"穷爸爸"为他设计的人生道路：上大学，服兵役，走过了平凡的人生初期。直到 1977 年，清崎目睹一生辛劳的"穷爸爸"失了业，"富爸爸"则成了夏威夷的有钱人。清崎毅然追寻"富爸爸"的脚步，踏入商界，从此登上了致富快车。清崎以亲身经历的财富故事展示了"穷爸爸"和"富爸爸"截然不同的金钱观和财富观：穷人为钱工作，富人让钱为自己工作。

第三章

消费者行为理论

【学习要点】

◆学习重点

效用的衡量、边际效用递减规律、无差异曲线、消费者预算线、消费者均衡

◆学习难点

边际替代率、边际替代率递减规律、消费者预算线的变动、消费者均衡

【导入案例】

春晚的怪圈

1983 年第一届中央电视台春节联欢晚会的播出，在当时娱乐业尚不发达的我国引起了极大的轰动。自此，我国老百姓在大年夜全家欢聚一堂收看春晚成了一种风俗，晚会的节目成为全国老百姓在街头巷尾和茶余饭后津津乐道的题材。

春晚年复一年地办下来了，投入的人力和物力越来越大，技术越来越好，场面越来越宏大，节目种类也越来越丰富。但不知从哪一年开始，人们对春晚的评价却越来越差了。原来街头巷尾和茶余饭后的赞美之词变成了一片骂声，春晚成了一道众口难调的大菜，晚会陷入了"年年办，年年骂；年年骂，年年办"的怪圈。

案例思考：春晚的怪圈反映了什么经济学原理？

春晚的怪圈这个问题，利用经济学中的效用理论可以做出很好的解释。

第一节 效 用 论

效用与消费者关系密切。首先，我们来给消费者下个定义：消费者又称居民户，是指具有独立经济收入来源，能做出统一的消费决策的单位。消费者可以是个人，也可以是由若干人组成的家庭。消费者的最终目的不仅是要从商品和劳务的购买和消费中获得一定的满足，而且是要在既定收入的条件下获得最大的满足。

一、效用

效用是指消费者通过消费某种商品（或服务）所能获得的满足程度。消费某种商品（或服

务）能满足欲望的程度高，就是效用大；反之，就是效用小。如果消费中没有任何满足感，则为零效用；如果不仅得不到满足感，反而感到痛苦，就是负效用。有无效用和效用的大小，决定于消费者的主观感受。

效用是对欲望的满足。效用和欲望一样，是一种心理感觉。某种商品效用的大小没有客观评价标准，完全取决于消费者在消费这种商品时的主观感受。例如，一个面包对饥饿者来说可以有很大的效用，而对酒足饭饱者来说则可能毫无效用。因此，效用本身没有客观评价标准。对不同的人而言，同样的商品所带来的效用是不同的。甚至对同一个人而言，同一商品在不同时间与地点的效用也是不同的。例如，同一件棉衣，在冬天或寒冷地区给人带来的效用很大，但在夏天或热带地区只能带来负效用。这就说明，效用的大小与有无完全是一种主观心理感受，因人、因时、因地而不同。因此，在理解效用概念时，要强调以下三点。

1. 效用的主观性

某种物品效用的大小没有客观标准，完全取决于消费者在消费某种物品时的主观感受。例如，香烟对于吸烟者来讲可能有效用，而对于不吸烟的人来讲则可能毫无效用，甚至会有负效用。这就说明效用的大小和有无完全是一种主观感受，会因人、因时、因地而有所不同。

探索与思考

最好吃的东西

兔子和猫争论，世界上什么东西最好吃。

兔子说："世界上萝卜最好吃。萝卜又甜又脆又解渴，我一想起萝卜就要流口水。"

猫不同意，说："世界上最好吃的东西是老鼠。老鼠的肉非常嫩，嚼起来又香又软，味道美极了！"

兔子和猫争论不休，相持不下，跑去请猴子评理。猴子听了，不由得大笑起来："瞧你们这两个傻瓜，连这点儿常识都不懂！世界上最好吃的东西是什么？是桃子呀！桃子不但美味可口，而且长得漂亮。我每天做梦都梦见吃桃子。"

兔子和猫听了，全都直摇头。那么，世界上到底什么东西最好吃呢？

请思考：兔子、猫和猴子的回答为什么不一样？

2. 效用不含伦理学判断

能满足人们某种欲望的物品就有效用，而这种欲望本身是否符合社会道德规范，则不在效用评价范围之内。例如，毒品能满足吸毒者吸毒的欲望，对吸毒者来说就有效用，而毒品对吸毒者身体的损害、对社会的危害，并不能否定其效用的存在。

3. 效用可大、可小、可正、可负

消费者在消费活动中获得的满足程度高，效用就大；反之，效用就小。如果人们的效用活动使人们获得了欲望满足，则获得了正效用；如果感受到了痛苦或者不适，就是负效用。

生活中的实例

中外网购大 PK

2007 年之后，网络购物对我国普通百姓而言已经不是新鲜事。2017 年，全国网上零售额同比增

长 32.2%，增速较 2016 年提高了 6 个百分点。其中，实物商品的网上零售额达到 5.48 万亿元，增长 28%，占社会消费品零售总额的比例为 15%，比 2016 年提升 2.4 个百分点；对社会消费品零售总额增长的贡献率为 37.9%，比 2016 年提升 7.6 个百分点。网络零售对消费的拉动作用进一步增强。网络购物呈现出一些特点：市场规模不断扩大、区域结构逐步优化、业态多元化、示范体系引领作用进一步增强、农村电商促进精准扶贫、"丝路电商"助力企业走出去。

请观看视频后试着思考：为何网络购物在中国保持高速增长？网络购物给消费者带来了哪些好处？

二、基数效用论与序数效用论

消费者行为理论研究的是效用最大化问题。那么，如何来研究效用呢？一些经济学家认为效用可以用具体的数字来表示；另一些经济学家则认为效用作为一种心理现象，是不能用具体数字来表示的，但是可以按照效用的大小进行排序。由此就产生了两种不同的消费者行为理论：基数效用论与序数效用论。

1. 基数效用论

基数效用论认为效用大小是可以测量的，其计数单位就是效用单位。基数效用论的基本观点：效用是可以计量的，可以用基数（1，2，3，…）来表示人们对某种事物满足程度的大小，并且效用可以加总求和。例如，消费者消费一块面包的效用为 3 单位，消费一杯牛奶的效用为 5 单位，这样，消费者消费这两种商品所得到的总效用就是 8 单位。根据此理论，可以用具体数字来研究消费者效用最大化问题。

基数效用论采用边际效用分析法分析消费者均衡问题。

知识拓展

西方经济学效用理论的思想渊源可以追溯到以边沁和密尔为代表的英国功利主义哲学，但其直接奠基于 19 世纪 50～70 年代的"边际革命"。在此期间，德国的戈森、英国的杰文斯、奥地利的门格尔以及法国的瓦尔拉斯等人差不多同时但自独立地发现了"边际效用递减规律"。边际效用学说建立在效用可以直接计量的假设之上，因此也被称为"基数效用论"。

2. 序数效用论

序数效用论的基本观点是：效用是不可以计量的，只能用序数（第一、第二、第三等）来表示人们对某种事物满足程度的高低顺序，因为效用的不可计量，所以效用是不能加总求和的。例如，消费者认为消费牛奶的效用大于消费面包的效用，那么牛奶的效用排序就是第一，面包的效用排序就是第二。

序数效用论采用无差异曲线分析法分析消费者均衡问题。

3. 两种效用论比较

两种效用分析的方法不同，但其分析目的、分析对象和分析结论是一致的。两者在分析方法上的最主要区别是：基数效用分析采用了效用可计量的假定；而序数效用分析采用了大小不可计量，只能分为高低、排顺序的假定，序数效用避免了使用基数效用所存在的计算上的困难。

在 19 世纪末和 20 世纪初期，西方经济学家普遍使用基数效用理论。基数效用理论认为效用如同长度、质量等概念是可以具体衡量并加以比较的。到了 20 世纪 30 年代，序数效用论逐渐为西方经济学家所使用。1934 年，希克斯和艾伦在《价值理论的再思考》中提出：效用作为一种心理现象是无法计量的，因为不可能找到效用的计量单位，消费者在市场上所做的并不是权衡商品效用的大小，而只是在不同的商品之间进行排序。序数效用论认为，效用是一个有点儿类似于香、臭、美这样的概念，效用的大小是无法具体衡量的，效用之间的比较只能通过顺序等级来表示。序数效用论还认为，就消费者行为来说，以序数来度量效用的假定比用基数来度量效用的假定所受到的限制少，并且可以减少一些被认为是值得怀疑的心理假设。

第二节　基数效用论

本节的介绍建立在基数效用论基础上，运用边际效用分析法研究消费者均衡的实现，即消费者效用最大化的问题。

一、效用的衡量

基数效用论把效用分为总效用（Total Utility，TU）和边际效用（Marginal Utility，MU）。

1. 总效用

总效用是指从消费一定量某种商品中所得到的总满足程度。总效用一般用 TU 表示，其取决于消费者在一定时间内消费商品的数量。总效用函数可表示为

$$TU = f(Q) \tag{3.1}$$

2. 边际效用

边际效用是指消费者对某种商品的消费量每增加一单位所增加的满足程度。边际效用用 MU 表示，ΔQ 表示增加的商品量，ΔTU 表示增加的总效用量，则边际效用可以表示为

$$MU = \frac{\Delta TU}{\Delta Q} \tag{3.2}$$

严格来说，边际效用是在消费数量微小改变量意义下定义的，即

$$MU = \lim_{\Delta Q \to 0} \frac{\Delta TU}{\Delta Q} = \frac{\mathrm{d}TU}{\mathrm{d}Q} \tag{3.3}$$

📖 知识拓展

19 世纪 70 年代，奥地利经济学家门格尔（Menger，1840—1921）、英国经济学家杰文斯（Jevons，1835—1882）、瑞士洛桑派的法国经济学家瓦尔拉斯（Leon Walras，1834—1910），被称为"边际三杰"。

他们几乎同时提出了一种抽象的经济理论——边际效用价值论，强调决定商品价值的是商品的边际效用，这就是在西方经济学领域发生的所谓"边际革命"。

> 杰文斯的介绍见第十章第三节"名人有约"。
> 读者可通过在网络百科搜索"卡尔·门格尔"和"瓦尔拉斯"词条了解更多知识。

后来，英国经济学家 A. 马歇尔把"边际革命"同以后的西方经济学新的研究成果加以综合，形成了以边际分析方法为基础，研究单个经济单位经济行为和市场机制的比较完整的微观经济学理论体系。

3. 总效用与边际效用的关系

边际的含义是增量，指自变量增加所引起的因变量的增加量。在边际效用中，自变量是某商品的消费量，因变量则是满足程度或效用。消费量变动所引起的效用的变动，即边际效用。我们可以用表 3.1 来说明某人消费糖果的总效用与边际效用的关系。

根据表 3.1 可以画出总效用曲线图和边际效用曲线图，如图 3.1 和图 3.2 所示。

在图 3.1 中，横轴代表糖的消费量，纵轴代表总效用，TU 为总效用曲线。图 3.2 中，横轴仍然代表糖的消费量，纵轴代表边际效用，MU 为边际效用曲线。

表 3.1　总效用与边际效用

某人对糖果的消费	总效用	边际效用	某人对糖果的消费	总效用	边际效用
0	0	0	3	60	10
1	30	30	4	60	0
2	50	20	5	50	−10

从图 3.1、图 3.2 和表 3.1 我们可以看出，当某人消费一个糖果时，总效用为 30 效用单位。由没有消费糖果到消费一个糖果，消费量增加了一单位，效用增加了 30 效用单位，因此，边际效用为 30 效用单位。当消费第二个糖果时，总效用为 50 效用单位，由消费一个糖果到消费两个糖果，消费量增加了一个单位，总效用从 30 效用单位增加到 50 效用单位，所以边际效用为 20 效用单位。依次类推，当消费第五个糖果时，总效用为 50 效用单位，而边际效用为−10 效用单位，即增加第五个糖果时的消费所带来的是负效用。由此可以看出，当边际效用为正数时，总效用是增加的；当边际效用为零时，总效用达到最大；当边际效用为负数时，总效用减少。

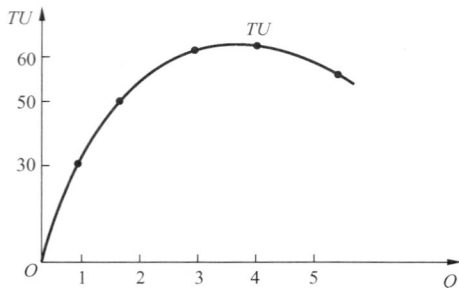

图 3.1　总效用曲线

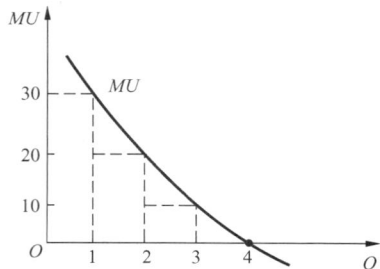

图 3.2　边际效用曲线

探索与思考

表 3.2 是甲、乙、丙、丁四人消费咖啡的效用表，请计算四人边际效用数据并填入表中。根据表 3.2 中原有数据和自己计算的数据在图 3.3、图 3.4 中用不同线条画出四人的总效用曲线和边际效用曲线，交流学习边际效用心得，讨论丁在享受 5 个单位的咖啡时总效用应该是多少。

表 3.2　总效用和边际效用的计算

咖啡	总效用				边际效用			
	甲	乙	丙	丁	甲	乙	丙	丁
0	0	0	0	0				

续表

咖啡	总效用				边际效用			
	甲	乙	丙	丁	甲	乙	丙	丁
1	10	20	40	60				
2	20	40	60	40				
3	40	60	30	20				
4	60	20	10	0				
5	30	0	0					

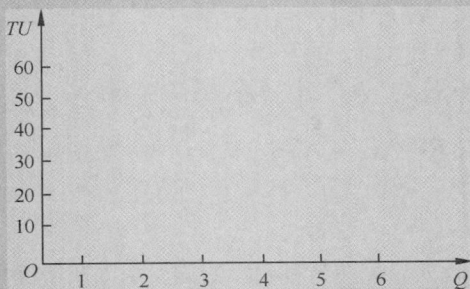

图 3.3　总效用曲线

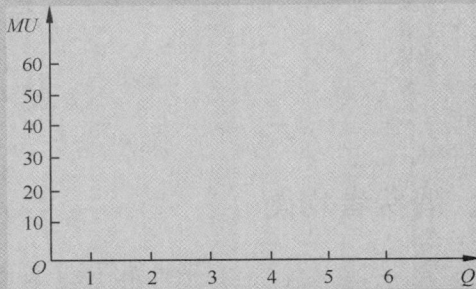

图 3.4　边际效用曲线

二、边际效用递减规律

边际效用递减规律，指在一定时间内，在其他商品消费数量保持不变的条件下，随着消费者对某种商品消费量的增加，消费者从该商品连续增加的每一消费单位中所得到的效用增量即边际效用是递减的。

利用边际效用递减规律，我们能够解释生活中的很多现象。例如，我们吃得越来越好，我们的胃口却越来越差；我们的房子越换越大，我们的心情却越来越差；我们的钱越来越多，我们的满足感却越来越少。今天的山珍海味也吃不出当年饺子的香味，这就是边际效用递减规律。

边际效用是递减的。根据西方学者的解释，边际效用递减有以下两个原因。

（1）生理和心理的原因。效用是消费者的心理感受，消费某种物品实际上就是提供一种刺激，使人有一种满足的感受，或心理上有某种反应。消费某种物品时，开始的刺激大，从而使人的满足程度高。但不断消费同一种物品，即同一种刺激不断重复时，人在心理上的兴奋程度或满足程度就必然减少。或者说，随着消费数量的增加，效用不断累积，新增加的消费所带来的效用增加就会变得越来越微不足道。

（2）物品用途的多样性。每种物品都有几种用途，可按重要性将其分成不同等级。消费者在使用物品时，首先会把它用在最重要的用途上，然后会将其逐次用到不重要的用途上。这本身就说明边际效用是递减的。例如，水，按重要程度递减的顺序，分别有饮用、洗浴、洗衣、浇花等多种用途。当水很少时，它被用在最重要的用途上，如

> **生活中的实例**
>
> 陈佩斯在小品《吃面》中对每一碗面的不同反应，消费者喝第一、第二、第三杯咖啡的反应，都在告诉我们边际效用递减的道理。

饮用；用水量很充足的情况下，则它会被逐次用到洗浴、洗衣、浇花等相对越来越不重要的用途上。这也说明边际效用是递减的。

边际效用递减规律是西方经济学在研究消费者行为时用来解释需求定理的一种理论观点。它是在考察、总结人们日常生活中得出的一个理论命题。当然，它的有效性要以假定人们消费行为的决策是符合理性的为必要前提。

知识拓展

> 边际效用递减规律也被称为戈森第一定理。戈森是德国经济学家，戈森第一定理的主要内容：人类为满足欲望和享乐需不断增加消费次数，而满足感会随消费的次数的增加而递减。当满足为零时消费就应停止，如再增加消费则满足为负数，就变为痛苦。戈森第一定理也即"欲望强度或享乐递减定律"，该定理是现代"效用论"的基础。

三、消费者均衡

消费者均衡是对单个消费者如何把有限的货币收入分配在各种商品的购买中以获得最大的效用的研究。或者说，它研究的是单个消费者在既定收入下实现效用最大化的均衡条件。此处的均衡，是指消费者实现最大效用时既不想再增加也不想再减少任何商品购买数量的一种相对静止的状态。

基数效用论认为消费者实现效用最大化均衡的条件是：如果消费者的货币收入水平是固定的，市场上各种商品的价格是已知的，那么消费者应该使自己所购买的各种商品的边际效用与价格之比相等。或者说，消费者应使自己花费在各种商品购买上的每一元钱所带来的边际效用都相等。

1. 消费者均衡条件的理论分析

假定消费者用既定的收入 I 购买两种商品 X 和 Y，P_X、P_Y 分别为这两种商品的既定价格，以 Q_X 和 Q_Y 分别表示这两种商品的购买数量，MU_X、MU_Y 分别表示这两种商品的边际效用，同时假定消费者的收入为 M，λ 为不变的货币的边际效用，则消费者效用最大化的均衡条件可以用公式表示为

$$\begin{cases} \dfrac{MU_X}{P_X} = \dfrac{MU_Y}{P_Y} = \lambda \text{（均衡条件）} \\ P_X Q_X + P_Y Q_Y = M \text{（限制条件）} \end{cases} \tag{3.4}$$

当 $MU_X / P_X < MU_Y / P_Y$ 时，对于消费者来说，同样的一元钱购买到商品 X 所得到的边际效用小于购买商品 Y 所得到的边际效用。这样理性的消费者就会调整这两种商品的购买数量，减少对商品 X 的购买量，增加对商品 Y 的购买量。在调整过程中，消费者减少对商品 X 的购买量带来的商品 X 的边际效用的减少量，是小于增加商品 Y 的购买量带来的商品 Y 的边际效用的增加量的，这说明消费者的总效用是增加的。当消费者将其购买组合调整到同样一元钱购买这两种商品所得到的边际效用相等，即 $MU_X / P_X = MU_Y / P_Y$ 时，消费者就得到了最大效用。

相反，当 $MU_X / P_X > MU_Y / P_Y$ 时，说明对于消费者来说同样的一元钱购买商品 X 所得到的边际效用大于购买商品 Y 所得到的边际效用。同理可知，消费者也会进行与前面相反的调整

过程，即增加对商品 X 的购买，减少对商品 Y 的购买，直至 $MU_X / P_X = MU_Y / P_Y$ 时消费者得到最大效用。

当 $MU_X / P_X < \lambda$ 时，说明消费者用一元钱购买商品 X 所得到的边际效用小于所付出的一元钱的边际效用，即消费者对商品 X 的购买量太多了，这样理性的消费者就会减少对商品 X 的购买，在边际效用递减规律的作用下直至 $MU_X / P_X = \lambda$。

当 $MU_X / P_X > \lambda$ 时，说明消费者用一元钱购买商品 X 所得到的边际效用大于所付出的一元钱的边际效用，即消费者对商品 X 的购买量不足，这样理性的消费者就会增加对商品 X 的购买，在边际效用递减规律的作用下直至 $MU_X / P_X = \lambda$。

2. 消费者均衡条件实例分析

我们以表 3.3 为例，进一步说明消费者均衡的条件。

表 3.3 某消费者的边际效用表

商品数量（Q）	1	2	3	4	5	6	7	8
商品 X 的边际效用（MU_X）	11	10	9	8	7	6	5	4
商品 Y 的边际效用（MU_Y）	19	17	15	13	12	10	8	6

在表 3.3 中，假设某消费者在某一时期内将 8 元钱全部用于商品 X 和商品 Y 的购买，两商品的价格分别为 $P_X = 1$ 元，$P_Y = 1$ 元。那么，能给消费者带来最大边际效用的购买组合应该是什么呢？

在商品的边际效用连续下降时，消费者只有使每一元钱所带来的边际效用最大，才能最后使总效用最大。根据表 3.3，理性的消费者将会用第一元钱购买第一单位的商品 Y，由此得到 19 效用单位，他不会用第一元钱去购买第一单位的商品 X，因为这样只能得到 11 效用单位。同理，根据追求最大效用的原则，他将用第二、第三、第四和第五元钱去购买第二、第三、第四和第五单位的商品 Y，分别获得 17、15、13 和 12 效用单位。再用第六元钱去购买第一单位的商品 X，获得 11 效用单位。最后，用第七、第八元钱去购买第二单位的商品 X 和第六单位的商品 Y，这时分别花费在这两种商品上的最后一元钱所带来的边际效用是相等的，都是 10 效用单位。至此，该消费者的全部收入 8 元都用完了，并以最优购买组合 $Q_X = 2$ 单位和 $Q_Y = 6$ 单位实现了效用最大化的均衡条件：

$$\frac{MU_X}{P_X} = \frac{MU_Y}{P_Y} = \frac{10}{1} = \lambda$$

$$P_X Q_X + P_Y Q_Y = 1 \times 2 + 1 \times 6 = 8$$

此时，消费者获得的最大的总效用为 107 效用单位。

探索与思考

由于收入和价格的变动，消费者的均衡也发生变化。假如在新均衡下各种商品的边际效用均低于原均衡状态下的边际效用，则这意味着消费者的满足程度提高了还是降低了？为什么？

生活中的实例

把每一分钱都用在刀刃上

消费者均衡就是消费者购买商品的边际效用与货币的边际效用相等。这就是说，消费者每一元钱的边际效用和用一元钱买到的商品的边际效用相等。假定一元钱的边际效用是 5 个效用单位，一件上衣的边际效用是 50 个效用单位，消费者愿意用 10 元钱购买这件上衣，因为这时一元钱的边际效用与用在一件上衣上的一元钱的边际效用相等。此时，消费者实现了消费者均衡，也可以说实现了消费（满足）的最大化。低于或大于 10 元钱，都不能实现消费者均衡。我们可以简单地说，在收入和商品价格既定的情况下，花钱最少得到的满足程度最大就实现了消费者均衡。

商品的边际效用递减，其实货币的边际效用也是递减的。在收入既定的情况下，储蓄越多，购买的物品就越少，这时货币的边际效用就下降，而物品的边际效用在增加。明智的消费者应该把一部分货币用在购物上，以增加它的总效用；相反，消费者减少商品的购买量，增加货币的持有，也能提高它的总效用。通俗地说，假定你有稳定的职业收入，银行存款有 50 万元，但非常节俭，吃、穿、住都处于温饱水平。但实际上这 50 万元足以让你实现小康生活。要想实现消费者均衡，那你就应该用这 50 万元的一部分去购房，一部分去买一些档次高的服装，银行也要有一些积蓄。相反，如果你没有积蓄，而购物欲望又非常强，见到新的服装款式甚至借钱也要去买，买的服装很多，其效用降低，如果遇到一些家庭风险，没有一点积蓄，就会使生活陷入困境。

消费者均衡理论看似难懂，但其实一个理性的消费者其消费行为已经遵循了消费者均衡理论。例如，你在现有的收入和储蓄水平下是买房还是买车，会做出合理的选择。再如，你走进超市，见到琳琅满目的物品，你会选择最需要的。所以说，经济学是选择的经济学，而选择就是在你资源（货币）有限的情况下实现消费满足最大化，使每一分钱都花在刀刃上，这就实现了消费者均衡。

探索与思考

试想，货币的边际效用与一般商品的边际效用相同吗？为什么？

3. 货币的边际效用

基数效用论者认为，不仅商品的边际效用是递减的，货币收入的边际效用也是递减的。货币收入的边际效用，是指每增加或减少一单位的货币收入所增加或减少的效用。这就意味着，一方面，随着某消费者货币收入的逐步增加，每增加一元钱给消费者所带来的边际效用越来越小；另一方面，同样数量的货币收入，对穷人和富人来讲，其边际效用是存在很大的差别的。

生活中的实例

"单身经济"崛起，催生万亿市场新机遇

目前，中国单身社会的形态已初现端倪。《中国统计年鉴 2017》数据显示，我国单身人口规模已达到 2.4 亿，这一数字已然超过了俄罗斯与英国的总人口之和。从全球范围来看，单身人口逐年增长已成"常态"。据东兴证券研究所报告，单身人口已占到美国成年人口的 45%，日本这一数据为 32.4%，韩国为 23.9%，而中国只有 17.4%。

需要看到的是，单身人群的消费结构与传统消费者的消费结构是有所不同的。单身人群的一大消费特征就是娱乐性消费和饮食性消费支出比例较大，因为单身人群可支配时间相对较多，所以乐于将时间用在满足其休闲化需求的消费上。从消费者结构来看，"80 后"与"90 后"正逐渐成为消费主力军，他们消费行为和消费理念发生的改变，为产业创新和转型提供了更多机会。相比已婚人群，单身人群的消费行为更加感性，他们对价格的敏感度也相对较低。

数据解读单身群体消费现状（2017 年 8 月 29 日北京电视台新闻片段）

请观看视频后试着思考单身群体消费有什么特点，单身消费应该如何做出合理的选择。

四、消费者剩余

消费者剩余是消费者在购买一定数量的某种商品时愿意支付的最高价格和实际支付的价格之间的差额。

生活中的实例

假设你暑假去海边旅游，顺便到某大商场购物，你很高兴地以 200 元的折扣价买下了一双标价 500 元的鞋。这事儿看上去的确值得高兴，因为你买这双鞋似乎省下了 300 元。

但是，你真的赚到 300 元吗？并没有。你自认为赚到的钱其实就是消费者剩余。换句话说，你本来愿意出价 500 元，甚至用更高的价格买这双鞋，结果只付了 200 元，这之间 300 元的差价便是消费者剩余。

因此，消费者剩余只是一种心理感受，并不意味着有实际的收入。

消费者购买商品时，消费者对每一单位商品所愿意支付的最高价格，取决于这一单位商品的边际效用。因为商品的边际效用是递减的，所以消费者对某种商品所愿意支付的最高价格并不等于该商品在市场上的实际价格。事实上，消费者在购买商品时是按实际的市场价格支付的。于是，在消费者愿意支付的最高价格和实际的市场价格之间就产生了一个差额，这个差额便构成了消费者剩余。

例如，某种汉堡包的市场价格为 3 元，某消费者在购买第一个汉堡包时根据这个汉堡包边际效用，他认为值得付 5 元去购买这个汉堡包，即他愿意支付的最高价格为 5 元。于是，当这个消费者以市场价格 3 元购买到这个汉堡包时，就创造了额外的 2 元剩余。在以后的购买过程中，随着汉堡包边际效用的递减，他为购买第二、第三、第四个汉堡包所愿意支付的最

知识点滴

消费者剩余并不是实际收入的增加，只是一种心理感觉。生活必需品的消费者剩余大，因为消费者对这类商品的效用评价高，愿意支付的价格也高，但这类商品的市场价格一般不高。

高价格也分别递减为 4.50 元、4.00 元和 3.50 元，这样，他为购买 4 个汉堡包所愿意支付的最高总金额= 5.00 + 4.50 + 4.00 + 3.50 = 17.00 元，但他实际按市场价格支付的总金额= 3.00 × 4 = 12 元。两者的差额= 17 - 12 = 5 元，这个差额就是消费者剩余。也正是从这种感觉上，他认为购买 4 个汉堡包是值得的，是能使自己的状况得到改善的。

探索与思考

问：假设某消费者对商品的需求曲线为 $P = 10 - 2Q$，此种商品的市场价格为 2 元，请问消费者的购买量分别为 1、2、3、4 时，消费者剩余各是多少。

答：当 $Q=1$ 时，$P=8$（当购买第 1 件商品时，消费者愿意支付 8 元）；

当 $Q=2$ 时，$P=6$（当购买第 2 件商品时，消费者愿意支付 6 元）；

当 $Q=3$ 时，$P=4$（当购买第 3 件商品时，消费者愿意支付 4 元）；

当 $Q=4$ 时，$P=2$（当购买第 4 件商品时，消费者愿意支付 2 元）。

这也体现了边际效用递减规律。由题可知，该商品的市场价格为 2 元，那么：

若购买 1 件该商品，消费者剩余为 8−2=6（元）；

若购买 2 件该商品，消费者剩余为 8+6−2×2=10（元）；

若购买 3 件该商品，消费者剩余为 (8+6+4)−2×3=12（元）；

若购买 4 件该商品，消费者剩余为 (8+6+4+2)−2×4=12（元）。

第三节　序数效用论

序数效用论者运用无差异曲线分析方法来考察消费者行为，并在此基础上推导出消费者的需求曲线，深入阐述了需求曲线的经济含义。

一、无差异曲线

1. 无差异曲线的定义

无差异曲线是对于消费者来说能带来同等满足程度的各种不同商品的组合。它是用来表示至少两种商品的不同数量的组合给消费者所带来的效用完全相同的一条曲线。无差异曲线上的每一点代表一种消费组合，任意一点所代表的组合给消费者带来的效用是没有差异的。

表 3.4　消费者商品组合无差异表

组合方式	X 商品	Y 商品
A	5	30
B	10	18
C	15	13
D	20	10
E	25	8

假设消费者购买 X 和 Y 两种商品，这两种商品可以有 A、B、C、D、E 5 种不同的组合方式。这 5 种不同的组合能给消费者带来相同的效用，如表 3.4 所示。

根据表 3.4 可以绘制无差异曲线，如图 3.5 所示。在图 3.5 中，横轴代表商品 X 的数量，纵轴代表商品 Y 的数量，A、B、C、D、E 各点代表 5 种不同的商品 X 和 Y 的数量组合，将 5 个点连起来所形成的曲线就是无差异曲线。一条无差异曲线上有无数个点，也就是无数个商品组合，但它们可以给消费者带来相同的效用水平。

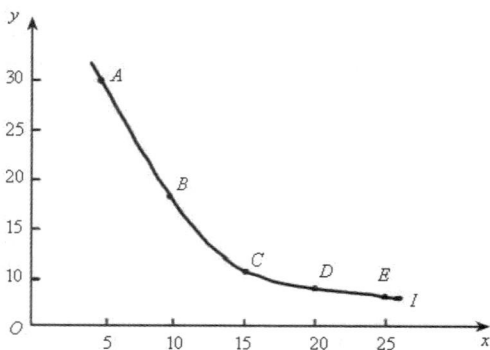

图 3.5　无差异曲线

2. 无差异曲线的特征

无差异曲线具有以下四个方面的特征。

（1）无差异曲线向右下方倾斜，其斜率为负值。它表明在收入和价格既定的条件下，为获得同样的满足程度，对一种商品消费的增加必然伴随着对另一种商品消费的减少。无差异曲线上各点所代表的效用组合，对消费者来说都是相同的。在两种商品都有正的边际效用的情况下，X 商品消费的增加必然要求 Y 商品消费的减少。

（2）无差异曲线有无数条，每一条都代表着消费者消费商品组合可以获得的一个效用水平，并且离原点越远的无差异曲线代表的效用越大；离原点越近的无差异曲线所代表的效用越小。例如，在图 3.6 中，I_1、I_2、I_3 是三条不同的无差异曲线，它们分别代表不同的效用水平，其效

用大小依次为 $I_1 < I_2 < I_3$。

（3）同一平面上的不同无差异曲线不能相交。如图 3.7 所示，若两条无差异曲线 I_1 和 I_2 相交于 B 点，根据无差异曲线的定义，商品组合 A 和 B 具有相同的效用水平，同理，商品组合 B 和 C 具有相同的效用水平，由此可以得出，A 和 C 具有相同的效用水平。由无差异曲线的特征（2）可知，商品组合 C 的效用水平要大于商品组合 A 的效用水平，这就出现了矛盾。因此，任意两条不同的无差异曲线都不可能相交，除非重合。

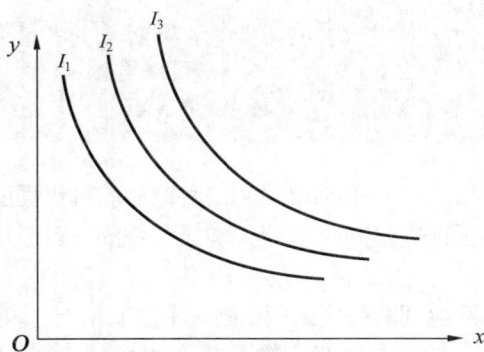

图 3.6 无差异曲线

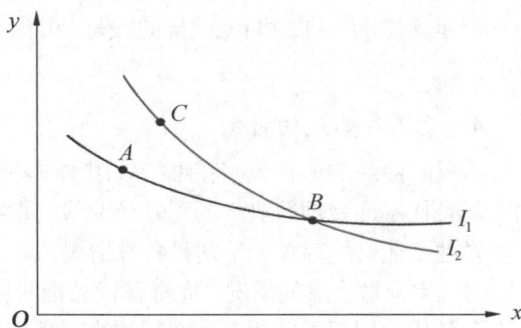

图 3.7 任意两条无差异曲线不相交

（4）无差异曲线凸向原点。这一特点是由商品的边际替代率递减规律所决定的。从几何意义上看，无差异曲线凸向原点，表明其倾斜程度越来越平缓。从无差异曲线代表的经济学意义上来看，凸向原点意味着随着一种商品数量的增加另外一种商品减少的数量越来越小，即一种商品对另外一种商品的替代能力越来越弱。为了刻画一种商品对另外一种商品的替代程度，经济学中经常采用边际替代率这一概念。

3．边际替代率及其递减规律

商品的边际替代率（Marginal Rate of Substitution，MRS），是指在维持效用水平不变的前提下消费者增加一单位某种商品的消费数量与所需要放弃的另一种商品的消费数量。商品 X 对商品 Y 的边际替代率的定义公式为

$$MRS_{XY} = -\frac{\Delta y}{\Delta x} \tag{3.5}$$

式中，Δx 和 Δy 分别为商品 X 和商品 Y 的变化量。因为 Δx 是增加量，Δy 是减少量，两者的符号肯定是相反的，所以为了使 MRS_{XY} 的计算结果是正值便于比较，就在公式中加了一个负号。当商品数量的变化趋于无穷小时，则商品的边际替代率为

$$MRS_{XY} = \lim_{\Delta X \to 0}(-\frac{\Delta y}{\Delta x}) = -\frac{dy}{dx} \tag{3.6}$$

知识点滴

边际替代率度量的是无差异曲线的斜率的绝对值，它可以被解释为消费者恰好愿意用商品 Y 代替商品 X 的比率。

显然，无差异曲线上某一点的边际替代率就是无差异曲线在该点的斜率的绝对值。

边际替代率递减规律，是指在维持效用水平不变的前提下，随着一种商品的消费数量的连续增加，消

费者为得到每一单位的这种商品所需要放弃的另一种商品的消费数量是递减的。之所以会普遍发生商品的边际替代率递减的现象，是因为当消费者拥有越来越多的某种商品时，该商品对他的相对重要性越来越小，增加一单位该商品使他获得的满足程度越来越低。

从几何意义上来讲，因为商品的边际替代率就是无差异曲线的斜率的绝对值，所以边际替代率递减规律决定了无差异曲线的斜率的绝对值是递减的，即说明无差异曲线是凸向原点的。

> **知识点滴**
>
> 边际替代率递减的原因在于，消费数量相对越来越多的商品，它的边际效用是逐步下降的，而另一种商品随着消费量的下降其边际效用则在上升。因此，一种商品替代另一种商品的量越来越少，边际替代率是递减的。

4. 无差异曲线的特例

无差异曲线的形状表明在维持效用水平不变的前提下一种商品对另一种商品的替代程度。由边际替代率递减规律决定的无差异曲线的形状是凸向原点的，这是无差异曲线的一般形状。无差异曲线还可能存在以下两种特殊情况。

（1）完全替代品的情况。完全替代品指两种商品之间的替代比例是固定不变的情况。因此，在完全替代的情况下，两商品之间的边际替代率是一个常数，相应的无差异曲线是一条斜率不变的直线。瓶装可乐与听装可乐或许可以视为这一情况的例子：对于不注重包装而只注重内容的消费者而言，2500mL 瓶装可乐与 355mL 听装可乐之间的边际替代率约为 7（2500/355）。完全替代品的无差异曲线如图 3.8（a）所示。

（2）完全互补品的情况。完全互补品指两种商品必须按固定不变的比例同时被使用的情况。因此，在完全互补的情况下，相应的无差异曲线为直角形状。例如，一双鞋子的左脚鞋和右脚鞋就属于这种情况，因为单纯增加一只鞋子并没有意义。完全互补品的无差异曲线如图 3.8（b）所示。

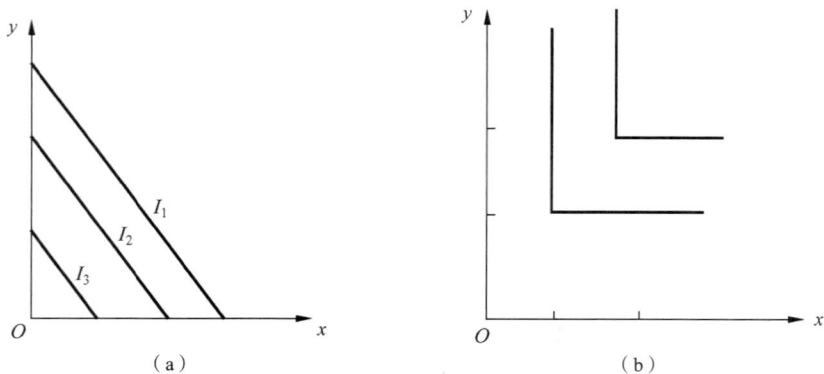

图 3.8 无差异曲线的特例

二、预算约束线

预算约束线又称为消费可能线或等支出线，简称预算线。它是一条表明在消费者收入与商品价格既定的条件下消费者所能购买到的两种商品数量最大组合的线。无差异曲线表示的是消费者的主观愿望，而预算线表示的是消费者实际消费的最大可能。

预算线表明了消费者消费行为的限制条件，这种限制就是购买商品所花的钱不能大于收入也不能小于收入。大于收入在收入既定条件下是无法实现的，小于收入则无法实现效用最大化。这种限制条件可以写为公式：

$$P_X Q_X + P_Y Q_Y = M \qquad (3.7)$$

或

$$Q_Y = \frac{M}{P_Y} - \frac{P_X}{P_Y} \cdot Q_X \qquad (3.8)$$

预算线是一条直线，其斜率为$-P_X / P_Y$。假设某消费者收入 $M = 60$ 元，他面临着两种商品 X 与 Y，价格分别为 $P_X = 20$ 元、$P_Y = 10$ 元，据上述公式可得 $Q_Y = -2Q_X + 6$。这样就可以画出图 3.9。

在图 3.9 中，连接 A、B 两点的直线就是预算线。该线上的任何一点，都是在收入与价格既定的条件下能购买到的 X 商品与 Y 商品的最大数量的组合。例如，在 C 点，购买 4 单位 Y 商品和 1 单位 X 商品，正好用完 60 元（$10 \times 4 + 20 \times 1 = 60$ 元）。在预算线内任意一点消费，都是可以实现的，例如，在 D 点，购买 2 单位 Y 商品和 1 单位 X 商品只用了 40 元（$10 \times 2 + 20 \times 1 = 40$元），但这并不是最大数量的组合；而在预算线外任意一点消费，都是无法实现的，例如，在 E 点，购买 4 单位 Y 商品、2 单位 X 商品，这时要支出 80 元（$10 \times 4 + 20 \times 2 = 80$ 元），超过了既定收入的 60 元，消费无法实现。

图 3.9 中，预算线是以消费者的收入和商品价格既定为条件的，如果消费者的收入和价格发生变化，消费者的预算线也会随之变动。

探索与思考

如果商品 Y 的价格上涨了，而商品 X 的价格和收入保持不变，那预算线会发生什么变化？

第一种情况，商品价格既定，消费者的货币收入发生变动。

商品价格不变，预算线的斜率保持不变。如果货币收入增加，消费者可以购买更多同比例的商品 X 和商品 Y，则预算线向右上方平行移动；反之，如果货币收入减少，则预算线向左下方平行移动。如图 3.10 所示。

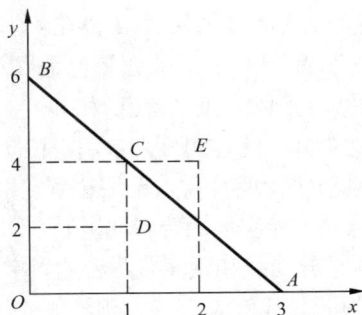

图 3.9　预算线

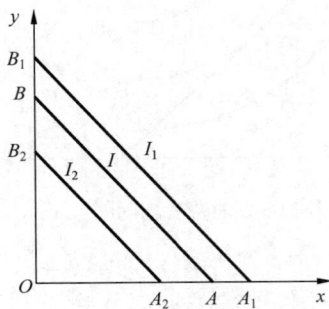

图 3.10　收入的变化

第二种情况，货币收入既定，商品价格发生相对变动。

商品价格发生了变动，则预算线斜率发生改变，预算线不再是平行移动，而是发生转动。如果商品价格下降，预算线向外旋转；如果商品价格上升，预算线向内旋转。如图 3.11 所示，

Y 商品的价格不变，X 商品的价格下降时，预算线在 Y 轴上的交点 B 不动，在 X 轴上的交点将
会右移，反之，将会左移；如图 3.12 所示，X 商品的价格不变，Y 商品的价格下降时，预算线
在 X 轴上的交点 A 不动，在 Y 轴上的交点将会上移，反之则将会下移。

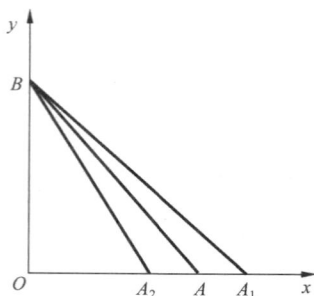

图 3.11　商品 X 的价格发生变化　　　　图 3.12　商品 Y 的价格发生变化

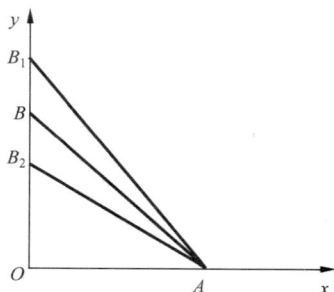

第三种情况，如果所有商品的价格以同一方向同一比例发生变动，则消费者预算线位置发
生平行移动。

三、消费者均衡

在收入和商品价格既定的条件下，消费者试图选择能使得自身效用最大化的商品数量组合。
在这一过程中，消费者受到追逐更高效用动机的驱使，同时也受到来自收入预算的制约。在这
两种相反力量的作用下，当消费者选择了最优消费数量时，将维持这种状态不变，此时消费者
处于均衡状态。因此，消费者均衡可以用无差异曲线和预算约束线加以说明。

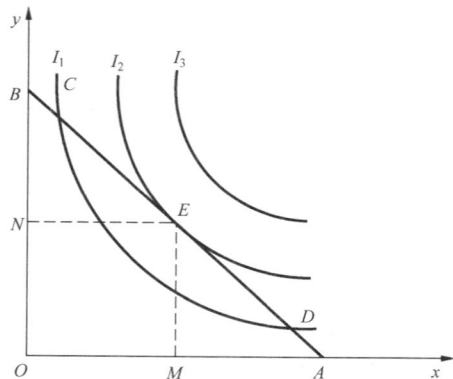

图 3.13　消费者均衡图

在图 3.13 中，I_1、I_2、I_3 是三条无差异曲线，它
们效用大小的顺序为 $I_1 < I_2 < I_3$。AB 为预算线。消费
者要想获得较大满足，总希望尽可能地将预算线与
无差异曲线的交点向右上方移动，但由于受消费者
收入和商品价格的限制，图中预算线只能与 I_2 相切。
尽管 AB 线与 I_1 相交于点 C 和 D，在 C 和 D 两点上
所购买的 X 商品与 Y 商品的数量也是收入与价格既
定条件下最大的组合，但在点 C 和 D 上，X 商品与
Y 商品的组合并不能达到最大效用。在 I_3 上满足水
平较高，但消费者现有收入无法达到。由此看来，
只有在 E 点处才能实现消费者均衡。

找出消费者效用最大化的均衡条件。在切点 E，无差异曲线和预算线两者的斜率是相等的。
我们已经知道，无差异曲线斜率的绝对值就是商品的边际替代率 MRS_{XY}，预算线的斜率的绝对
值可以用两商品的价格之比 P_X/P_Y 来表示。由此，在均衡点 E 有

$$MRS_{XY} = \frac{P_X}{P_Y} \tag{3.9}$$

这就是消费者效用最大化的均衡条件。它表示在一定的预算约束下为了实现最大的效用消费者
应该选择最优的商品组合，使得两商品的边际替代率等于两商品的价格之比。也就是说，在消

费者均衡点上，消费者愿意用一单位的某种商品去交换的另一种商品的数量，应该等于该消费者能够在市场上用一单位的这种商品去交换得到的另一种商品的数量。

📖 知识拓展

基数效用论与序数效用论的比较

（1）假设不同。基数效用论假设消费者消费商品所获得的效用是可以度量的，可以用基数表示；每个消费者都可以准确地说出自己所获得的效用值；边际效用具有递减规律。序数效用论认为消费所获得的效用只可以进行排序，仅可以用序数表示；效用的大小及特征表现在无差异曲线中。

（2）使用的分析方法不同。基数效用论运用边际效用分析法、边际效用递减规律来研究效用最大化；序数效用论则使用无差异曲线、预算线来作为分析工具。

（3）均衡条件的表达式虽然不同，但其实质上是相同的。如果只有 X 和 Y 两种商品，则基数效用论的均衡条件为 $\frac{MU_X}{P_X} = \frac{MU_Y}{P_Y}$，而序数效用论的均衡条件为 $MRS_{XY} = \frac{P_X}{P_Y}$。而 $MRS_{XY} = \frac{MU_X}{MU_Y}$，因此，有 $\frac{MU_X}{MU_Y} = \frac{P_X}{P_Y}$，也即 $\frac{MU_X}{P_X} = \frac{MU_Y}{P_Y}$，这和基数效用论的均衡条件是相同的。

（4）两种方法都把消费者的行为视为在既定收入限制条件下追求最大化效用的过程，通过研究消费者的均衡，得出需求曲线。

📘 生活中的实例

电子商务加速跑　撬动消费新升级

自 2013 年之后，我国成为全球第一大网上零售市场，网上零售额占社会消费品零售总额的比例超过 10%，并且每年以超过两位数的增速发展。受网上零售的挤压，许多实体商业经营困难，存在较大转型压力。同时，由于我国流通企业未能充分延伸到生产、消费环节，缺乏供销一体化的现代经营模式，许多流通企业依靠通道费、场租费作为主要赢利模式，企业经营能力局限于物业管理、抽取经销商扣点，而缺乏品牌经营、消费者偏好研究等具有竞争力的赢利创新能力，经营模式同质化现象严重，导致百货、超市和购物中心等业态经营不善或闲置现象增多，存在着较为严重的产能过剩问题。

2016 年 11 月 11 日中央电视台新闻片段

请观看视频后思考中国网络购物有什么新变化，从消费者剩余的角度讨论中国电子商务"加速跑"的原因。

第四节　效用理论的应用

一、价格变化和收入变化对消费者均衡的影响

在其他条件均保持不变时，一种商品价格的变化会使消费者效用最大化的均衡点位置发生移动，并由此可以得到价格—消费曲线。<u>价格—消费曲线是在消费者的偏好、收入以及其他商品</u>

价格不变的条件下，与某一种商品的不同价格水平相联系的消费者效用最大化的均衡点的轨迹。

如图3.14所示，在收入不变、Y商品价格不变的情况下，当X商品的价格从P_1一直下降到P_4时，4条消费可能线与4条无差异曲线相切之点所决定的X商品的购买量分别为x_1、x_2、x_3、x_4。把4条消费可能线与4条无差异曲线相切之点连接起来的线PCC就是价格—消费曲线。这条线表明，在收入与Y商品价格不变的情况下，X商品价格下降时消费者购买的X商品与Y商品不同数量的组合，所以价格—消费曲线并不是消费者对X商品的需求曲线。

把图3.14中与各个X商品的价格（P_1、P_2、P_3、P_4这种价格隐含在各条消费可能线中）对应的消费者购买的X商品的数量（x_1、x_2、x_3、x_4）描绘在图3.15中，就可以推导出消费者对X商品的需求曲线D。因此，用无差异曲线分析法也可以推导出表明价格与需求量呈反方向变动的、向右下方倾斜的需求曲线。

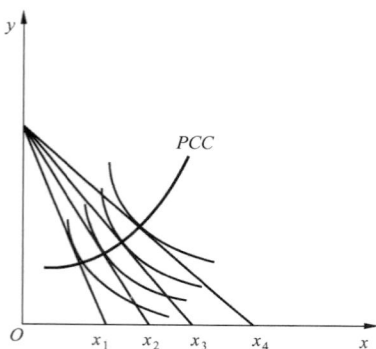

图3.14　价格—消费曲线

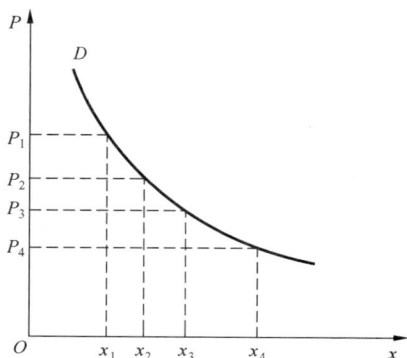

图3.15　需求曲线

从上面的分析中我们知道，需求定理是由消费者的行为决定的。

二、替代效应和收入效应

一种商品价格的变化会引起该商品需求量的变化，这种变化可以被分解为替代效应和收入效应两个部分。

一种商品的价格发生变化后，将同时对商品的需求量产生两种影响：①使消费者的实际收入水平发生变化，实际收入水平变化会引起效用水平的变化；②商品的相对价格发生变化。这两种变化都会改变消费者对该种商品的需求量。

知识点滴

消费者购买商品1和商品2时，当商品1价格下降时，一方面，商品1相对商品2的价格发生变化，从而消费者会增加对商品1的购买而减少对商品2的购买，即替代效应；另一方面，消费者现有的货币收入购买力增强，即实际收入提高，从而提升效用水平，即收入效应。

（1）总效应：某商品价格变化的总效应，是当消费者从一个均衡点移动到另一个均衡点时该商品需求量的总变动。

（2）替代效应：替代效应是在商品相对价格发生变化而消费者实际收入不变的情况下商品需求量的变化。

（3）收入效应：收入效应是指由商品价格变动引起实际收入水平变动，进而由实际收入水平变动所引起的商品需求量的变动。

总效应与替代效应、收入效应之间的关系是总效应等于替代效应加收入效应。收入效应表示消费者的效用水平发生变化，替代效应则不改变消费者的效用水平。

商品可以分为正常商品和低档商品两大类。正常商品和低档商品的区别在于正常商品的需求量与消费者的收入水平呈同方向变动，即正常商品的需求量随着消费者收入水平的提高而增加，随着消费者收入水平的下降而减少。低档商品的需求量与消费者的收入水平呈反方向变动，即低档商品的需求量随着消费者收入水平的提高而减少，随着消费者收入水平的下降而增加。

1. 正常商品的替代效应和收入效应

对于正常品来说，在消费者实际收入不变的条件下，如果某种商品价格上涨而其他商品的价格没有变，那么其他商品的相对价格就下降了，消费者就会用其他商品来代替这种商品，从而对这种商品的需求量就会减少。例如，当橘子的价格上升而橙子价格不变时，橙子的价格相对于橘子的价格就下降了，人们就会购买更多的橙子而减少对橘子的购买。如果该商品价格上涨了，在消费者货币收入不变的条件下，即消费者的实际收入在减少的情况下，则其对这种商品的需求就会减少。例如，如果面粉的价格上升而消费者的货币收入不变，则消费者实际收入减少了，其对面粉的需求量也必然减少。因此，替代效应与价格呈反方向变动，收入效应也与价格呈反方向变动，在它们共同的作用下，总效应必定与价格呈反方向变动。正因为如此，正常商品的需求曲线是向右下方倾斜的。

> **知识点滴**
>
> 替代效应强调消费者在实际收入不变时一种商品价格变动对其他商品相对价格水平的影响；收入效应则强调一种商品价格变动对实际收入水平的影响。

2. 低档商品的替代效应和收入效应

对于低档商品来说，替代效应与价格呈反方向变动，收入效应与价格呈同方向变动。而且，在大多数场合，收入效应的作用小于替代效应的作用，所以总效应与价格呈反方向变动，相应的需求曲线是向右下方倾斜的。

但是，在少数的场合，某些低档商品的收入效应的作用会大于替代效应的作用，于是就会出现违反需求曲线向右下方倾斜的现象，这类需求量与价格呈同方向变动的特殊商品被称为吉芬商品。吉芬商品是一种特殊的低档商品，作为低档商品，吉芬商品的替代效应与价格呈反方向变动，收入效应则与价格呈同方向变动。吉芬商品的特殊性在于它的收入效应作用很大，以至于超过了替代效应的作用，从而使得总效应与价格呈同方向变动，这也是吉芬商品的需求曲线向右上方倾斜的原因。

现将正常商品、低档商品和吉芬商品的替代效应和收入效应所得到的结论综合于表 3.5。

> **探索与思考**
>
> 假设某些女性在收入比较低时购买杏仁蜜作为化妆品，而在收入提高后购买欧莱雅化妆品。则杏仁蜜对这些女性来说是正常品、低档品还是吉芬品？

表 3.5　商品价格变化所引起的替代效应和收入效应

商品类别	替代效应与价格的关系	收入效应与价格的关系	总效应与价格的关系	需求曲线的形状
正常商品	反方向变化	反方向变化	反方向变化	向右下方倾斜
低档商品	反方向变化	同方向变化	反方向变化	向右下方倾斜
吉芬商品	反方向变化	同方向变化	同方向变化	向右上方倾斜

三、消费者行为对企业决策的启示

利用消费者行为决策理论，可以分析消费者的选择，从而为企业的产品设计提供依据。例如，某汽车制造商准备推出新型号汽车，但如何确定汽车款式和性能，是制造商较难解决的问题。诚然，一辆汽车的款式和性能越好消费者越喜欢，但是，一辆汽车的款式和性能越好，其价格就越高。因此，在汽车售价大致确定的情况下，该汽车制造商可以通过两种方式进行市场调查：一种方式是直接向消费者调查他们对款式和性能的偏好，以及他们对两者之间替代关系的看法；另一种方式是根据以往消费者购买不同款式和性能汽车的统计资料分析款式和性能的关系。

假设经过调查该汽车制造商发现消费者的偏好可以分为两种类型，它们的无差异曲线分别如图3.16（a）和图3.16（b）所示。

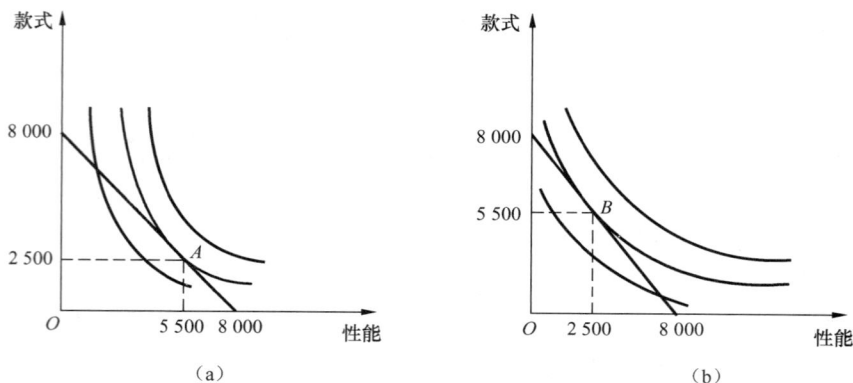

图 3.16 消费者对汽车特性的选择

图3.16（a）表明，这部分消费者偏好性能，他们为了增进一点性能而放弃了较多的款式；图3.16（b）表明，这部分消费者偏好款式，他们为了改进一点款式而放弃了较多的性能。调查结果显示，后一部分消费者多于前一部分消费者。

假设该汽车制造商准备在款式和性能上花费8000美元，那么得到预算线。预算线与两组无差异曲线的切点表明，第一组消费者认为性能值5500美元而款式只值2500美元，第二组消费者认为款式值5500美元而性能只值2500美元。

根据对消费者选择的分析，该汽车制造商可以做出如下决策：第一，把款式和性能定位于图3.16预算线上 *A*、*B* 两点之间接近于 *B* 点的地方，以兼顾两组消费者的选择；第二，生产较多的注重款式的汽车，生产较少的注重性能的汽车，以适应两组消费者不同的选择。

本 章 小 结

效用是指消费者从消费某种商品中所得到的满足程度。总效用是指从消费者消费一定量商品时所获得的总满足程度，用 TU 来表示，其函数为 $TU = f(Q)$。

基数效用论的基本观点是效用是可以计量的，可以用基数（1、2、3、…）来表示满足的程度，并且效用可以加总求和。基数效用论者使用边际效用分析法来量化分析消费者均衡的条件。序数效用论的基本观点是效用是不可以计量的，只能用序数（第一、第二、第三……）来表示满足程度的高低与顺序，并且因为效用不可计量，所以效用不能加总求和。序数效用论者采用的是无差异曲线分析法。无差异曲线是对于消费者来说能带来同等满足程度的各种不同商品组合点的轨迹。预算线必定与无差异曲线中的一条相切于一点，在这个切点上就实现了消费者均衡。

边际效用是指消费者从每增加一单位某种商品或劳务所增加的满足程度。总效用的增加量用 MU 表示，其定义式为 $MU＝\Delta TU/\Delta Q$，当边际效用为正数时，总效用是增加的；当边际效用为零时，总效用达到最大；当边际效用为负数时，总效用减少。边际效用递减规律，是指在其他条件不变的情况下，随着消费者对商品消费量的增加，消费者从该商品连续增加的消费单位中所得到的边际效用是递减的。

消费者均衡是指消费者实现最大效用时既不想再增加也不想再减少任何商品购买数量的一种相对静止的状态。

替代效应是在商品相对价格发生变化而消费者实际收入不变的情况下商品需求量的变化。收入效应是指由商品价格变动引起的实际收入水平变动，进而由实际收入水平变动所引起的商品需求量的变动。总效应等于替代效应加收入效应。

关 键 概 念

效用、基数效用、序数效用、总效用、边际效用、边际效用递减规律、消费者均衡、无差异曲线、边际替代率、边际替代率递减规律、预算线、消费者剩余、替代效应、收入效应

边 学 边 练

一、单项选择题

1. 关于基数效用论，不正确的是（　　）。
   A. 基数效用论中效用可以确定的数字表达出来
   B. 基数效用论中效用可以加总
   C. 基数效用论和序数效用论使用的分析工具完全相同
   D. 基数效用论认为消费一定量的某商品的总效用可以由每增加一个单位的消费所增加的效用加总得出

2. 序数效用论中，商品的效用（　　）。
   A. 取决于价格　　　　　　　　　　　　B. 取决于使用价值
   C. 可以通过确切的数字表示　　　　　　D. 可以比较

3. 消费者剩余是消费者的（　　）。
   A. 实际所得　　　B. 主观感受　　　　C. 没有购买的部分　　D. 消费剩余部分

4．关于无差异曲线，不正确的是（　　　　）。

A．无差异曲线表现出对两种可能性之间进行选择的问题

B．无差异曲线不可能为直线

C．无差异曲线是序数效用论的重要分析工具

D．无差异曲线上的各点所代表的两种商品之不同数量的组合提供的总效用是相等的

5．无差异曲线的形状取决于（　　　　）。

A．消费者收入　　　　　　　　　　B．消费者偏好

C．所购商品的价格　　　　　　　　D．商品效用水平的大小

6．同一条无差异曲线上的不同点表示（　　　　）。

A．效用水平不同，所消费的两种商品组合比例相同

B．效用水平相同，所消费的两种商品组合比例不同

C．效用水平不同，所消费的两种商品组合比例也不相同

D．效用水平相同，所消费的两种商品组合比例却相同

7．如果某消费者增加 1 单位 X 商品的消费量、减少 2 单位 Y 商品的消费量，而总效用水平保持不变，则此时的边际替代率 MRS_{XY} 为（　　　　）。

A．1/2　　　　　B．2　　　　　C．1　　　　　D．4

8．商品 X 和商品 Y 的价格按相同的比率上升而收入不变，则预算线（　　　　）。

A．向左下方平行移动　　　　　　　B．向右上方平行移动

C．不变　　　　　　　　　　　　　D．以上都不对

9．已知消费者的收入为 50 元，商品 X 的价格为 5 元，商品 Y 的价格为 4 元。假定消费者计划购买 6 单位 X 商品和 5 单位 Y 商品，商品 X 和商品 Y 的边际效用分别为 60 和 30，如果要得到最大效用，那他应该（　　　　）。

A．增加 X 和减少 Y 的购买量　　　　B．增加 Y 和减少 X 的购买量

C．同时减少 X 和 Y 的购买量　　　　D．同时增加 X 和 Y 的购买量

10．正常物品价格上升导致需求量减少的原因在于（　　　　）。

A．替代效应使需求量增加，收入效应使需求量减少

B．替代效应使需求量增加，收入效应也使需求量增加

C．替代效应使需求量减少，收入效应也使需求量减少

D．替代效应使需求量减少，收入效应使需求量增加

二、多项选择题

1．下列关于边际替代率说法，正确的有（　　　　）。

A．通常商品的边际替代率逐渐递减，其无差异曲线凸向原点

B．边际替代率可能为无穷大，无差异曲线是一条垂直的直线

C．边际替代率为常数，无差异曲线是一条向右下方倾斜的直线

D．边际替代率不可能为零

2．以下关于边际效用的说法，正确的有（　　　　）。

A．边际效用不可能为负值

B．边际效用与总效用呈同方向变动

C. 对于通常情况来讲，消费者消费商品服从边际效用递减规律

D. 在边际效用大于等于零时，边际效用与总效用呈反方向变动

3. 无差异曲线有向右下方倾斜的形状，关于这一特点，下列说法正确的是（　　）。

    A. 无差异曲线向右下方倾斜意味着用横轴表示的 X 商品的效用更大

    B. 无差异曲线向右下方倾斜意味着减少一个单位的 Y 商品必然增加同等量的 X 商品

    C. 无差异曲线向右下方倾斜意味着随着一种商品数量的增加，减少另一种商品的数量，消费者也可以获得与原来相同的效用水平

    D. 无差异曲线向右下方倾斜说明其斜率为负值

4. 关于消费者均衡点的下列看法，正确的有（　　）。

    A. 均衡点位于预算线上

    B. 消费者均衡点在理论上可以脱离预算线而存在

    C. 均衡点由预算线和无差异曲线的切点决定

    D. 在消费者均衡点上，预算约束线与无差异曲线斜率相等但符号相反

5. 消费者无差异曲线具有（　　）的特点。

    A. 具有正斜率

    B. 斜率递减

    C. 任意两条无差异曲线都不相交

    D. 位于右上方的无差异曲线具有较高的效用水平

6. 关于吉芬商品的需求曲线，下列说法正确的有（　　）。

    A. 吉芬商品的需求曲线向右上方倾斜

    B. 商品价格下降，其替代效应为正数值

    C. 商品价格下降，其收入效应为负数值

    D. 商品价格下降，收入效应的绝对值大于替代效应的绝对值

7. 边际效用递减主要是基于（　　）等原因。

    A. 消费者生理　　B. 消费者心理　　　C. 商品用途多样性　　D. 消费者收入

8. 当两种商品边际替代率等于两种商品的价格之比时，消费者（　　）。

    A. 用尽既定收入　　B. 实现最优购买　　C. 实现最大效用　　D. 处于均衡状态

9. 消费者对于风险的态度包括（　　）。

    A. 风险爱好　　　B. 风险规避　　　C. 风险中立　　D. 以上均不正确

10. 当消费者达到均衡时，以下说法中正确的有（　　）。

    A. 消费者购买每种商品的最后一单位货币的边际效用均相等

    B. 消费者购买每种商品时边际替代率等于两种商品的价格之比

    C. 消费者购买某商品所获得的边际效用等于他所放弃的货币的边际效用

    D. 某种商品的边际效用同该商品价格之比等于单位货币的边际效用

三、判断题

1. 效用具有主观性。　　　　　　　　　　　　　　　　　　　　（　　）

2. 边际效用递减规律无论何时皆可成立。　　　　　　　　　　　（　　）

3. 货币的边际效用通常是固定不变的。　　　　　　　　　　　　（　　）

4. 消费者剩余是实际收入的增加。 （　　）

5. 任何两种商品组合的无差异曲线都是凸向原点且向右下方倾斜的。 （　　）

6. 预算约束线表示的是消费者收入的高低。 （　　）

7. 若边际效用递减，则总效用也在递减。 （　　）

8. 消费者均衡要求预算线与无差异曲线相交。 （　　）

9. 一般情况下，商品的边际替代率是递减的。 （　　）

10. 若正常品的价格下降，则其收入效应为负，替代效应为正。 （　　）

四、简答题

1. 简要说明基数效用论和序数效用论的基本观点。

2. 什么是边际替代率递减规律？为什么边际替代率是递减的？

3. 简述无差异曲线的特征。

4. 消费者行为理论对企业决策有什么启示？

五、计算题

1. 已知某人的效用函数为 $U = Q_X \cdot Q_Y$，Q_X 和 Q_Y 为 X 商品和 Y 商品的购买数量，他每月收入为 1 200 元，且 X 的价格 2，Y 的价格为 4，试问：

（1）为实现消费者均衡，他应该如何选择 X 和 Y 商品的购买数量？

（2）此时，货币的边际效用是多少？

2. 已知一场明星演唱会的门票价格为 600 元，而草莓音乐节的门票价格为 400 元。某人在消费者均衡点上时，草莓音乐节对明星演唱会的边际替代率是多少？

六、思考讨论题

有一对夫妻，花了 3 个月的时间才找到一只他们非常喜爱的古玩钟，他们商定只要售价不超过 600 美元就买下来。但是，当他们看到上面的标价时，丈夫犹豫了。"哎哟"，丈夫低声说："上面的标价是 800 美元。你还记得吗？我们说好不超过 600 美元，我们还是回去吧。"妻子说："不过我们可以试一试，看店主能不能卖便宜点。毕竟我们已经寻找了这么久才找到的。"

夫妻俩私下商量了一会儿，由妻子出面，试着与店方讨价还价，尽管她认定 600 美元买到这只钟的希望非常小。妻子鼓起勇气，对钟表售货员说："我看到你们有只小钟要卖。我看了上面的标价，而且价标上有一层尘土，这给小钟增添了几分古董的色彩。"停顿了一下，她接着说："我告诉你我想干什么吧，我想给你的钟出个价，只出一个价。我肯定这会使你震惊的，你准备好了吗？"她停下来看了一下售货员的反应，又接着说："唉，我只能给你 300 美元。"钟表售货员听了这个价后，连眼睛也没眨一下就爽快地说："好！给你，卖啦！"

你猜妻子的反应怎样？夫妻俩欣喜若狂了吗？不，事实的结果正好相反。

"我真是太傻了，这钟本来恐怕值不了几个钱……或者肯定是里面缺少了零件，要不为什么那么轻呢？再要么就是质量低劣……"妻子越想越懊恼。尽管后来夫妻俩还是把钟摆到了家中的客厅里，而且看上去效果很好，美极了，似乎走得也不错，但是她和丈夫总觉得不放心，而且他们一直有一种被欺骗的感觉。

面对这种结果，以下是我们的问题：

1．用消费者效用理论解释出现这种现象的原因。

2．如果钟表店的售货员坚持不降价或只稍微降价，你认为这对夫妻还有可能购买这只钟表吗？为什么？

3．此时消费者剩余是多少？如果这对夫妻经过艰难的讨价还价后以550美元成交，消费者剩余是多少？

七、课外实践题

主题：走进校园进行消费者偏好调研。

（1）要求：以你所在高校的同学为调查对象，了解智能手机价格大致确定的情况下同学们对手机款式和性能的偏好，以及对二者之间替代关系的看法；整理、分析调查资料，得出调查结论。

（2）调查方法提示。分小组设计提问项目及答案选项，在小组讨论后确定调查问卷；用访问法获取调查资料。

（3）形成当前智能手机偏好的调研报告。

扩展阅读推荐

《魔鬼经济学》

作　　者：（美）史蒂芬·列维特，史蒂芬·都伯纳

出　版　社：中信出版社

出版时间：2016年

简　　介：史蒂芬·列维特和史蒂芬·都伯纳取材于日常生活，以经济学的方式探索日常事务背后的世界：聪明人怎样看世界？怎样成为一个有趣的人？逃出认知囚笼，以经济学方式探索生活表象背后真实的一面。畅销数十国的大众经济学经典，教你逃出认知囚笼，更有效、更有创造力、更理智地观察和思考。

第四章

生产者行为理论

【学习要点】

◆学习重点

生产函数、产量的相关概念（总产量、平均产量和边际产量）、边际产量递减规律、生产的三个阶段、等产量曲线、等成本曲线、生产者均衡、规模报酬的含义和类型

◆学习难点

柯布-道格拉斯生产函数、边际产量递减规律、边际技术替代率及其递减规律、生产者均衡

【导入案例】

PayPal 公司收购初创支付公司 iZettle

据 2018 年 5 月 18 日美国财经网站 CNBC 报道，美国第三方支付公司 PayPal 证实，它已经达成了一项协议，将以 22 亿美元（约合 140 亿元）的价格收购瑞典支付初创公司 iZettle。

PayPal 已经在全球 200 多个国家开展业务。iZettle 为小型企业提供移动读卡器和其他数字支付产品。

通过合并，PayPal 将在全球范围内拥有成千上万家的实体门店，这有助于其将数字支付工具引入实体零售商，并与 Square 等公司竞争。PayPal 希望该交易在第三季度完成。

总部位于瑞典的 iZettle 上周表示，将在今年的某个时候在斯德哥尔摩的纳斯达克交易所上市。

案例思考：美国第三方支付公司 PayPal 的规模应该说够大了，为何还要收购 iZettle 公司继续扩大规模？PayPal 公司通过什么办法降低生产与运营成本？企业规模可以无限制扩大吗？PayPal 公司的规模还能扩大到什么程度？

本章将简要介绍经济学中的生产者行为理论，这一理论能很好地回答上述问题。

第一节　生产要素与生产函数

一、生产与生产要素

1. 生产与生产者

生产是指把各种经济资源（即生产要素）结合起来，使其转化成为社会所需要的产品和劳

务的过程，即生产就是投入转化为产出的过程。它包括两个方面的投入产出内容：一方面是实物形态的投入产出，即生产要素的投入和相应产品、产量的产出；另一方面是价值形态的投入产出，即成本的投入和收益的产出。

　　生产者也称企业或厂商，是指能够做出统一生产决策的单个经济单位。通常来讲，企业的基本类型有三种。

　　（1）个人业主制企业，即个人出资兴办、完全归个人所有和个人控制的企业。这种企业在法律上称为自然人企业，是最早产生的也是最简单的企业形态。

　　（2）合伙制企业，指由两个以上的企业主共同出资、利润共享、风险共担的企业。合伙人出资可以是资金、实物或知识产权。

　　（3）公司制企业，它是由许多人集资创办并且组成一个法人的企业。公司是法人，在法律上具有独立的人格，是能够独立承担民事责任、具有民事行为能力的经济组织。

📖 生活中的实例

48 家企业获批入驻雄安新区　全部为高端高新企业

东方卫视 2017 年 9 月 29 日新闻片段

　　2017 年 9 月 28 日河北雄安新区管委会称，已有 48 家企业首批获批入驻河北雄安新区。按照严控入区产业的原则，经过审核，首批获批的有 48 家企业。河北雄安新区腾讯计算机系统有限公司等 9 家已取得营业执照。

　　请观看新闻视频后总结入驻雄安新区的 48 家企业的类型。

2. 生产要素

　　任何生产过程都离不开生产要素。基本的生产要素有四种，分别是劳动（L）、资本（K）、土地（N）和企业家才能（E）。

　　劳动是指生产中劳动者为生产活动提供服务的能力，即人的脑力和体力的耗费。

　　资本可以表示为实物形态和货币形态。实物形态的资本又被称为投资品或资本品，如厂房、机器、动力燃料和原材料等。资本的货币形态通常称为货币资本。

　　经济学上所讲的土地是一个广义的概念，是指生产中所使用的各种自然资源，包括土地、水源和自然矿藏等，即地上及地下一切可用于生产的资源。

　　企业家才能通常指企业家组建和经营管理企业的才能。在四种生产要素中，企业家才能特别重要。正是企业家才能的作用，土地、劳动和资本要素才能得以有效配置，并最终生产出各种各样的产品和劳务。

👓 知识拓展

　　在 19 世纪 90 年代前，人们对生产要素的认识普遍接受法国经济学家萨伊的观点，即认为生产要素包括劳动、资本和土地三种。在要素收入分配中，劳动获得工资，资本获得利息，土地获得地租，这后来被称为萨伊的"三位一体公式"。1890 年，英国经济学家马歇尔出版《经济学原理》一书，提出了生产四要素说。他在萨伊理论的基础上，提出生产要素还应该包括企业家才能的主张，且认为企业家才能是四个生产要素中最重要的因素，只有企业家才能把劳动、资本和土地要素有效地配置在一起。这种观点被西方经济学界普遍接受，并一直沿用至今。

二、生产函数

在生产过程中，人们发现不同的生产要素数量组合与其所能生产出来的产量之间存在着一定的依存关系。生产函数就是指一定时期内，在技术水平不变的情况下，生产中所使用的各种要素的投入量与所能生产出来的最大产量之间的依存关系。

（一）生产函数公式

任何生产函数都是以一定时期的生产技术水平作为前提的，一旦技术水平发生变化，那么生产函数也会跟着发生变化，但生产函数本身并不涉及价格或成本问题。

假定投入劳动（L）、资本（K）、土地（N）和企业家才能（E）四种生产要素生产一种产品，则生产函数可表示为

$$Q = f(L, K, N, E) \tag{4.1}$$

式中，产量 Q 是投入一定要素的组合所能生产出来的最大产量，它表示了投入要素的使用是有效率的。土地是固定不变的，企业家才能是难以估量的，因此，为了便于分析，我们通常假定在生产中只使用劳动和资本这两种投入来生产一种产品。那么，生产函数便简化为

$$Q = f(L, K) \tag{4.2}$$

（二）生产函数的分类

按照不同的标准，生产函数可以划分为不同的种类。

1. 按照时期的长短分类

按照时期的长短，可将生产函数划分为一种可变要素的生产函数、两种可变要素的生产函数。

在短期中，如果在各种生产要素组合中只有一种要素的数量是可变的，其他生产要素的数量保持不变，那么这种生产函数就被称为一种可变要素的生产函数。假定在劳动和资本两种要素中只有劳动（L）这种要素的数量是可变的，资本（K）始终保持不变，那么其生产函数可表示为

$$Q = f(L, K) = f(L) \tag{4.3}$$

式（4.3）反映了在技术水平不变、资本数量不变的条件下不同劳动数量与最大产出之间的关系。

在长期中，如果在各种生产要素组合里有两种要素的数量是可变的，而其他生产要素的数量不变，那么这种生产函数就被称为两种可变要素的生产函数。假定生产者在生产中只使用劳动与资本两种要素，且这两种要素的数量都是可变的，那么两种可变要素的生产函数即公式（4.2）。公式（4.2）反映了在生产技术水平不变条件下劳动和资本这两种要素的不同数量组合与最大产出之间的关系。

2. 按照技术系数的可变性分类

按照技术系数的可变性，可将生产函数划分为可变技术系数的生产函数和固定技术系数的生产函数。

生产函数总是在一定的技术水平下的生产函数，如果技术条件发生变化，生产函数也将发生变化。因此，一定的生产函数总是同一定的技术条件相适应的。

技术系数是指为生产某一单位产品所需要的各种生产要素之间的组合比例。不同产品生产

的技术系数是不同的。如果生产某种产品所要求的各种投入的配合比例是可以改变的，如生产一种产品既可以少用劳动多用资本也可以多用劳动少用资本，那么这种生产函数就是可变技术系数的生产函数。

如果生产某种产品所要求的各种投入的配合比例是固定不变的，即每生产一单位某种产品必须按一个固定比例投入劳动和资本，那么这种生产函数就是固定技术系数的生产函数。假定生产过程中只使用劳动和资本两种要素，则固定技术系数的生产函数的一般形式为

$$Q = \min\left(\frac{L}{a}, \frac{K}{b}\right) \tag{4.4}$$

式中，Q 为产量；L 和 K 分别为劳动和资本投入量；a 和 b 为常数，分别表示生产一单位产品所需要的固定的劳动投入量和资本投入量。$Q = \min(L/a, K/b)$ 表示产量，Q 取决于 L/a 和 K/b 这两个值中比较小的那一个。如劳动与资本的投入比为 1：2，即 1 个单位的劳动与 2 个单位的资本要素组合。假设在这种组合下，一天可以生产 100 单位产品，现在要使产量增加到 200 单位一天，则必须投入 2 个单位的劳动和 4 个单位的资本，即劳动与资本的投入比为 2：4。如果提高资本投入至 8 个单位，劳动投入不变，仍为 2 个单位，则产出取决于投入的劳动，仍将为 200 单位。

（三）柯布-道格拉斯生产函数

20 世纪 30 年代初，美国计量经济学家和统计学家保罗·霍华德·道格拉斯（1892—1976）与数学家 C. W. 柯布合作，根据历史统计资料研究了 1899—1925 年美国的资本和劳动这两种生产要素对产量的影响，得出了这一时期美国制造业的生产函数，这就是著名的柯布-道格拉斯生产函数：

$$Q = AL^{\alpha}K^{\beta} \tag{4.5}$$

式中，Q 代表总产量；L 代表劳动投入量；K 表示资本投入量；A、α、β 都是常数，其中，$0 < \alpha < 1$，$0 < \beta < 1$，α 为劳动产生弹性，β 为资本产生弹性。

根据美国 1899—1925 年的统计资料，可将柯布-道格拉斯函数具体化为

$$Q = 1.01L^{0.75}K^{0.25} \tag{4.6}$$

式（4.6）说明，这一时期美国每增加一个百分点的劳动所引起的产量的增长为 3 倍于每增加一个百分点的资本所引起的产量的增长，或者说，在这一时期的产量增长中，劳动所做的贡献占 3/4，资本所做的贡献仅占 1/4。该结论与美国这一时期工资收入与资本收入之比（3：1）大体相符。

根据 α 和 β 相加的和，可以判断规模报酬。当 $\alpha+\beta>1$ 时，规模报酬递增；当 $\alpha+\beta=1$ 时，规模报酬不变；当 $\alpha+\beta<1$ 时，规模报酬递减。

> **知识点滴**
>
> 建议读者通过百度百科"柯布-道格拉斯生产函数"词条做更深入的了解。

第二节　短期生产函数

一、短期与长期

经济学中的短期，是指时间很短以至于生产者来不及调整全部生产要素的数量，至少有一

种生产要素的数量是固定不变的时期。

长期是指时间很长，生产者可以根据自己的需要调整全部生产要素的数量，即所有投入的生产要素都是可以变动的时期。

短期和长期只是相对而言的，是以生产者是否能调整全部生产要素来划分的。不同行业的短期和长期的划分是不同的，不同产品生产中的短期和长期的划分界限也是不同的。如一个大型的钢铁厂改变生产规模可能需要 1 年时间，而一个理发店的生产规模改变可能仅需要 1 个月左右的时间。

微观经济学常以一种可变生产要素的生产函数来考察短期生产理论，以两种可变生产要素的生产函数来考察长期生产理论。

在分析生产要素与产量之间的关系时，首先从最简单的一种生产要素的投入开始，即分析其他要素不变的情况下一种生产要素的增加对产量的影响，例如，假定劳动与资本这两种生产要素中资本量不变，来研究劳动量的增加对产量的影响，以及劳动量投入多少最合理。这种在一定时期不能改变所有生产要素，只能改变部分要素的分析，就是短期分析。短期生产函数即

$$Q = f(L) \tag{4.7}$$

这个函数表示产量 Q 随着劳动量 L 的变化而变化，产量和劳动量之间的关系还需要进一步分析。

二、总产量、平均产量和边际产量

1. 总产量、平均产量和边际产量的定义

在短期内，假定厂房、设备、土地等生产要素的投入量是固定不变的，而劳动（L）的投入量是可以改变的。劳动投入量的变化引起产量的变化，因此，产量是关于劳动的函数。

总产量（Total Product，TP）是指厂商投入一定量的某种生产要素（劳动）所生产出来的全部产量，短期总产量函数为

$$TP_L = f(L) \tag{4.8}$$

平均产量（Average Product，AP）是指平均每单位某种生产要素（劳动）所生产出来的产量，短期平均产量函数为

$$AP_L = \frac{TP_L}{L} \tag{4.9}$$

边际产量（Marginal Product，MP）是指每增加一单位生产要素（劳动）的投入所引起的总产量的增加。设劳动增量为 ΔL，由此增加的总产量为 ΔTP，则每增加一个单位劳动，总产量的增加量即劳动的边际产量为

$$MP_L = \frac{\Delta TP_L}{\Delta Q} \tag{4.10}$$

严格来说，边际产量是在特定的劳动投入量附近定义的，即为

$$MP_L = \lim_{\Delta L \to 0} \frac{\Delta TP_L}{\Delta L} = \frac{\mathrm{d}TP_L}{\mathrm{d}L} \tag{4.11}$$

2. 总产量、平均产量和边际产量间的关系

无论总产量、平均产量还是边际产量，都是可变生产要素投入变化的函数。可变生产要素投入的变化，会引起总产量、平均产量和边际产量发生相应的变化。短期内，劳动量与劳动增

量、总产量、平均产量和边际产量之间的关系如表 4.1 所示。

根据表 4.1 绘制的总产量曲线、平均产量曲线和边际产量曲线如图 4.1 所示。在图 4.1 中，横轴表示劳动量，纵轴表示总产量、平均产量和边际产量。曲线 TP_L 表示总产量曲线，AP_L 表示平均产量曲线，MP_L 表示边际产量曲线。从表 4.1 和图 4.1 可知，总产量、平均产量和边际产量之间存在着如下关系。

（1）总产量、平均产量和边际产量在资本量不变的情况下，随着劳动量的增加，最初都是递增的，但是当劳动量增加到一定程度后，分别有不同程度的递减。

（2）当边际产量为正值时，总产量就增加；当边际产量为负值时，总产量就减少；当边际产量为零时，总产量达到最大，如图 4.1 中 A 点所示。

（3）平均产量曲线与边际产量曲线相交于平均产量曲线的最高点 C'。在 C' 点以前，平均产量是递增的，边际产量高于平均产量（$MP>AP$）；在 C' 点以后，平均产量是递减的，边际产量低于平均产量（$MP<AP$）；在 C' 点，平均产量达到最大，边际产量等于平均产量（$MP = AP$）。

表 4.1 劳动投入对总产量、平均产量和边际产量的影响

劳动投入量（L）	劳动增加量（ΔL）	总产量（TP）	平均产量（AP）	边际产量（MP）
1	1	8	8	8
2	1	18	9	10
3	1	30	10	12
4	1	44	11	14
5	1	54	10.8	10
6	1	60	10	6
7	1	60	8.6	0
8	1	56	7	−4

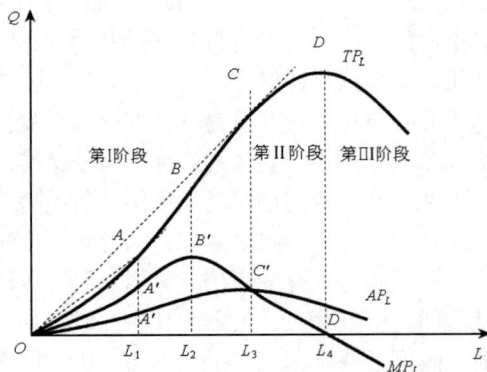

图 4.1 总产量、平均产量和边际产量曲线

（4）当总产量以递增的比率增加时，边际产量和平均产量都上升；当总产量开始以递减的增长率增加时，边际产量达到最大并转而下降，平均产量继续增加；当总产量继续以递减的增长率增加时，边际产量继续下降，平均产量开始下降；当总产量上升到最大时，边际产量降至零；当总产量下降时，边际产量降为负值。

三、边际产量递减规律

边际产量递减规律又称边际报酬递减规律或边际收益递减规律，是指在技术水平不变和其他生产要素投入量不变的情况下，连续投入一种可变生产要素达到一定量以后边际产量（报酬）将出现递减的趋势，直至降为零甚至为负值。

理解边际产量递减规律时，需要注意以下几点。

（1）边际产量递减规律发生作用的前提是技术水平不变，即生产中所使用的技术没有重大变革。无论在农业还是在工业中，一种技术水平一旦形成，总有一个相对稳定的时期，即使在科学技术飞速发展的当代，也并不是每时每刻都有重大的技术突破，这种情况就称为技术水

探索与思考

边际产量递减适用于短期，对长期是否也适用？为什么？

平保持不变。因此，在一定时期内技术水平不变这一前提是存在的，离开了这一条件，此规律不能成立。

（2）边际产量递减规律研究的是把不断增加的一种可变生产要素，追加到其他不变的生产要素中去时对产量或收益产生的影响。

📖 知识拓展

边际产量递减规律是从科学实验和生产实践中得出来的，在农业中的作用最明显。如有些地方在有限的土地上盲目密植，造成减产，这一事实就证明了这一规律。行政部门中机构过多、人员过多也会降低行政办事效率，造成官僚主义。我国俗话所说的"一个和尚担水吃，两个和尚抬水吃，三个和尚没水吃"，也正是对边际产量递减规律的形象表述。

（3）在其他生产要素不变时，一种生产要素增加所引起的产量或收益的变动，可以分为三个阶段。第Ⅰ阶段是产量递增，即这种可变生产要素的增加使产量或收益增加。这是因为在开始时不变的生产要素没有得到充分利用，这时增加可变的生产要素能使不变的生产要素得到充分利用，从而产量递增。

第Ⅱ阶段是边际产量递减，即这种可变生产要素的增加仍可使总产量增加，但增加的比率即增加每一单位生产要素的边际产量是递减的。这是因为这一阶段不变生产要素已接近充分利用，可变生产要素的增加已不像第一阶段那样能使产量迅速增加。

第Ⅲ阶段是产量绝对减少，即这种可变生产要素的增加使总产量减少。这是因为这时不变生产要素已经得到充分利用，再增加可变生产要素只会降低生产效率，减少总产量。边际产量递减规律之所以存在，是因为在生产过程中可变生产要素和不变生产要素之间存在着一个最佳的配合比例，并且它们在生产中通过相互结合、相互协作发挥效能。

很多时候，边际产量递减规律都会影响到我们的生活。农民在田里种地的时候，总是要将青苗保持一定的行距和间距。有些农民希望有更多的收成，就缩小行距和间距，搞密植，等收获的时候才发现自家的收成与别人家的收成相比少得多。再如我国从20世纪50年代到80年代初，几十年里，一方面人口翻了一番还多，而另一方面可耕地的面积却因种种原因一直在减少，按照边际产量递减规律，在有限的土地上连续追加投入，得到的产出的增加将越来越少，这些都是由边际产量递减规律制约导致的。

📕 生活中的实例

三季稻不如两季稻

在1958年，当时时髦的口号是"人有多大胆，地有多高产"。于是一些地方把传统的两季稻改为三季稻，结果总产量反而减少了。从经济学的角度来看，这是因为违背了一个最基本的经济规律：边际产量递减规律。

两季稻是农民长期生产经验的总结，它行之有效，说明在传统农业技术下固定生产要素已经得到了充分利用。改为三季稻之后，土地过度利用，引起肥力下降，设备、肥料、水利资源等由两次使用改为三次使用，每次使用的数量不足，这样，三季稻的总产量就低于两季稻了。对于此，群众总结的经验"三三见九，不如二五一十"形象地说明了这一道理。

四、短期生产的三个阶段

根据短期生产的总产量曲线、平均产量曲线和边际产量曲线之间的关系，可以将短期生产划分为三个阶段，如图 4.1 所示。

在第 I 阶段，产量曲线的特征：劳动的平均产量始终是上升的，且达到最大值；劳动的边际产量达到最大值，然后开始下降，且劳动的边际产量始终大于劳动的平均产量；劳动的总产量始终是增加的。这说明在这一阶段不变生产要素资本的投入量相对过多，生产者增加可变要素劳动的投入量是有利的。任何理性的厂商都不会在这一阶段停止生产，而是会连续增加劳动要素的投入量，以增加总产量，并将生产扩大到第 II 阶段。

在第 III 阶段，产量曲线的特征：劳动的平均产量继续下降，劳动的边际产量降为负值，劳动的总产量也呈下降趋势。这说明在这一阶段可变生产要素劳动的投入量相对于不变要素资本已经过多，此时生产者减少可变要素劳动的投入是有利的。即使在这个阶段可变要素劳动的供给是免费的，理性的厂商也不会增加劳动投入量，而是通过减少劳动投入量来增加总产量，以摆脱劳动的边际产量为负值和总产量下降的局面，并退回到短期生产的第 II 阶段。

综上所述，理性的厂商既不希望将生产停留在第 I 阶段，也不希望将生产扩张到第 III 阶段，他们总会选择将生产停留在第 II 阶段。在生产的第 II 阶段，厂商可以得到由第 I 阶段增加可变要素劳动的投入所带来的全部好处，又可避免将可变要素劳动投入增加到第 III 阶段而带来的不利影响。因此，第 II 阶段是理性的厂商进行短期生产的合理生产区间。在第 II 阶段的起点处，劳动的平均产量曲线和劳动的边际产量曲线相交，即劳动的平均产量达到最高点。在第 II 阶段的终点处，劳动的边际产量曲线与横轴相交，即劳动的边际产量为零。至于生产要素投入量的第 II 阶段的哪一点为最佳，还要考虑成本、收益和利润等其他因素。

📖 知识拓展

生产要素的合理投入区域是第 II 阶段。至于生产要素投入量究竟在第 II 阶段内的哪一点为最佳，这需要考虑其他因素。如果厂商的目标是使平均产量达到最大，那么劳动量增加到图 4.1 中的 L_3 点就可以了；如果厂商的目标是使总产量达到最大，那么劳动量就可以增加到图 4.1 中的 L_4 点；如果厂商以利润最大化为目标，那就要考虑成本、产品价格等因素后再做定夺。

第三节　长期生产函数

微观经济学认为，如果生产要素的投入从一种增加到两种或两种以上，生产要素投入量与产量之间的关系就会表现得更为复杂些。如果两种或两种以上的生产要素按原有的技术系数增加投入，就会使原有的生产规模扩大。研究两种或两种以上生产要素的合理投入，就是要确定最适宜的生产规模的问题，这涉及生产理论的规模经济问题。为了研究方便，通常以两种生产要素资本和劳动的连续投入来说明，而不考虑两种以上生产要素的投入情况。

在长期，劳动和资本两种生产要素的投入都是可变的，两种可变生产要素投入的长期生产函数可表示为

$$Q = f(L, K) \tag{4.12}$$

式中，L 为可变生产要素劳动的投入量；K 为可变生产要素资本的投入量；Q 为产量。该函数表明产量与资本、劳动投入量之间的关系。

为了寻找这个长期生产函数的最优投入组合，需要利用等产量曲线和等成本曲线进行分析。

一、等产量曲线

1. 等产量曲线的含义

等产量曲线是指生产既定产量的两种要素投入量的各种组合点的轨迹。在技术条件不变的前提下，如果两种生产要素的不同组合能够生产出同等水平的产量，那么把这些组合连接起来形成的曲线就是等产量曲线。等产量曲线类似于消费者行为理论中的无差异曲线。

假定某厂商用资本和劳动两种生产要素生产某种产品，两种生产要素分别有 A、B、C、D 四种组合方式，且每种组合方式都可以生产出相同的产量，如表 4.2 所示。据此做出的等产量曲线如图 4.2 所示。

表 4.2　同一产量下不同要素的组合

组合方式	资本（K）	劳动（L）
A	6	1
B	3	2
C	2	3
D	1	6

在图 4.2 中，横轴和纵轴分别表示劳动和资本的投入数量，Q 曲线为等产量曲线。等产量曲线上任何一点所表示的都是资本和劳动的不同数量组合，且这些组合都能生产出相同的产量。

2. 等产量曲线的特征

等产量曲线具有以下四个特征。

（1）等产量曲线一般是一条向右下方倾斜的曲线，斜率为负。该曲线表明在生产要素价格既定的条件下，为了生产相同的产量，在增加劳动这种生产要素时必须减少资本这种生产要素。劳动与资本两种生产要素之间存在替代关系。

（2）根据给定的生产函数，在同一坐标平面上可以有无数条等产量曲线，且每一条等产量曲线上的产量相等。不同的等产量曲线代表的产量不同，离原点越近的等产量曲线代表的产量水平越低，离原点越远的等产量曲线代表的产量水平越高。在图 4.3 中，Q_1、Q_2、Q_3 是三条不同的等产量曲线，它们分别代表不同的等产量水平，$Q_1 < Q_2 < Q_3$。

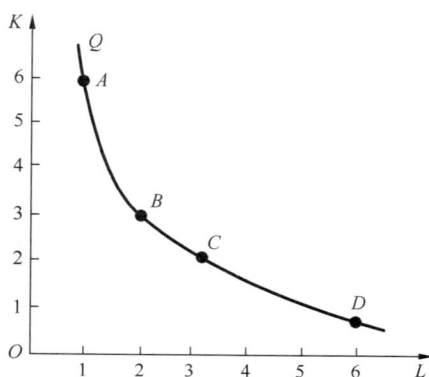

图 4.2　等产量曲线

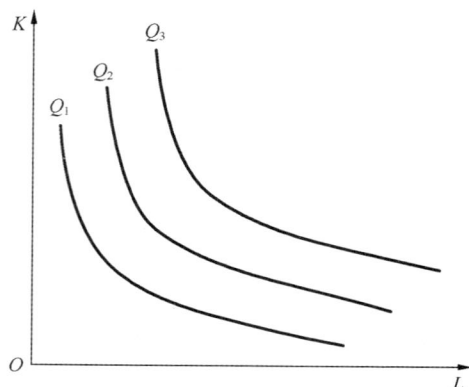

图 4.3　三条不同的等产量曲线

（3）在同一坐标平面，任意两条等产量曲线不能相交，因为在交点上两条等产量曲线代表了相同的产量水平，这与第二个特征相矛盾。

（4）等产量曲线是一条凸向原点的线，这是由边际替代率递减规律所决定的。

探索与思考

等产量曲线与无差异曲线有何异同？

3. 边际技术替代率及其递减规律

边际技术替代率（Marginal Rate of Technical Substitution，MRTS）是在维持相同的产量水平时增加一单位某种生产要素投入量所减少的另一种要素的投入量。以 ΔL 代表劳动的增加量，ΔK 代表资本的减少量，$MRTS_{LK}$ 代表劳动对资本的边际技术替代率，则有

$$MRTS_{LK} = -\frac{\Delta K}{\Delta L} \qquad (4.13)$$

式中，加一负号是为了使 $MRTS_{LK}$ 的值在一般情况下为正，以便于比较。

假定等产量曲线是连续的且生产要素的变化量趋于无穷小，则有

$$MRTS_{LK} = \lim_{\Delta Q \to 0}\left(-\frac{\Delta K}{\Delta L}\right) = -\frac{dK}{dL} \qquad (4.14)$$

边际技术替代率还可以表示为两种要素的边际产量之比，如：

$$MRTS_{LK} = \frac{MP_L}{MP_K} \qquad (4.15)$$

边际技术替代率呈递减规律。在维持产量不变的前提下，当一种生产要素的投入量不断增加时，每一单位的这种生产要素所能替代的另一种生产要素的数量是递减的。

知识拓展

边际技术替代率呈递减趋势的原因

在正常情况下，边际技术替代率呈递减的趋势。这是因为，根据边际产量递减规律，随着劳动量的增加，边际产量递减。这样，每增加一定数量的劳动所能替代的资本量越来越少，即 ΔL 不变时 ΔK 越来越小。边际技术替代率也就是等产量曲线的斜率。等产量曲线的斜率递减，决定了它是一条凸向原点的曲线。

二、等成本曲线

等成本曲线是表示等量的成本所购得的两种生产要素的各种不同数量组合的轨迹。

生产函数的经济区域说明，生产者不能随心所欲地选择生产要素的投入组合，必须考虑技术上的合理性、经济性，防止技术上的无效率或低效率。除此之外，生产者还面临经济上的约束，要考虑预算约束，而不能随意选择位置高的等产量曲线。

由于要素的价格各不相同，而同等的成本支出可以形成不同比例的生产要素组合。因此，生产者所承受的成本水平就是要素的价格和要素投入量的乘积之和。假定只有资本和劳动两种生产要素，则生产者的成本约束可表示为

$$C = \omega L + rK \qquad (4.16)$$

式中，C 为货币成本；ω 为劳动力的价格；L 为劳动力的购买量；r 为资本的价格；K 为资本的购买量。如果成本和要素价格水平既定，则所投入的生产要素资本和劳动之间具有替代关系，

且这种替代关系必须保持在同等的成本水平限制之内，即要符合生产者的预算约束。等成本曲线就是用来描述这种关系的。

由成本方程可得

$$K = -\frac{\omega}{r}L + \frac{C}{r} \qquad (4.17)$$

成本线如图 4.4 所示。在图 4.4 中，等成本曲线以内区域中的任何一点，如 B 点，表示既定的全部成本都用来购买该点的劳动和资本的组合以后还有剩余。等成本曲线以外的任何一点，如 P 点，表示用既定的全部成本来购买该点的劳动和资本的组合是不够的。只有等成本曲线上的任何一点，才表示用既定的全部成本能刚好购买到的劳动和资本的组合。

在成本固定和要素价格已知的条件下，连接资本和劳动两种要素组合在横轴和纵轴上的对应点，就可以得到一条成本线。当成本和要素价格发生变动时，会使等成本曲线发生变化。如图 4.5 所示，当要素价格增加时，等成本曲线 AB 向下平移到 A_2B_2；当成本增加时，等成本曲线 AB 向上平移到 A_1B_1。

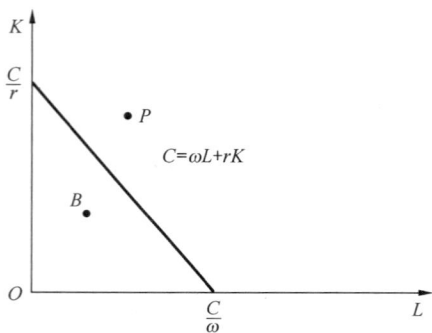

图 4.4　等成本曲线

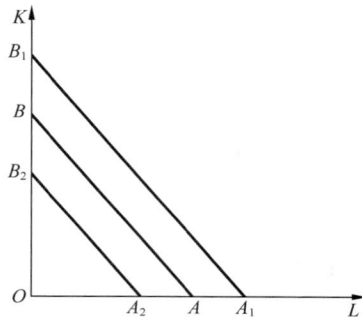

图 4.5　等成本曲线的移动

三、生产者均衡

（一）生产要素的最优组合

厂商为了实现既定成本下的产量最大化，就应该选择最佳的要素投入量，考虑使用各种生产要素所能获得的边际产量与所付出的价格这两个因素。生产要素最适组合即实现生产均衡：<u>在成本与生产要素价格既定的条件下，厂商应该选择最佳的要素投入量，使所使用的各种生产要素的边际产量与要素价格的比例相等，也就是使每一单位货币成本所带来的生产要素的边际产量相等，实现既定成本下的产量最大化。</u>

探索与思考

某车间男工和女工各一半。男工和女工可以互相替代。假定男工每增加 1 人可增产 10 件；女工每增加 1 人可增产 8 件。男工每小时工资为 4 元，女工每小时工资为 2.5 元。若你为该车间主任，请思考车间男工和女工的组合比例是否为最优？

1. 既定产量下的成本最小化

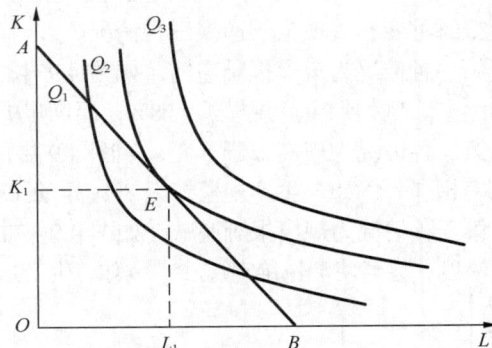

如图 4.6 所示，既定的产量曲线 Q_1 与三条等成本曲线相交、相切、不交也不切，三条等成本曲线所代表的成本 $C_1 < C_2 < C_3$，所以成本 C_2 便是生产 Q_1 产量的最低成本。

满足最优要素投入组合，要求等成本曲线与等产量曲线 Q_1 相切。也就是说，在最优投入切点 E，等成本曲线 C_2 的斜率与等产量曲线 Q_1 的斜率相等。

2. 既定成本下的产量最大化

在图 4.7 中有一条等成本曲线和三条等产量曲线 Q_1、Q_2 和 Q_3。等成本曲线 AB 代表了一个既定的成本量。由图可知，等成本曲线 AB 与其中一条等产量曲线 Q_2 相切于 E 点，该点就是生产的均衡点。在既定成本条件下，企业应该按照 E 点的要素组合进行生产，即劳动投入量和资本投入量分别为 L_1 和 K_1，这样厂商就会获得最大的产量。

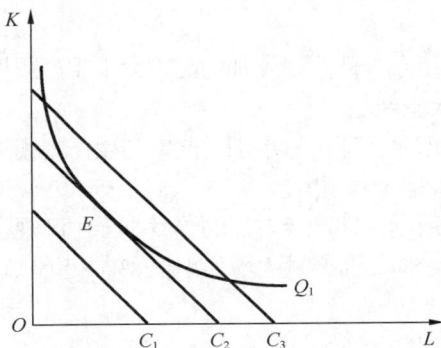

图 4.6　既定产量下的成本最小　　　　图 4.7　既定成本下的产量最大

3. 成本变动对生产者均衡的影响

生产要素的最优投入组合，就是等成本曲线和等产量曲线相切之点所代表的那种组合，它可以实现以最小的成本生产出既定的产量，或者以既定的成本生产出最大的产出。在生产要素中的价格、生产技术和其他条件不变的情况下，如果厂商改变成本，等成本曲线就会发生平移，从而与新的等产量曲线相切，形成新的均衡点，新的均衡点就代表了生产要素新的最优组合。

知识点滴

无论是成本的最小组合，还是产量的最大组合，都是等产量曲线与等成本曲线切点的组合。在这个切点上，实现了利润最大化，即实现了生产要素的最优组合。

（二）生产扩展线

在图 4.8 中，等产量曲线 Q_1、Q_2、Q_3 表示从低到高的产量水平，等成本曲线 A_1B_1、A_2B_2、A_3B_3 表示从低到高的成本水平。当成本由等成本曲线 A_1B_1 表示时，E_1 点所代表的生产要素组合就是在这个既定的成本水平上所能生产出的最大产量的最优组合。当成本依次提高到 A_2B_2 和 A_3B_3 所代表的水平时，E_2 点和 E_3 点所代表的生产要素组合就是成本发生变化以后的最优组合，即 E_1、E_2、E_3 三点分别代表不同成本和产量水平下的最优组合，这些点也被称为生产者均衡点。把这些均衡点连接起来，就是生产扩展线，即扩展线表示的是各均衡点的轨迹。

在生产要素价格、生产函数和其他条件不变的情况下，当生产的成本或产量发生变化时，

厂商必然会沿着生产扩展线来选择最优的生产要素组合，从而实现既定成本条件下的最大产量或既定产量条件下的最小成本。

四、规模经济

（一）规模经济的含义

规模经济是指在技术水平不变的情况下，当两种生产要素按比例同时增加，即生产规模扩大时，最初这种生产规模的扩大会使产量的增加幅度大于生产规模扩大的幅度，但当规模扩大超过一定限度后，产量的增加幅度便会小于生产规模的扩大幅度，甚至出现产量绝对减少的情况，出现规模不经济。

如图 4.9 所示，两种生产要素增加引起的产量或报酬变动的情况，可以分为规模报酬递增、规模报酬不变、规模报酬递减三种情况。

第一种情况为规模报酬递增，如图 4.9 中曲线 A 所示，即产量增加的比率大于生产规模扩大的比率。例如，生产规模扩大 8%，而产量的增加大于 8%。

第二种情况为规模报酬不变，如图 4.9 中曲线 B 所示，即产量增加的比率与生产规模扩大的比率相同。例如，生产规模扩大 8%，产量的增加也是 8%。

第三种情况为规模报酬递减，如图 4.9 中曲线 C 所示，即产量增加的幅度小于生产规模扩大的幅度，甚至使产量绝对减少。例如，生产规模扩大 8%，而产量的增加小于 8% 或者是负数。

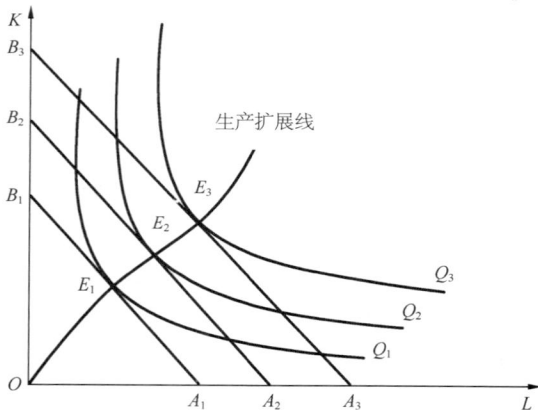

图 4.8　成本变动对生产要素最优组合的影响

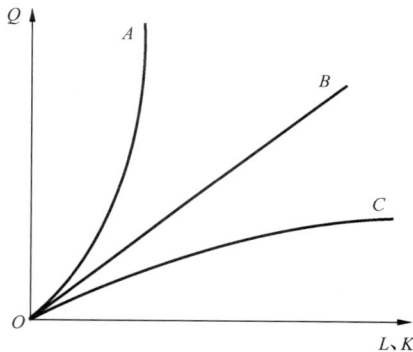

图 4.9　规模报酬

对规模经济规律的理解，要注意以下几点。

（1）规模经济规律产生作用的前提也是技术水平不变，即不改变原有的技术系数，在生产中所使用的资本和劳动两种生产要素在量上同比例增加。例如，农业中土地数量和劳动量的同时增加，或若干小农单位合并为大农场；工业中机器设备、厂房和劳动量同时增加，或若干小厂合并为大厂。这些均属于这种情况。

（2）规模经济规律与边际产量递减规律是有区别的。这种区别在于，边际产量递减规律考察的是在一定的生产要素组合条件下，其他生产要素的投入不变而某一种生产要素连续增加投入时收益的变动情况；而规模经济规律考察的是在

探索与思考

规模经济对企业来说，是十分重要的，你知道何种情况下可能会出现规模经济吗？

所有生产要素连续同时增加或减少其投入量时收益的变动情况。

（3）两种生产要素同比例连续投入所引起的产量或收益的变动情况分为三个阶段：第Ⅰ阶段为规模报酬递增阶段，即在这一阶段产量增加的幅度大于生产规模扩大的幅度；第Ⅱ阶段为规模报酬不变阶段，即在这一阶段产量增加的幅度等于生产规模扩大的幅度；第Ⅲ阶段为规模报酬递减阶段，即在这一阶段产量增加的幅度小于生产规模扩大的幅度，甚至产量绝对减少。

（二）规模经济变化的原因

1. 内在经济与内在不经济

内在经济是指一个厂商在生产规模扩大时由自身内部因素所引起的产量与收益的增加。经济学家罗宾逊在 1931 年出版的《竞争产业的结构》中提出了五种与内在经济相关的因素。

（1）技术经济。生产规模扩大，厂商可以购置和使用更加先进的机器设备；可以提高专业化程度，提高生产效率；还有利于实现资源的综合开发和利用，使生产要素效率得到充分发挥。

（2）管理经济。随着生产规模的扩大，它使用的劳动力和机器设备的数量必然增加，这可以促进企业范围内劳动的进一步分工和各种投入品用途的专门化，从而使规模报酬上升。

（3）商业经济。由于技术经济的原因，厂商的产品可以以较低的价格出售，也可以以优惠的价格购买大宗原材料，大厂商还可以利用广告等手段提高品牌的知名度以吸引更多顾客并建立起对厂商品牌的忠诚，从而增加厂商其他产品的销售。

（4）财务经济。厂商越大，财务利益就越大。较大的厂商可以轻易地从银行和有关机构以优惠的利率获得贷款。它还能以比小厂更低的费用发行股票和债券来筹集资金，并取得投资者的信任。

（5）风险分担经济。所有厂商都可能在某一时候遇到风险，但很显然较大的厂商在这方面有明显的优越性。当市场需求变化时，大厂商有能力支付研究和发展的费用，通过新产品研发和生产占领新的市场，小厂商则经常会被不断变化的市场毁灭。

大规模生产所带来的好处是显而易见的，经济学上通常把这种好处叫作"大规模生产的经济"，但是生产规模并不是越大越好，如果一个厂商由于生产规模过大而引起产量或收益减少，就是内在不经济。内在不经济的主要原因有以下两方面。

（1）管理效率的降低。一个厂商生产规模过大时，其管理机构常常也过于庞大，从而管理和决策缺乏灵活性，对市场需求的变化难以很快做出反应。管理机构的庞大，也会造成各管理环节的漏洞，这些都会降低生产效率，使产量和收益绝对减少。

（2）各种费用的增加。生产要素的供给并不是无限的，生产规模过大必然会大幅度增加对生产要素的需求，而使生产要素价格上升。同时，生产规模过大，产品大量增加，也增加了销售的困难，需要增设更多的销售机构和人员，增加了销售费用。由此可见，生产规模也并不是越大越好。

2. 外在经济与外在不经济

外在经济是指整个行业生产规模扩大和产量增加后给个别企业带来的产量与收益的增加。造成外在经济的主要原因：行业规模的扩大可以设立专业技术

> **生活中的实例**
>
> 过大的原料需求，会使原料供应紧张，原料价格上升；过大的劳动需求，会提高工资水平等。同时，生产规模过大，必然造成产品供给增加，销售困难，使销售机构和人员增多，从而费用加大，成本提高，最终致使产量或收益减少。

学校，培养熟练劳动力和工程技术人员，提高整个行业的劳动力素质；行业规模的扩大可以建立共同的服务组织，如市场推销机构、科研机构等，从而提高整个行业的经济效益；行业规模的扩大可以建立便利的交通运输和通信网络，个别厂商可以从整个行业的扩大得到更多的信息和更好的人才；行业规模的扩大，也使行业内部分工更加精细，从而使产量和收益增加。

外在不经济是指整个行业生产规模扩大和产量增加后给个别企业带来的产量与收益的减少。造成外在不经济的原因：随着整个行业规模的扩大和产量的增加，劳动力、原料、燃料、土地和运输的供给变得紧张起来，各个厂商为争夺生产要素和产品销售市场，必须付出更高的代价。此外，行业规模的扩大还可能引起严重的环境污染，或者使产品的销售变得困难，从而使个别企业的成本增加，使产量与收益减少。

生活中的实例

义乌模式的外部规模经济

刘跃军教授撰文《从外部规模经济视角解读规模经济》指出义乌模式挑战传统商圈成功，这得益于外部规模经济造就了义乌的竞争优势。

他在文中谈到，以小商品批发市场为标志的商贸圈建设、小商品市场建设贯穿于义乌经济发展的始终。义乌一举成为全国最大的小商品集散地和浙江经济圈黄金点。义乌市场的兴起最初是抓住了改革的机遇，资源禀赋的劣势锤炼了义乌人"敢为天下先"的胆识和魄力。但是，义乌能在各地后起的商业大潮中屹立潮头，很大程度上得益于外部规模经济。

外部规模经济主要来源于整个市场规模的扩大，即随着整个市场规模扩大，该市场内各个商家的单位交易成本将会降低。这是因为：第一，规模扩大可以使基础设施更加完善，在该市场内的商家有可能享受到高效率、集中化和专业化的服务；第二，规模扩大可以导致劳动力资源的共享，专业人才的集中；第三，规模扩大易于传递新信息，有利于知识积累。

产业集聚是形成外部规模经济的主要原因，产业集聚强化了竞争优势。义乌的产业集聚经历了横向集聚和纵向集聚两个阶段。20世纪80年代中期至90年代初期，义乌的产业集聚主要是横向的商业集聚，从而带动了交通运输业、电信服务业、旅游餐饮业、房地产业与各种服务业等第三产业的迅速发展。90年代初以后，商业集聚效应向纵向延伸，带动了工业集聚。

（三）适度规模

适度规模就是使资本和劳动两种生产要素的增加即生产规模的扩大正好使收益递增达到最大，当收益递增达到最大时就不再同比例增加生产要素，并使这一生产规模维持下去。对于不同行业的厂商来说，适度规模大小是不同的，并没有一个统一的标准。在确定适度规模时，应该考虑的因素主要有以下几点。

探索与思考

中国的哪些成语中蕴含"适度规模"的思想？请列举出来。

（1）本行业的技术特点。一般来说，生产需要的投资量大，所用设备复杂先进的行业，适度规模也就大，如汽车、石油等行业；相反，需要的投资小，所用设备比较简单的行业，适度规模也小。

（2）市场条件。一般来说，生产市场需求量大且标准化程度高的产品的厂商，适度规模应该比较大；相反，生产市场需求小且标准化程度低的产品的厂商，适度规模较小。

（3）自然资源状况、交通运输条件、政府政策等也会影响适度规模的大小。自然资源丰富的产品厂商，政府支持的行业，其适度规模相对较大；相反，自然资源贫乏的产品厂商，政府政策限制发展的行业，其适度规模相对较小。

知识拓展

汽车制造、造船等重工业厂商其生产规模大一些，经济效益也会提高。相反，那些投资少、所用设备比较简单的行业，其适度规模也较小，如服装、食品类行业。生产规模小能更灵活地适应市场需求的快速变动，对生产有利。

生活中的实例

乳业适度规模　提质量保安全

牧场"规模越大，环保、污染、疾病控制难度就越大"。一两千头的牧场规模刚刚适宜，因为牧场规模太大的话，防疫成本将会明显上升，奶牛患病的概率将明显提升，并且一旦出现口蹄疫等疾病，损失将不堪设想，尤其是羊牧场，由于羊的体格小，抗病能力差，疾病传染更快，防疫将更麻烦。因此，保持一两千头的规模，无论是在防疫上还是从环保层面来讲都是最有利的。作为企业牧场，不应该盲目追求规模发展，而要做到规模合理。

2012年12月16日黑龙江电视台新闻联播片段

请观看新闻视频后试着思考龙江乳业成功的关键是什么？奶牛合作社成功背后的经济学原理是什么？

第四节　成　本　理　论

一、成本的概念

成本（Cost）是指厂商在生产中所使用的各种生产要素的货币支出，即每种生产要素的价格与投入要素的数量的乘积。成本函数描述的是产品数量与成本之间的函数关系，其公式为

$$C = f(Q) \tag{4.18}$$

1. 机会成本与会计成本

经济学中的成本概念与会计中的成本概念是不同的。企业生产与经营中的各种实际支出称为会计成本。会计成本是作为成本项目计入会计账的费用，它通常是会计师根据各种生产要素的市场价格和生产经营中所付费用，连同厂房设备的折旧费等一起系统记录在账面上的。

机会成本是指生产者利用一定资源获得某种收入时所放弃的该资源在其他用途上所能获得的最大收入。机会成本是与资源的稀缺性紧密相连的，在资源稀缺的前提下，当企业用一定的经济资源生产一定数量的一种或几种产品时，这些经济资源就不能同时被用在其他生活用途上了。

会计师重视会计成本，经济学家重视机会成本。

生产一单位的某种商品的机会成本，是指生产者所放弃使用相同的生产要素在其他生产用

途上所能得到的最高收入。使用一种资源的机会成本，是指把该资源投入某一特定用途以后所放弃的在其他用途中所能获得的最大利益。

生活中的实例

上大学的机会成本

一种东西的机会成本是为了得到这种东西所放弃的其他东西。你可曾问过自己：读大学的成本是什么？回答这个问题时，你可能会把上大学期间的学费、书费、生活费加总起来，认为这就是自己上大学的成本。但你可能还不明白，这种总和并不是一个大学生上大学所付出的全部代价。

读大学的学费、书费和生活费只是上大学的会计成本，而计算上大学的成本还需要考虑机会成本。从这个意义上讲，生活费并不是上大学的真正成本，因为你即使不上学也要有睡觉的地方，也要吃饭。只有在大学的住宿和伙食比其他地方贵时，贵的部分才是上大学的成本。上大学最大的成本是时间。当你把数年的时间用于听课、读书和写文章时，就不能同时把这段时间用于工作了。

对于大多数学生来说，为上学所放弃的就业工资是他们接受高等教育最大的机会成本。因此，计算上大学的代价时，应当对因上大学而付出的一切包括显性成本和隐性成本进行加总。上大学的收益是使知识丰富，拥有更好的工作机会，以及获得因较高的收入、学历而带来的荣誉、地位等。每个人上大学的成本相差不大，但收益相差很大。

思考： 从机会成本角度考虑，你上大学值得吗？姚明19岁去上大学值得吗？为什么？

知识拓展

为什么经济学研究机会成本会计学却不需要？

经济学是研究如何合理配置稀缺资源的，因此要用成本来解释消费者或厂商的行为。例如，一个大学生每天19~21点上自习，那他就不能在相同的时间内去看电影，他所放弃的看电影给他带来的收益就是上自习的机会成本。同理，如果某个厂商决定使用一定的经济资源去生产一定数量的 A 产品，那么，这些资源就不能再去生产 B 产品，从而会损失该资源用于生产 B 产品所取得收入的机会。而这种机会损失，是消费者或生产者在做决策时必须考虑的。

会计师计算成本是为了编制损益表，并作为纳税的基础。采用会计的成本概念，无助于从经济学的视角去解释人们的行为。两者的目的不同。

2. 显性成本与隐性成本

企业的生产成本可以分为显性成本和隐性成本两个部分。

显性成本（Explicit Cost）是指厂商在市场上购买或租用他人所拥有的生产要素的实际支出。显性成本就是通常所说的会计成本，它是厂商在会计账目上作为成本项目计入账上的各项支出费用，包括厂商支付给所雇用的管理人员和工人的工资，所借贷的资金的利息，租借土地、厂房的租金，以及用于购买原材料或机器设备、工具和支付交通、能源费用等支出的总额。

隐性成本（Implicit Cost）是指厂商本身所拥有的且被用于该企业生产过程的那些生产要素的总价格。隐性成本通常包括三部分：经营者自身管理才能的报酬工资、自有资金的利息和厂商自有的地租。西方经济学认为，既然借用了他人的资本需付利息，租用了他人的土地需付地租，聘用他人来管理企业需付薪金，那么同样的道理，厂商自身管理企业也应该得到工资，自有资金也应该有利息，自有厂房也应该有地租。这些费用通常不能通过会计成本反映出来，因此被称为隐性成本。隐性成本必须从机会成本的角度按照企业自有生产要素在其他用途中所能得到的最高收入来支付，否则厂商会把自有生产要素转移出本企业，以获得更高的报酬。

📖 生活中的实例

假定某店主每年花费 20 000 元的资金租赁商店设备。年终，该店主从销售中所获毛利为 30 000 元。该店主赚了多少钱？从显性成本的角度来看，该店主赚了 10 000 元，因为厂商的显性成本是 20 000 元。但从隐性成本的角度来看，该店主可能一点儿也没赚。企业的隐性成本计算比较复杂。假定市场利率为 10%，该店主从事其他职业所能获得的收入是 20 000 元，则该店主的隐性成本是 24 000 元（20 000 + 40 000 × 10%）。店主的机会成本是 44 000 元。从机会成本的角度来看，该店主不仅没有赚钱，反倒赔了钱。我们可以说，该店主获得的会计利润是 10 000 元，但获得的经济利润是 −14 000 元（30 000 − 44 000）。会计利润以会计成本为基础进行计算，经济利润以机会成本为计算基础。

3. 沉没成本与可回收成本

沉没成本是指已经发生且没有办法收回的成本。例如，某电影在上映之前，花了 1 亿元用于广告宣传，上映后，反响平平，去电影院观看的人数不多，票房很低，那么该制片商用来做广告宣传的 1 亿元就是沉没成本。沉没成本提供了与现在决策相关的信息，但是与具体成本本身无关。当无法改变过去的决策时，已经花去的钱就已经没有了，所以沉没成本也称作历史成本，是指不依决策方案的有无而发生变化的成本。

而在已经发生的会计成本中，有的如办公楼、汽车和计算机等，可以通过出售或出租的方式在很大程度上加以回收，因此称其为可回收成本。

💳 探索与思考

假设你花 35 元买了一张电影票，在入场观看了 10 分钟后，发现并确定该片是个"烂片"，请问此时你如何做才是理性的？（请从沉没成本角度考虑）

4. 私人成本与社会成本

私人成本，是从生产者个体角度所考虑的成本。私人成本既包括生产者为生产一定量的产品所花费的货币支出即会计成本，也包括生产者自身所拥有的投入生产中的要素成本即隐性成本。

社会成本是从全社会的角度来考虑的成本，它不仅包括生产者为生产经营活动所必须投入的成本，而且包括整个社会为此所付出的代价。

社会成本和私人成本都与外部性密切相关。典型的社会成本是对环境污染的治理费用。私人成本通常是按照企业所使用的资源的市场价格来计算的。如果资源的市场价格准确地反映了资源的最好替换用途所体现出来的对社会的价值，那私人成本与社会成本就是一致的，但实际上两者并不一致。

📖 生活中的实例

一家造纸厂可能会向附近的河流排放废水。对于工厂来说，排放废水的成本仅仅是把废水从工厂输送到河流里所发生的费用。然而，河流被污染后，它使人们生活、娱乐的用途都被破坏了，河水也不再适宜于饮用。这样，对其他人、对社会，就发生了额外的成本，此时的私人成本与社会成本就不一致。

二、短期成本分析

（一）短期成本的分类

1. 短期总成本

短期总成本（Total Cost，TC）是指短期内生产一定量产品所需要的成本总和。在短期内，有些生产要素可以调整，而有些生产要素不可以调整，因此，短期总成本又分为固定成本和可变成本两类。

固定成本（Total Fixed Cost，TFC）是指短期内在一定产量范围内不随产量变动而变动的成本，也就是说，厂商即使暂时关闭其工厂，什么也不生产，也会承担费用，这个费用包括厂房设备投资的利息、折旧费、维修费、各种保险费、一些税金，以及即使在暂时停产期间也要继续雇用的人员的工资和薪金。固定成本是一个常数。

可变成本（Total Variable Cost，TVC）指短期内随着产量变动而变动的成本。可变成本包括工人的工资，厂商为购进原料以及其他物品而发生的支出，以及电力费、营业税和短期借款的利息等。它随产量的增加而增加，当产量为零时可变成本为零。

如果用 STC 代表短期总成本，TFC 代表固定成本，TVC 代表可变成本，则有

$$STC = TVC + TFC \qquad (4.19)$$

2. 短期平均成本

短期平均成本（Average Cost，AC）指短期内平均每一单位产品所消耗的全部成本，它是由平均固定成本和平均可变成本构成的。

平均固定成本（Average Fixed Cost，AFC）指短期内平均每一单位产品所消耗的固定成本，用公式表示为

$$AFC = \frac{TFC}{Q} \qquad (4.20)$$

平均可变成本（Average Variable Cost，AVC）指短期内平均每一单位产品所消耗的可变成本，用公式表示为

$$AVC = \frac{TVC}{Q} \qquad (4.21)$$

如果用 SAC 代表短期平均成本，则有

$$SAC = \frac{STC}{Q} \qquad (4.22)$$

$$SAC = \frac{FC}{Q} + \frac{VC}{Q} = AFC + AVC \qquad (4.23)$$

3. 短期边际成本

短期边际成本（Marginal Cost，MC）指短期内厂商增加一单位产量所增加的总成本量。如果用 MC 代表边际成本，以 ΔQ 代表增加的产量，则有

$$MC = \frac{\Delta TC}{\Delta Q} = \frac{\Delta TVC}{\Delta Q} \qquad (4.24)$$

$$MC = \lim_{\Delta Q \to 0} \frac{\Delta TC}{\Delta Q} = \frac{\mathrm{d}TC}{\mathrm{d}Q} = \frac{\mathrm{d}TVC}{\mathrm{d}Q} \qquad (4.25)$$

（二）短期成本表和短期成本曲线

短期成本表如表 4.3 所示。

各种短期成本的变动规律及各种短期成本曲线之间的关系如图 4.10 所示，其中，横轴表示产量 Q，纵轴表示成本 C。

在图 4.10（a）中，STC 为总成本曲线。它是一条从固定成本出发的曲线，前段向下弯，后段向上弯，两段之间有一个拐点，即图中虚线通过的点。拐点以前边际成本递减，即随着产量的增加每单位产量带来的总成本的增加幅度是递减的；拐点以后边际成本递增，即随着产量的继续增加每单位产量带来的总成本的增加幅度是递增的。

表 4.3　总成本、平均成本和边际成本的关系

产量 Q	总成本 TC			平均成本 AC			边际成本 MC
	TFC	TVC	TC	AFC	AVC	AC	MC
0	1200	0	1200	0	0	0	0
1	1200	600	1800	1200	600	1800	600
2	1200	800	2000	600	400	1000	200
3	1200	900	2100	400	300	700	100
4	1200	1050	2250	300	262.5	562.5	150
5	1200	1400	2600	240	280	520	350
6	1200	2100	3300	200	350	550	700

TFC 为固定成本曲线，是一条由原点出发的水平线，它表示在一定产量范围内 TFC 是固定不变的。

TVC 为可变成本曲线，其形状与 TC 曲线基本相似，只是其纵坐标与 TC 曲线相差一个常数且该常数为 TFC。

在图 4.10（b）中，SAC 为平均成本曲线，它与平均可变成本曲线类似。当 $SMC < SAC$ 时，SAC 曲线不断下降；当 $SMC > SAC$ 时，SAC 曲线不断上升。因此，SAC 曲线也是先降后升，且 SMC 曲线通过 SAC 曲线的最低点 A 点。

知识点滴

图 4.10（b）中的 A 点称为收支相抵点，这时的价格为平均成本，一旦平均成本等于边际成本，生产者的成本与收益相等，即 $P = SMC = SAC$。

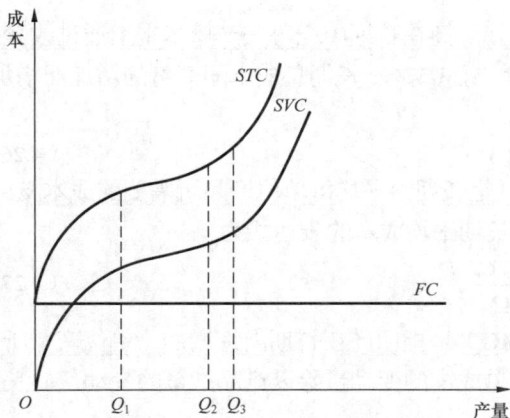

（a）短期总成本曲线、固定成本曲线、可变成本曲线

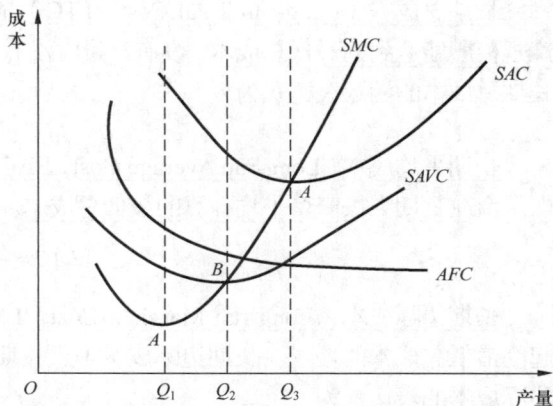

（b）短期平均成本、平均固定成本、平均可变成本、边际成本曲线

图 4.10　各种成本的变动规律及各种成本曲线之间的关系

知识点滴

图 4.10（b）中的 B 点称为停止营业点，即在这一点上价格只能弥补平均变动成本，这时所损失的是不生产也要支付的平均固定成本。如果低于这一点，不能弥补变动成本，则生产者就应停止生产。

生活中的实例

亏本的买卖为何还要做？

在现实生活中，我们会看到某些厂商在没有利润甚至是亏损的情况下依然维持经营。也就是价格处于图 4.10（b）中的 A 点与 B 点之间这一段中，此时价格小于或等于 SAC，厂商利润为零或者负利润，却依然保持经营状态，这是为何呢？

一般来说，短期中，总成本包含固定成本和可变成本。场地、设备和管理人员的工资等都是短期中的固定投入；而电费、服务员的工资等是所支出的可变成本。在决定是否保持营业时，主要考虑的是可变成本：当商品定价格高于平均可变成本时，会选择继续营业，因为它除了可以收回可变成本之外，还可以收回一部分固定成本。如果此时"关门大吉"，固定成本会则全部损失。

有些行业固定成本极高而可变成本却很低，例如航空业。在这些行业中，厂商只要市场价格高于它的平均可变成本，继续经营就有利可图。因此，就不难理解为何在生活中我们经常能看到很多航空公司推出特价机票从而维持经营。

因为 TFC 固定不变而产量是不断增加的，所以 AFC 曲线随产量 Q 的增加不断下降。

AVC 为平均可变成本曲线。当 SMC < SAVC 时，SAVC 曲线不断下降，即最初随着产量的不断增加平均可变成本是不断下降的；当 SMC > SAVC 时，SAVC 曲线不断上升，即随着产量的继续增加平均可变成本开始不断上升。因此，SAVC 曲线是先降后升，呈"U"形，且和 SMC 曲线相交于自身的最低点 B 点。

三、长期成本分析

（一）长期成本概述

长期总成本（Long-run Total Cost，LTC）是指厂商在长期中在每一产量水平上通过改变生产规模所能达到的最低总成本。没有产量时没有长期总成本。长期总成本随产量的增加而增加，长期总成本的函数表达式为

$$LTC=f(Q) \tag{4.26}$$

长期平均成本（Long-run Average Cost，LAC）是长期中平均每单位产品所需要的成本支出，即厂商在长期中按产量平均计算的最低总成本。长期平均成本的表达式为

$$LAC = \frac{LTC}{Q} \tag{4.27}$$

长期边际成本（Long-run Marginal Cost，LMC）是指厂商在长期内每增加一单位产量所引起的最低总成本的增量。长期边际成本等于长期总成本的变动量除以产品产量的变动量。长期边际成本的表达式为

$$LMC = \frac{\Delta LTC}{\Delta Q} \tag{4.28}$$

（二）长期成本曲线

1. 长期总成本曲线

长期总成本曲线表现为厂商在长期中各种产量水平上通过改变生产规模所能达到的最低总成本的轨迹，即长期总成本是在各种最优规模上进行生产所支付的总成本。长期总成本曲线如图 4.11 所示。

在图 4.11 中，长期总成本曲线是一条从原点出发向右上方倾斜的曲线，说明长期总成本随产量的增加而增加。在 *OA* 段，成本的增加幅度大于产量的增加幅度，表现为曲线比较陡峭；在 *AB* 段，成本的增加幅度小于产量的增加幅度，表现为曲线比较平缓；在 *B* 点以后，成本的增加幅度又大于产量的增加幅度，表现为曲线比较陡峭。

长期总成本随产量的增加而增加。产量较低时生产要素无法充分利用，成本的增加幅度要大于产量的增加幅度；当产量增加到一定程度后，由于规模报酬作用，成本增加的幅度小于产量的增加幅度；最后，由于规模报酬递减，成本的增加幅度又大于产量的增加幅度。

2. 长期平均成本曲线

在长期中生产要素都是可变的，从而不存在固定成本。厂商在决定其产量规模时，总是要使相对于每一产量的平均成本达到最低，因此，长期成本曲线是所有短期成本曲线的包络线，如图 4.12 所示。

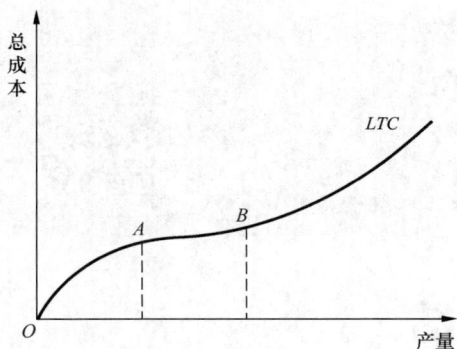

图 4.11　长期总成本曲线　　　　图 4.12　长期平均成本曲线

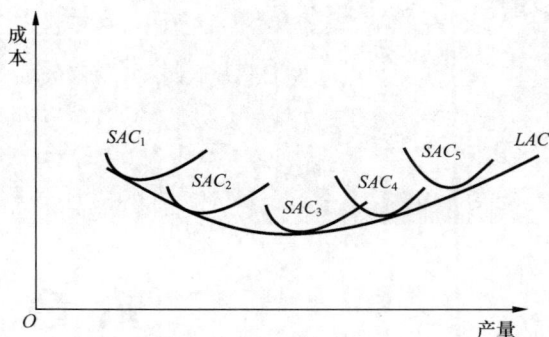

在图 4.12 中，长期平均成本曲线 *LAC* 也是一条先下降后上升的"U"形曲线，它是众多短期平均成本曲线的包络线。

长期平均成本随着产量的增加先减少后增加，这是因为随着产量的增加规模报酬递增平均成本减少，随着产量的继续增加规模报酬递减平均成本又逐渐增加。长期平均成本的这种变化规律和短期平均成本相同，但形成的原因不一样。短期平均成本曲线的"U"形是由边际报酬递减规律引起的，长期平均成本曲线的"U"形是由规模报酬递减规律引起的。

知识点滴

在长期平均成本曲线的最低点，短期平均成本曲线的最低点与其相切。在长期平均成本曲线最低点的左侧，短期平均成本曲线最低点的左侧与其相切；在长期平均成本曲线最低点的右侧，短期平均成本曲线最低点的右侧与其相切。

3．长期边际成本曲线

长期边际成本曲线也是随产量的增加先下降后上升的向右上方倾斜的一条曲线。但是，长期边际成本曲线不是短期边际成本曲线的包络线，它是每一产量上短期边际成本与短期平均成本相交确定的产量所对应的短期边际成本连接而成的一条光滑的曲线，如图4.13所示。

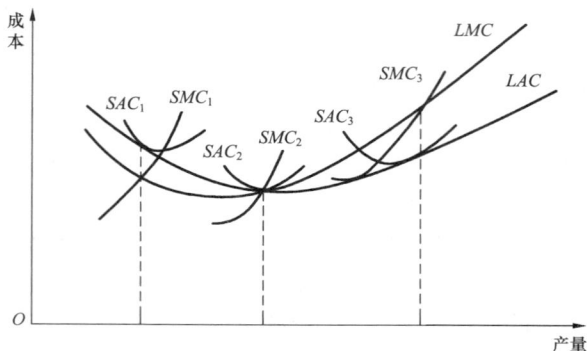

在图4.13中，长期边际成本曲线LMC呈"U"形，随着产量的不断增加，长期边际成本先是下降，然后又不断上升，它与长期平均成本曲线相交于长期平均成本曲线的最低点。

当 LAC 曲线处于下降阶段时，LMC曲线一定位于 LAC 曲线的下方，即 LMC<LAC；相反，当 LAC 曲线处于上升阶段时，LMC 曲线一定位于 LAC 曲线的上方，即 LMC>LAC。因为 LAC 曲线在规模内在经济和内在不经济的作用下呈先下降后上升的"U"形，这就使得 LMC 曲线也必然呈先下降后上升的"U"形，并且两条曲线相交于 LAC 曲线的最低点。

图 4.13　长期边际成本曲线

生活中的实例

特价机票那么便宜，航空公司还能赚钱吗？

特价机票，最低一折，你买过吗？为什么会出现特价机票？机票有什么样的降价规律？在什么时候买到的特价机票会更多一些？

请观看视频后思考，特价机票为什么那么便宜？航空公司为什么这么做？

本 章 小 结

生产函数是指在一定时期内，在技术水平不变的条件下，生产中所使用的各种生产要素的数量与所能生产的最大产量之间的关系。

边际产量递减规律，是指在其他条件不变时，连续将某一生产要素的投入量增加到一定数量之后，总产量的增量即边际产量将会出现递减的现象。在这个变化过程中，总产量、平均产量和边际产量之间会形成密切的相互关联和影响关系。总产量、平均产量和边际产量的运动规律及其相互关系，对生产者的要素投入决策极其重要。

当企业规模扩大时，其规模报酬有三种情况：规模报酬递增，所有投入要素增加的倍数小于产出增加的倍数；规模报酬递减，所有投入要素增加的倍数大于产出增加的倍数；规模报酬不变，所有投入要素增加的倍数等于产出增加的倍数。这对于企业选择适度规模具有重要意义。

经济学中的成本是企业进行生产活动所使用的生产要素的价格，或生产要素的所有者必须得到的报酬或补偿。经济分析中的成本和财务会计分析中的成本，含义并不完全相同。会计成本是指企业生产过程中按市场价格直接支付的一切费用，这些费用一般可以通过会计账目反映出来；而经济分析中所使用的成本，是指企业为从事生产所投入的全部要素的机会成本。

　　成本函数反映了企业的成本与其所生产的产品产量之间的相互关系。厂商的成本函数分为短期成本函数和长期成本函数。短期成本包括短期总成本、短期平均成本、短期边际成本、平均固定成本和平均可变成本。长期成本包括长期总成本、长期平均成本和长期边际成本。

　　收益函数反映了各种价格条件下企业的收益与其所生产的产品产量之间的关系。收益分为总收益、平均收益和边际收益。

　　企业生产所追求的利润即经济利润（也叫超额利润），是指成本和收益之间的差额。利润最大化的基本条件是边际收益等于边际成本。

关 键 概 念

　　厂商、生产要素、生产函数、短期和长期、总产量、平均产量、边际产量、边际产量递减规律、等产量曲线、等成本曲线、边际技术替代率、生产者均衡、生产要素的最优组合、生产扩展线、规模经济、成本、机会成本、会计成本、显性成本、隐性成本、成本函数、总成本、固定总成本、可变总成本、平均成本、平均固定成本、平均可变成本、边际成本、长期总成本、长期平均成本、长期边际成本

边 学 边 练

一、单项选择题

1. 生产函数表示（　　　）。
　　A. 一定数量的投入，最少能生产多少产品
　　B. 投入与产出的关系
　　C. 生产一定数量的产品，最多要投入多少要素
　　D. 以上都对

2. 在总产量、平均产量和边际产量的变化过程中，下列（　　　）最先发生。
　　A. 边际产量下降　　　　　　　　　　B. 平均产量下降
　　C. 总产量下降　　　　　　　　　　　D. 平均产量和总产量首先下降

3. 如果等成本曲线在坐标平面上与等产量曲线相交，那么要生产等产量曲线表示的产量水平，（　　　）。
　　A. 应增加成本支出　　　　　　　　　B. 应减少成本支出
　　C. 不能减少成本支出　　　　　　　　D. 不能增加成本支出

4. 总产量最大，边际产量（　　　）。
　　A. 最大　　　　　　B. 最小　　　　　　C. 为零　　　　　　D. 无法确定

5. 随着产量的增加，可变成本（　　）。

    A. 不变　　　　　　B. 增加　　　　　　C. 减少　　　　　　D. 先增后减

6. 已知等成本曲线与等产量曲线既不相交也不相切，此时，要达到等产量曲线所表示的产出水平，应该（　　）。

    A. 增加投入　　　　　　　　　　B. 保持原投入不变

    C. 减少投入　　　　　　　　　　D. 先增加投入，后减少投入

7. 依据生产三阶段论，生产应处于（　　）阶段。

    A. 边际产出增加，总产出递增　　B. 边际产出递增，平均产出递增

    C. 边际产出为正，平均产出递减　D. 以上都不是

8. 下列因素中，（　　）是可变成本。

    A. 机器折旧　　　　　　　　　　B. 可以无偿解雇的工人的工资

    C. 厂房租金　　　　　　　　　　D. 高层管理者的薪金

9. 如果总产量从 10 单位增加到 12 单位，总成本从 60 单位增加到 90 单位，那么边际成本等于（　　）。

    A. 30　　　　　　B. 60　　　　　　C. 90　　　　　　D. 15

10. 在长期中，下列成本中不存在的是（　　）。

    A. 不变成本　　　B. 平均成本　　　C. 机会成本　　　D. 隐性成本

二、多项选择题

1. 边际产量递减规律成立的条件是（　　）。

    A. 生产技术水平保持不变

    B. 保持其他生产要素投入数量不变，只改变一种生产要素的投入量

    C. 边际产量递减发生在可变投入增加到一定程度之后

    D. 扩大固定资本的存量

2. 某厂商在短期内保持资本（K）的投入量不变而改变劳动（L）的要素投入量，则其生产的第二阶段应该是（　　）。

    A. 边际产量曲线高于平均产量曲线

    B. 总产量曲线处于递增速率上升阶段

    C. 总产量曲线处于递减速率上升阶段

    D. 开始于平均产量曲线的最高点，终止于边际产量曲线与横轴的交点

3. 属于等产量曲线特征的有（　　）。

    A. 等产量曲线凹向原点

    B. 等产量曲线向右下方倾斜

    C. 等产量曲线有无数条，其中每一条代表一个产值，并且离原点越远代表的产量越大

    D. 等产量曲线互不相交

4. 下列说法正确的有（　　）。

    A. 等产量曲线上某点的边际技术替代率等于等产量曲线上该点的斜率值

    B. 等产量曲线上某点的边际技术替代率等于等产量曲线上该点斜率的绝对值

    C. 边际技术替代率等于两种生产要素的边际产量之比

    D. 随着增加劳动投入去替代资本投入，边际劳动（MP_L）不断下降，边际资本（MP_K）不断上升

5. 短期生产决策合理区域的条件是（   ）。

    A. $MP=AP$ B. $MP=0$ C. $TP=0$ D. $AP=0$

6. 生产要素包括（   ）。

    A. 土地   B. 资本   C. 劳动   D. 企业家才能

7. 下列选项中，可计入显性成本的是（   ）。

    A. 材料费   B. 银行借款利息   C. 厂房租金   D. 电费

8. 下列选项中，随产量而变化的成本有（   ）。

    A. STC B. TFC C. TVC D. SMC

9. 下列选项中，呈"U"形变化的成本曲线有（   ）。

    A. LAC 曲线   B. AFC 曲线   C. AVC 曲线   D. SMC 曲线

10. 停止营业点的特征包括（   ）。

    A. $MC=AVC$ B. $MC=AC$ C. MC_{min} D. AVC_{min}

三、判断题

1. 生产技术水平发生变化时，生产函数也会发生变化。   （   ）
2. 边际产量总是小于平均产量。   （   ）
3. 总产量曲线上任一点切线的斜率可表示为边际产量。   （   ）
4. 只要总产量减少，边际产量一定为负。   （   ）
5. 边际产量下降，总产量也一定在下降。   （   ）
6. 经济学分析中所说的短期是指 1 年之内。   （   ）
7. 由于固定成本不随产量变化而变化，因而 AFC 也不随产出的变化而变化。   （   ）
8. 厂商增加一单位产量时所增加的总的可变成本是边际成本。   （   ）
9. 短期边际成本曲线与平均可变成本曲线的相交点称为停止营业点。   （   ）
10. 显性成本是厂商在生产要素市场上购买或租赁他人的生产要素时所付出的实际代价。
    （   ）

四、简答题

1. 说明为什么企业沿着生产扩展线扩大生产规模。
2. 为什么说边际报酬递减规律是短期成本变动的决定因素？
3. 什么是等产量曲线？等产量曲线有何特点？
4. 为什么边际技术替代率是递减的？
5. 用图说明厂商在既定产量条件下是如何实现成本最小的最优要素组合的。

五、计算题

1. 已知某厂商的短期生产函数 $TP_L=240L+24L^2-L^3$，要求计算：

（1）劳动的平均产量函数 AP_L 与 MP_L。

（2）该厂商生产的合理区域的劳动投入量范围。

2. 已知短期成本函数为 $STC=80\,000+50Q-Q^2$，分别写出 TFC、TVC、SAC、AFC、AVC、SMC 所对应的函数式。

六、思考讨论题

早在 1771 年英国农学家杨格就用在若干相同的地块上施以不同量肥料的实验证明了肥料施用量与产量增加之间存在着边际产量递减的关系。这不是偶然的现象，而是经验性规律。假如农民在一亩土地上撒一把化肥能增加产量 1 千克，撒两把化肥能增产 3 千克，但随着一把一把化肥的增加，增产效果会越来越差，过量施肥甚至导致土壤板结、粮食减产。边际产量递减规律是从社会生产实践和科学实验中总结出来的，在现实生活以及绝大多数生产过程中都是适用的。如果是边际产量递增，那么全世界有一亩土地就能养活全世界所有的人，这才是不可思议的。

思考讨论：

1. 为什么存在边际产量递减规律？
2. 举例说明生活中的边际产量递减规律现象。

七、课外实践题

1. 分组。全班同学按 6~8 人一组分成若干小组，选出 1 名组长。在组长的带领下，选出 1 名副组长，2 名调研同学，1~2 名发言同学。

2. 各组在组长的带领下，在学校周边或者校园里选择一家厂商，通过观察、访谈、估算、网上查询等方式获得厂商使用各种资源的数量、价格以及提供的商品的价格。

3. 根据收集的数据计算厂商的总成本、平均成本和边际成本，分析该厂商的利润情况。

4. 全班交流。将小组的研究成果做成 PPT 发言讨论。

扩展阅读推荐

《巴菲特传》

作　　者：李永宁

出 版 社：中信友谊出版公司

出版时间：2017 年

简　　介：每年巴菲特的伯克希尔·哈撒韦公司召开年会时，全世界的粉丝和信徒为一睹他的风采，会参与他亲手缔造的投资帝国的狂欢。人们无不渴望一窥巴菲特的风采，倾听他对股市的预言并学习他的投资经验。

该书全面讲述巴菲特八十多年的人生历程，深度分析其投资生涯和商业传奇。从《华盛顿邮报》的一个青涩报童到求学沃顿商学院，从初涉证券经纪公司到结识投资大师格雷厄姆，从联手查理·芒格到控股伯克希尔·哈撒韦，他长期投资可口可乐、吉列和 Geico 等，将伯克希尔·哈撒韦打造成了市值近 2000 亿美元的超级企业。巴菲特的投资史、成长史，也是美国资本市场数十年来的发展史。

第五章

市场理论

【学习要点】

◆学习重点

市场结构的类型及特征、完全竞争市场的均衡、完全垄断市场的均衡、垄断竞争市场的均衡、垄断竞争市场的差异化策略、博弈论在寡头市场的运用

◆学习难点

市场结构的类型及特征、完全竞争市场的均衡、完全垄断市场的均衡、垄断竞争市场的均衡

【导入案例】

滴滴打车与快的打车宣布战略合并

新浪科技 2015 年 2 月 14 日讯，滴滴打车与快的打车联合发布声明，宣布两家实现战略合并。双方确定，在春节后的适当时间召开新闻发布会。新公司将实施 Co-CEO 制度，滴滴打车首席执行官（CEO）程维以及快的打车首席执行官吕传伟同时担任联合 CEO。两家公司在人员架构上保持不变，业务继续平行发展，并将保留各自的品牌和业务独立性。

滴滴打车首席执行官程维展望了新公司的愿景。他表示，中国移动出行的快速发展，不仅可以最大限度地节约能源，节约地面交通资源，并从根本上解决城市交通拥堵困境。更重要的是，通过移动出行平台，人们开始建立起人与人之间的信任关系，并在最广泛的意义上实现社会信用体系的建立。

快的打车首席执行官吕传伟表示，双方合并后，将集中两家公司的优势技术、产品人才，不断推出更为完美的出行服务产品，进一步加快市场拓展速度，产生更多的协同效应，提升整体竞争力，更积极有效地推动整个移动出行行业的发展。

据透露，滴滴打车和快的打车在经过长期的价格大战后，双方公司管理层经过反复沟通与交流，最终达成共识，决定两家公司进行战略合并。

双方未透露持股比例和新公司估值。据华尔街日报此前报道，滴滴打车和快的打车合并后估值或将达到 60 亿美元。

案例分析：滴滴打车和快的打车合并后，之前两者之间的竞争导致的大面积烧钱补贴消费者的现象将逐渐消失，虽然补贴不会"一刀切"式地停掉，但是比起两者竞争时期下降是十分明显的，这是滴滴打车和快的打车合并后降低了市场竞争所致。

本章将主要分析不同市场结构下厂商的行为，上述现象背后的经济学原理就在本章相关的知识点之中。

第一节　市　场　结　构

在现实生活中，有些商品的供给不计其数，而另一些商品的供给却寥寥无几。你会发现，有些行业厂商的数目众多，竞争激烈，而有些行业厂商数目很少，垄断性强。各类厂商所面临的市场是不同的。一个小农场面临无数小农场的竞争，而一个大汽车制造商却只面临几家汽车制造商的竞争。同种产品在不同类型的市场上其价格形成具有不同的特点。厂商要想实现利润最大化的目标，除了要考虑成本与产量的关系外，还必须考虑其所面对的不同的市场结构。

一、市场的定义

市场是指从事某一种商品买卖的交易场所或利用现代化通信工具进行交易的接触点。它可以是有形的，也可以是无形的。市场是厂商生存和发展的基础。

行业是指为同一个商品市场生产和提供产品的所有厂商的总体。同一种商品的市场和行业的类型是一致的，如完全竞争市场对应的就是完全竞争行业，垄断竞争市场对应的就是垄断竞争行业。

市场结构是指市场的垄断与竞争程度。不同企业处于不同的市场，其竞争目标与手段不同。因此，市场结构对企业竞争战略影响重大。

二、划分市场结构的标准

市场竞争程度强弱是划分市场结构类型的标准。影响市场竞争程度的具体因素有以下五个。

（1）厂商数量的多少。市场上某种商品买者和卖者的数量多少，与市场竞争程度高低有很大的关系。参与者越多，竞争程度可能就越高；反之，竞争程度可能就越低。这是由于在一个有众多参与者的市场中，每个参与者的交易量只占市场交易量的很小份额或比例，对市场价格缺乏控制能力，自然竞争能力就比较弱，厂商之间的竞争就相对比较激烈。

（2）产品的差异程度。产品差异是指同一种产品在质量、型号、款式、包装等方面的差别。产品差别越大，垄断程度越高；产品之间的差异越小，替代品越多，竞争程度就越高。

（3）对市场价格的控制力。如果一个市场上的产品交易价格是由市场上的供求关系决定的，那么市场竞争程度就比较高；如果单个厂商能够用自己的力量在不同程度上决定产品的市场交易价格，那么市场竞争程度就比较弱，这样的市场结构就容易产生垄断现象。

（4）厂商进出一个行业的难易程度。当一个厂商进出一个行业完全没有限制的时候，即所有资源可以在厂商之间、行业之间自由流动时，称作资源有完全流动性。现实生活中，所有的资源具有完全流动性是不可能的，即厂商进出一个行业还是会有一定程度的限制的。厂商进出一个行业的限制，可能有自然方面的原因（资源控制、规模经济等）和法律方面的原因等。

（5）信息通畅程度。市场参与者对供求关系、产品质量、价格变动、销售方法、广告效果等经济与技术因素的过去、现在和未来的信息资料越了解，市场竞争程度就越高；反之，市场竞争程度将越低。

三、市场结构的类型

依据市场结构划分的标准，市场可分为完全竞争市场、完全垄断市场、垄断竞争市场和寡头垄断市场四种。

1. 完全竞争市场的概念及特征

完全竞争又称纯粹竞争，是指竞争充分且不受任何障碍和干扰的一种市场结构。完全竞争市场是所有市场结构中的一种竞争十分充分的极端情况。

完全竞争市场具有以下四个主要特征。

（1）众多的买家和卖家。每个消费者的需求量和每个厂商的供给量占有很小的市场份额，以致他们都无力影响市场的价格。也就是说，完全竞争市场中的买者和卖者都是市场价格的接受者。

（2）产品是同质的。完全竞争市场的产品完全无别，这种无差别不仅指质量还包括销售条件、商标等。对消费者来说，购买哪家厂商的产品都是一样的；对于厂商来说，把商品卖给哪个消费者都是一样的。

（3）进入或退出市场是自由的。生产者可以自由地进入和退出市场。当某一产品有较高的利润时，其他行业的生产者可以迅速进入该市场，生产这种产品，争夺利润；当某一产品亏损时，该行业的生产者可以迅速退出市场。

（4）完全信息。完全竞争市场上的所有买者和卖者都具有完备的市场信息，因此，不会有任何人以高于市场的价格进行购买，以低于市场的价格进行销售。每一个厂商与每个消费者都可以根据自己获得的完备的信息做出自己的经济决策，从而获得最大的经济利益。

完全竞争市场是一种理论上的理想市场，在现实生活中是不存在的。我们通常把农产品市场，如大米市场、小麦市场和玉米市场等，看成比较接近完全竞争市场的情况。

> **探索与思考**
>
> 完全竞争市场在现实生活中不存在的原因有哪些？既然现实生活中完全竞争市场不存在，为什么还要研究这种市场结构呢？

完全竞争市场是市场结构中的一种极端情况，但是，从理论研究的角度来讲，研究完全竞争市场模型有助于我们理解市场机制及其配置资源的一些基本原理，而且该模型可以为其他类型市场的经济效率分析和评价提供参照对比。

2. 完全垄断市场的概念及特征

完全垄断又称纯粹垄断，是指由一个独家厂商控制整个行业的一种极端的市场结构。完全垄断市场的主要特征有以下四个。

（1）唯一的厂商。市场上只有一个厂商生产和销售某种商品，这家厂商控制了这种产品的供给，因此企业就是行业。

（2）没有替代产品。完全垄断厂商生产和销售的商品没有十分相近的替代品，垄断厂商不受任何竞争者的威胁。

（3）价格的决定者。完全垄断厂商是价格的决定者，它可以利用一切手段决定和控制价格，以达到垄断的目的。

（4）其他厂商不能进入该行业的生产中来。这样，完全垄断厂商就控制了整个行业。

3. 垄断竞争市场的概念及特征

垄断竞争市场是介于完全竞争与垄断之间的一种不完全竞争的情况，是一种既有垄断因素又有竞争因素的市场结构。这是最常见的一种市场结构，肥皂、毛巾等日用品市场，旅馆、商店等服务业市场，大都属于垄断竞争市场，这种市场主要集中在零售业和服务业。

垄断竞争市场具有以下基本特征。

（1）市场上有众多的消费者和生产厂商，每家企业所占的市场份额均较小。

（2）产品存在差别。这是垄断竞争市场最基本的特征。产品差别是指同类产品或劳务，在产品或服务质量、商标、牌号、包装及销售等方面存在差异。这些差别可能是实际存在的，也可能只是消费者的主观感受。

（3）企业进入或退出该行业相对比较容易。

4. 寡头垄断市场的概念及特征

寡头垄断市场又称寡头市场，指少数几家大型企业控制某种产品供给的绝大部分乃至整个行业。这个市场的基本特征有以下几个方面。

（1）企业数目屈指可数。市场上只有两家或两家以上的少数企业控制，每家企业在市场上都占有举足轻重的地位，对产品价格具有相当的影响力。

（2）企业间相互依存。这是寡头市场最基本的特征。行业内只有少数几家企业，每家企业的产量或价格变化都会影响其他厂商的生产和销售，因此，任何一家企业进行决策时都必须考虑竞争者可能的反应。

（3）产品差别可有可无。寡头垄断企业提供的产品可以是相同的，也可以是有差别的。

（4）厂商进入或退出行业不易。寡头垄断行业一般在大规模生产时能取得良好的经济效益，企业进入市场需要巨额资金，只有少数厂商具备这样的条件，能够进入该行业。同样，巨额资金的占用，使企业退出该行业也是十分困难的。

探索与思考

连连看：分析以下产品的特征，先将市场类型与其相对的市场特征连线，而后再将产品和对应的市场特征连线，完成连线后分析产品和市场类型之间的对应性。

产品		市场特征	市场类型
电视	生产厂商数量	生产厂商众多	
手机		企业数目少	
馒头		唯一的厂商	完全竞争市场
石油		产品同质化	
汽油	产品差异性	产品差别可有可无	
铅笔		产品有差别，可替代	完全垄断市场
教材		没有替代品	
手表	厂商进入、退出难度	可自由进入、退出	
自来水		进入、退出相对容易	
矿泉水		进入、退出不易	垄断竞争市场
公交车		拒绝其他厂商进入	
高速公路	厂商对价格的影响	不能影响市场价格	
银行		可能存在价格联盟	
中央处理器（CPU）		厂商为价格决定者	寡头垄断市场

四、各市场结构的特征比较

根据划分市场结构的标准和影响因素，我们可以把各类市场结构的特征用表 5.1 来进行比较。

表 5.1　四种市场结构的比较

市场类型	厂商数目	产品差别	对价格的控制程度	进出一个行业的难易程度	现实中近似的例子
完全竞争	很多	完全无差别	没有	很容易	一些农产品，如玉米、小麦
垄断竞争	较多	有差别	有一些	比较容易	服装、食品
寡头垄断	几个	有差别或无差别	相当程度	比较困难	电信运营商
完全垄断	唯一	唯一的产品，且无相近的替代品	很大程度，但常受管制	很困难，几乎不可能	水、电

第二节　完全竞争市场

一、完全竞争市场的需求曲线和收益曲线

（一）需求曲线

在完全竞争条件下，消费者追求最大化的效用满足而对产品形成需求。任何一个商品市场中，消费者对整个行业所生产的商品的需求量，称为行业所面临的需求量，相应的需求曲线称为行业所面临的需求曲线。消费者对行业中的单个厂商所生产的商品的需求量，称为厂商所面临的需求曲线。

对整个行业来说，市场需求曲线是一条向右下方倾斜的曲线，供给曲线是一条向右上方倾斜的曲线。整个行业产品的价格就是由供给和需求决定的均衡价格。在图 5.1（a）中，曲线 D 是一条完全竞争市场上的需求曲线，曲线 S 是一条完全竞争市场上的供给曲线，P_0 是市场需求曲线与供给曲线相交所决定的均衡价格。

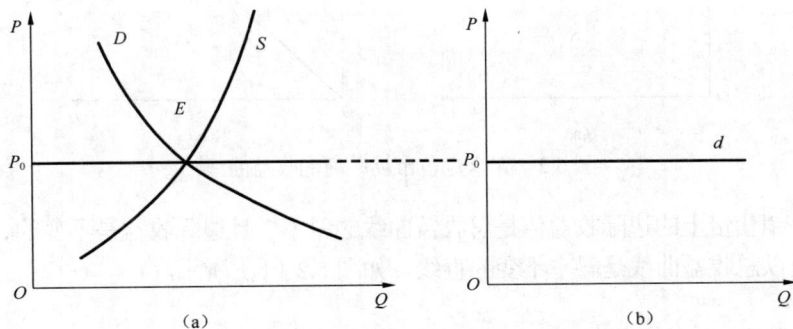

图 5.1　完全竞争市场和完全竞争厂商的需求曲线

对个别厂商来说，由于完全竞争市场上厂商数目众多，每个厂商的供给只占市场份额的很小部分，其产量的变动不会影响市场价格，从而每个厂商把市场价格视为既定价格。市场对个

别厂商产品的需求曲线是一条平行于横轴的水平线。在图 5.1（b）中，曲线 d 是厂商的需求曲线，它是相对于市场需求曲线 D 和市场供给曲线 S 的交点 E 所决定的均衡价格 P_0 而言的，如果图 5.1（a）中供求发生变化导致均衡价格发生变化，厂商的需求曲线就会是一条新的由均衡价格水平出发的呈水平状的需求曲线。

（二）收益曲线

厂商收益就是厂商的销售收入。厂商收益分为总收益、平均收益和边际收益。

总收益（Total Revenue，TR）指厂商按一定价格出售一定量的产品时所获得的全部收入，即价格与销售量的乘积。以 P 表示商品价格，以 Q 表示销售量，则有

$$TR = P \times Q \tag{5.1}$$

平均收益（Average Revenue，AR）指厂商出售一定量的商品时每单位商品所得到的收入，它等于总收益与销售量之比。因为完全竞争市场上每个厂商都是既定的市场价格的接受者，都是按市场均衡价格来出售产品的，所以每单位产品的售价也就等于每单位产品的平均收益，并且等于市场价格，即

$$AR = \frac{TR}{Q} = \frac{P \times Q}{Q} = P \tag{5.2}$$

边际收益（Marginal Revenue，MR）指厂商增加一单位产品销售所获得的收入增量，则有

$$MR = \frac{\Delta TR}{\Delta Q} = \frac{\Delta(PQ)}{\Delta Q} = \frac{P \Delta Q}{\Delta Q} = P = AR \tag{5.3}$$

在完全竞争市场条件下，个别厂商的需求曲线、平均收益曲线、边际收益曲线是同一条线，而且这条需求曲线的曲线价格弹性是完全富有弹性的，即在市场价格既定时，对个别厂商产品的需求是无限的。如图 5.2（a）所示，厂商获得最大利润时，它既不增加生产也不减少生产，且平均收益和边际收益都等于既定的生产价格，则有

$$AR=MR=P \tag{5.4}$$

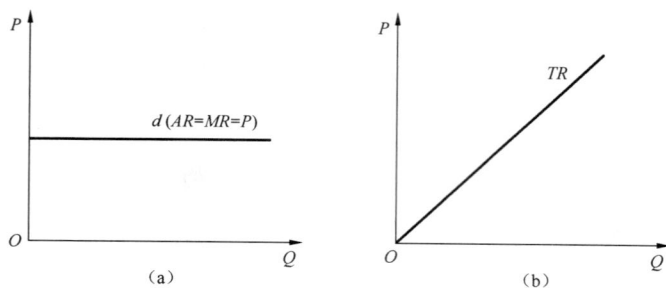

图 5.2 完全竞争市场厂商的收益曲线

因为每一销售量上的边际收益值是总收益曲线的斜率，且边际收益是不变的，等于既定的市场价格，所以总收益曲线是斜率不变的直线，如图 5.2（b）所示。

二、完全竞争厂商的短期均衡

在完全竞争市场中，市场供给和需求相互作用形成产品的均衡价格，短期内厂商不能根据市场的需求来调整全部生产要素，因此，产品的均衡价格就可能高于、等于或低于厂商的平均

成本，厂商出售产品就有可能处于赢利、盈亏平衡或亏损状态。

如图 5.3 所示，当市场价格为 P_1 时，单个厂商在产量为 Q_1 时达到利润最大的均衡点。因为在达到 Q_1 产量之前，每增加一单位产量，$MR > MC$，增加产量会使总利润增加，这时，厂商当然会扩大产量。在 Q_1 之后，每增加一单位产量，$MR < MC$，意味着扩大产量会导致总利润减少，所以以获取利润最大化为目标的厂商绝不会使产量大于 Q_1。由图 5.3 可知，在 Q_1 之前，MR 曲线位于 MC 曲线上方，表示 $MR > MC$；在 Q_1 之后，MR 曲线在 MC 曲线下方，说明 $MR < MC$；只有在产量为 Q_1 时，$MR = MC$，如图 5.3 中 E_1 点所示，才满足利润最大化原则。

一般来说，厂商根据 $MR = MC$ 的原则确定其产量。为了进一步分析完全竞争厂商的行为，需要分析价格与成本的关系。完全竞争市场条件下，价格与成本的关系可能出现三种情况。

1. $P=AR>SAC$，厂商处于赢利状态

厂商的需求曲线位于 SAC 曲线最低点上，即 $AR > SAC$。如图 5.4 所示，当需求曲线位于 d 时，MR 曲线与 SMC 曲线相交于 E 点，E 点在 SAC 曲线的上方，$MR = SMC$ 所确定的产量为 Q_1。因为 AR 即价格 P 高于 SAC，所以厂商获得的超额利润等于平均收益与平均成本的差乘以产量，即 $(AR-AC) \times Q_0$，即矩形 P_0GFE 的面积。

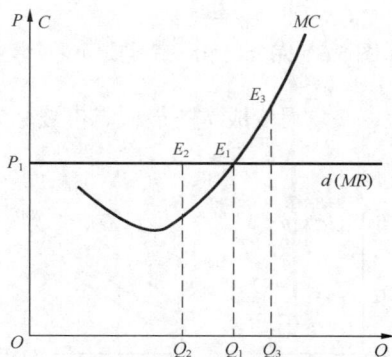

图 5.3 完全竞争厂商的短期均衡条件

2. $P=AR=SAC$，厂商处于收支平衡状态

厂商的需求曲线与平均成本曲线相切。如图 5.5 所示，当需求曲线为 d 时，它与平均成本曲线相切于点 E，这时 $AR = MR_0 = P$（d 曲线，AR 曲线和 MR 曲线为同一条曲线），均衡产量为 Q_0。这时，厂商既不亏损，也没有获得超额利润。E 点同时也是 SAC 曲线与 SMC 曲线的交点，即平均成本曲线的最低点，这个点被称为收支相抵点。此时，完全竞争厂商的经济利润为零，只获得了正常利润。

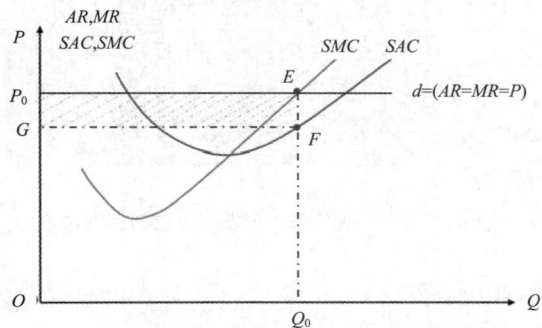

图 5.4 完全竞争厂商赢利情形

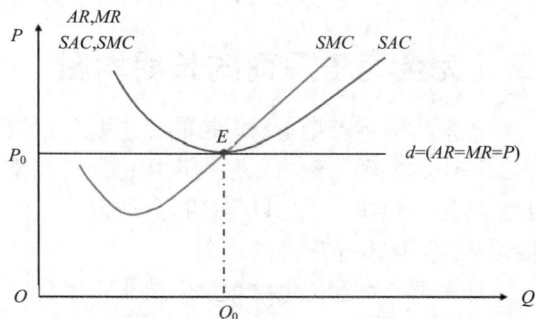

图 5.5 完全竞争厂商盈亏平衡情形

3. $AVC < P=AR < SAC$，厂商处于负利润状态，但继续营业

厂商的需求曲线低于平均成本曲线的最低点，但高于平均可变成本 AVC 曲线。如图 5.6 所示，当需求曲线为 d 时，MR 曲线与 SMC 曲线相交于 E 点。在 E 点，$MR = SMC$，此时厂商利润最大化的均衡产量为 Q_0。由于价格 P_0 小于 SAC，厂商出现亏损，亏损额为 $(AC-AR) \times Q_0$，

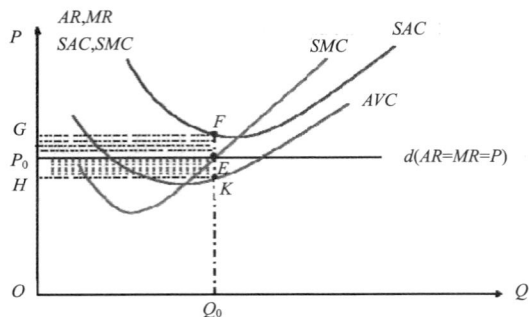

图 5.6 完全竞争厂商亏损但继续营业情形

即矩形 GP_0EF 的面积。但完全竞争厂商会选择继续生产，以弥补固定成本，从而使亏损额最小。

4. $P=AR \leqslant AVC$，厂商处于负利润状态，停止营业

当市场价格 P_0 等于或小于平均可变成本 AVC 的最低点时，如图 5.7（a）、（b）所示，厂商亏损扩大到矩形 GP_0EF 的面积。此时，厂商所得到的收益连可变成本都不能补偿，更谈不上弥补固定成本了。停止生产的亏损额要比继续生产的亏损小，因此，厂商会选择停止营业。基于此，平均可变成本的最低点也被称为停止营业点。

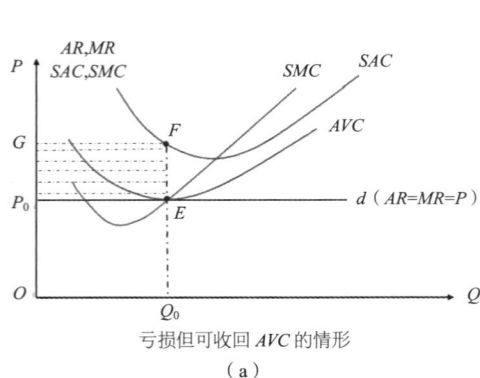

亏损但可收回 AVC 的情形
（a）

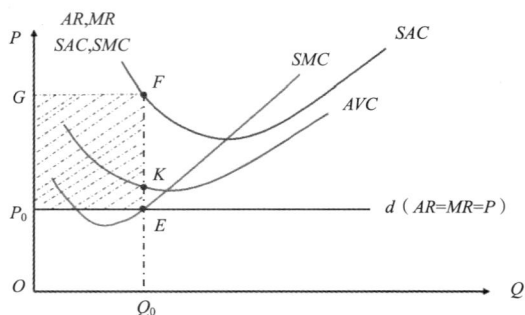

亏损且只能收回部分 AVC 的情形
（b）

图 5.7 完全竞争厂商亏损并停止营业情形

小结：完全竞争厂商短期均衡条件：$MR=SMC$。
完全竞争厂商短期利润情况：为正、为零、为负。

> **探索与思考**
>
> 在短期中，完全竞争厂商实现利润最大化的均衡条件 $MR=SMC$ 是否可以转换为 $P=SMC$？为什么？

三、完全竞争厂商的长期均衡

短期均衡状态是不易保持的，它只是一种暂时现象。在长期中，各个厂商可以根据市场价格来调整全部生产要素和生产规模，也可以自由进入或退出该行业。这样，整个行业供给的变动就会影响市场价格，从而影响各个厂商的均衡。

如果整个行业的供给增加，价格水平会下降，超额利润将不复存在。当供大于求时，价格下跌，出现了亏损，该行业的厂商就会减少生产甚至有些厂商会退出该行业，从而使整个行业供给减少，使得供小于求，价格水平上升而亏损消失，最终调整的结果会使各个厂商既无超额利润，又无亏损。此时，整个行业达到供求平衡，各个厂商的产量也不再调整，这就实现了长期均衡，如图 5.8 所示。

在图 5.8 中，LMC 曲线是长期边际成本曲线，LAC 曲线是长期平均成本曲线。d_1 是在短期中能获得超额利润的个别厂商的需求曲线，同时也是平均收益曲线和边际收益曲线。d_2 是在短

期中厂商产生亏损时个别厂商的需求曲线。

当存在超额利润时，其他厂商会进入该行业，从而导致整个行业供给增加，引起价格下降，个别厂商的需求曲线下移。而存在亏损时，厂商会减少产量或者退出该行业，导致整个行业供给减少，引起价格上升，个别厂商的需求曲线上移，这种调整最终会使得需求曲线移动到 d_0，此时边际成本曲线与边际收益曲线相交于 E 点，决定均衡产量为 Q_0，从而总收益等于总成本，厂商既不存在超额利润也不存在亏损。因此，当长期边际曲线 LMC 与长期平均成本曲线 LAC 相交于 E 点时，厂商实现了长期均衡，且实现长期均衡的条件是 $P=MR=LMC=LAC=AR$。

小结： 完全竞争厂商长期均衡条件：$MR=LMC$。

完全竞争厂商长期利润情况：必为零。

探索与思考

完全竞争厂商在长期均衡时经济利润必为零和完全竞争厂商的哪个特征相关？为什么？

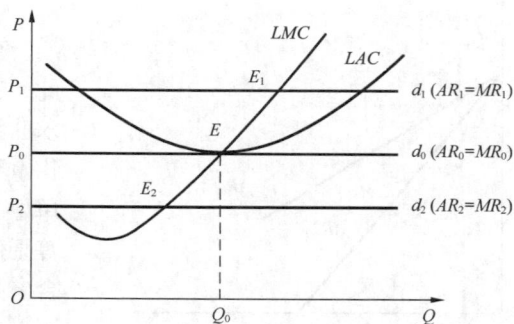

图 5.8　完全竞争厂商的长期均衡

生活中的实例

为何大型养鸡场竞争不过养鸡专业户？

从经济学的角度看，鸡蛋市场有四个显著的特点：第一，市场上买者和卖者都很多。没有一个买者和卖者可以影响市场价格。即使是一个大型养鸡场，在市场上占的份额也微不足道，难以通过产量来控制市场价格，即每家企业都是价格接受者，只能接受整个市场供求决定的价格。第二，鸡蛋是无差别产品，企业也不能以产品差别形成垄断力量。大型养鸡场的蛋与老大太养的鸡下的鸡蛋没有什么不同，消费者也不会为大型养鸡场的蛋多付钱。第三，自由进入与退出，任何一个农民都可以自由养鸡或不养鸡。第四，买者与卖者都了解相关信息。这些特点决定了鸡蛋市场是一个完全竞争市场，即没有任何垄断因素的市场。

在鸡蛋这样的完全竞争市场上，短期内如果供大于求，整个市场价格就低，养鸡可能亏本；如果供小于求，整个市场价格高，养鸡就可以赚钱。长期来看，养鸡企业（包括农民和大型养鸡场）则要对供求做出反应，决定产量多少和进入还是退出。假设由于人们受胆固醇不利于健康这种宣传的影响而减少鸡蛋的消费，鸡蛋价格下降，这时养鸡企业就要做出减少产量或退出养鸡业的决策。假设由于发生鸡瘟，供给减少，鸡蛋价格上升，原有养鸡企业就会扩大规模，其他人也会进入该行业。在长期中通过供求的这种调节，鸡蛋市场实现了均衡，市场需求得到满足，生产者也感到满意。这时，各养鸡企业实现成本（包括机会成本在内的经济成本）与收益相等，没有经济利润。农民养鸡几乎没有什么固定成本，也不用向自己支付工资，仅仅只有种鸡支出和饲料支出。大型养鸡场的不利因素则在于压低成本和适应市场的调节能力远远不如农民养鸡者。结果，谁能在完全竞争市场上生存下来是显而易见的。

第三节　完全垄断市场

一、完全垄断市场的需求曲线和收益曲线

我们常说"独此一家，别无分店"，就是说市场中只有一个厂商，没有竞争对手存在的情况。与完全竞争厂商不同，在完全垄断市场上，厂商是价格的制定者，要抬高价格只需减少供给量，要降低价格就增加供给量。因此，完全垄断市场上厂商的收益情况和完全竞争市场上的厂商不同。

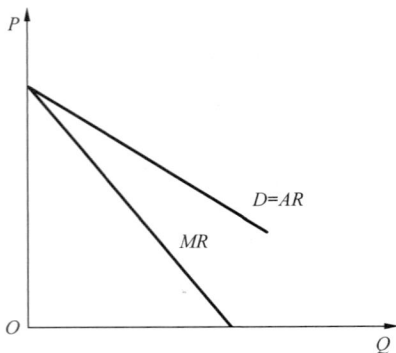

图5.9　完全垄断市场的需求曲线和收益曲线

（一）需求曲线

在完全垄断市场上，行业内只有一家厂商，因此，完全垄断厂商所面临的需求曲线就是市场的需求曲线。它是一条向右下方倾斜的曲线，即厂商销售量和市场价格呈反方向变动。完全垄断厂商每一单位产品的卖价就是平均收益，因此，平均收益仍等于价格，平均收益曲线 AR 仍然与需求曲线 D 重合。如图5.9所示，作为唯一的供给者，垄断厂商可以制定任何其想要的价格，但向右下方倾斜的需求曲线又决定了厂商如果提高价格其销售量必然会相应地下降。

（二）收益曲线

边际收益（MR）是指厂商多卖出一单位产品所增加的总收益，或者少出售一单位产品所减少的总收益。完全垄断市场的需求曲线是向右下方倾斜的，这意味着当产量增加时产品的价格下降，从而边际收益减少，边际收益曲线 MR 就再也不会与需求曲线 D 重合了，而是位于需求曲线 D 的下方。而且，随着产量的增加，边际收益曲线与需求曲线的距离越来越大，表示边际收益比价格下降得更快。这样，平均收益就不会等于边际收益，而是平均收益大于边际收益，如图5.9所示。

> **探索与思考**
>
> 完全垄断厂商是价格的决定者，消费者是被动的，这就意味着完全垄断厂商可以随心所欲地定价吗？

> **知识拓展**
>
> 垄断的形成，归根结底是存在进出的壁垒。进出的壁垒主要有四种。
>
> （1）厂商对资源的控制。厂商控制了生产某种产品的全部资源或关键资源的供给，从而排除了其他厂商生产同种产品的可能性。
>
> （2）政府的特许。如对铁路运输、供水和供电等与公共福利关系密切的部门，政府往往特许某个厂商垄断经营。
>
> （3）自然垄断。有些行业生产的规模效益需要在一个巨大的资本投入和很大的产量水平上才能

充分体现，以至于只有在整个行业的供给都集中在一个厂商时才能达到，而且只要发挥该厂商的生产能力，就能满足整个市场对产品的需求，这就属于自然垄断行业。

（4）专利权的垄断。一家厂商拥有生产某种产品的专利权，也就成为这种产品唯一的供给者，例如制药行业等。

二、完全垄断厂商的短期均衡

与完全竞争厂商相比，完全垄断厂商是价格的决定者，但它并不能随心所欲地定价。为了实现利润最大化的目标，完全垄断厂商仍然要在价格和产量之间做出选择。在短期内，完全垄断厂商有权决定产品价格和销售量，它可以只卖少量的产品而维持高价，也可以用低价扩大供给量。因此，在短期内，完全垄断厂商根据利润最大化原则进行决策，要么使利润最大化，要么使亏损最小化。要达到这个目的，完全垄断厂商也必须遵循边际收益等于边际成本即 $MR = MC$ 这个均衡条件，实现均衡生产。在完全垄断市场中，垄断厂商的短期均衡有三种情况。

1. 获得超额利润

厂商利润最大化，即获得经济利润下的短期均衡。在这种情况下，厂商根据 $MR = MC$ 决定的产量，能使经济利润达到最大。垄断厂商的成本曲线形状和完全竞争厂商的成本曲线一样，它们都受到生产要素边际收益递减规律的约束，因此，平均成本曲线 AC 和边际成本曲线 MC 都呈"U"形，如图 5.10 所示。

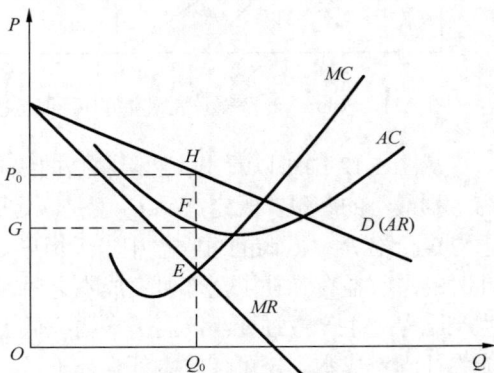

图 5.10 完全垄断厂商利润最大化的短期均衡

由图 5.10 可知，MR 与 MC 相交于 E 点，决定了均衡产量为 Q_0。从 Q_0 点向上的垂直线与需求曲线 D 相交于 H 点，从而决定了价格水平为 P_0。这时，厂商的总收益相当于矩形 OP_0HQ_0 的面积；厂商的平均成本为 OG，总成本相当于矩形 $OGFQ_0$ 的面积；平均收益为 Q_0H，则经济利润为 P_0GFH 的面积。

如果垄断厂商的产量小于 Q_0，此时 $MR>MC$，说明增加产量是有利的，能使利润增加，所以任何小于 Q_0 的产量都不能使利润最大；如果产量大于 Q_0，此时 $MR<MC$，说明增加产量反而会使利润减少。因此，只有 $MR = MC$ 时，决定的产量 Q_0 才能使利润最大化。

2. 获得正常利润

在这种情况下，厂商的需求曲线与平均成本曲线相切，此时厂商根据 $MR = MC$ 决定的产量能使其不盈不亏，如图 5.11 所示。

从图 5.11 中可以看出，厂商根据 $MR = MC$ 决定的均衡产量为 Q_0，相应的均衡价格为 P_0，厂商的平均成本为 OP_0，总成本相当于矩形 OP_0FQ_0 的面积。平均收益为 Q_0F，总收益也相当于矩形 OP_0FQ_0 的面积，即总收益等于总成本，此时厂商不盈不亏，只获得正常利润。需要注意的是，在这种情况下，边际成本和边际收益相交的 E 点必然和平均收益与平均成本相切的 F 点在一条直线上。

3. 亏损最小化

有时候，垄断厂商的产品成本太高，在需求很低的前提下，该产品的需求曲线处于垄断厂商的平均成本曲线之下，则两者之间没有交点，此时垄断厂商就可能亏损。无论生产多少产量，其平均成本都高于平均收益，从而导致厂商得不到正常利润，甚至亏损，如图 5.12 所示。

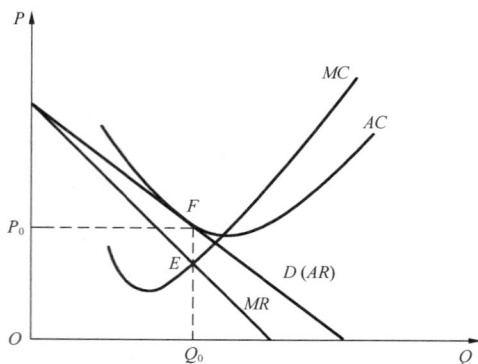

图 5.11 垄断厂商获得正常利润的短期均衡

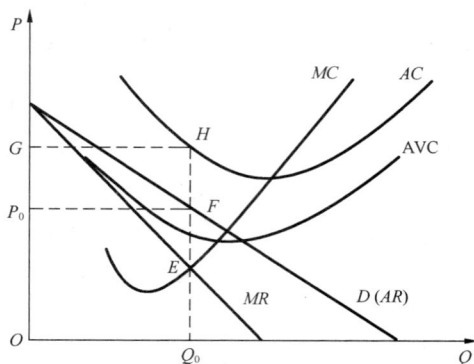

图 5.12 垄断厂商亏损最小化的短期均衡

从图 5.12 中可以看出，边际收益曲线和边际成本曲线相交于 E 点，对应的产量 Q_0 是使厂商亏损最小的产量。既定产品 Q_0 就是既定的供给，将 Q_0E 向上延伸，与 D 相交于 F 点，由供求决定价格 P_0，厂商的总收益相当于矩形 OP_0FQ_0 的面积，总成本相当于矩形 $OGHQ_0$ 的面积，此时的总收益在弥补了全部可变成本之后，还有一部分可用来补偿固定成本，所以短期内维持生产比停止生产亏损要小。当需求曲线低于平均可变成本时，厂商无论生产多少产量，不但不能弥补固定成本，连可变成本都弥补不了，厂商生产导致的亏损比不生产带来的亏损更大，因此厂商选择停止生产。

小结：完全垄断厂商短期的均衡条件：$MR=SMC$。

完全垄断厂商短期的利润情况：为正，为零，为负。

三、完全垄断厂商的长期均衡

在长期内，垄断厂商可以通过对生产规模的调整来获得比在短期更好的结果。这时厂商均衡的条件是边际收益与长期边际成本和短期边际成本都相等，即

$$MR=LMC \tag{5.5}$$

如图 5.13 所示，当短期平均成本曲线为 SAC_1 时，产量为 SMC_1 与 MR 相交于 E_1 点所决定的 OQ_1，价格为 OP_1。在产量为 OQ_1 时，$MR \neq LMC$，即边际收益不等于长期边际成本，所以厂商实现的只是短期均衡，获得的是短期利润。在长期内，厂商通过对生产规模的调整，实现 $MR = LMC$。假设厂商把生产规模调整为短期平均成本曲线 SAC_2，这时短期边际成本曲线 SAC_2 与边际收益曲线 MR 相交于点 E_2 所决定的产量为 Q_2，价格为 P_2，这时 $MR = LMC = SMC_2$，就实现了长期均衡，厂商获得的是长期利润。显然，厂商长期均衡时的利润量大于短期均衡时的利润量。

从图 5.13 中可以看出，在短期中垄断厂商无法调整全部生产要素，不一定能获得经济利润。但在长期中厂商可以调整全部生产要素，使得短期成本降到长期成本的水平，从而可以获得垄断利润。在长期中，垄断厂商在高价少销与低价多销中进行选择，以便使其产量能实现利润最

大化。

　　小结：完全垄断厂商长期均衡条件：*MR=LMC*。

　　完全垄断厂商长期利润情况：为正，为零，为负。

> **知识拓展**
>
> 　　由于垄断市场上只有唯一的一个厂商，即垄断厂商没有竞争对手，因而不同于完全竞争市场的长期调整。垄断市场上没有厂商数目的变动，只有厂商对成本的调整。对应于既定的长期需求和长期成本，如果垄断厂商处于亏损状态，那么它就会退出该行业。因此，一般来说，垄断厂商处于获得超额利润的均衡状态。

四、价格歧视

　　在完全竞争市场上，同一商品具有完全相同的市场价格，但在完全垄断市场则不同。完全垄断厂商的特殊垄断地位，使得它可以实行价格歧视。

　　价格歧视是指完全垄断厂商对不同市场的消费者或对同一消费者不同的购买量，分别以不同的价格销售。在完全垄断市场上，因为垄断厂商控制了整个市场，所以可以通过实行价格歧视来获取垄断利润，即在同一时间对同一产品向不同的买者索取不同的价格，以增加其总收益。根据垄断厂商实行价格差别的程度，可以把价格歧视分为三种类型。

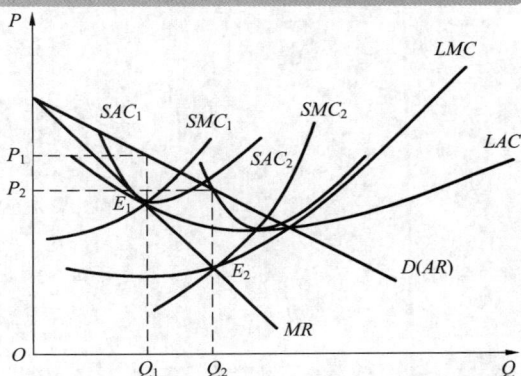

图 5.13　完全垄断厂商的长期均衡

　　（1）一级价格歧视，又称为完全价格歧视。它是指完全垄断厂商在销售其产品时，每个产品均以不同的价格出售，以获得最大可能性收入。在一级价格歧视下，垄断厂商将全部消费者剩余转变为超额利润。它只有在两种情况下才可能发生：一种情况是完全垄断厂商的产品销售对象数量很少；另一种情况是完全垄断厂商能够精确地知道每个消费者所愿意接受的最高价格。因为很难了解每位消费者的支付意愿，所以现实中这种价格歧视比较少见。艺术品拍卖是一个比较接近一级价格歧视的例子。在一件比较稀有的艺术品拍卖会上，由于买者众多，大家都会竞价，获得购买权的人是最后出价的人，这一价格也就是该购买者的支付意愿，消费者剩余几乎全被垄断厂商攫取了。

　　（2）二级价格歧视，是指完全垄断厂商将其垄断产品分批定价出售，以获得较大的收益。在二级价格歧视下，完全垄断厂商获取一部分而不是全部的消费者剩余。例如，当消费者购买10 个单位商品时单价为 8 元，购买 11 ~ 20 个单位商品时单价为 7 元，购买 21 ~ 30 个单位商品时单价为 6 元。当然，价格也可以根据购买量的增加而增加，如天然气、自来水的阶梯定价。

　　（3）三级价格歧视，是指完全垄断厂商对同样的产品在不同的市场采取不同的价格出售。在三级价格歧视下，需求价格弹性较大的市场产品价格较低；需求价格弹性较小的市场产品价格较高。例如，对同种产品在南方和北方规定不同的价格，在经济较发达的地区和经济较落后的地区制定不同的价格，在农村和城市制定不同的价格，在旺季和淡季制定不同的价格，在低谷和高峰期制定不同的价格等。

总之，不管哪种类型的价格歧视，都表现为垄断者把单一价格下的消费者剩余转化为自己的超额利润，即把消费者剩余转化为生产者剩余。

知识拓展

垄断厂商要想实行价格歧视，一般要满足以下三个前提条件：

（1）不同的目标市场之间可以有效分隔。

（2）被分隔的目标市场的需求价格弹性不同，垄断者对需求价格弹性较小的市场制定较高的价格，对需求价格弹性较大的市场制定较低的价格。

（3）不能发生转售的套利行为。

生活中的实例

利乐因垄断行为被罚近 6.68 亿元

经过 4 年多的漫长调查，"利乐案"这一号称"中国反垄断法实施以来规模最大、最密集的调查行为"，终于尘埃落定。2016 年 11 月 16 日，国家工商总局网站正式公布了对利乐集团的调查结果：认定利乐集团 6 家企业滥用市场支配地位行为成立，并且开出了高达 6.68 亿元人民币的罚单。

请观看视频后思考：我们为什么要反垄断？

深圳电视台都市频道 2016 年 11 月 17 日新闻片段

探索与思考

根据《湖南省居民生活用电试行阶梯电价方案》，2017 年长沙市的阶段电价方案为：第一档电量，不分季节，为每户每月 180 度，电价每度为 0.588 元。第二、第三档用电量，分季节，3 月、4 月、5 月、9 月、10 月、11 月为春秋季，二档为 180 度~350 度的用电量；1 月、2 月、6 月、7 月、8 月、12 月为冬夏季，二档为 180 度~450 度的用电量。超过二档的电量为三档。二档电价每度加价 0.05 元，即 0.638 元/度；三档每度加价 0.30 元，即 0.888 元/度。长沙市电费的计算方法：一档用电量 180 度×一档价 0.588 元/度+二档用电量×二档价 0.638 元/度 + 三档用电量×三档价 0.888 元/度。

思考：长沙市对居民制定的电价是哪一种价格歧视？为什么要这样定价？

第四节 垄断竞争市场

一、垄断竞争市场的需求曲线和收益曲线

（一）需求曲线

因为各垄断竞争厂商的产品是有差别的，相互之间又都是很接近的替代品，市场中的竞争因素使得垄断竞争厂商所面临的需求曲线具有较大的弹性，所以垄断竞争厂商向右下方倾斜的需求曲线与垄断企业相比是比较平坦的，但相对于完全竞争企业则要陡一些。

垄断竞争厂商生产的是有差别的产品。对该产品具有一定的垄断能力，可以在一定程度上影响商品的价格，因此，垄断竞争厂商的需求曲线通常取决于生产同类产品的其他厂商的产量决策和索要的价格。如果其他企业不降价，则该企业的需求量可能会上升很多，但如果其他企业也采取降价措施，则该企业的需求量不会增加很多。这样，在分析垄断竞争企业的需求曲线时，就要分两种情况来进行讨论。

我们假定垄断竞争厂商面临着两条独立的需求曲线：一条是主观需求曲线 d，另一条是客观需求曲线 D。

主观需求曲线 d 是假定只有代表性厂商的产品价格变化，而其他厂商产品价格不变条件下而导出的代表性厂商的需求曲线。它反映了个别厂商自认为像完全垄断厂商那样独立决定价格，而其他厂商不会做出反应的主观愿望。

客观需求曲线 D 假定在代表性厂商产品价格变化时，其他厂商产品价格也同比例变化条件下而导出的代表性厂商的需求曲线。它反映了行业内其他厂商的行为对个别厂商的产品价格变动所引起的需求量变化的影响。

d 曲线表示单个厂商改变价格时预期的产量，而 D 曲线表示单个厂商在每一个价格水平实际面临的市场需求量，所以 d 曲线与 D 曲线相交，意味着垄断竞争市场的均衡状态。D 曲线更缺乏弹性，所以陡峭一些，d 曲线弹性较大，所以较平坦一些。

如图 5.14 所示，需求曲线 d 表示该行业某一代表性厂商改变产品的销售价格，其他厂商并不随之改变价格时的需求曲线。需求曲线 D 表示该厂商降低价格，其他厂商也随之降低价格时的需求曲线。当销售价格为 P_0 时，代表厂商的销售量为 Q_0。假设厂商把

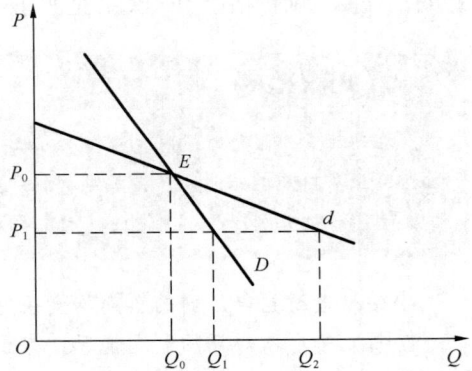

图 5.14　垄断竞争市场需求曲线

价格降到 P_1，如果该行业其他厂商不改变价格，则该厂商的销售量将从 Q_0 增加到 Q_2；但是如果其他厂商也同时降低价格，则该厂商的销售量只能从 Q_0 增加到 Q_1，即稍有增加，就形成两条需求曲线，一条是厂商自己期望的需求曲线，另一条是市场实际的需求曲线。

如果行业内有 n 个垄断竞争厂商，需求曲线 D 总是表示每个厂商的实际销售份额为市场总销售量的 $1/n$。因此，厂商的需求曲线 D 弹性较小，也就是说，需求曲线 d 和需求曲线 D 相比，需求曲线 d 上价格变动引起的销售量变化的幅度大于需求曲线 D 上价格变动引起的销售量变化的幅度。

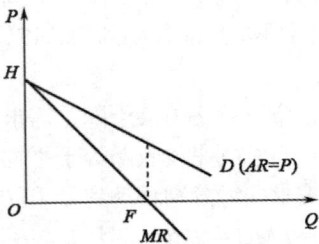

图 5.15　垄断竞争厂商的收益曲线

（二）收益曲线

因为厂商的平均收益 AR 总是等于该销售量时的价格 P，所以平均收益曲线就是厂商的需求曲线。需求曲线向右下方倾斜，则平均收益曲线也是向右下方倾斜的，且两线重合。与完全垄断厂商一样，垄断竞争厂商的边际收益曲线 MR 与平均收益曲线 AR 有相同的纵轴截距，且下降速度比平均收益曲线 AR 快一倍。垄断竞争厂商的收益曲线如图 5.15 所示。

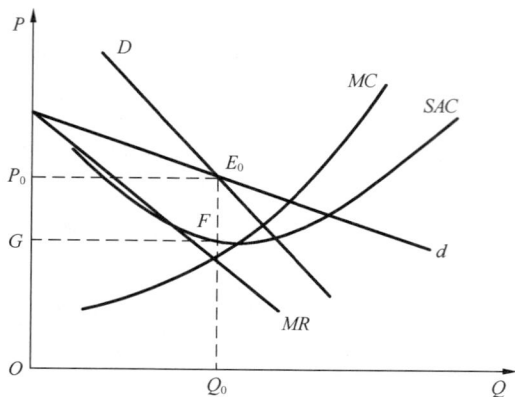

图 5.16　垄断竞争厂商的短期均衡

二、垄断竞争厂商的短期均衡

在短期内，垄断竞争厂商在既定的生产规模下，通过对产量和价格的同时调整，来实现 $MR = MC$ 的均衡条件，如图 5.16 所示。

代表性厂商连续降价行为的最终结果，是将使得 d 曲线和 D 曲线相交于点 E_0 并获得利润，在 E_0 上的产量 Q_0 和价格 P_0，就是厂商实现短期均衡的产量和价格。

垄断竞争厂商在短期均衡点上是获得最大的利润还是得到最小的亏损，这取决于均衡价格是大于还是小于 SAC。在企业亏损时，只要均衡价格大于 AVC，企业在短期内就还是会继续生产的；只要均衡价格小于 AVC，企业在短期内就会停产。

知识拓展

在短期内，因为新厂商无法加入，原有厂商无法退出，所以垄断竞争厂商和完全垄断厂商一样，面临着三种可能的结果：获得超额利润、获得正常利润或蒙受经济损失。但因为垄断竞争厂商生产的是有特色的差别产品，短期内其他厂商无法仿效，所以它获得超额利润的可能性很大。

小结：垄断竞争厂商的短期均衡条件：$MR=SMC$，且对应着 d 曲线与 D 曲线的交点。

垄断竞争厂商短期的利润情况：为正，为零，为负。

三、垄断竞争厂商的长期均衡

在长期内，垄断竞争厂商不仅可以调整生产规模，还可以进入或退出行业。这就意味着，垄断竞争厂商在长期均衡时的利润必定为零，即在垄断竞争厂商的长期均衡点上，需求曲线 d 必定与 LAC 曲线相切，就这点而言，垄断竞争厂商与完全竞争厂商是相似的，但其长期均衡实现过程及条件却与完全竞争厂商不同，如图 5.17 所示。

在图 5.17（a）中，d 和 D 分别表示垄断竞争厂商的两条需求曲线，它们相交于 F 点。假设该点是垄断竞争厂商的短期均衡点，均衡价格和均衡产量分别为 P_1 和 Q_1。因为均衡价格高于平均成本，所以厂商可以获得经营利润，从而会吸引新的厂商加入，在既定价格下每个厂商的销售量就会减少，相应地代表性厂商的需求曲线 D 便会向左下方平行移动，即移动到图 5.17（b）中的 D_0 曲线位置。

在市场需求规模既定的情况下，随着行业内厂商数目的增多，市场价格将会下降，需求曲线 d 就会不断向左平移到图 5.17（b）中 d_0 位置。这个过程将一直持续到平均收益等于平均成本，此时所有厂商的利润为零。图 5.17（b）中代表性厂商的两条需求曲线分别移动到 d_0 和 D_0，这时边际收益等于长期边际成本，也等于短期边际成本，即 $MR_0 = LMC = SMC_2$，且 d_0 与长期平均成本曲线 LAC 相切于 d_0 和 D_0 的交点 G。切点所对应的 P_0 和 Q_0，就是长期均衡时的均衡价格和均衡产量，这样垄断竞争厂商就实现了长期均衡。

在实现了长期均衡时，边际收益等于边际成本，平均收益等于平均成本，需求曲线与长期平均成本 LAC 曲线相切。因此，垄断竞争市场上长期均衡的条件是 $MR = LMC$，$AR = LAC$。

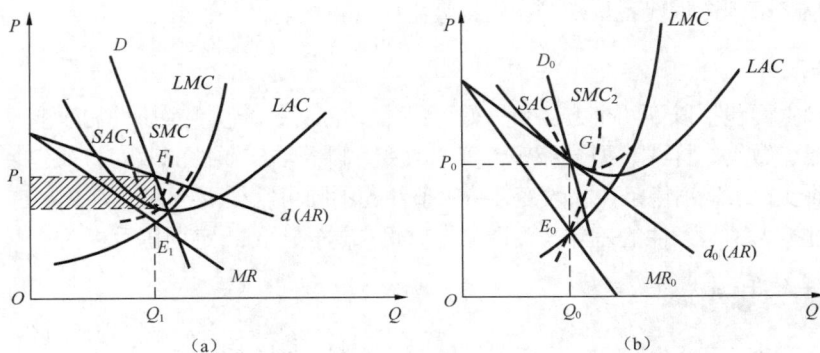

图 5.17　垄断竞争市场厂商的长期均衡

小结：垄断竞争市场上长期均衡的条件：$MR = LMC$，$AR = LAC$。
垄断竞争厂商长期的利润情况：必为零。

知识拓展

完全竞争市场、完全垄断市场和垄断竞争市场的比较，如表 5.2 所示。

表 5.2　完全竞争市场、完全垄断市场和垄断竞争市场的比较

	完全竞争市场	完全垄断市场	垄断竞争市场
需求曲线	平行于横轴	较陡峭（向右下方倾斜）	存在主观和客观两条需求曲线
长期均衡时 AR 和 AC 的关系	AR 和 AC 最低点相切	AR 和 AC 相交	AR 和 AC 相切于 AC 最低点的左侧
MR 和 AR 的关系	重合	MR 在 AR 左下方	MR 在 AR 左下方
短期均衡条件	MR=SMC	MR=SMC	MR=SMC，d=D
长期均衡条件	P=MR=AR=LMC=S MC=SAC=LAC	MR=LMC=SMC	MR=LMC=SMC AR=LAC=SAC d=D
产量	MR 和 MC 交点所对应的产量 OQ	MR 和 MC 交点所对应的产量 OQ_1，且 $OQ_1<OQ$	MR 和 MC 交点所对应的产量 O_2，且 $OQ>OQ_2>OQ_1$
价格	MR 和 MC 交点所对应的价格 OP	MR 和 MC 交点上延和 AR 交点所对应的价格 OP_1，且 $OP_1>OP$	MR 和 MC 交点上延和 AR 交点所对应的价格 OP_2，且 $OP_1>OP_2>OP$

四、垄断竞争厂商的差异化竞争策略

在垄断竞争市场上的竞争方式，厂商可以采用价格竞争和非价格竞争策略。因为垄断竞争市场厂商数目众多，产品间有一定的替代性，厂商对价格的控制力存在但是较小，所以价格竞争的利益不大。同时，产品间具有差异性，而且差异越大，由此形成的垄断势力越强，这促使

垄断竞争厂商更注重突出产品差异化的非价格竞争。

非价格竞争中，垄断竞争厂商的生存与发展取决于<u>产品差异化</u>。这就包括消费者容易识别的差别，如质量、包装、外形、颜色等，也包括消费者不易识别的差别。企业通过广告、服务、品牌等营销策略来创造消费者认知的差别，其主要的手段有产品变异和广告。

1. 产品变异

产品变异主要包括以下两个方面：一是产品本身的改变，包括实质性的改变，如原料、设计、技术性能、做工、样式、型号和颜色等的改变，以及非实质性的改变，如包装、品牌和商标等方面的改变；二是销售条件的改变，销售条件的不同可以被消费者视为不同的产品，因此，厂商可以通过扩大销售条件的差异来创造差异，例如送货上门、定期售后等。

探索与思考

以农夫山泉和百岁山为例。矿泉水倒在透明的水杯里几乎喝不出来差别，为什么矿泉水还要花大量费用做广告呢？

2. 广告

垄断竞争厂商希望有不同偏好的消费者了解自己产品的特色并购买这些产品，广告就是一种双方沟通的方式。

厂商通过广告增加消费者对其产品的认同与需求，使消费者在每一个价格水平下都能购买更多的商品，或者通过消费者的认同而愿意支付更高一些的价格；消费者则借助广告对众多难以识别的产品做出比较理性的选择。在垄断竞争市场，广告变得不可缺少，尤其是信息性广告，对于广大消费者来说，它是了解市场，增强购买过程中处理能力的重要工具。

生活中的实例

差异化竞争策略

在垄断竞争市场中，厂商数量多，它们的生存与发展取决于差异化。可以说，差异化竞争战略是商家必争之地，他们绞尽脑汁地想让你觉得他家的产品和别人家的"不一样"。

比如，上述"探索与思考"中，矿泉水几乎尝不出任何差别，厂商为什么还要花大价钱做广告？答案就是广告可以创造产品差异。"差异化"可以选择去迎合消费者偏好，也可以是战胜竞争对手。具体来说，有"容易识别"和"不容易识别"的差异两条思路可供参考。

一、创造"容易识别"的差异

1. 包装差异。请动手查一查"三顿半咖啡"在包装上和一般咖啡有什么差异？
2. 外形差异。请上网搜一搜"LUSH香皂"在外形上和常见香皂有什么差别？
3. 颜色差异。请马上想一想红色的可乐和蓝色的可乐能让你联想什么不一样？
4. 功能差异。百度找一找"TECNO手机"在功能上和普通手机有什么区别？
5. 质量差异。手机寻一寻"FESTINA手表"在质量上和其他腕表有什么不同？

二、创造"不容易识别"的差异

1. 广告创造差异。许多矿泉水中，谁才是"大自然的搬运工"？你是怎么联想到的？
2. 服务体现差异。众多火锅店中，哪家的特色服务最能让你印象深刻？
3. 品牌打造差异。诸多辣椒酱中，即使不是最有名也是最畅销的辣椒酱，你首先想到哪一个？

第五节　寡头垄断市场

一、寡头垄断模型

寡头垄断市场也是西方国家普遍存在的一种市场结构，它在现代经济中居于重要的地位。对寡头的研究，可以追溯到 19 世纪的法国经济学家古诺的研究。在博弈论运用之前，对寡头市场的分析都属于传统寡头理论。传统寡头理论在假设对手的反应为既定的情况下，分析企业产量与价格的决定。经济学家根据不同对手的反应假设，得出关于产量与价格决定的不同答案，形成了不同的寡头垄断模型，其中，以古诺模型和斯威齐模型较为典型。

名人有约

安东尼·奥古斯丁·古诺（1801—1877），法国数学家、经济学家和哲学家，数理统计学的奠基人。

1801 年 8 月 28 日，古诺出生于法国格雷，他是第一位把数学方法运用到经济学分析当中的经济学家，因此，他被学术界认为是数理经济学的鼻祖。

他是第一位提出完全垄断、双头垄断和完全竞争的精确数学模型的经济学家。古诺今天的名声主要来自他对经济学的贡献。生前他的理论没有受到重视，其开创性工作直到他去世后，杰文斯、马歇尔和费雪继续他的工作才被引起重视。

1. 双寡头理论——古诺模型

古诺模型提出于 1838 年，是早期的寡头模型，也是只有两个寡头厂商的简单模型，又称"双头模型"。其结论可以推广到三个或三个以上的寡头厂商模型。

知识拓展

古诺的双寡头垄断模型有十分严格的条件：①市场上只有两个寡头，生产完全相同的产品；②为简单起见，假设生产成本为零；③需求函数是线性的，即需求曲线是一条向右下方倾斜的直线，两个寡头分享市场；④双方都根据对方的行动做出反应，每家寡头都通过调整产量来实现利润最大化。

假设寡头厂商以产量为自变量、价格为因变量来推测产量，并且都假定对方不会改变原有的产量，从而求自己的最大利润。如图 5.18 所示，市场上只有甲、乙两个厂商生产和销售相同的产品，生产成本相同且为零，面临的市场需求曲线是向下倾斜的直线。甲、乙都准确了解市场总需求曲线，都能在已知对方产量的情况下按照利润最大化目标进行独立决策。

在图 5.18 中，假设整个市场竞争的产量为 OA。

第一轮，开始时甲厂商进入市场，面临的需求曲线为 $OQ_1 = 1/2 \times OA$，确定的价格为 OP_1，从而实现最大利润，利润量为 OQ_1FP_1 的面积。然后乙厂商进入市场，并且认为甲厂商继续生产 OQ_1 产量，从而靠甲厂商剩下的市场容量的 $1/2$ 产量来实现利润最大化，产量为 $O_1Q_2 = 1/4 \times OA$，确定的价格为 OP_2，利润量为 Q_1Q_2GH 的面积，甲厂商的利润因为价格下降

减少为 OQ_1HP_2 的面积。

第二轮，在乙厂商采取了上述行动后，甲厂商认为乙厂商会保持 $1/4 \times OA$ 的产量，按照 $MR=MC$ 的原则决定产量为市场容量 $OA - 1/4 \times OA = 3/4 \times OA$ 的 $1/2$ 产量，即 $3/8 \times OA$，比第一轮减少 $3/8 \times OA$。然后，乙厂商认定甲厂商保持 $3/8 \times OA$ 的产量，乙厂商用剩下的市场容量的 $1/2$ 来实现利润最大化，决定产量为 $1/2 \times 5/8 \times OA = 5/16 \times OA$，比第一轮增加 $1/16 \times OA$。以此类推，甲厂商的产量将逐渐减少，乙厂商的产量则逐渐增加，直到甲、乙两厂商产量相等，各自生产整个市场容量的 $1/3$，行业产量为整个市场容量的 $2/3$，市场达到均衡状态。

根据两个寡头厂商共同生产竞争产量的 $2/3$ 的结论，可以推广到 n 个厂商的生产情况，即当达到市场均衡时，行业生产整个市场容量的 $n/(n+1)$，每个厂商各生产 $1/(n+1)$。

2. 弯折的需求曲线——斯威齐模型

1939 年，美国经济学家斯威齐对某些行业如钢铁、煤炭业等在较长时期内价格比较稳定即价格刚性现象进行了分析，提出了著名的斯威齐模型，又称弯折的需求曲线模型。斯威齐认为，在寡头垄断市场上，当一家厂商主动提高价格时，其他厂商不会跟随涨价，因而其销售量会大大减少；相反，如果厂商主动降价，其他厂商也会随之降价，从而使销售量增加很少。因此，该厂商面临着一条弯折的需求曲线，如图 5.19 所示。

在图 5.19 中，$d(AR)$ 就是弯折的需求曲线，该曲线在 K 点弯折，将需求曲线分为两段。MR 是边际收益曲线，在平均收益曲线（需求曲线）下方，也从 K 点分为两段。在弯折点 K 处，边际收益曲线出现间断点。边际成本曲线 MC_1 与 MC_2 和边际收益曲线 MR 相交，决定了产量为 OQ_1，价格为 OP_1。边际收益曲线的间断区域，说明寡头垄断厂商的产量和价格具有稳定性，在边际成本 MC_1 和 MC_2 之间尽管成本改变了但价格不变。只有当边际成本变动很大，从 MC_2 变动到 MC_3 时，才会引起产量减少为 OQ_2，同时价格上升为 OP_2。由于斯威齐模型的效应，很多寡头垄断厂商一般不愿意率先变动价格，这也是某些行业在一定时期内价格比较稳定的原因。

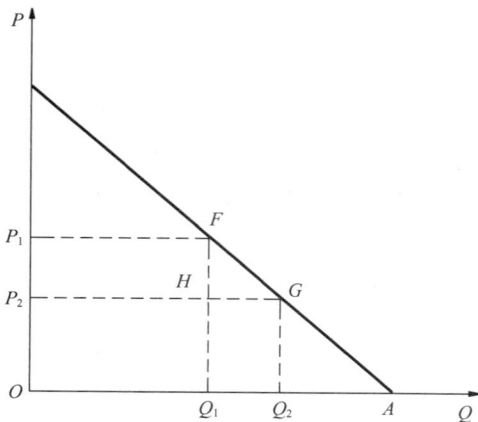

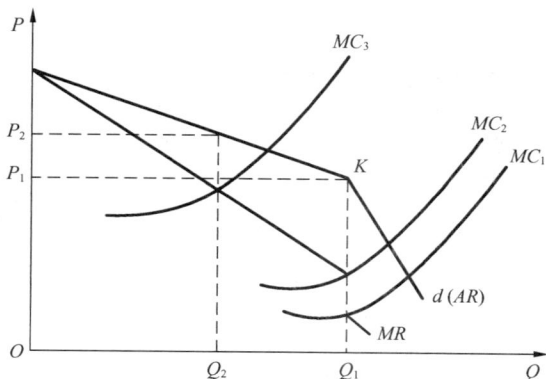

图 5.18 古诺模型 　　　　图 5.19 斯威齐模型

名人有约

保罗·斯威齐（1910—2004），20 世纪美国最为著名的马克思主义经济学家，在继承和发展马克思主义经济理论方面颇有成就。

他一生发表了大量揭露和批判现代资本主义的文章和专著，其中，最为著名的有《作为历史的现在》（1953年）、《垄断资本》（与保罗·巴兰合著，1966年）、《繁荣的终结》（与哈里·麦格道夫合著，1981年）、《革命后社会》（1982年）、《马克思主义四讲》（1982年），这些论著有着极为广泛的影响。

斯威齐在攻读博士学位期间，在寡头企业定价问题上提出了一种新的解释，称为"弯折的需求曲线"，即斯威齐模型。这种需求曲线的弯折，指的是寡头企业因其定价权力而能够在正常的平滑需求曲线所能允许的范围之外进行高定价。斯威齐模型对微观经济学和产业组织经济学研究做出了重要的贡献。

二、寡头市场的价格决定

传统寡头理论一般认为，价格的决定有三种形式，即价格领先制、成本加成法与勾结定价。

1. 价格领先制

价格领先制又称价格领袖制，是指一个行业的价格通常由该行业中最大或最具有影响力的寡头率先制定，其余寡头追随其后确定各自的价格。如果产品是无差别的，则价格变动可能是相同的。如果产品是有差别的，那么价格变动可能相同，也可能有差别。

2. 成本加成法

成本加成法是指在估算平均成本的基础上加一个固定的百分率的利润作为商品价格的方法。它是寡头垄断市场上最常用的一种方法。平均成本可以根据长期成本变动的情况确定，而所加的利润比率，则要参照全行业的利润率情况确定。这种定价方法可以避免各寡头之间的价格竞争，使价格相对稳定，从而避免在降价竞争中寡头们两败俱伤，有利于实现利润最大化。

3. 勾结定价

勾结定价是指各寡头勾结起来共同协商定价。各寡头之间进行公开的勾结，组成卡特尔（卡特尔是寡头的价格联盟），共同协商确定价格。例如，石油输出国组织（OPEC）就是这样一个国际卡特尔。卡特尔共同制定统一的价格，为了维持这一价格，还对产量实行限制。但是，由于卡特尔各成员之间的矛盾，有时达成的协议也很难兑现，或引起卡特尔解体。在不存在公开勾结的情况下，各寡头还能通过暗中的勾结（又称默契）来确定价格。

📖 知识拓展

卡特尔是生产同类产品的垄断企业，就产品的市场价格、产量分配和市场份额达成公开协议而联合形成的一种组织。如果卡特尔成员共同行动，它们就会像一个厂商一样，根据整个卡特尔所面临的需求和总成本得出卡特尔的边际收益和边际成本，再按边际收益等于边际成本的原则确定最优的总产量和相应的价格，最后在成员企业之间按使每个成员企业的边际成本相等的原则分配这个总产量。

卡特尔具有天然的不稳定性。卡特尔内部成员间存在着客观的欺骗动机。假定其他企业的生产数量和价格都不变，那么一个成员偷偷地增加产量将会获得额外的巨大好处，这会激励成员企业都偷偷增加产量。如果每个成员企业都偷偷地增加产量，那么市场总供给就会大量增加，市场价格必然下降，卡特尔限产提价的努力就将瓦解。如若卡特尔不能有效地解决这个问题，最终将会导致卡特尔的解体。

生活中的实例

石油输出国组织如何抉择定价权与市场份额

石油输出国组织（OPEC，欧佩克）是典型的卡特尔组织，成立于 1960 年 9 月 14 日。现有 14 个成员国，分别是沙特阿拉伯、伊拉克、伊朗、科威特、阿拉伯联合酋长国、卡塔尔、利比亚、尼日利亚、阿尔及利亚、安哥拉、厄瓜多尔、委内瑞拉、加蓬和赤道几内亚。其宗旨是协调和统一成员国的石油政策，维护各自和共同的利益。2008 年金融危机发生后，石油输出国组织对世界石油市场的作用被削弱。

由于美国页岩油开发使美国石油产量大增、全球经济增长乏力致使需求低迷等综合因素的影响，油价自 2014 年 6 月至 2015 年 3 月下跌了 60%。

油价下跌给部分石油输出国组织成员国带来了巨大的财政压力，促使利比亚、厄瓜多尔等成员国呼吁石油输出国组织采取措施阻止油价下跌。然而，沙特阿拉伯却"坐视不理"，甚至有打价格战的意思。2014 年 11 月，石油输出国组织的成员国在维也纳召开会议，主要议题为是否减产，同时也要为市场份额与定价权做出抉择。此时，石油输出国组织有两个选项：限产保价；坐视下跌，逼迫页岩油生产商减产，以保市场份额。会议最终决定保持产量不变。

产油国联手减产

中金在线
新闻视频

2016 年 12 月 10 日凌晨，石油输出国组织成员国与非石油输出国组织产油国在维也纳达成了联合减产协议，以缓解全球供应过剩。这是 15 年来达成的首个联合减产协议，市场预期初期阶段遵守情况将会不错，油价将迎来回升。

请观看视频后思考：石油输出国组织成员国与非石油输出国组织产油国达成联合减产协议的目的是什么？

三、博弈论

寡头厂商之间的行为是相互影响的，为了获取更多的利润，占有更大的市场份额，每个厂商都希望了解其他厂商所要采取的行动，从而据此采取对自己最有利的行动。近年来，经济学家采用博弈论来分析非勾结性寡头的竞争策略，取得了很大的进展。我们在此介绍最经典的"囚徒困境"模型。

"囚徒困境"讲的是这样一种情形：甲、乙两名嫌犯持枪抢劫后被抓，警方在他们身上分别搜到了手枪和子弹，据此可以控告他们非法持有枪支，但没有证据证明他们犯有抢劫罪。警方将这两名嫌犯分别关在不同的房间里审讯，双方不能互通消息。警方和这两名嫌犯都知道下列事实：

（1）如果两名嫌犯都不坦白犯有抢劫罪，则分别会因非法持有枪支而被判刑 1 年。

（2）如果两名嫌犯都坦白犯有抢劫罪，则会分别被判刑 5 年。

（3）如果两名嫌犯一人坦白，另一人不坦白，则坦白方会被判刑 0 年（无罪释放），不坦白方会被判刑 8 年。

在博弈论中，用以描述参与人的可行策略和损益的矩阵被称为支付矩阵。用图 5.20 所示的支付矩阵来表示上面的情形：

可能出现的四种情况：甲和乙均坦白或均不坦白，甲坦白乙不坦白或者乙坦白甲不坦白。

由于这两个人被隔离开，其中任何一个人在选择策略时都不可能知道另一个人的选择是什么。这个博弈的最终结果是两个人都坦白，各判 5 年有期徒刑。

		囚徒甲	
		不坦白	坦白
囚徒乙	不坦白	(−1, −1)	(−8, 0)
	坦白	(0, −8)	(−5, −5)

图 5.20　囚徒面临的支付矩阵

这是因为，假定甲选择坦白的话，乙最好是选择坦白，因为乙坦白判 5 年而不坦白却要判 8 年；假定甲选择不坦白的话，乙最好是选择坦白，因为乙坦白不被判刑而不坦白要被判 1 年。也就是说，不管甲坦白与否，乙的最佳选择都是坦白。同样，不管乙坦白与否，甲的最佳选择也是坦白。因此，结果是两个人都选择了坦白，各判刑 5 年。

值得注意的是，对两个囚徒来说，同时选择不坦白各判 1 年显然要比各判 5 年好得多，但由于两个人都追求自己利益的最大化，而不顾及同伙的利益，不敢相信对方的合作，所以他们只能得到不理想的结果，即各判 5 年。

📖 生活中的实例

假设你是一名买家，想在网上购买一件商品。商品按质量大致可以分为两种——高质量和低质量的商品。可是，因为你要在网上购买，没法对实物进行考察和测试，所以你不知道你现在加入购物车的这件商品究竟是高质量的还是低质量的。卖家虽然描述了他的商品的质量等级，但是你不知道他说的是真是假。

该商品有两种定价方法——高价和低价。因此，你在网购过程中面临四种可能的结果：你花高价买到了高质量的商品；你花高价买到的是低质量的商品；你花低价买到了高质量的商品；你花低价买到了低质量的商品。我们把你购买这件商品的价值回报用量化的数值来表达：

假定你出高价买到了高质量的商品，那么你的价值回报是 7（多出些钱买到一个好东西，还是值得的）；相应地，卖家得到的回报是 7（卖好东西，赚高利润）。

假定你出低价买到了高质量的商品，那么你的价值回报是 10（这么便宜的价格买到了这么好的宝贝，赚到了）；卖家得到的回报是 −5（亏了）。

假定你出高价买到的是低质量的商品，那么你的价值回报是 −5（"被宰了"）；卖家得到的回报是 10（"宰到即赚到"）。

假定你出低价买到了低质量的商品，那么你的价值回报是 3（买的就是便宜货，也不亏）；卖家得到的回报是 3（地摊货地摊价）。

		卖家	
		高质量	低质量
买家	高价	(7, 7)	(−5, 10)
	低价	(10, −5)	(3, 3)

图 5.21　买家和卖家之间的"困境"

这就是买家和卖家之间的"囚徒困境"，我们用图 5.21 所示的支付矩阵来表示：在这里，无论卖家如何选择，买家总是出低价更划算；另一方面，无论买家如何选择，卖家总是提供低质量的商品更划算。明明有一个大家都能获得更好回报的可能性，可是博弈的结局却注定了是一个对双方来说都更差的结局。

小结： 完全竞争市场的均衡价格最低，垄断竞争市场的均衡价格较高，完全垄断市场的价格最高。

完全竞争市场的均衡产量最高，垄断竞争市场的均衡产量较高，完全垄断市场的均衡产量最低。

寡头垄断市场上，由于厂商面临的需求不确定，其均衡价格和均衡产量也不太确定。一般认为，其均衡价格较垄断竞争市场的均衡价格高些，但低于完全垄断市场的均衡价格；其均衡的产量较垄断竞争市场均衡的产量低些，但高于完全垄断市场的均衡产量。

通过对比分析可得出：市场的竞争程度越高，则经济效率越高；市场的垄断程度越高，则经济效率越低。

本 章 小 结

市场结构一般分为完全竞争、完全垄断、垄断竞争和寡头垄断四种基本形式。

完全竞争市场上，企业和消费者都是价格的接受者，企业所面临的需求曲线是一条水平线。厂商在短期中通过调整产量使边际收益等于边际成本来实现利润最大化。在短期均衡点上，厂商可能赢利也可能亏损，以及利润为零。如果赢利，则是最大的正利润，如果亏损，则是最小的亏损。厂商在长期中既可以根据市场价格扩大或缩小已有的生产规模，也可以根据盈亏情况自由进入或退出某个行业。在长期均衡点上，厂商的经济利润为零，平均成本最低，供求相等，资源配置实现最优。

不完全竞争市场上，厂商在不同程度上影响市场价格，厂商面临的需求曲线是一条向右下方倾斜的曲线，厂商通过调整价格和产量来实现利润最大化。在垄断竞争市场上，由于厂商对价格的控制力较小，价格竞争利益不大，垄断竞争厂商更注重运用非价格竞争策略；在寡头垄断市场上，厂商之间相互依存，或竞争或合作，主要定价策略为价格领袖制，其合作形式为卡特尔；在完全垄断市场上，厂商唯一、产品唯一，厂商是产品价格的制定者，为了获得最大利润，完全垄断厂商往往采取价格歧视策略定价。

各种类型市场的均衡价格、均衡产量，以及企业能否获得超额利润等特点，反映了资源配置的优劣，从而进一步说明了经济效率的高低。

关 键 概 念

市场结构、完全竞争市场、完全垄断市场、垄断竞争市场、寡头垄断市场、短期均衡、长期均衡、价格歧视、差异化竞争策略、主观需求曲线、客观需求曲线、卡特尔、囚徒困境

边 学 边 练

一、单项选择题

1. 假定在某一产量水平上，某厂商的平均成本达到了最小值，这说明（　　）。

    A．边际成本等于平均成本　　　　　　　　B．厂商获得了最大利润

C. 厂商获得了最小利润　　　　　　D. 厂商的超额利润为零

2. 在一般情况下，厂商的价格如果低于（　　）就停止营业。

　　A. 平均可变成本　B. 平均成本　　C. 平均固定成本　　D. 边际成本

3. 下列行业中，（　　）最接近于完全竞争行业。

　　A. 飞机　　　　　B. 卷烟　　　　C. 水稻　　　　　　D. 汽车

4. 下列（　　）不是完全竞争行业的特点。

　　A. 厂商数目众多　　　　　　　　B. 竞争对手间有激烈的价格竞争

　　C. 同质产品　　　　　　　　　　D. 厂商可以自由进出这一行业

5. 对于完全竞争厂商来说，应使（　　）。

　　A. $P=MC=AC$　B. $P=MR=AC$　C. $P=AR=MC$　　D. $P=AR=MR$

6. 垄断厂商利润最大化的条件是（　　）。

　　A. $P>MR=AC$　B. $P=MR>MC$　C. $P>MR=MC$　　D. $P>MC=AC$

7. 垄断竞争市场上的短期均衡发生在（　　）。

　　A. 边际成本等于实际需求曲线中产生的边际收益时

　　B. 主观需求曲线与实际需求曲线相交，并且边际成本等于主观需求曲线中产生的边际收益时

　　C. 平均成本下降时

　　D. 主观需求曲线与平均成本曲线相切时

8. 如果完全垄断厂商在两个相互分割的市场中具有完全相同的需求曲线，则该垄断厂商（　　）。

　　A. 不能采取价格歧视

　　B. 可以采取价格歧视

　　C. 既能采取价格歧视也能不采取价格歧视

　　D. 上述观点都不对

9. （　　）不是厂商进出一个垄断行业的壁垒。

　　A. 立法　　　　B. 垄断利润　　C. 资源控制　　　D. 专利权

10. （　　）价格歧视消费者剩余最少。

　　A. 一级　　　　B. 二级　　　　C. 三级　　　　　D. 不能确定

二、多项选择题

1. 关于完全竞争市场，以下说法不正确的是（　　）。

　　A. 在一个完全竞争市场上，所有消费者和厂商的个体行为总和决定了价格，而这些价格对单个市场参与者来说是一个既定的参数

　　B. 完全竞争市场的产品同质假定，意味着厂商生产的产品中，商标、专利、品牌等都是不存在的

　　C. 完全竞争市场上的行业需求曲线由单个厂商的需求曲线加总而成

　　D. 正外部性的存在必然导致行业的供给曲线向右下方倾斜

2. 在完全竞争的条件下，市场价格处于厂商平均成本的最低点，则厂商将（　　）。

　　A. 获得最大利润　　　　　　　　B. 不能获得最大利润

    C. 亏损   D. 获得正常利润

3. 关于完全竞争和不完全竞争的区别，以下说法不正确的是（   ）。

    A. 如果在某一行业中存在许多厂商，则这一市场是完全竞争的

    B. 如果厂商所面临的需求曲线是向下倾斜的，则这一市场是不完全竞争的

    C. 如果行业中所有厂商都生产相同的产品，则这个市场是不完全竞争的

    D. 如果某一行业中有不止一家厂商，它们都生产相同的产品，都有相同的价格，则这个市场是完全竞争的

4. 关于寡头垄断，以下说法正确的是（   ）。

    A. 如果在卖方寡头垄断市场中，每个厂商的变动成本都为零，每个厂商都假定另外一个厂商的价格不变，而且每个厂商的生产能力都是有限的，以至价格不会下降到零，那么，减价竞争将导致一种均衡，使两个厂商都在其生产能力点上生产

    B. 勾结的需求曲线下的寡头垄断模型，假定在行业中没有一个厂商处于主导地位

    C. 在主导厂商的价格主导模型中，表示主导厂商的所有其他厂商都像一个完全竞争者那样行事

    D. 当卡特尔令所有厂商的产量相等时，该卡特尔中厂商的全部利润最大

5. 以下说法不正确的是（   ）。

    A. 垄断竞争与完全竞争的主要区别在于，垄断竞争的市场需求曲线是向下倾斜的

    B. 在完全竞争条件下，当平均可变成本曲线向下倾斜时，厂商不可能处于均衡状态；但在长期及垄断竞争条件下，除非它的平均成本曲线向下倾斜，否则厂商不可能处于均衡状态

    C. 在长期内，垄断竞争厂商得不到超额利润，因此，垄断竞争与完全竞争一样是一种有效的市场

    D. 垄断竞争条件下厂商所面临的需求曲线在所有价格水平下都更缺乏弹性

6. 垄断竞争厂商的产品是（   ）。

    A. 相近的   B. 有差异的   C. 可替代的   D. 唯一的

7. 完全竞争厂商处于长期均衡状态时，可能存在（   ）。

    A. 最大利润   B. 最小利润   C. 利润为零   D. 最小亏损

8. 在现阶段，我国（   ）为垄断竞争市场。

    A. 国家电网   B. 餐饮行业   C. 旅游行业   D. 美发行业

9. 完全竞争市场中，企业短期均衡时利润可能为（   ）。

    A. 正   B. 负   C. 零   D. 无法计算

10. 短期均衡时，完全垄断厂商（   ）。

    A. 收支相抵   B. 经济利润为正   C. 发生亏损   D. 无法计算

三、判断题

1. 可以近似地把农产品市场看成完全竞争市场。   （   ）

2. 完全竞争条件下的市场需求曲线是一条水平线。   （   ）

3. 完全竞争市场的厂商短期均衡条件是 $MR = SMC$。   （   ）

4. 完全垄断市场是不存在竞争市场的，市场上不存在替代品，厂商是市场价格的决定者。

                                               （   ）

5. 在垄断竞争市场中的厂商当实现 $MR=MC$ 的条件时就达到了短期均衡。（   ）

6. 对于完全垄断厂商来说，其供给曲线是向右上方倾斜的。（   ）

7. 在寡头垄断市场中，其产品是同质的。（   ）

8. 政府对一个垄断厂商的限价正好使得经济利润为零，则价格要等于边际成本。

                                               （   ）

9. 一级价格歧视下消费者剩余为零。（   ）

10. 卡特尔组织可以进行勾结定价。（   ）

四、简答题

1. 完全竞争市场有哪些基本特征？
2. 简述市场结构的划分。
3. 简述古诺模型。
4. 比较不同市场组织的经济效益。

五、计算题

完全竞争行业中某厂商的短期总成本函数为 $STC=2Q^3-24Q^2+120Q+400$，假设产品单价为120 元。

（1）计算利润极大时的产量及利润总额。

（2）该厂商在什么情况下才会停止生产？

六、思考讨论题

2017 年 6 月 2 日，欧盟反垄断机构计划在 8 月夏休前对 Alphabet 麾下的谷歌公司开出近100 亿美元的天价罚单，理由是其购物服务涉嫌垄断，欧盟本次将发起两桩针对谷歌的诉案。

思考讨论：请通过网络搜索引擎搜索有关谷歌涉嫌垄断案的相关信息，根据这一案件的审理，谈谈你对垄断市场的认识。

七、课外实践题

从广告"钻石恒久远，一颗永流传"想到的……

德比尔控制了世界上 80%左右的钻石生产，虽然这家企业的市场份额不足 100%，但它也大到了足以对世界钻石价格产生重大影响的程度。德比尔拥有多大的市场势力呢？

答案是这取决于有没有钻石产品的相近替代品。如果人们认为翡翠、红宝石和蓝宝石都是钻石的良好替代品，那么德比尔的市场势力就较小了。在这种情况下，德比尔任何一种想提高钻石价格的努力，都会使人们转向其他宝石。但是，如果人们认为这些宝石都与钻石极为不同，那么德比尔就可以在相当大程度上影响钻石产品的价格了。

德比尔支付了大量广告费。乍一看，这种决策似乎有点儿奇怪。如果垄断者是一种产品的唯一卖家，那它为什么还需要做广告呢？德比尔广告的一个目的，是在消费者心目中把钻石与其他宝石区分开来。当德比尔的

> 在知网学问可查询世界上最大的钻石公司——德比尔的更多信息。

口号告诉你"钻石恒久远，一颗永流传"时，你马上会想到翡翠、红宝石和蓝宝石吗？并不是这样的。如果广告是成功的，那消费者就将认为钻石是独特的，不是其他宝石所能替代的，消费者的这种感觉会使德比尔拥有更大的市场势力。

结合阅读材料，请你运用市场结构理论分析钻石公司德比尔能形成巨大的市场势力的原因。

扩展阅读推荐

《生活中的经济学》

作　　者：加里·贝克尔等

出　版　社：机械工业出版社

出版时间：2013年

简　　介：诺贝尔经济学奖得主加里·贝克尔连续10年写出了多达130多篇、每篇只有800多字、短小精悍的专栏文章，每一篇文章都思路清晰、观点鲜明。

这些文章以其扎实的经济分析，与随处可见的个人意见区别开来，广受各个阶层读者的喜爱，经久不衰。

通常，专栏所谈论的当代问题很快就会被遗忘，但是，加里·贝克尔的这些文章，即使是讨论那些人们已经忘却的问题的，其分析也有助于学者、企业主管、经济爱好者及其他读者更深入地了解在经济、社会以及政治等方面随时出现的问题。

这些文章证明，经济学的思维方式能告诉我们，人们做出何种选择，是与不同选择背后的成本和效益密切相关的，这是从政治、社会、心理等角度所看不到的。

第六章

分配理论

【学习要点】

◆ 学习重点

生产要素的需求、工资理论、利息理论、地租理论、利润理论、洛伦兹曲线、基尼系数

◆ 学习难点

市场结构的类型及特征、完全竞争市场的均衡、完全垄断市场的均衡、垄断竞争市场的均衡

【导入案例】

中国居民收入差距依然较大 基尼系数超 0.4

据网易财经 2018 年 2 月 5 日讯，目前我国民生领域还存在着不少短板，到 2020 年实现农村贫困人口全部脱贫的任务还很艰巨。城乡、区域、不同群体之间的居民收入差距依然较大，2017 年全国居民收入基尼系数超过 0.4。公共服务领域仍然存在着供给不足的问题，公共设施的存量仅为西欧国家的 40%左右，是北美国家的不到 30%。要实现全民共享的高质量发展，必须抓住人们最关心、最直接、最现实的利益问题。

案例思考：基尼系数是什么？基尼系数超过 0.4 意味着什么？

本章所介绍的收入分配理论将解答以上疑问。

第一节　收入分配的原理

西方经济学家认为，分配问题就是生产成果在社会各成员间的分配，它和社会各成员提供的生产要素有密切的关系。各种生产要素所获得的报酬就是生产要素的价格，分配理论就是要解决生产要素的价格决定问题的。生产要素的需求与供给，决定了生产要素的价格。

知识拓展

微观经济学中的分配理论，一种是由 20 世纪初美国经济学家 J. B. 克拉克（J. B. Clark）提出的边际生产力理论，另一种是由马歇尔提出的以均衡价格论为基础的分配理论。前者主要考虑了生产要素的需求，而后者则综合考虑了生产要素的需求与供给两个方面。现代西方收入分配理论，主要有凯恩斯的收入分配理论、萨缪尔森的收入分配理论和福利经济学的收入分配理论。

一、生产要素的需求

生产要素是指用于生产产品和服务的投入，即为进行生产和服务活动而投入的各种经济资源。经济学所涉及的生产要素，主要指劳动、资本、土地和企业家才能。生产要素的需求，是指厂商在一定的时期内，一定的价格水平下，愿意而且能够购买的生产要素的数量。

1. 生产要素需求的特点

生产要素的需求具有如下特点。

（1）生产要素的需求是一种派生需求或引致需求。它是指由于对产品的需求而产生的对生产要素的需求，即厂商对生产要素的需求是从消费者对产品的直接需求中派生出来的。厂商对生产要素的需求不同于一般消费者对消费品的需求。消费者对消费品的需求是一种直接需求，也就是为了直接满足自己的欲望的。厂商购买生产要素，则是为了用生产要素来生产产品以供应市场。生产者对生产要素的需求取决于人们对产品的需求，这是生产要素需求与产品需求的一个重要区别。

（2）生产要素的需求是一种联合需求或相互依存的需求。任何生产行为所需要的生产要素都不止一种，而是多种。生产要素的联合是生产商品的前提条件。在生产要素的配置中，要素之间可以有一定比例的互相代替，但从根本上讲各种生产要素是相互合作的。例如，一个人赤手空拳不能生产任何东西；同样，光有机器本身也无法创造产品。只有人与机器（以及原材料等）相互结合起来，才能达到生产产品的目的。

> **知识拓展**
>
> 派生的需求是指由于对产品的需求而产生的对生产要素的需求，如我们要吃面包，那么面包生产者就要购买面粉这种生产要素。联合的需求是指任何产品的生产都需要多种生产要素互相补充、共同合作。例如，计算机厂商，他们要生产计算机，不仅要跟英特尔或超微半导体公司（AMD）等厂商购买中央处理器（CPU）等零件，还要有技术工人、生产场地和设备等生产要素，才能进行生产。

2. 影响生产要素需求的主要因素

（1）产品的价格。产品的价格影响产品的生产与厂商的利润，从而也就影响对生产要素的需求。一般而言，市场对某种产品的需求越大，该产品的价格越高，则生产这种产品所用的各种生产要素的需求也就越大。相反，厂商就要缩小生产规模，其结果是会减少对生产要素的需求。

（2）生产技术状况。生产技术决定了对某种生产要素需求的大小。如果技术是资本密集型的，则对资本的需求大；如果技术是劳动密集型的，则对劳动的需求大。

（3）生产要素的价格。各种生产要素之间有一定程度的替代性。厂商一般要用价格低的生产要素替代价格高的生产要素，从而生产要素的价格本身对其需求也有重要的影响。

3. 完全竞争市场上的生产要素需求

厂商要想实现利润最大化，就必须使购买最后一单位生产要素所支出的边际成本与其所带来的边际收益相等。在完全竞争市场上，边际收益等于平均收益，等于价格。因此，厂商对生产要素的需求就是要实现边际收益、边际成本与价格的相等，即

$$MR = MC = P \qquad\qquad (6.1)$$

在完全竞争市场上，对一家厂商来说，生产要素价格是不变的。由此可见，厂商对生产要素的需求取决于生产要素的边际收益。生产要素的边际收益，取决于该要素的边际生产力。在其他条件不变的情况下，增加一单位某种生产要素所增加的产量（或者这种产量所带来的收益），就是该生产要素的边际生产力。如果以实物来表示生产要素的边际生产力，则称为边际物质产品。如果以货币来表示生产要素的边际生产力，则称为边际收益产品。

4. 不完全竞争市场上的生产要素需求

完全竞争市场与不完全竞争市场的差别，在于价格相同时完全竞争市场上的生产要素需求量大于不完全竞争市场上的生产要素需求量。根据边际收益递减规律，在其他条件不变的情况下，生产要素的边际收益是递减的，因而对生产要素的需求是递减的。在不完全竞争市场上，对一个厂商来说，价格是变动的，边际收益不等于价格，这时的边际收益取决于生产要素的边际生产力与价格水平。在不完全竞争市场上，生产要素需求仍然取决于边际收益等于边际成本。

二、生产要素的供给

在对生产要素需求了解的基础上，如果能够进一步了解生产要素供给的情况，便可根据供求关系决定其价格。然而，生产要素的供给不同于产品市场，各种要素在性质上有很大差别，并不能得出一般性的规律。对此，将在后面的章节中加以说明。在第四章的生产者行为理论中，已知的生产要素包括土地、劳动、资本和企业家才能。

1. 劳动

劳动这一生产要素的供给，通常是随工资提高而增加，但是达到一定的工资水平后，工资的增加反而会使劳动量的供给减少。这是因为，劳动者在收入达到一定水平后便更愿意享受闲暇而放弃做更多工作带来的更多收入。

2. 资本

资本的供给通常具有中间产品的性质，一个行业的某种资本要素供给是另一个行业的最终产品。例如，汽车制造业使用钢铁作为生产要素，而钢铁则是冶金业的最终产品。因此，资本的供给一般遵循产品供给原则：供给价格越高，供给量越大。

探索与思考

土地（自然资源）的供给是缺乏弹性的，试想：是不是任何价格变化都不能改变土地（自然资源）的供给量呢？

3. 土地

从第四章关于生产要素土地的描述中已知，土地是指地上、地下的一切自然资源。在经济分析中，通常假定这类资源的供给是缺乏弹性的、固定的，但不应当绝对地将一国的土地及矿产资源等自然资源视为任何价格变化都不能改变其供给量的生产要素。在经济学上具有意义的不是这类自然资源的天然储量，而是已被利用的数量。

4. 企业家才能

企业家才能的价格是企业的正常利润，因为聘请企业家也是需要花费的，给予企业家的报酬也是企业生产成本的一部分。企业家的才能几乎是无法估量的，每个企业家在企业生产经营中

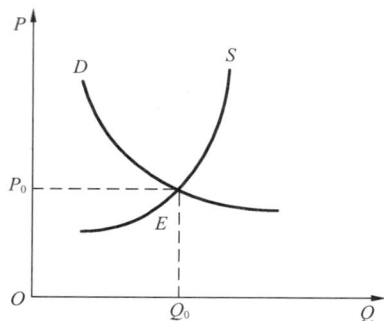

图 6.1 生产要素价格的决定

所发挥的作用和成效也不同，因此，企业家才能的报酬（企业家才能的价格）常常有很大差异。

三、生产要素价格的决定

生产要素的价格与商品的价格一样，在完全竞争市场上其是由生产要素的供求关系所决定的。一般而言，生产要素的需求曲线向右下方倾斜，供给曲线向右上方倾斜，这样就可以用图 6.1 来说明生产要素的价格决定。

在图 6.1 中，生产要素的需求曲线 D 与供给曲线 S 相交，决定了生产要素的价格为 P_0，数量为 Q_0。如果生产要素的供给或需求发生变化，则生产要素价格也将随之发生变化。

生活中的实例

2018 年国内成品油零售限价经历 3 跌 7 涨 1 搁浅

据《北京晚报》2018 年 6 月 8 日讯（记者 孟环） 6 月 8 日 24 时国内成品油最高零售限价迎来下调。6 月 8 日夜，北京市 92 号汽油每升下调一毛钱。

24 时发改委将分别下调汽油、柴油最高零售限价 130 元/吨、125 元/吨，折合升价 92#0.10 元/升。除 4 月 30 日 24 时因增值税税率降低而下调之外，这将成为 3 月份之后成品油限价的首次下调，也是年内的第 4 次下调。

2018 年以来，国内成品油零售限价经历了 3 跌 7 涨 1 搁浅共 11 轮计价周期，汽油、柴油累计上调幅度分别为 1155 元/吨、1110 元/吨，累计下调幅度分别为 435 元/吨、410 元/吨，涨跌互抵后，截至上一轮调价结束，年内汽油、柴油价格分别上涨 720 元/吨、700 元/吨。

国际油价的波动取决于原油供给和国际市场对原油的需求，供求双方的变化决定了油价变化的趋势，与原油相关的其他能源替代品的供给变化，如页岩气，也会对油价产生影响。各种要素有不同的需求与供给特征，也有不同的市场结构，因此，各种要素收入的决定亦有不同。但总体而言，各种生产要素的价格都是取决于该类生产要素的供求关系的。第二节将分别介绍各种生产要素价格的决定。

第二节 生产要素价格的决定

西方经济学家认为，劳动、土地、资本和企业家才能这四种生产要素共同创造了社会财富，分配就是把社会财富分给这四种生产要素的所有者，劳动者得到工资，资本得到利息，土地得到地租，企业家才能得到正常利润。

一、工资理论

工资是劳动者所提供劳务的报酬，也是劳动这种生产要素的价格。劳动者提供了劳动，获得了作为收入的工资。

（一）完全竞争市场上工资的决定

在完全竞争的劳动市场上，劳动的供给者劳动者和劳动的需求者厂商的数目都很多，他们自己的供给量和需求量在整个市场中所占的份额很少，单个劳动者和单个厂商都不能影响劳动的价格。劳动者的工资完全是由整个市场中劳动供求双方的力量决定的。

> **知识拓展**
>
> 亚当·斯密认为，工资是财产所有者与劳动者分离时非财产所有者的劳动报酬；马克思认为，工资是资本主义社会劳动力价值的表现形态；克拉克提出，工资取决于劳动的边际生产力；马歇尔提出，工资水平由劳动的供求关系决定。

1. 劳动的需求

在完全竞争的劳动市场上，劳动的需求主要取决于劳动的边际生产力。劳动的边际生产力是指在其他条件不变的情况下增加一单位劳动所增加的产量。随着劳动量的增加，劳动的边际生产力是递减的。厂商在购买劳动时，应使劳动的边际成本即工资等于劳动的边际产品。如果劳动的边际产品大于工资，劳动的需求就会增加；如果劳动的边际产品小于工资，劳动的需求就会减少。因此，劳动的需求曲线是一条向右下方倾斜的曲线，如图 6.2 所示。在图 6.2 中，横轴 OL 代表劳动的需求量，纵轴 OW 代表工资水平，D 为劳动的需求曲线。

2. 劳动的供给

劳动的供给主要取决于劳动的成本。劳动的成本包括两类：一类是实际成本，即维持劳动者及其家庭生活必需的生活资料费用，以及培养、教育劳动者的费用；另一类是心理成本，劳动是以牺牲闲暇的享受为代价的，劳动会给劳动者心理带来负效用，补偿劳动者这种心理上负效用的费用就是劳动的心理成本。

劳动者的时间可分为劳动时间和闲暇时间。所谓闲暇，是指劳动者不从事生产劳动或服务而得到的空闲。为了取得货币收入和闲暇，劳动者需要在劳动时间和闲暇时间之间做出选择，这就是劳动—闲暇选择。

一般来说，如图 6.3 所示，当劳动者的收入水平较低时，随着工资率的上升，他将选择较长的劳动时间，劳动供给曲线向右上方倾斜。但随着劳动者收入水平的提高，在收入水平达到

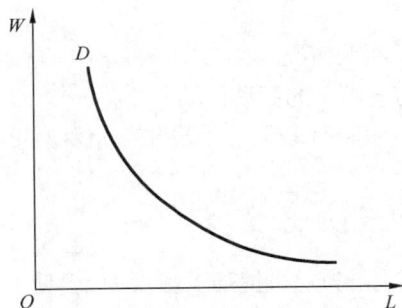

图 6.2 劳动的需求曲线　　　　图 6.3 劳动的供给曲线

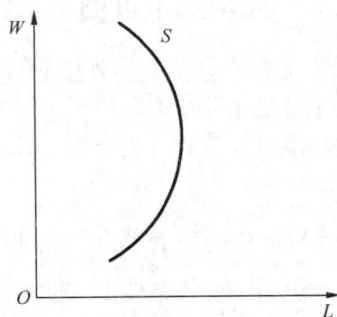

一定程度后，劳动者宁肯选择闲暇而放弃收入，表现为劳动供给曲线上升到一定程度后，随工资增加劳动者提供的劳动时间反而减少，形成向后弯曲的劳动供给曲线。西方经济学中以此种劳动供给曲线作为劳动供给的一般性规律。

探索与思考

假定一位劳动者每天的睡眠时间必须达到 7 小时，这样，其每天可以自由支配的时间为 24-7=17 小时。

如果该劳动者将其中 8 小时用来劳动，那么全部可支配时间中的 17-8=9 小时就是闲暇时间。换句话说，如果该劳动者用于闲暇的时间为 H，则该劳动者的劳动供给量便为 $17-H$。因此，劳动供给问题就可以看成该劳动者如何决定其全部资源（时间）在闲暇和劳动供给两种用途上的分配问题。

劳动者选择 H 的时间作为闲暇来享受，选择 $17-H$ 的时间进行劳动，闲暇增加了劳动者的效用，劳动可以增加劳动者的收入，而收入可以用于消费，从而也能增加劳动者的效用。

因此，劳动者实际上是在劳动和闲暇之间进行选择。

思考：该劳动者的供给曲线大致是什么样子的？

生活中的实例

浙江公共新闻频道
2016 年 9 月 12 日
新闻片段

互联网公司频繁加班　"996"成常态

"996"工作制是指员工的工作时间为早 9 点到晚 9 点，一周上 6 天班。互联网公司员工加班已成常态，58 同城实行"996"工作制，要求员工不能请假，并且没有任何补贴和加班费；浪潮集团还要求员工在春节、国庆等节假日无条件加班，随叫随到……

探索与思考

为什么某些职业中少数超级明星能赚得极高的收入？你觉得这种现象合理吗？

3. 工资的决定

劳动的需求与供给共同决定了完全竞争市场上的工资水平，可用图 6.4 来说明这一点。在图 6.4 中，劳动的需求曲线 D 与劳动的供给曲线 S 相交于 E 点，这就决定了工资水平为 W_0，这一工资水公平取决于劳动的边际生产力。这时劳动的需求量与供给量都是 L_0。

（二）不完全竞争市场上工资的决定

不完全竞争是指劳动市场上存在着不同程度的垄断的情况。在西方经济学中，不完全竞争劳动市场主要是指存在工会组织（即劳动市场上卖方垄断）的劳动市场。

西方经济学家认为，工会影响劳动的市场供给。一般而言，工会影响劳动供给的方式主要有三种。

1. 增加对劳动的需求

在劳动供给不变的条件下，通过增加对劳动的需求的方法来提高工资，不但会使工资增加，而且可以增加就业。它对工资与就业的影响，可以用图 6.5 来说明。

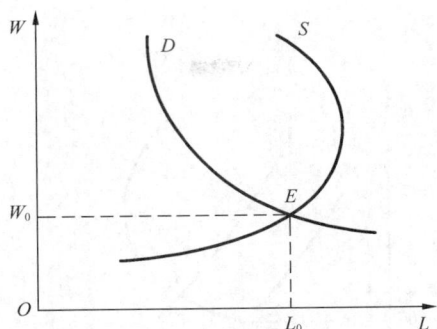

图 6.4　工资的决定

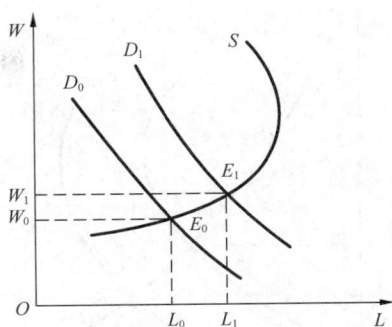

图 6.5　增加劳动需求的工资决定

在图 6.5 中可以看出，劳动的需求曲线原来为 D_0，D_0 与 S 相交于 E_0 点，工资水平为 W_0，就业水平为 L_0。劳动的需求增加后，劳动的需求曲线由 D_0 移动到 D_1，这时 D_1 与 S 相交于 E_1 点，决定了工资水平为 W_1，就业水平为 L_1。$W_1 > W_0$，说明工资水平上升了；$L_1 > L_0$，说明就业水平提高了。

📖 知识拓展

工会增加厂商对劳动需求的最主要方法是增加市场对产品的需求，因为劳动需求是由产品需求派生而来的。增加对产品的需求，就是要通过工会的力量或其他活动来增加出口，限制进口，实行贸易保护政策。此外，机器对劳动的代替是劳动需求减少的一个重要原因，因此，工会也会从增加对劳动的需求这一目的出发，反对用机器代替工人。尤其是在资本主义发展早期，这一方法被广泛应用。

2. 减少劳动的供给

在劳动需求不变的条件下，通过减少劳动的供给同样可以提高工资，但这样做会使就业减少。这种情况对工资与就业的影响可以用图 6.6 来说明。

从图 6.6 可以看出，劳动的供给曲线原来为 S_0，这时 S_0 与 D 相交于 E_0 点，决定了工资水平为 W_0，就业水平为 L_0。劳动的供给减少后，劳动的供给曲线由 S_0 移动到 S_1，这时 S_1 与 D 相交于 E_1 点，决定了工资水平为 W_1，就业水平为 L_1。$W_1 > W_0$，说明工资水平上升了；$L_1 < L_0$，说明就业水平下降了。

> **知识点滴**
>
> 工会减少劳动供给的主要方法：限制非工会会员受雇，迫使政府通过强制退休、禁止使用童工、限制移民、减少工作时间的法律等。

3. 最低工资法

工会迫使政府通过立法规定最低工资，这样在劳动的供给大于需求时，也可以使工资维持在一定水平。这种方法对工资与就业的影响可以用图 6.7 来说明。

在图 6.7 中可以看出，劳动的需求曲线 D_0 与供给曲线 S 相交于 E_0 点，决定了工资水平为 W_0，就业水平为 L_0。最低工资法规定的最低工资为 W_1，$W_1 > W_0$，这样能使工资维持在较高水平。但在这种工资水平时，劳动的需求量为 L_0，劳动的供给量为 L_1，有可能出现失业的情况。

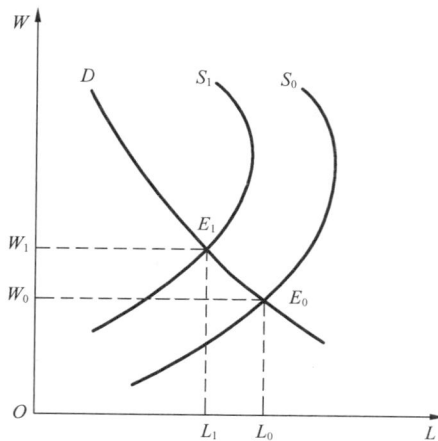

图 6.6 减少劳动供给的工资决定

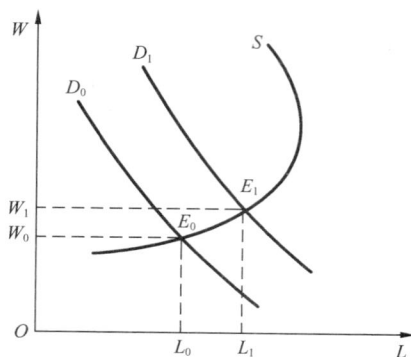

图 6.7 最低工资法

📖 生活中的实例

最低工资标准调整步伐放缓

江苏电视台公共频道 2016 年 5 月 18 日新闻片段

我国于 1993 年 11 月 24 日发布《企业最低工资标准》，自 2004 年 3 月 1 日起施行。近年来，我国最低工资标准稳步提高，有些省份（如上海）调整周期几乎是一年一次。人社部数据显示，2011—2015 年，全国分别有 25 个、25 个、27 个、19 个、27 个地区调高最低工资标准，但 2016 年，调高最低工资标准的地区则大大减少，截至 2016 年 10 月 1 日，只有 9 个地区调高了最低工资标准。

👓 知识拓展

货币资本为 20 000 元，利息为一年 2 000 元，则利息率为 10%，或称年息 10%。这 10% 就是货币资本在一年内提供生产性服务的报酬，即这一定量货币资本的价格。

二、利息理论

1. 利息与利息率

利息是资本价格，也是提供资本这种生产要素所得到的报酬和收入。利息的高低用利息率（利率）来表示。利率是利息在每一单位时间内（如一年内）在货币资本中所占的比率。

资本为什么能够产生利息呢？经济学家提出以下观点。

（1）时间偏好。人们具有一种时间偏好，即在未来消费与现期消费中人们是偏好现期消费的。之所以如此，是因为未来是难以预期的，人们对物品未来效用的评价总是低于对现在物品的效用评价的。

（2）迂回生产，就是首先生产的是生产资料（或称资本品），然后用这些生产资料去生产消费品。迂回生产提高了生产效率，且迂回生产的过程越长，生产效率越高。

📖 生活中的实例

原始人直接去打猎是直接生产，当原始人先制造弓箭而后用弓箭去打猎时就是迂回生产。用弓箭打猎比直接打猎的效率要高。如果延长迂回生产的过程，先采矿、炼铁、制造机器，然后制造出猎枪，用猎枪打猎，那么效率就会更高。

但迂回生产如何才能实现呢？这就必须有资本，资本使迂回生产成为可能。资本通过迂回生产能够提高生产效率，是保证资本获取利息的根源。

2. 利率的决定

利率取决于资本的需求与供给。资本的需求主要是企业投资的需求，因此，可以用企业投资来代表资本需求。资本的供给主要是储蓄，可以用储蓄来代表资本的供给。这样就可以用投资与储蓄来说明利息率的决定了。

企业借入资本进行投资，是为了实现利润最大化，这样投资就取决于利润率与利率之间的差额。

利润率与利率之间的差额越大，即利润率越是高于利率，纯利润就越大，企业也就越愿意投资。反之，利润率与利率之间的差额越小，即利润率越接近于利率，纯利润就越小，企业也就越不愿意投资。这样，在利润率既定时，利率与投资呈反方向变动，从而资本的需求曲线是一条向右下方倾斜的曲线。

探索与思考

利率取决于资本的供给与需求，那么利率是否会影响资本投资的利润呢？利率与利润率之间是什么样的关系呢？

人们进行储蓄，放弃现期消费是为了获得利息。利率越高，人们越愿意增加储蓄；利率越低，人们就越要减少储蓄。这样，利率与储蓄呈同方向变动，从而资本的供给曲线是一条向右上方倾斜的曲线。

利率是由资本的需求与供给双方共同决定的，可以用图 6.8 来说明利率的决定。在图 6.8 中，横轴 OK 代表资本量，纵轴 OI 代表利率，D 为资本的需求曲线，S 为资本的供给曲线，这两条曲线相交于 E 点，决定了利率水平为 I_0，资本量为 K_0。

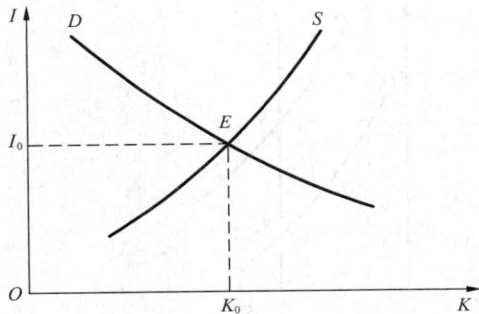

图 6.8　利率的决定

知识拓展

因为利率可以看成资本的价格，所以利率的作用如同价格的调节作用，可以实现资本市场的均衡。具体来说，利率的作用主要体现在以下几个方面。

（1）可以调节资本市场的供求关系。当资本供不应求时，利率会上升，资本的供给增加；当资本供过于求时，利率就会下降，资本的需求就会增加。

（2）可以影响政府的财政与货币政策。

（3）在一定程度上可以抑制通货膨胀。

（4）通过对投资成本收益的影响，可以调节社会投资总量和投资结构。

（5）可以通过影响企业的生产成本与收益，发挥促进企业改善经营管理的作用。

（6）通过改变储蓄收益，对居民的储蓄倾向和储蓄方式的选择发挥作用，进而影响居民个人的经济行为。

三、地租理论

地租是土地这种生产要素的价格。土地支配者提供了土地，得到了地租。土地可以泛指生产中使用的一切自然资源，地租也可以理解为使用这些自然资源的租金。

1. 地租的决定

地租由土地的需求与供给决定。土地的需求取决于土地的边际生产力，土地的边际生产力也是递减的。因此，土地的需求曲线是一条向右下方倾斜的曲线。因为可以利用的土地总是有限的，所以通常来说土地的供给是固定的，土地的供给曲线是一条与横轴垂直的线。这可以用图 6.9 来说明。

在图 6.9 中，横轴 ON 代表土地量，纵轴 OR 代表地租，垂直线 S 为土地的供给曲线，表示土地的供给量固定为 N_0，D 为土地的需求曲线，D 与 S 相交于 E 点，决定了均衡的地租为 R_0。

现实经济中，随着经济的发展，对土地的需求不断增加，而土地的供给不能增加，这样地租就有不断上升的趋势。这可以用图 6.10 来说明。在图 6.10 中，土地的需求曲线由 D_0 移动到 D_1，就表明土地的需求增加了，但土地的供给仍为 S。S 与 D_1 相交于 E_1 点，决定了地租为 R_1。R_1 高于原来的地租 R_0，说明由于土地的需求增加使得地租上升了。

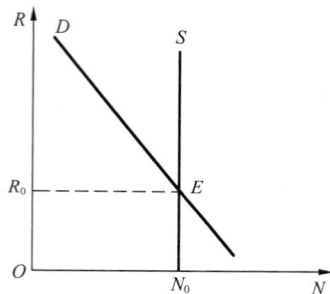

图 6.9　地租的决定

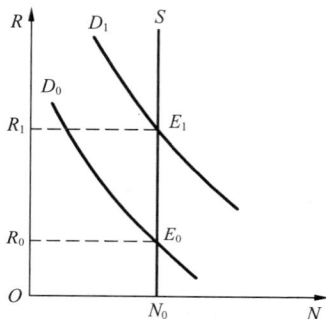

图 6.10　土地需求增加对地租的影响

2. 级差地租

级差地租是指使用较优土地所获得的归土地所有者占有的超额利润。级差地租是由于土地的肥沃程度、地理位置、气候条件和交通等方面的差别而形成的地租。级差地租与土地等级相联系，在等量投入的情况下，土地等级不同，土地收益便不同，因此，地租额不同。对土地的利用，要根据土地上产品需求的多少，由优到劣依次进行。

知识点滴

产品的价格不低于使用劣等土地生产所用的平均成本，使生产者收支相抵，否则就没有人去使用劣等土地从事生产了。

3. 准地租

准地租又称准租金或准租，是指固定资产在短期内所得到的收入。因其性质类似地租，而被马歇尔称为准地租。在短期内，固定资产是不变的，与土地的供给相似。不论这种固定资产是否取得收入，都不会影响其供给。只要产品的销售价格能够补偿平均可变成本，就可以利用这些固定资产进行生产。在这种情况下，产品价格超过其平均可变成本的余额代表固定资产收入。这种收入是由于产品价格超过弥补其可变平均成本的余额而产生的。准地租只在短期内存在，在长期内固定资产也是可变的，固定资产的收入就是折旧费及其利息收入，因此，长期内就不存在准地租了。

4. 经济租

如果生产要素的所有者所得到的实际收入高于他们所希望得到的收入，则超过的这部分收入就被称为经济租。这种经济租类似消费者剩余，所以也称为生产者剩余。

> ### 📖 生活中的实例
>
> 劳动市场上有 A、B 两类工人各 100 人。A 类工人素质高，所要求的工资为 200 元。B 类工人素质低，所要求的工资为 150 元。如果某种工作 A、B 两类工人都可以担任，那么厂商在雇用工人时，当然先雇用 B 类工人。但在 B 类工人不够时，也不得不雇用 A 类工人。假设某厂商需要工人 200 人，那他就必须雇用 A、B 两类工人。在这种情况下，厂商必须按 A 类工人的要求支付 200 元的工资。这样，B 类工人所得到的收入就超过了他们的要求，这时 B 类工人所得到的高于 150 元的 50 元收入就是经济租。其他生产要素所有者也可以得到这种经济租。因此，经济租与准地租是有区别的，准地租仅在短期内存在，而经济租在长期中也存在。

四、利润理论

在市场经济的早期阶段，企业家才能并未被作为单独的生产要素，如法国经济学家萨伊就曾提出劳动、土地和资本三要素理论。随着市场经济的发展，管理与经营企业成为一种专门职业，在企业中越来越重要。19 世纪后期，英国经济学家马歇尔把企业家才能作为一种独立的要素从劳动中分离出来。在经济学上，一般把利润分为正常利润和超额利润，企业家才能的价格就是正常利润。

（一）正常利润

正常利润是指企业家才能的价格，即企业家才能这种生产要素所得到的收入。它包括在成本之中，性质与工资类似。它也是由企业家才能的需求与供给所决定的。正常利润是一种特殊的薪酬，通常包含在企业的生产成本中，其特殊性就在于其数额远远高于一般劳动者所得到的工资。

> ### 📖 生活中的实例
>
> #### 企业家报酬的差异有多大？
>
> 经济观察网 2018 年 5 月 10 日讯（记者 胡艳明） 随着上市银行 2017 年年报披露完毕，银行高管年薪情况也随之揭晓。
>
> 对 26 家 A 股上市银行年报高管薪酬一栏统计发现，2017 年银行业最高年薪被招行行长田惠宇以税前 522.06 万元斩获，平安银行董事长谢永林位列第二，为 466.97 万元。比较来看，股份制银行高管薪酬普遍较高，国有五大行高管年薪不高（受限薪令影响），平均在 60 多万元。
>
>
> 本讯原文
>
> 扫描二维码可阅读本讯原文，其中包括 2017 年 A 股上市银行高管税前薪酬。

（二）超额利润

超额利润是指企业超过正常利润的那部分利润，又称经济利润。在完全竞争的条件下，不会有这种利润的产生。只有在不完全竞争条件下，有创新、风险和垄断，才会产生这种利润。下面我们分析超额利润的产生及其性质。

1. 创新与超额利润

创新是指企业家对生产要素实行新的组合。美国经济学家熊彼特指出，创新包括五种情况：引入一种新产品；采用一种新的生产方法；开辟一个新市场；获得一种原料的新来源；采用一种新的企业组织形式。这五种形式的创新都有可能产生超额利润。例如，引进一种新产品可以使这种产品的价格高于其成本，从而产生超额利润。采用一种新的方法和新的企业组织形式，都可以提高生产效率、降低成本，获得一种原料的新来源也可以降低成本。这样，产品在按市场价格出售时，由于成本低于同类产品的成本，就获得了超额利润。开辟一个新市场，不仅可由生产规模扩大降低生产成本而带来超额利润，也可以通过提高价格而获得超额利润。

名人有约

约瑟夫·熊彼特（1883—1950）是一位有深远影响的奥地利政治经济学家，后移居美国，一直任教于哈佛大学。

熊彼特被认为是现代创新理论的先驱。在他看来，创新就是建立一种新的生产函数，就是把一种从来没有过的关于生产要素和生产条件的"新组合"引入生产体系。在熊彼特那里，创新不是一个技术概念，而是一个经济概念，创新严格区别于技术发明，而是把现成的技术革新引入经济组织，形成新的经济能力。

2. 承担风险与超额利润

风险是从事某项事业时失败的可能性。由于未来具有不确定性，人们对未来的预测有可能发生错误。风险的存在是普遍的，如供求关系中难以预料的变动、自然灾害、政治动乱，以及其他偶然事件的影响，这使厂商的生产也存在着风险，而且并不是所有的风险都可以用保险的方法加以弥补的。这样，从事具有风险的生产，就应该以超额利润的形式得到补偿。

知识拓展

许多具有风险的生产或事业也是社会需要的。例如，当粮食丰收时某人可以大量低价收购，以便在以后粮食缺乏时高价出售。这种活动有利于平抑物价，对社会是有利的，但也有风险，当之后几年的粮食仍然丰收时就会亏本。但如果情况与他预测的一样出现了粮食缺乏，他就可以高价出售从而获得超额利润。

3. 垄断与超额利润

由垄断而产生的超额利润，被称为垄断利润。但它与上面所讲的超额利润不同，它不是由创新的结果带来的，而是由卖方垄断或买方垄断而产生的超过正常利润的那部分利润。

卖方垄断也称为专卖，是指对某种产品出售权的垄断。垄断者可以抬高销售价格，以损害消费者的利益的方式获得超额利润。买方垄断也称专买，是指对某种产品或生产要素购买权的垄断。在这种情况下，垄断者可以压低收购价格，以损害生产者或生产要素供给者利益的方式获得超额利润。垄断所引起的超额利润，是垄断者对消费者、生产者或生产要素供给者的剥削，是不合理的。这种超额利润也是市场竞争不完全的结果。

（三）利润在经济中的作用

经济学家认为，利润是社会进步的动力。这是因为：第一，正常利润作为企业家才能的报酬，能鼓励企业家更好地管理企业，提高经济效益；第二，由创新而产生的超额利润，鼓励企业家大胆创新，这种创新有利于社会进步；第三，由风险而产生的超额利润，鼓励企业家勇于承担风险，从事有利于社会经济发展的风险事业；第四，追求利润的目的，使企业按社会的需要进行生产，努力降低成本，有效地利用资源，从而在整体上符合社会利益；第五，整个社会以利润来引导投资，使资源的配置符合社会的需要，实现资源的合理利用。

第三节　社会收入分配

一、洛伦兹曲线与基尼系数

1. 洛伦兹曲线

洛伦兹（也有称劳伦斯的）曲线是用来衡量社会收入分配平均程度的曲线。经济学家洛伦兹把社会居民及其收入的多少分成若干等级，再分别在横坐标和纵坐标上标明每个等级的人口所占总人口的百分比和其收入占社会总收入的百分比，连接各个等级的坐标点所形成的一条曲线，即洛伦兹曲线。

如表 6.1 所示，把全社会人口按家庭收入的多少分为五个等级，各占人口的 20%。按每个等级的人口在收入中所占的比例可以做出社会收入分配公平程度表。

表 6.1　社会收入分配公平程度表

级别	占人口的百分比（%）	合计	占收入的百分比（%）	合计
1	20	20	6	6
2	20	40	12	18
3	20	60	17	35
4	20	80	24	59
5	20	100	41	100

根据表 6.1 可以做出图 6.11。在图 6.11 中，横轴 OP 代表人口累积的百分比，纵轴 OI 代表货币收入累积的百分比。OY 为正方形 OIYP 的 45° 对角线，在这条线上，每 20%的人口得到 20%的收入，表明收入分配绝对公平，因此，该线被称为绝对公平线。OPY 表示收入绝对不公平，是绝对不公平线。根据表 6.1 所做的反映实际收入分配状况的洛伦兹曲线，介于这两条线之间。洛伦兹曲线与 OY 越接近，收入分配越公平；洛伦兹曲线与 OPY 越接近，收入分配越不公平。如果把收入改为财产，则洛伦兹曲线反映的就是财产分配的公平程度。

运用洛伦兹曲线与基尼系数，可以对各国收入分配的平均程度进行对比，也可以对各种政策的收入效应进行比较。作为分析工具，洛伦兹曲线与基尼系数是非常有用的。

在图 6.12 中，有 a、b、c 三条洛伦兹曲线。如果我们把 a、b、c 这三条洛伦兹曲线分别作为 A、B、C 三个国家的洛伦兹曲线，那就可以看出，A 国收入分配最公平，B 国收入分配公平程度次之，C 国收入分配最不公平。

如果我们把 a、b 这两条洛伦兹曲线作为实施一项政策前后的洛伦兹曲线，那就可以看出，在实施该项政策后收入分配更不公平了。此外，还可以根据洛伦兹曲线计算的基尼系数来进行比较。

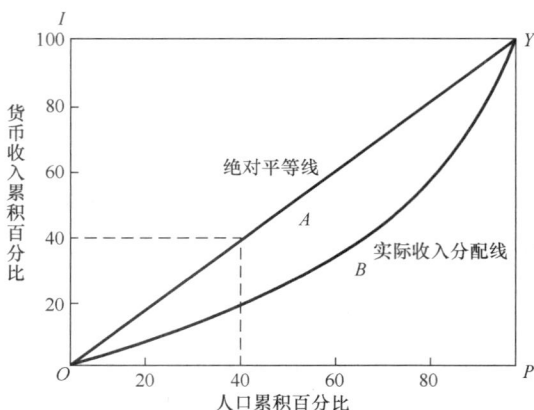

图 6.11　洛伦兹曲线

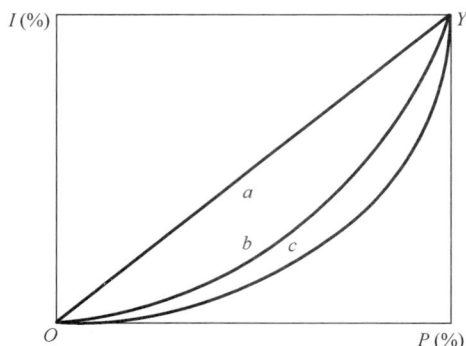

图 6.12　洛伦兹曲线的比较

2. 基尼系数

基尼系数是意大利经济学家基尼于 1922 年提出的定量测定收入分配差异程度的指标，它的经济含义：在全部居民收入中用于不平均分配的百分比。基尼系数是根据洛伦兹曲线计算出来的反映收入分配公平程度的指标。

如果把图 6.11 中实际收入线与绝对公平线之间的面积用 A 来表示，把实际收入线与绝对不公平线之间的面积用 B 来表示，则计算基尼系数的公式为

$$基尼系数 = \frac{A}{A+B} \qquad (6.2)$$

当 $A=0$ 时，基尼系数等于零，这时收入绝对平均；当 $B=0$ 时，基尼系数等于 1，这时收入绝对不平均。实际上基尼系数总是大于零而小于 1 的。基尼系数越小，收入分配越公平；基尼系数越大，收入分配越不公平。

国际上普遍采用基尼系数来衡量收入分配的公平程度，其评价标准如表 6.2 所示。我国近年来（1998—2017 年）的基尼系数如表 6.3 所示。

探索与思考

观察表 6.3，说说中国 1998—2017 年的基尼系数的变化趋势。另外，基尼系数大于 0.4 说明什么？

表 6.2　基尼系数的国际评价标准

基尼系数	收入分配公平程度
0	绝对公平
小于 0.2	高度公平
0.2～0.3	比较公平
0.3～0.4	基本合理
0.4～0.5	差距较大
0.5～0.6	差距悬殊
大于 0.6	高度不公平
1	绝对不公平

表 6.3　中国 1998—2017 年的基尼系数

年份	全国居民基尼系数	年份	全国居民基尼系数
1998	0.3784	2008	0.491
1999	0.3892	2009	0.490
2000	0.4089	2010	0.481
2001	0.4021	2011	0.477
2002	0.4326	2012	0.474
2003	0.479	2013	0.473
2004	0.473	2014	0.469
2005	0.485	2015	0.462
2006	0.487	2016	0.465
2007	0.484	2017	0.467

科拉多·基尼（1884—1965），意大利统计学家、经济学家和社会学家。他出生于意大利东北部一个制造商家庭，早年在意大利博洛尼亚大学学习法律和数学，毕业后曾先后在几所大学讲授统计学、政治经济学、人口统计学、生物统计学、宪法和社会学等课程。

基尼一生获得 4 个荣誉学位，他最广为人知的经济学贡献是在 1922 年提出的关于收入分配不平均的基尼系数（Gini Ratio）。

基尼系数是依据洛伦兹曲线提出的，是国际上用来综合考察居民内部收入分配差异状况的一个重要分析指标，基尼系数在 0 到 1 之间。基尼系数的数值越低，表明财富在社会成员之间的分配越均匀。基尼系数的国际警戒线为 0.4，一般发达国家的基尼指数在 0.24 到 0.36 之间。

二、引起收入分配不公平的原因

引起收入分配不公平的原因有很多种，最主要的应该有以下三种。

1. 社会的经济发展状况

收入分配不公平的状况与一个社会的经济发展状况相关。根据美国经济学家库兹涅茨的研究，一个社会收入分配状况变动的规律是：在经济开始发展时，收入分配不公平随经济的发展而加剧，只有发展到一定程度之后，收入分配才会随经济发展变得较为公平。库兹涅茨根据一些国家的资料做出了反映这种收入分配变动规律的库兹涅茨曲线。库兹涅茨曲线是表示随经济发展收入分配不公平程度加剧，当经济发展到一定程度时，随经济发展收入分配逐渐公平的一条曲线。

西蒙·库兹涅茨（1901—1985），俄裔美国著名经济学家，1971 年诺贝尔经济学奖获得者。1922 年，他移居美国，进入哥伦比亚大学攻读经济学，1926 年，获得博士学位。

他的主要贡献在经济周期、国民收入核算与经济增长理论方面。1955 年，他提出了收入分配状况随经济发展过程而变化的曲线——倒"U"形曲线，这是发展经济学中重要的概念，又被称作"库兹涅茨曲线"。

如图 6.13 所示，横轴代表经济发展状况，纵轴代表基尼系数，表示收入分配状况。在国内生产总值达到 GDP_1 之前，基尼系数随国内生产总值的增加而上升，表示随着经济发展收入分配不公平加剧。在国内生产总值为 GDP_1 时，基尼系数 G_1 最高，收入分配不公平最为严重。在国内生产总值超过 GDP_1 之后，基尼系数随国内生产总值增加而下降，表示随着的经济发展，收入分配趋向于公平。图 6.12 中的曲线 K 就是库兹涅茨曲线。

2. 制度因素

收入分配不公平的状况与一个社会在制度上存在的问题相关。例如，一些国家存在受教育权利的不公平，歧视妇女、有色人种等。另外，在某些发达国家，工会制度的存在也是引起不公平的原因，工会会员受工会保护获得较高工资，而非工会会员则无力与雇主抗争，工资较低。

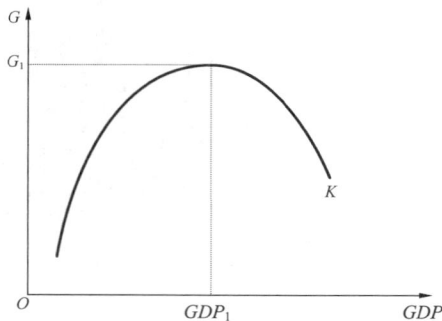

图 6.13　库兹涅茨曲线

3. 个体差异

收入分配不公平的状况，与个体差异存在着相关关系。每个人的能力、勤奋程度和机遇都不相同。就能力而言，既有先天的才能，也有后天受教育程度的不同。经济学家认为，个人的受教育程度与个人收入之间有强烈的相关性。受教育越多，能力越强，收入水平越高，这已是一个不争的事实。在现实中，有的人吃苦耐劳又勤奋，愿意从事较为艰苦的工作，愿意从事较多的工作，他的收入自然也就高。而有些人正相反，这必然引起收入的不同。

总之，收入分配差距拉大，既有社会原因又有个人原因。对不同社会、不同阶层的人的收入差别及原因，要具体问题具体分析。

生活中的实例

"漂亮贴水"

美国经济学家丹尼尔·哈默米斯与杰文·比德尔在 1994 年第 4 期的《美国经济评论》上发表了一份调查报告。根据这份调查报告可知，漂亮的人比长相一般的人的收入高 5% 左右，长相一般的人又比丑陋一点的人的收入高 5%～10%。为什么漂亮的人的收入高？

经济学家认为，人的收入差别取决于人的个体差异，即能力、勤奋程度和机遇的不同，漂亮程度正是这种差别的体现。漂亮属于天生能力的一个方面，它可以使漂亮的人从事其他人难以从事的职业（如演员或模特）。漂亮的人少，供给有限，自然市场价格高，收入高。漂亮不仅仅指脸蛋和身材，还包括一个人的气质。漂亮的人机遇更多。有些工作，只有漂亮的人才能从事。漂亮往往是许多高收入工作的条件之一。例如，漂亮的人从事推销更易于被客户接受，当老师会更容易受到学生热爱，当医生会使病人觉得可亲，所以在劳动市场上漂亮的人机遇更多，雇主总爱优先雇用漂亮的人。漂亮的人的收入高于一般人。两个各方面条件大致相同的人，由于漂亮程度不同而得到的收入却不同。这种由漂亮引起的收入差别，即漂亮的人比长相一般的人多得到的收入，称为"漂亮贴水"。

第四节　收入分配公平化政策

收入分配不公平是合理的，但要有一定的限度。如果收入分配差距过大，出现贫富两极分化，则既有损于社会公平的目的，又会成为社会动乱的隐患。因此，各国政府在一定程度上都会采用收入分配公平化政策，以纠正收入分配中较为严重的不公平问题。

一、过程公平论与结果公平论

过程公平论根据分配的机制或手段来判断是否公平。换而言之，无论结果如何，只要机制是公平的，就实现了公平。在收入分配问题上，这种观点强调的是决定收入的机制是否公平。该观点认为，收入分配是否公平，关键在于决定分配的机制。

结果公平论根据分配的结果来判断收入分配是否公平。换而言之，只有结果的公平才实现了公平。按这个标准，最公平的分配应该是完全公平的分配，但实际上并非如此，因为这种分配引起的效率损失会使所有人的福利减少。因此，结果公平论并不是主张完全公平地分配，而是关注最穷的人的状况，通过收入再分配来增加他们的收入。

这两种观点反映了人们对收入分配的不同看法。在现实中，无论持什么观点，都需要某种形式的收入再分配政策来保证社会在某种程度上的公平与稳定。

二、收入再分配政策

在市场经济中，应该按照效率优先的市场原则来进行个人收入分配。但每个人在进入市场之前所拥有的生产要素数量、个人的能力与资产不同，在市场竞争中每个人的机遇又不同，这样，收入差别就会出现，甚至出现贫富对立。这种分配状态，不合乎人们公认的伦理原则，也不利于社会安定。因此，就要通过政府的收入政策来缓和收入分配差距过大的现象，在一定程度上实现收入分配公平化。

1. 税收政策

在市场经济中，各国出于各种目的而征收税收，其主要目的是通过税收为政府各种支出筹资。在宏观经济政策中，政府运用税收来调节宏观经济。在收入分配中，政府也运用税收来实现收入分配的公平。税收的主要手段是个人所得税，此外还有遗产税、财产税、赠与税等。个人所得税是税收的一项重要内容，它通过累进税制来调节社会成员收入分配的不公平状况。

📖 知识拓展

累进所得税制，就是根据收入的高低确定不同的税率，对高收入者按高税率征税，对低收入者按低税率征税，例如，个人所得税的累进所得税制如表 6.4 所示。这种累进所得税，有利于纠正社会成员之间收入分配不公平的状况，从而有助于实现收入的公平化。但累进所得税不利于有能力的人充分发挥自己的才干，对社会来说也是一种损失。

表 6.4 个人所得税累进所得税制示意

级数	全年应纳税所得额（综合所得适用，以每一年度收入额减除费用六万元及专项扣除、专项附加扣除和依法确定的其他扣除后的余额）	税率（%）
1	不超过 3.6 万元	3
2	超过 3.6 万元至 14.4 万元的部分	10
3	超过 14.4 万元至 30 万元的部分	20
4	超过 30 万元至 42 万元的部分	25
5	超过 42 万元至 66 万元的部分	30
6	超过 66 万元至 96 万元的部分	35
7	超过 96 万元的部分	45

2. 社会福利政策

社会福利政策是通过给穷人补助来实现收入分配公平化。从当前西方各国的情况来看，社会福利政策主要有以下一些内容。

（1）社会保障与社会保险，包括：失业救济金制度，即对失业工人按一定标准发放能使其维持生活的补助金；老年人年金制度，即对退休人员按一定标准发放年金；对有未成年子女家庭的补助；对收入低于一定标准（即贫困线）的家庭与个人的补助。这些补助金主要是货币形式，也有发放食品券等实物的。其资金来源，或者是个人或企业缴纳的保险金，或者是政府的税收。

（2）向贫困者提供就业机会与培训，收入不公平的根源在于贡献的大小，而贡献的大小与个人的机遇和能力相关。这样，政府就可以通过改善穷人就业的条件和通过教育提高穷人的能力来实现收入分配的公平化。在这方面，首先，是实现机会均等，尤其是保证所有人拥有公平的就业机会，并按同工同酬的原则支付报酬；其次，是使穷人具有就业的能力，包括采取免费或低收费的文化教育、职业培训等有助于提高穷人的文化技术水平的措施，使他们能从事收入更高的工作。

（3）医疗保险与医疗援助，医疗保险包括住院费用保险、医疗费用保险，以及出院后部分护理费用的保险。这种保险主要由保险金支付。医疗援助则是政府出钱资助医疗卫生事业，使每个人都能得到良好的医疗服务。

（4）对教育事业的资助，包括兴办国立学校，设立奖学金和向大学生提供低息助学贷款，帮助学校改善教学条件，资助学校的科研等。从社会福利的角度来看，对教育事业的资助有助于提高公众的文化水平与素质，这样也是有利于实现收入分配公平化的。

（5）各种保护劳动者的立法，包括最低工资法和最高工时法、环境保护法，以及食品和医疗卫生法等。这些都有利于增加劳动者的收入，改善他们的工作与生活条件，从而也减少了收入分配不公平的程度。

（6）改善住房条件，包括以低房租向穷人出租国家兴建的住宅，对私人出租的房屋实行房租限制，资助无房者建房，实行住房房租补贴等。这样改善了穷人的住房条件，也有利于实现收入分配公平化。

三、永恒的两难——公平与效率

公平是指社会成员收入分配平等；效率是指资源配置有效率并得到充分利用。

1. 收入分配的三种标准

经济学家认为，收入分配有三种标准。第一种是贡献标准，即按照社会成员的贡献分配国民收入。这也就是我们介绍过的按照生产要素的价格进行分配。这种分配标准能保证经济效率，但由于各成员能力、机遇具有差别，又会引起收入分配的不公平。第二种是需要标准，即按照社会成员对生活必需品的需要分配国民收入。第三种是公平标准，即按照公平的准则来分配国民收入。后两种标准有利于收入分配的公平化，但不利于经济效率的提高。有利于经济效率的收入分配会不利于公平，有利于公平的收入分配会有损于经济效率，这就是经济学中所说的公平与效率的矛盾。

收入分配的公平可以用三种标准来衡量。第一，劳动分配率即劳动收入在国民收入中所占的比例；第二，洛伦兹曲线与基尼系数；第三，工资的差异率。收入分配的公平体现为劳动收入在国民收入中比例较大、洛伦兹曲线更接近于收入绝对公平线、基尼系数小，以及工资差异率低。

2. 公平与效率的矛盾

在市场经济中，分配原则是效率优先、兼顾公平的。但是，有利于经济效率则会不利于公平，有利于公平则会有损于经济效率，这就是公平与效率之间的矛盾。

强调效率优先，符合市场经济要求；强调兼顾公平，符合社会主义要求。人与人之间、行业与行业之间、单位与单位之间，素质优劣、能力大小、生产效益好坏是不一样的，因此，其生产效率和贡献是不可能一样的。正确的做法是，重效率，但不唯效率；讲公平，但不能搞"一刀切"。

3. 如何处理公平与效率的关系

（1）市场上追求效率。在市场经济条件下，应当以公平竞争为主要准则，以追求效率为目标，即应该是效率优先。

（2）管理上以公平促效率。在组织的运行中，管理的目标是以实现效率为导向的活动。管理中虽然要体现出投入产出效率，体现出经济效率的优先性，但公平是一种重要的途径。

（3）社会制度上追求公平。在社会制度和社会价值方面，公平是首要的价值。因此，实现公平可能对效率产生不利的影响，但无论如何我们都不能牺牲公平只顾效率。

因此，要使每个人都享有平等地参与竞争和劳动就业的机会。国家在大力发展经济方面，要以效率为先，以发展生产力、富国利民为基本目标。同时，效率并不是在二者关系中必然处于优先地位的，在社会整体制度上要努力体现公平，保障人们在社会基本权利和人道待遇上的平等与公平。总之，在公平与效率之间，既不能只强调效率忽视了公平，也不能因为公平而不要效率。

📖 生活中的实例

养老金上调要体现公平与效率兼顾的原则

根据人社部、财政部 2018 年 3 月份下发的通知，从 2018 年 1 月 1 日起调整企业和机关事业单位退休人员的基本养老金水平，总体上调 5%左右。

事实上，自 20 世纪 90 年代末我国的基本养老保险制度建立以来，人社部和财政部差不多每年都会根据经济社会发展的具体情况对养老金进行适度的调整。据统计，在 2005 年，我国企业职工平均养老金为每月 700 元；到 2017 年，已经上涨到了平均每月 3535 元。2018 年基本养老金水平平均涨幅 5.5%。从涨幅来看，在 2005—2015 年，每年的涨幅都在 10%以上，其中，2006 年涨幅更是高达 18%。2016 年以后，养老金的涨幅逐渐开始回落，2016 年的涨幅为 6.5%，2017 年下降到 5.5%，2018 年再降到 5%。

目前，我国养老保险制度设计中，缴费 35 年的人员退休时养老金目标替代率为 59.2%。从实际情况来看，我国退休人员平均养老金替代率为 67%，明显高于国际公约标准。尽管统计口径不同，替代率的结果存在差别，但我国企业退休人员平均养老金替代率近年来一直上升是个不争的事实。也就是说，退休人员的生活水平确实实现了逐步提高的目标。

努力实现公平是社会保障制度的一项重要原则。社会保障的公平包括两个方面：一是必须体现退休人员与在职人员的公平；二是必须体现退休人员之间的公平。

与此同时，注重社会保障的效率同样重要，努力提高养老金的使用效率十分重要，我国养老保险制度的设计，体现了"多缴多得，长缴多得"的效率原则。

本 章 小 结

生产要素的需求是一种派生需求和联合需求，厂商对生产要素的需求是要实现边际收益等于边际成本。

在完全竞争情况下，工资完全是由劳动的供求关系所决定的。在不完全竞争情况下，劳动供给的垄断主要是工会组织的垄断。

时间偏好与迂回生产说明资本带来利息的合理性。利率可以由资本的边际生产力和资本的供给与需求均衡两种方式来决定。

地租由土地的供给与需求决定。随着经济的发展，地租有不断上升的趋势。级差地租是由于土地的肥沃程度、地理位置、气候条件、交通等方面的差别而形成的地租。准地租与经济租是有区别的，准地租仅在短期内存在，而经济租在长期中也存在。

利润分为正常利润和超额利润。正常利润是企业家才能的价格，它是由企业家才能的需求与供给所决定的。超额利润是超过正常利润的那部分利润，它来源于创新、承担风险和垄断。

公平与效率是社会收入分配中永恒的矛盾，洛伦兹曲线与基尼系数是衡量收入分配公平程度的有用工具。

关 键 概 念

生产要素、引致需求、生产要素的需求曲线、生产要素的供给曲线、工资、资本、利息、地租、利润、正常利润、超额利润、洛伦兹曲线、基尼系数、公平与效率

边 学 边 练

一、单项选择题

1．在下列各项中，不属于生产要素的是（　　　）。

    A．农民拥有的土地　　　　　　　　B．企业家的才能

    C．在柜台上销售的产品——服装　　　D．煤矿工人采煤时所付出的劳动

2．厂商的要素需求曲线向右下方倾斜的原因在于（　　　）。

    A．边际成本递减　B．边际产量递减　　　C．边际效用递减　　　D．规模报酬递减

3．已知生产要素 M、N 的价格分别为 8 元、10 元，产品的边际收益为 2 元，则在 M、N 的边际产量为（　　）时，该生产厂商才能获得最大利润。

    A．8，10　　　　　　　B．16，20　　　　　　　C．4，5　　　　　　　D．2，2.5

4．劳动的市场供给曲线通常是（　　）。

    A．向后弯曲的

    B．将单个劳动者的劳动供给曲线沿横轴相加而得的

    C．向左上方倾斜

    D．以上均不是

5．市场中单个厂商对某种要素的需求曲线同全体厂商对该种要素需求曲线之间的关系表现为（　　）。

    A．二者是重合一起的　　　　　　　　　　B．前者较后者平坦

    C．前者较后者陡峭　　　　　　　　　　　D．无法确定

6．若劳动的边际产品价值大于工资率，则其属于下列（　　）情况。

    A．产品市场的垄断　　　　　　　　　　　B．要素市场的垄断

    C．产品市场的竞争　　　　　　　　　　　D．A 和 B

7．在完全竞争市场上，土地的需求曲线与供给曲线分别是（　　）状。

    A．水平，垂直　　　　　　　　　　　　　B．向左下方倾斜，向右下方倾斜

    C．向右下方倾斜，向左下方倾斜　　　　　D．向右下方倾斜，垂直于数量轴

8．基尼系数的增大将表明（　　）。

    A．收入不平均程度的加大　　　　　　　　B．收入不平均程度的减轻

    C．洛伦兹曲线与横轴重合　　　　　　　　D．洛伦兹曲线与纵轴重合

9．收入分配绝对平均时，基尼系数（　　）。

    A．等于 0　　　　　　B．等于 1　　　　　　C．大于 0 小于 1　　　　D．小于 1

10．衡量社会收入分配平等程度的曲线是（　　）。

    A．洛伦兹曲线　　B．菲利普斯曲线　　　C．预算线　　　　　　　D．收入消费曲线

二、多项选择题

1．下列各题中属于派生需求的是（　　）。

    A．电工对万能表的需求

    B．投资商为开发房地产而对某块地皮的需求

    C．某公司为扩大销售额而对营销人才的需求

    D．个体户李某为跑运输而对卡车的需求

2．地租率的大小取决于（　　）。

    A．土地的需求和供给之间的相互作用　　B．土地上生产出来的产品价格

    C．土地的边际产量　　　　　　　　　　D．土地面积的大小

3．不同国家之间工资差别较大的原因在于（　　）。

    A．劳动者接受的训练和受教育的程度不同

    B．劳动的供给量不同，以及劳动在国家间流动的障碍

    C．在不同国家劳动者所能得到的资本数量不同

4. 在完全竞争市场条件下，厂商使用要素的利润最大原则是（   ）。

    A. 要素的边际产量等于要素的边际收益   B. 要素的边际收益等于要素的边际成本

    C. 要素的边际产品价值等于要素的价格   D. 要素的边际收益等于要素的价格

5. 在完全竞争条件下，（   ）。

    A. 消费者和厂商具有完全信息

    B. 厂商可以制定自己产品的价格，但不能决定生产要素的价格

    C. 厂商只能按照现有的市场价格购买自己需要的生产要素的投入量

    D. 厂商只能按照现有的市场价格出售自己生产的产品数量

6. 对于派生需求原理的描述，正确的是（   ）。

    A. 派生需求的需求量并不取决于需求者本身

    B. 派生需求的结果是要素市场的需求量增加

    C. 派生需求的作用对象是要素市场

    D. 派生需求是指由消费者对产品的需求而引发的厂商对生产要素的需求

7. 下列选项中，（   ）可减少劳动的供给。

    A. 限制进口   B. 缩短工作时间   C. 限制移民   D. 禁用童工

8. 超额利润的主要来源包括（   ）。

    A. 垄断   B. 承担风险   C. 创新   D. 占领市场

9. 引起收入分配不公平的原因包括（   ）。

    A. 经济发展状况   B. 制度因素   C. 个体勤奋差异   D. 个体机遇差异

10. （   ）可以用来衡量社会收入分配不平等的程度。

    A. 洛伦兹曲线   B. 基尼系数   C. 分配曲线   D. 恩格尔系数

三、判断题

1. 生产要素的需求与产品的需求具有相同的特点。   （   ）

2. 生产要素市场的需求是一种引致需求。   （   ）

3. 劳动的供给曲线会呈现向后弯曲的特点。   （   ）

4. 土地的供给曲线是向右上方倾斜的。   （   ）

5. 在完全竞争市场上生产要素的价格由其供求关系所决定。   （   ）

6. 基尼系数的取值范围是[0,1]。   （   ）

7. 基尼系数越大，表明收入分配越平等。   （   ）

8. 基尼系数的经济含义是在全部居民收入中用于平均分配的百分比。   （   ）

9. 利润引导资源配置。   （   ）

10. 在市场经济中，分配原则是效率优先，兼顾公平。   （   ）

四、简答题

1. 生产要素的市场需求曲线是怎样形成的？

2. 何谓劳动的供给曲线？为什么单个劳动者的劳动供给曲线是向后弯曲的？

3. 请解释垂直的土地供给曲线的经济学含义。

4. 试简述要素价格与收入分配之间的关系。

五、案例分析题

王女士是某公司的员工，自从 2011 年进入公司以后，工作一直勤勤恳恳，服从公司的各项安排，对于公司的加班规定也毫无怨言。公司按照基本工资、加班工资和计件工资计算劳动报酬，加班工资的计算标准为超过工作时间累计满 8 小时支付 30 元，周末加班也按此标准。2016 年年底，王女士因琐事与公司发生纠纷，公司通知其办理终止劳动合同手续。

王女士拒绝办理终止劳动合同手续，并于 2017 年 1 月向当地劳动争议仲裁委员会提起仲裁，由于对仲裁结果不服，王女士于 2017 年 2 月向法院提起诉讼。我国《劳动法》规定，工资应当以货币形式按时足额支付给劳动者本人，且有下列情形之一的，用人单位应当按照下列标准支付高于劳动者正常工作时间工资的工资报酬：①平日安排劳动者延长工作时间的，应当支付不低于工资的 150% 的工资报酬；②休息日安排劳动者延长工作时间，不能安排补休的，应当支付不低于工资的 200% 的工资报酬；③法定休假日安排劳动者延长工作时间的，应当支付不低于工资的 300% 的工资报酬。2017 年 4 月 17 日，当地人民法院审结此案，认定该公司支付职工何女士的加班工资违反了相关规定标准，一审判决被告支付原告何女士加班工资、超时工资及补偿金共计 24 000 余元。

从分配理论角度思考此案，并尝试分析和回答以下问题：

1．公司为何以低于法定加班支付工资标准不断要求员工加班？

2．何女士的赔偿诉求最终得到法院支持，其依据是什么？

六、课外实践题

登录国家数据库，在"年度数据"页面"指标—人民生活"下查询"城乡居民家庭人均收入及恩格尔系数"，将新数据填入表 6.5，并计算城乡收入比，分析改革开放后我国城乡居民的收入差距发生了什么样的变化。

表 6.5　我国城乡收入比计算表

年度	城镇居民家庭人均可支配收入（元）	农村居民家庭人均纯收入（元）	城乡收入比	年度	城镇居民家庭人均可支配收入（元）	农村居民家庭人均纯收入（元）	城乡收入比
1978	343.4	133.6	1：2.57	2012	24 564.7	7916.6	1：3.10
1985	739.1	397.6	1：1.86	2013	26 955.1	8895.9	1：3.03
1990	1510.2	686.3	1：2.20	2014			
1995	4283.0	1577.7	1：2.71	2015			
2000	6280.0	2253.4	1：2.59	2016			
2002	7702.8	2475.6	1：3.11	2017			
2004	9421.6	2936.4	1：3.21	2018			
2006	11 759.5	3587.0	1：3.28	2019			
2008	15 780.8	4760.6	1：3.31	2020			
2010	19 109.4	5919.0	1：3.23	2021			
2011	21 809.8	6977.3	1：3.13	2022			

扩展阅读推荐

《中国社会各阶层分析》

作　　者：梁晓声

出 版 社：湖南文艺出版社

出版时间：2017 年

简　　介：作者以自己对社会的深刻领悟和独到笔法，对中国社会的阶层组成情况进行了细致分析：阶层的背景、阶层的特点以及今后对中国社会的影响。虽然本书曾于 1997 年初版、2011 年再版，但它的深刻内涵并未因时代的变迁而被稀释，对现在仍有借鉴意义。

第七章

市场失灵与政府干预

【学习要点】

◆ 学习重点

公共物品的特征、外部性的分类、产权界定

◆ 学习难点

科斯定理

【导入案例】

"APEC 蓝"的背后

综合媒体报道　北京曾由于 PM2.5 数值很高，而被网友戏称为"雾都"。而就在 2014 年 11 月中旬，亚太经济合作组织（APEC）2014 北京峰会（以下称"北京峰会"）期间，北京市城六区 PM2.5 浓度为每立方米 37 微克，接近一级优水平，网友戏称天空的蓝色为"APEC 蓝"。

据分析，"APEC 蓝"基于以下因素共同作用：首先，停止了污染性的工业活动。从 2014 年 11 月 3 日开始，北京全市所有施工工地停止拆除、渣土运输、喷涂粉刷等扬尘作业工序，五环内和怀柔区停止所有混凝土振捣及搅拌、结构浇筑等作业；其次，全市机动车实行单双号行驶、机关和市属企事业单位停驶 70% 公车，对渣土运输、货运车辆以及外埠进京车辆实施管控，会议前期北京周边地区也实行汽车限行；再次，停止重污染行业生产，据统计，在北京峰会期间，全市大气污染物排放重点企业中，69 家停产、72 家限产；最后，天津部分地区配合北京峰会停止供暖。当然，不得不承认，还要加上冷空气的一份功劳。

"APEC 蓝"来之不易，北京及周边地区为了北京峰会期间的北京形象做出巨大的努力，包括停产、限产、限行和停暖等一系列举措，在这一现象的背后，是空气污染的产生及其所带来的严重后果。

案例分析：市场自身无法在环境与生产利润之间取得最优平衡，这种市场经济行为所造成的现象是市场失灵，需要政府通过各种政策手段进行必要的干预和规制，"APEC 蓝"就是政府对污染行为进行短期规制的结果。

1776 年，英国古典经济学的创始人亚当·斯密在他著名的《国富论》中就告诉人们，在自由竞争的市场经济中，有一种力量引导着人们的各种经济活动，使主观上的自私行为最终能达到增进社会福利的目的，这就是"看不见的手"的神奇力量。美国著名经济学家曼昆在其《经济学原理》中说："市场做了许多好事，但并不能做好每一件事。""APEC 蓝"的例子表明，市场不能做好所有的事，也就是说，市场也有失灵的时候。当存在市场失灵问题时，就需要市场之外的社会干预，以预防和减少市场失灵。在本章中，我们将考察市场失灵及造成市场失灵的各种情况。

第一节 市 场 失 灵

市场失灵是指当市场经济中出现某些不能符合完全竞争市场的假定的状况时，市场机制不能正常地发挥作用，使得社会资源的配置产生扭曲，无法实现有效率的状态。如垄断、公共物品、外部性和信息不对称，它们既是导致市场失灵存在的原因或条件，也是市场失灵的表现。

探索与思考

在现实经济中，所有的经济活动领域都可以纳入价格机制的调节范围，价格机制一定能够使之达到效率最大化的状态吗？

一、市场失灵的原因

市场经济条件下，市场失灵的实质是价格机制对某些问题无能为力，表现出的局限性。引起价格调节局限性的主要原因，有垄断、公共物品、外部性及信息不对称。

1. 垄断

垄断是指对市场的直接控制和操纵。市场经济条件下，自由竞争不可避免地会导致垄断，而且程度会越来越高，从而产生对消费者的掠夺和欺诈。例如，垄断者为了维持较高的价格，常常人为地限制产量，以造成一种供不应求的局面。自由竞争无力消除垄断，市场机制本身孕育着垄断。要防止垄断，获得竞争的好处，必须借助市场以外的力量。

知识拓展

帕累托最优是评价资源配置效率的一种经济学标准，在不减少其他任何人效用或福利的情况下，任何生产与分配的重新安排都不能增加另外一些人的效用或福利，这时的资源配置状态就被称为帕累托最优状态。意大利经济学家帕累托最先提出了最优配置的条件和标准，人们便以他的名字来命名这一标准了。

2. 公共物品

公共物品通常是指提供给社会共同享用的物品。在提供人们需要的物品方面，市场能否完美地发挥作用，取决于所涉及的物品。私人产品既有排他性又有竞争性，市场机制只能提供私人物品，而不能提供公共物品。但是，任何一个社会的生存与发展都离不开公共物品，所以必须依靠市场以外的机制来保证公共物品的供给。

3. 外部性

外部性也称外在效应或溢出效应，主要是指一个经济主体的活动对社会其他成员福利的影响。这种影响并不是在有关各方以价格为基础的交换中发生的，因此，其影响是外在的。

外部性有正外部性和负外部性之分，在实例与分析中，前者属于负外部性，后者属于正外部性。当外部性存在时，社会对市场结果的评价扩大到市场中买者和卖者的社会福利范围之外，私人成本同社会成本、私人福利同社会福利不相一致，价格机制被扭曲，结果市场均衡并不能使资源达到有效率的配置。

📖 知识拓展

1968 年，美国学者哈定在《科学》杂志上发表了一篇题为《公地的悲剧》的文章，文中指出，英国曾经有这样一种土地制度——封建主在自己的领地中划出一片尚未耕种的土地作为牧场（称为"公地"），无偿向牧民开放。这本来是一件造福于民的事，但由于是无偿放牧，每个牧民都养尽可能多的牛羊，而随着牛羊数量无节制地增加，公地牧场最终因"超载"而成为不毛之地，牧民的牛羊也最终全部饿死。

4. 信息不对称

信息不对称是指在市场经济活动中各类人员对有关信息的获得是有差异的，掌握信息比较充分的人员往往处于比较有利的地位，而信息贫乏的人员则处于比较不利的地位。

信息不对称是我们生活中的常见现象。在市场上，卖者总是掌握着比买方更多的关于商品的信息，由于这种信息的不对称，卖方可以随时根据顾客调整商品的价格，以获得较好的收益。

二、市场失灵中的政府职能和微观经济政策

🖨 探索与思考

俗话说"南京到北京，买的没有卖的精"，为什么呢？

1. 政府的主要经济职能

市场失灵的事实说明仅仅依靠价格机制并不能实现社会资源配置最优，政府必须运用经济政策参与调节。在现实经济中，政府对市场经济主要行使以下职能：

（1）提高经济效率。政府的一个重要经济目标是从社会整体利益出发，帮助市场促成资源的有效配置。政府可以通过取消和下放行政权限，鼓励和促进竞争，控制诸如污染等外部性问题以及提供公共物品等来提高效率。如下例中，政府可通过非行政权限的取消和部分行政权限的下放，让市场在资源配置中起决定性作用，创造市场环境，以促进竞争，提高市场经济效率。

📕 生活中的实例

政府行政权限瘦身，旨在提高市场效率

2018 年 4 月 27 日，湖南省政府行政审批制度改革工作领导小组发布了"关于公布省政府工作部门第一批取消证明事项的通知"，共取消 53 项证明事项，大幅减少前置审批，规范行政审批管理，推广企业投资项目网上并联核准，完善事中、事后监管措施，使简政放权和行政审批制度改革成为持续激发市场活力、优化市场环境的"长效药"。

对于公布取消的行政许可事项，其中，市场已具备自我调节能力的事项改革后，相关部门的管理职能要重点转向制定行业标准规范，加强事中、事后监管，惩处违法违规行为，维护市场秩序；由同一部门对相同内容进行重复审批的事项改革后，相关部门在削减重复审批、合并办事环节的同

时，要进一步强化保留审批事项的准入把关作用，发挥认证管理的积极作用，落实监管责任，防止出现监管盲区；由不同部门多道审批改为负主要责任的部门一道审批的事项改革后，不再实施审批的部门负责制定有关行业标准规范，负责审批的部门按标准规范审核把关，遇到特殊疑难问题通过内部征求意见解决，部门间要优化工作流程，压缩审批时限，便利企业办事。

（2）维护市场秩序。现实经济中，市场是不完全竞争的，即市场结构中会有垄断竞争、完全垄断和寡头垄断形式存在。垄断性市场力量的存在必然引起不公平竞争，出现价格战，干扰正常的市场秩序，依靠市场本身的力量是无法消除这些情况的。这时，政府干预就显得十分重要。

生活中的实例

如政府通过征收累进的收入所得税、遗产税增加政府财政收入，再通过转移支付给穷人，以缩小贫富差距，促进社会公平。

（3）促进公平。即使市场经济运行良好，能够实现资源的有效配置，也有可能产生不公平的收入分配状况。收入再分配一般是通过税收和支出政策来进行的，有时管制也起一定的作用。各国政府通常通过一定的微观经济政策来调节收入分配关系，防止收入分配过于悬殊，努力实现公平目标。

（4）促进经济稳定增长。一国总期望国民经济能持续稳定增长，但现实经济却常常伴随着经济的周期性波动甚至陷入危机。在危机无法由市场自行消化和解决的情况下，政府担负了稳定经济和促进经济增长的职责。

2. 政府干预经济的微观政策

从实际操作来看，政府干预经济的政策有两种类型：一种是宏观经济政策，另一种是微观经济政策。前者以宏观经济理论为依据，着眼于对经济总量的调控；后者以微观经济理论为依据，着眼于纠正市场机制本身的不完善之处。这里主要介绍微观经济政策。

微观经济政策是指政府为了解决微观经济问题或主要由微观经济主体带来的经济问题，以及调节微观经济行为而采取的政策措施。

微观经济政策总体上可分为四类：①促进市场竞争的政策，如反垄断政策；②消除外部性影响的政策，如征税和补贴；③在市场机制无法发挥作用的领域采取的政策，如提供公共物品；④政府制定并监督实施关于提供真实信息的法规，其具体内容包括反对交易中的欺诈性行为、真实包装法、披露证券信息的法规等。

知识拓展

市场失灵为政府干预提供了基本依据，但政府也不是万能的，同样存在着"政府失灵"。"政府失灵"一方面表现为政府的无效干预，即宏观调控的范围和力度或方式选择不当，不能弥补市场失灵；另一方面则表现为政府干预过度，干预形式选择失当，干预方向不对路，对各种政策工具的选择及搭配不适当，不但不能纠正市场失灵，反而会抑制市场机制的正常运作。

第二节 垄 断

在前面的章节中，我们对基本市场结构和厂商的类型做了探讨和分析，研究了不同市场结构的特征、厂商在追求利润最大化目标时的均衡条件，以及各种市场结构的利弊。此节进一步探讨垄断对经济效率和社会福利的影响，以及怎样对垄断施加一定的规制。

一、垄断造成的损失

1. 垄断条件下产量水平低，产品价格高

垄断的存在，造成了一系列社会损失，主要表现为资源浪费和社会福利损失。如图 7.1 所示，假定某产业长期平均成本和长期边际成本是不变的，则该产业的长期供给曲线为一条与横轴平行的直线 $P_N B$。若该行业的需求曲线为 DD，则在完全竞争的市场结构中，长期均衡时的产量为 OQ_N，价格为 OP_N。但是，在完全垄断的市场结构中，该厂商为了追求利润最大化，将产量定位于长期边际成本与边际收益

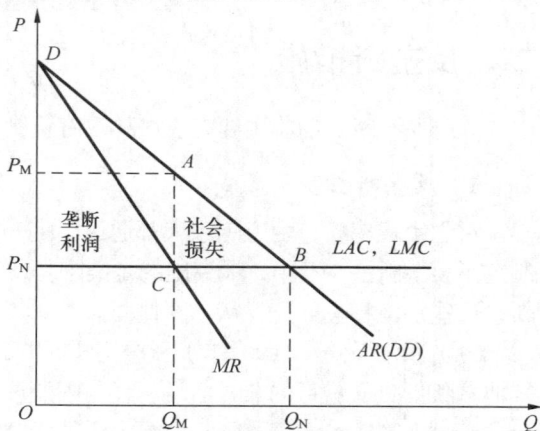
图 7.1　垄断对社会造成的损失

的交点，即产量为 OQ_M，价格为 OP_M。由此可见，垄断情况下的产量 OQ_M 小于完全竞争条件下的产量 OQ_N，而价格 OP_M 也高于完全竞争条件下的产业均衡价格 OP_N，因而存在资源浪费。资源浪费表现在两个方面：一是垄断厂商本身效率低，手中所掌握的资源被大量浪费，靠垄断高价维持生存；二是垄断高价会扰乱市场信号，对资源配置造成误导。

2. 垄断高价给消费者带来了损失

因为产量减少以及垄断利润的存在，消费者支付了较高的价格，所以消费者剩余减少。在完全竞争条件下，消费者剩余为三角形 DBP_N 的面积所代表的价值，而在垄断条件下，消费者剩余只剩下三角形 DAP_M 面积所代表的价值，减少了梯形 $ABP_N P_M$ 面积所代表的价值。其中，四边形 $ACP_N P_M$ 面积为厂商获得的垄断利益，三角形 ABC 的面积为社会福利损失，它是由垄断厂商限制产量造成的。

📖 知识拓展

垄断寻租产生低效率

寻租是指试图获得一种可以赚取经济利润的垄断活动。一个垄断企业可以通过占有一部分消费者剩余而获得经济利润。因此，企业便千方百计谋求和维持垄断地位，以获取经济利润，并为此花费一定的费用，这就是寻租活动。企业为获得和维持垄断地位而支出的费用，是一种纯粹的浪费：它不用于生产，没有创造出任何有益的产出，完全是一种非生产性活动的支出。

寻租活动会产生经济损失。就购买垄断权利的单个寻租者而言，其愿意花费在寻租活动上的费用不会超过垄断地位带来的经济利润，否则就不值得进行寻租活动。如果有经济利润可得，便会有新的寻租者参加进来以取得某些经济利润，寻租者之间的竞争抬高了必须为垄断权利支付的价格，结果把垄断权利的价格抬高到使寻租者能获得正常利润的水平，经济利润完全落入最初拥有垄断权利的人的腰包。

由于寻租，垄断产生了超过净损失的社会成本，这些社会成本等于净损失加上用于寻租的资源

的价值，即加上整个垄断的经济利润。这表明，在存在垄断因而进行寻租活动的情况下，产生了社会成本，根本无从实现只有市场方能实现的经济效率，无法达到帕累托最优状态。

二、反垄断措施

政府反垄断的措施主要有立法和政府管制。

1. 反垄断法

对于市场垄断，西方国家大都通过制定一系列反垄断法加以限制。很多国家都不同程度地制定了反垄断法，其中，最突出的是美国。1890—1950 年，美国国会通过了一系列法案反对垄断，这些法案相互补充，从不同侧面对垄断加以限制，形成了一个完整的反垄断法律体系。

（1）谢尔曼法（1890 年）。它是美国的第一部反垄断法规。该法规规定：任何以托拉斯或其他垄断形式所进行的兼并活动，任何限制或企图限制洲际或国际贸易的活动，均属非法；任何垄断或企图垄断洲际或国际贸易的活动，均被认为是犯罪。谢尔曼法的核心思想是保护竞争，防止和反对形成大的垄断企业。直到今天此法仍然是美国政府反垄断的重要武器。

（2）克莱顿法（1914 年）。该法规定：任何以托拉斯或其他形式进行的兼并或共谋，任何限制洲际或国际贸易或商业活动的合同，均属非法；任何人垄断或企图垄断，或同其他个人或多人联合，或共谋洲际或国际的一部分商业和贸易的，均应被认为是犯罪。违法者要受到罚款或判刑。该法案的目的主要是限制不公平竞争。

（3）联邦贸易委员会法，依据联邦贸易委员会法（1914 年）建立联邦贸易委员会，作为独立的管理机构，授权其防止不公平竞争及商业欺诈行为，包括禁止虚假广告和商标等。

（4）罗宾逊-帕特曼法（1936 年）。该法宣布卖主为消除竞争而实行的各种形式的不公平价格歧视为非法，以保护独立的零售商和批发商。

（5）惠特-李法（1938 年）。该法修正和补充了联邦贸易委员会法，宣布损害消费者利益的不公平交易为非法交易。

（6）塞勒-凯弗维尔反合并法（1950 年）。该法补充了谢尔曼法，宣布任何公司购买竞争者的股票或资产，从而从实质上减少民间竞争，或企图造成垄断的做法，均为非法。该法禁止一切形式的兼并。法令规定，联邦贸易委员会和司法部对企业之间的合并有管制权。企业在合并之前，必须先把合并计划提交给这两个机构，由这两个机构对合并计划进行审核批准。如果企业未经批准擅自合并，司法部就可以对它提起诉讼。

上述反垄断法均由美国国会制定，负责强制执行这些法律的国家机构是美国联邦贸易委员会和司法部反托拉斯局，前者主要负责反不正当贸易行为的工作，后者主要负责反垄断活动的工作。如果公司被指控违反了反垄断政策，则要受到各种惩罚，如法院警告、罚款、赔偿受损人损失、改组公司直至判刑等。

📖 生活中的实例

中国汽车业的反垄断风暴

2008 年，中国出台了《中华人民共和国反垄断法》（以下简称《反垄断法》）。2014 年成为《反垄断法》颁布以来反垄断调查最密集的"反垄断年"。

2014 年 5 月 29 日，国家发改委发布公告称，依视路、尼康、蔡司、豪雅等主要框架镜片生产企业和博士伦、强生、卫康等主要隐形眼镜片生产企业，普遍存在对下游经营者进行不同形式的转售价格维持以及固定镜片转售价格或限定镜片最低转售价格的行为，对这些企业罚款共计 1900 多万元。

2014 年 7 月 28 日，国家工商总局专案组对微软公司在我国内地的 4 个经营场所，即微软中国有限公司以及其在上海、广州、成都的分公司，同时进行反垄断突击检查。

2014 年反垄断风暴让人印象最深刻的莫过于汽车行业。

2014 年 8 月 20 日，国家发改委宣布，对日本住友等 8 家零部件企业价格垄断行为依法处罚约 8.3 亿元，对日本精工等 4 家轴承企业价格垄断行为依法处罚约 4 亿元，合计罚款约 12.4 亿元。这是我国反垄断部门迄今为止开出的最大罚单。

针对汽车行业的反垄断调查效应得以显现。广汽本田于 2014 年 8 月 8 日率先宣布，同年 9 月 1 日起下调部分零部件价格。随后，广汽丰田也宣布于同年 8 月 18 日起下调部分零部件价格。

与此同时，各地反垄断执法部门对克莱斯勒、奥迪、奔驰等汽车经销商的反垄断调查也在推进。

2. 政府管制

政府对自然垄断的限制，通常采取对企业行为实行管制的方式。政府机构主要通过价格决定、产品标准与类型以及新企业进入一个行业的条件的制定对经济活动进行管理和限制。管制适用于银行与金融服务、通信、煤气和电力、铁路、公路和公共汽车交通等许多行业。管制的措施主要包括价格控制或者价格和产量的双重控制、税收或补贴，以及国家直接经营。

📖 生活中的实例

限价商品住房价格管理办法出台

为进一步加强限价商品住房价格管理，维护房地产市场秩序，促进房地产业健康发展，根据《中华人民共和国价格法》、湖南省发改委《关于长沙市限价商品房作价办法有关问题的请示的复函》（湘发改函〔2017〕350 号）和长沙市人民政府办公厅《关于进一步促进房地产市场平稳健康发展的通知》（长政办函〔2017〕38 号），2017 年 12 月 19 日长沙市发展和改革委员会出台《长沙市限价商品住房价格管理暂行办法》，该办法所称的限价商品住房是指按合理标准建设、政府限制销售价格的商品住房，不含住保部门建设和提供的保障性住房。其中明确表示，限价商品住房的平均利润率为 6%~8%。

（摘自长沙市发改委 2017 年 12 月 11 日制定的《长沙市限价商品住房价格管理暂行办法》）

第三节 公 共 物 品

社会经济中的产品可以分为私人物品和公共物品。私人物品是指消费者从市场上所购买的各种商品和劳务，是由市场提供给个人享用的物品。私人物品具有竞争性和排他性两个特点。竞争性是指如果某人已经消费了某商品，则其他人就不能再消费该商品；排他性是指对某商品支付价格的人才能消费该商品，不付费就不能消费。竞争性和排他性是市场机制正常运行的必备条件。

一、公共物品的特点及分类

公共物品是指在消费和使用上不具有排他性和竞争性特征的商品。"公共"带有共享的含义，是指在既定的价格条件下某个消费者在使用某一公共物品时并不排除其他消费者同时使用该物品，如国防、法律、警务和教育等，都属于公共物品的范畴。

1. 公共物品的特征

与私人物品相对应，公共物品有以下两个特征。

（1）非竞争性。非竞争性是指某一公共物品一旦被提供，无论增加多少消费者，都不会影响或减少其他人对该公共物品的消费。如良好的社会治安、优美的环境，一个人独享和成千上万人共享，都具有相同的效用。

（2）非排他性。非排他性是指某一公共物品一旦被提供，任何人都可以无偿使用，或不能阻止未付费的人享用或消费该物品。"搭便车"、享受国防安全等都属于这种情况。

知识拓展

"搭便车"问题是由公共物品的非排他性引起的。它是指某些个人虽然参与了公共物品的消费，但不愿意支付消费公共物品的费用的情况。例如，许多轮船公司不肯兴建灯塔，但仍能获得这项服务。此种"搭便车"问题使市场机制在公共物品领域失灵。由政府或公共部门开支安排，并根据社会福利原则分配公共物品，成为解决"搭便车"问题的唯一选择。

2. 公共物品的分类

按照公共物品所具有的非排他性和非竞争性程度的不同，公共物品可分为两大类：纯公共物品和准公共物品。

（1）纯公共物品是指具有完全的非竞争性和非排他性的物品。它的主要特点是除了具有广泛的外部性以外，还包括无拥挤性和选择性，通过纳税间接购买与被动消费，消费时无法分割，只能由政府提供等。比如，国防、外交、灯塔和港口等。

（2）准公共物品是指具有竞争性但无排他性或具有排他性但无竞争性的物品。准公共物品可以分为两类：一类是与规模经济有联系的产品，称为自然垄断型公共物品，如下水道系统、供水系统、铁路运输系统等，这类公共物品一般来说都属于社会基础设施；另一类称为优效物品，即那些不论人们的收入水平如何都应该消费或应该得到的公共物品，如社会卫生保健、住房、中小学教育等。

这两类准公共物品有一个共同的特点——拥挤性。在准公共物品的消费中，当消费者的数目从零增加到某一个可能是相当大的正数即达到了拥挤点时，就显得十分拥挤了。没有超过拥挤点时，增加额外的消费者不会发生竞争。因为在达到拥挤点之前，每增加一个消费者的边际成本是零，比如，在音乐厅欣赏音乐、人们在街道和桥梁上行走等。随着消费者的不断增加，超过拥挤点以后，新增加的消费者的边际成本开始上升并同时减少全体消费者的效用，当达到容量的绝对限制时，增加额外消费者的边际成本便趋于无穷大。鉴于准公共物品的拥挤性，有的学者称之为"有限的公共物品"。

在现实中，纯公共物品是少数，多数是准公共物品，并且两者在一定条件下可以转化。例如，电视节目本来具有非竞争性和非排他性，但通过有线频道可以做到排他使用，因而成为可收费的准公共物品。此外，不同国家对公共物品的界定标准也有所不同。例如，教育在高福利国家从小学到大学都是免费的，而在其他国家则可能只实行从小学到初中的义务教育。

📖 生活中的实例

灯塔理论

在早期的英国，灯塔设施的建造和管理都是由私人提供的。由于海上航行经常出事故，为了满足航海者对灯塔服务的需要，一些临海人家自己出钱修建了灯塔，然后根据过往船只的大小和次数向船只收费，以此作为维持灯塔日常开销的费用并获取利润。经营一段时间后，灯塔的建造者们渐渐发现，过往的船只总是想方设法逃避缴费，他们或者绕过灯塔行驶，或者以自己熟悉海路为名，干脆拒绝缴费。建造者们只能增雇人手加强管理，但是由于没有执法权，就算真碰上不缴费的人，他们也无可奈何。而且，增雇人手也增加了成本，建造者们慢慢就变得入不敷出了。于是，私人建造的灯塔慢慢地就关闭了。可是，海上航行对灯塔的需求是一直存在的，所以只能由政府出面来建设灯塔了。

刚开始，政府经营灯塔让过往船家很高兴，因为使用灯塔不用自己缴费了，好像节约了费用。但没过多久大家就发现，这时的灯塔比私人经营时损坏率高了很多，因为反正是公用的东西，谁也不爱护。最后，政府花在灯塔维修上的费用要远远超过私人经营时的费用。而且，表面上过往船只并没有交钱，但实际上政府拨下来用于修造灯塔的费用也是纳税人的钱，从整个社会资源配置的角度看，这部分资源是无效率的。

二、公共物品的供给

公共物品具有的特征导致市场无法正常提供，必须由政府来提供社会所需的公共物品。政府提供公共物品并不等于全部的公共物品都由政府来直接生产。

1. 政府提供公共物品的方式

发达国家政府直接提供公共物品的方式通常有三种。

（1）中央政府直接供给经营。在一些国家，中央政府直接经营军工、医院、自来水和燃气等准公共物品，而另一些国家对这些产品的经营是由于私人经营亏损或破产时转而由政府通过国有化来实现的。各国中央政府在提供公共物品时差异较大，美国在公共物品生产方面更多地偏向于私人提供。

（2）地方政府直接经营。在欧洲的大多数国家，主要由地方各级政府直接经营保健事业、医院、自然资源保护、街道、警察、防火、供电和图书馆等。欧洲各国地方政府在许多绩优型产品供应方面，表现出直接经营的一些特点，而美国则更多地是通过私人企业予以间接经营。

（3）地方公共团体经营。最典型的是日本和法国。日本的国有企业是由地方公共团体来经营的，这样做有利于地方居民的福利事业，其法定事业有自来水、工业水、汽车运输、地方铁路、电气、煤气。

知识拓展

公共选择，是指通过集体行动和政治过程来决定提供什么样的公共物品，怎样提供和分配公共物品，以及设立相应匹配规则的行为和过程。

一般来说，公共选择有以下四个原则。

（1）一致同意原则，是指一项集体行动方案只有在所有参与者都认可的情况下才能够实施。

（2）多数原则，是指一项集体行动方案必须得到所有参加者中的多数认可才能够实施。

（3）加权原则，就是按实际得到的赞成票数（而非人数）的多少来决定集体行动方案。

（4）否决原则，其具体做法如下：首先让每个参加集体行动方案投票的成员提出自己认可的行动方案，汇总之后再让每个成员从中否决掉自己所反对的那些方案。这样，最后剩下的没有被否决掉的方案就是所有成员都可以接受的方案。

2. 私人部门提供公共物品的形式

发达国家在公共物品的私人提供与经营方面有以下几种方式。

（1）签订合同。政府与私人公司签订经营公共物品的合同是发达国家十分普遍的一种形式。这种方式主要针对具有规模经济效益的自然垄断产品，如各类基础设施和公共服务行业。政府选择私人厂商的方式一般是公开招标，借助于投标者的竞争，把价格压到合理水平。此外，许多国家还允许私人通过建设—经营—转让（BOT）的方式参与公共基础设施和服务的提供，即允许私人投资建设基础设施，并通过若干年特许经营收回投资后，再由政府接收此项公共基础设施。

（2）授权经营。这种方式适合于提供那些外在性显著的公共物品，如自来水供应、电信、供电、广播电台、航海灯塔等。在发达国家，自来水、电话、供电等许多公共领域都以授予经营权的方式委托私人公司经营，这种方式或多或少使私人公司具有了一定的垄断地位。

（3）政府经济资助。主要适用于那些赢利性不高或者只有在未来才能赢利且风险大的公共物品。资助的方式有补贴、津贴、优惠贷款、无偿赠款、减免税。高精尖技术的基础研究和应用技术的超前研究，以及教育，是政府资助的主要领域。欧美国家对民营公共物品经济资助的途径和方法很多，如补助津贴、优惠贷款、无偿赠予、减免税收等。

（4）政府参股。主要适用于初始投入大的基础设施项目，如桥梁、道路、发电站、高速公路等。政府参股又分为政府控股和政府入股。政府控股针对那些具有举足轻重地位的项目，政府入股主要是向私人企业提供资本和分散私人投资风险。比较引人注目且效果较好的参股领域之一是高科技开发研究。

（5）社会服务。只要遵守宪法和有关法律，发达国家的许多公共领域均允许个人、团体、宗教事业、慈善事业等营利性和非营利性机构和组织参与经营。

生活中的实例

我国公共产品供给主体的变化

法国历史学家托克维尔曾说："当政府像上帝一样包揽一切的时候，别人就要把所有的、跟其有关系没关系的，连最自然的灾害也都归咎于它，甚至生老病死。"

　　大包大揽式的政府在特殊时期对我国社会稳定、经济发展确实起到过积极的推动作用。然而，随着经济社会发展和改革深化，市场在资源配置中将起到决定性作用，政府权力将不断受到约束，政府职能将转向"法定责任必须为"与"法无授权不可为"。提供充足而优质的公共产品和公共服务，是政府的法定职责。

　　如正文中所述，私人部门也可以提供公共产品。进入 21 世纪，我国公共产品的供给有什么变化呢？

　　据民政部数据显示，截至 2017 年年底，全国共有社会组织 80.3 万个，比 2016 年增长 14.3%。社会组织快速成长，这使得公共产品的提供不必由政府部门一手包办，社会组织的参与成为可能。

　　报道显示，湖南省开启了"互联网+智慧养老""互联网+社区养老"模式，为养老插上互联网的翅膀。采取政府主建企业运营，汇集社会力量深度参与，政府与社会组织合作的公共产品、公共服务供给模式，使政府不再是公共产品的唯一提供者。

第四节　外　部　性

　　外部性是个人或企业的行为直接影响到其他个人或企业，但其他个人或企业并没有因此而支付任何成本或得到任何补偿。

一、外部性的分类及特点

1. 外部性的分类

　　按照个人或企业的行为对其他个人或企业所产生的影响是有利还是不利的，外部性可以划分为两种类型：正外部性和负外部性。

📖 生活中的实例

　　20 世纪初的一天，一列火车在绿草如茵的英格兰大地上飞驰。车上坐着英国经济学家阿瑟·塞西尔·庇古。他边欣赏风光边对同伴说："火车在田间经过，机车喷出的火花（当时是蒸汽机车）飞到麦穗上，给农民造成了损失，但铁路公司并不用向农民赔偿。这正是市场经济的无能为力之处，称为市场失灵。"

　　将近 70 年后，也就是 1971 年，美国经济学家乔治·斯蒂格勒和阿尔钦同游日本。他们在高速列车（这时已是电气机车）上想起了庇古当年的感慨，就问列车员，铁路附近的农田是否因受到列车的损害而减产。列车员说，恰恰相反，飞驰而过的列车把吃稻谷的飞鸟吓走了，农民反而受益了。当然，铁路公司也不能向农民收取赶鸟费。这同样是市场经济无能为力的表现，也称为"市场失灵"。

　　（1）正外部性是指个人或企业的行为对其他个人或企业产生有利的影响，但这些个人或企业却没有得到补偿，而得到有利影响的个人或企业也没有支付成本。正外部性的典型事例是企业的发明创造。

　　（2）负外部性是指个人或企业的行为对其他个人或企业产生不利的影响，但这些个人或企业却没有支付任何成本，而遭受不利影响的个人或企业也没有得到任何补偿。负外部性的典型事例是企业的环境污染。

生活中的实例

噪声污染及治理

噪声是生产生活中常见的一种污染，噪声污染看不见摸不着，却严重损害着人们的身心健康。环保部发布的《2016 年中国环境噪声污染防治报告》显示，2015年，我国噪声投诉居环境投诉第 2 位，噪声污染治理困难重重。

请阅读防治报告原文并观看相关新闻视频后思考：噪声污染产生的市场失灵具体属于哪种外部性？为何治理起来困难重重？

防治报告原文　北京卫视新闻

根据经济活动主体及其带来的结果不同，外部性分为以下几种。

（1）生产活动的正外部性。当一个生产者采取的经济行为对他人产生了有利影响，而自己却不能从中得到报酬时，便产生了正的外部性。如一个企业训练的工人可能转而为另一个企业工作，后者却不必向前者支付培训费。

（2）生产活动的负外部性。当一个生产者采取的行动给他人带来了不利影响，而其对此付出的代价或成本不足以弥补给他人或社会造成的影响时，便产生了负的外部性。如一个企业排放污水污染了河流或排放烟尘污染了空气，这种行为使附近的人们和整个社会都遭到了损失，即对他人来说是一种成本，而污染的制造者却不必为自己所造成的环境质量下降支付费用。负外部性表明，生产者为这种生产活动承担的成本小于社会为此活动承担的成本。

（3）消费活动的正外部性。当一个消费者所采取的行动对他人产生了有利影响，而自己却不能从中得到补偿时，便产生了消费的正外部性。如某个人播放动听优美的乐曲给周围的人都带来了美的享受；某个人在自家住宅周围种植花草，不仅会使自己受益，也会使邻居受益等。

（4）消费活动的负外部性。当一个消费者采取的行动对他人产生了不利影响，而又未对此付出代价时，便产生了消费的负外部性。最典型的例子就是一个人在公共场所吸烟，危害其他人的健康，但他却通常并不为此支付任何东西。还有，在手机彩铃中设置恐怖的音乐，让打电话的人害怕或受到惊吓，也是一种消费的负外部性。

一般而言，经济学家分析作为市场失灵表现的外部性问题时，通常是指负的外部性问题。

生活中的实例

中国经验打造"柬埔寨深圳"

《南风窗》2017 年第 22 期《"一带一路"的柬埔寨特区正在崛起》（谭保罗）一文刊载了以下故事。

作为"一带一路"沿线"中国造"工业区的典范，西港特区被当地人民称为"柬埔寨深圳"，并长期受到中柬两国领导人的高度关注。经过 10 年发展，已经崛起为当地乃至整个柬埔寨经济发展的重要发动机。

2007 年，当红豆集团派驻的先遣人员来到西港特区规划点进行勘测和施工的时候，他们震惊于这里的荒凉和贫穷，到处是茂密的杂草荆棘，碰到吸血的蚂蟥和东南亚特有的毒蛇都是家常便饭。在附近村子，人们主要靠着伐木和简单的农耕维持生计。在村子里，房屋都用简单的砖石、木头搭建，只有屋顶的铁皮告诉外来者，这是一个在工业时代被遗忘的落后地区。

10 年过去了，这一地区的面貌早已"翻天覆地"。截至 2017 年 10 月中旬，西港特区已经有入驻企业 116 家，解决了当地 1.7 万人的就业问题。西港特区是柬埔寨政府批准的最大的经济特区，总体规划面积 11.13 平方千米，目前开发的是首期，开发面积为 5.28 平方千米。

西港特区在"一带一路"树立了"民心相通"的样板。西港特区的快速崛起，并不只是经济发展"中国经验"的简单复制，它背后更是儒家传统崇尚个人奋斗和中国民营企业"家文化"的有机融合。

2. 外部性的特点

一般而言，外部性有以下几个特点。

（1）外部性的产生独立于市场机制。外部性的影响不是通过市场发挥作用的，它不属于买者与卖者的关系范畴，换句话说，市场机制无力对产生外部性的厂商给予惩罚或补偿。

（2）外部性产生具有明显的伴随性。企业在追求其利润最大化目标时，总是考虑其私人成本，而不是社会成本。就污染的排放而言，厂商的决策动机不是为了排污而生产，排污本身只是生产过程中的伴随物，而不是故意制造的效应。换而言之，外部性并不是人刻意追求的结果，外部性是伴随着生产或消费而产生的。

（3）外部性与受众之间具有某种关联性。外部性所产生的影响并不一定能明确表示出来，但它必定有某种正的或负的福利意义。当受损者对外部性并非漠不关心的时候，它与受众就是相关的，否则就不是相关的。例如，水流从邻居家灌进你的院子，使你出入不便，于是便产生了外部性。但如果你并不介意，那么这种外部性就是不存在的。

（4）外部性具有某种强制性。在很多情况下，不管你是否同意，外部性加在承受者身上时都具有某种强制性，如住宅附近飞机场的轰鸣声，这种强制性是不能通过市场机制解决的。

（5）外部性不可能完全消除。任何行为都必然产生外部性，人们可以采取措施来限制、缓解外部性的影响，但不可能完全消除外部性。工业污染是不可能完全消除的，市场机制的作用无能为力，政府干预也只能是限制污染使之达到人们能够接受的某种标准，要想完全消除是不可能的。

📖 生活中的实例

《南风窗》2014 年 11 期《不诚信的外部性》（叶盛竹）一文刊载了以下故事。

某留洋博士刚毕业，回国到一所重点大学应聘，对方告知，他的履历相当不错，条件也都符合，但是因为他们夫妻两地分居，来了之后可能"军心不稳"，因此，还得"考虑考虑"。

留洋博士一打听，原来他所应聘的学院去年连续走了 4 个入职不过一两年的年轻教师，理由都是"两地分居，生活不便利"。4 人同年离职，对于不过几十人的团队规模来说，可谓大动荡。"不明真相"的学界因此盛传该学院待遇太差，评职称太难，逼走了年轻教师。

学院领导颇为气愤，却无可奈何，只好定下了"两地分居者不再录用"的"潜规则"。

留洋博士求职心切，找领导反复陈情，说明自己的特殊情况，并表态说，若录用，一定会安心工作，不会见异思迁，充当"学术跳蚤"。领导用一种看透世事的语气说，那 4 个人刚来的时候说得比你还真切。留洋博士一听，顿时语塞，陷入了"第 22 条军规"般的荒谬困境。

在一个诚实得不到奖励，而厚黑却横行霸道的社会，所有人都可能像那个喊狼来了的小孩一样，落入恶狼之口。

二、解决外部性的对策

外部性的存在导致资源配置缺乏效率，那么应当如何纠正它呢？西方经济学提出的方法主要有征税或补贴、外部影响内部化以及产权确定。

1. 征税或补贴

阿瑟·塞西尔·庇古在《福利经济学》一书中提出了"庇古税"方案，强调通过征税或补贴方案纠正因经济当事人的私人成本与社会成本不相一致而产生的外部性。其具体设计：对造成社会成本大于私人成本的外部性，即造成负外部性的企业和个人，征收相当于社会成本大于私人成本的价值的税收，使私人成本与社会成本一致。这样，会把原先对于当事人来说是外在成本的社会成本内在化为当事人自己的成本，迫使其从自身利益出发来调整和控制外部性。同理，对于造成社会收益大于私人收益的企业和个人，政府应给予他们相当于多出部分受益的补贴，以鼓励此类行为。"庇古税"的原则实际是"污染者付费原则"，这是国际公认和倡导实行的原则。征收污染税是目前各国普遍采用的一种控制污染的方法，但有人指责它是一种花钱买污染权的原则。

2. 外部影响内部化

外部影响内部化主要是通过合并企业的方式来实现的。合并企业是指如果某企业的行为对另一个企业产生了外部性，那么可以将这两个企业合并为一个企业，这样可以使企业外部影响内部化。如一个化工厂对附近的一家养殖场造成了污染，纠纷不断，则可以由政府出面协调，促使两家企业兼并重组，使外部成本内部化。这样，化工厂在生产时就会考虑对自己的养殖场带来的损失，从而使化工厂的边际收益等于养殖场的边际损失。

名人有约

阿瑟·塞西尔·庇古（1877—1959），英国著名经济学家，剑桥学派的主要代表之一。他青年时代入剑桥大学学习，毕业后投身于教书生涯，成为宣传他的老师马歇尔的经济学说的一位学者。

庇古先后担任过英国伦敦大学杰文斯纪念讲座讲师和剑桥大学经济学讲座教授，他被认为是剑桥学派领袖马歇尔的继承人。他的著作很多，比较著名的有《财富与福利》（1912年）、《福利经济学》（1920年）、《产业波动》（1926年）、《失业论》（1933年）、《社会主义和资本主义的比较》（1938年）、《就业与均衡》（1941年）等。

《福利经济学》是庇古最著名的代表作，该书对福利经济学的解释一直被视为是"经典性"的。庇古也因此被称为"福利经济学之父"。

3. 产权界定

科斯定理认为，只要产权是明确的且交易费用为零，即使面临严重的外部性，完全竞争的市场经济机制也能够有效地实现资源的最优配置。例如，假设在一条河流的上游有企业，下游有用水户，那这里有两种可能，一种是存在负外部性，另一种是存在正外部性。在第一种可能下，企业污染水流，下游的用水户拥有使用洁净水流的权利。如果污染高于法定标准，下游用水户有权向上游企业索取赔偿。而上游企业考虑到自身的利益，为了减少成本，将自动地把污染降到社会最优污染控制水平。在第二种可能下，假设上游企业能提高水质，那么它有权向下游用水户索取代价以补偿成本。在这两种场合，企业和用水户之间的赔偿问题都可以通过协商来解决，这样就不会出现私人成本同社会成本、私人利益同社会利益之间的差异。

第五节 信息不对称

一、信息不对称的含义

在经济交易中，交易的双方（或多方）对于同一交易所掌握的信息通常是不一样多的，这种情形叫作信息不对称。掌握信息多的一方在交易中占优势，而另一方则处于劣势。反之，市场上买卖双方掌握的信息一样多的情况被称为信息对称。

信息不对称一般有两种情况：一种情况是卖方掌握的信息多于买方，一般商品市场和要素市场上都是这种情况，如计算机、食品、服装等的卖者比买者更了解产品的性能，劳动力的卖者比买者更了解劳动力的水平及技能；另一种情况是买方所掌握的信息比卖方掌握的信息更多，如保险购买者比保险公司更了解保险标的物（如自己的身体健康）的状况，信用卡的购买者比提供信用的金融机构更了解自己信用度的好坏。

> **探索与思考**
>
> 科斯定理表明，在交易成本为 0 或者很小的情况下，明确界定产权就能解决外部性问题。请问还需要政府吗？如果需要，政府可以做什么呢？

> **名人有约**
>
> 罗纳德·哈里·科斯（1910—2013），产权理论的领导创始人。
>
> 早在 1937 年，在以他的本科论文为基础发表的《企业的性质》一文中，科斯就阐明了该理论的一些基本概念，人们至今仍应为他当时的洞察力深感惊奇。但该书完成以后，并没有得到人们的太多关注。沉默了近 30 年后，产权理论才受到重视。20 世纪 80 年代后，随着自由放任思潮的高涨，产权理论受到高度评价。
>
> 1991 年，科斯获得第 23 届诺贝尔经济学奖。

> **知识拓展**
>
> **科斯定理释义**
>
> 假设有一个工厂，其烟囱冒出的烟尘使附近 5 户居民晾晒的衣服受到污染，每户居民损失 75 元，总计损失 375 元。又假设在市场经济条件下，如果不存在政府干预，就只有两种治理办法：第一，在烟囱上安装除尘器，费用为 150 元；第二，每户装一台烘干机，费用为 50 元，总费用为 250 元。显然，第一种办法费用更低，代表最有效率的解决方案。

按照科斯定理，只要产权明确，无论把产权界定给谁，只要居民协商费用为 0 或者很小，最终的结果必然是选择第一种方法来解决这个问题。如果把污染权界定给工厂，即工厂有排污的权利，那么，居民就会选择大家出钱给工厂安装一个除尘器；如果把污染权界定给居民，即居民有不受烟尘污染的权利，那么，工厂就会自己出钱买一个除尘器安装在烟囱上。

📖 生活中的实例

卖西瓜和卖辣椒有何区别

我们买蔬菜水果时，肯定遇到过类似这样的问题。

"这西瓜甜吗？"卖家答曰："甜。"消费者欣然买之，生意达成。

但是，换成另一个类似的场景，情况却发生了微妙的变化。

"这辣椒辣吗？"某卖家答曰："辣。"买家遂离开，原来该买家不太爱吃辣。卖家有了上一单的经验，故对下一个买家答曰："不辣。"买家亦转身离开，才想起该买家应该喜吃辣的。

就这样，卖家接连错失两单生意。你知道问题出在哪里，应该如何解决吗？

没错，问题就出在辣椒交易中双方存在信息不对称——买家掌握信息多，而卖家掌握信息少。

在买西瓜上，我们公认几乎所有的消费者都喜欢吃甜西瓜，因此买家和卖家的认知是一致的；而买辣椒就不太一样，消费者对辣椒的偏好是不同的，有的买家喜欢吃辣，有的买家厌恶吃辣，而这些信息卖家无从得知，此时贸然回答"辣"或者"不辣"皆不妥，有可能错失生意。

那么，你想到了什么解决办法？解决方法至少可以有以下两种。

第一种方法，首先询问买家是要买"辣"的辣椒还是"不辣"的辣椒，然后按要求提供给买家，这样就解决了信息不对称问题。

第二种方法，可将辣椒按辣的程度分成"辣"与"不辣"两堆，买家在购买时，一看便知两种类型的辣椒都有，就不怕买家不买了。

认识能力的局限性和差异性，使人们不可能掌握全部的信息，充分占有信息的一方为了自身利益有隐藏的倾向，再者，获得信息需要成本，这些因素都会引起信息不对称。

📖 生活中的实例

高铁低价盒饭何必"藏着"卖

2016 年 1 月 13 日山东电视台"早安山东"节目片段

《铁路旅客运输服务质量规范》相应条款规定，高铁和动车组"供应品种多样，有高、中、低不同价位的预包装饮用水、盒饭等旅行饮食品，2 元预包装饮用水和 15 元盒饭不断供"。但高铁动车上的 15 元低价盒饭往往"藏着"，多问几句才卖。

请观看视频后思考：你知道高铁上有低价盒饭吗？高铁上低价盒饭"藏着"卖背后的经济学原理是什么？

信息不对称导致市场失灵，常见的情形有逆向选择和道德风险。

二、信息不对称与市场失灵

不对称性发生在当事人签约之前，这会形成"逆向选择"问题；发生在当事人签约之后，这会形成"道德风险"问题。

　　逆向选择是指交易双方信息不对称和市场价格下降产生的劣品驱逐良品，进而出现市场交易产品平均质量下降的现象。例如，有买主愿意高价购买好的产品或服务，而市场服务实现将好的产品或服务从卖主手里转移到需要的买主手中，此时，就出现了逆向选择。

知识拓展

　　在二手车市场，买家和卖家对于二手车质量情况的掌握也是不一样多的。卖家知道所售二手车的真实情况。但一般情况下，潜在的买家要想确切地掌握二手车市场上汽车质量的好坏信息是很困难的。他最多只能通过外观、介绍及简单的现场试验等方法来获取有关汽车质量的信息。而这很难准确判断出二手车的真实质量，因为车的真实质量只有通过长时间的使用才能看出，但这在二手车市场上是不可能的。因此，二手车市场上的买家在购买汽车之前并不知道哪辆汽车是高质量的，哪辆汽车是低质量的，他只知道二手车市场上汽车的平均质量。

　　在这种情况下，典型的买家只愿意根据平均质量支付价格。不妨假设二手车的买家对高质量的车愿意支付的价格是 10 万元，而对低质量的车愿意支付的价格是 5 万元。如果二手车市场上高质量的车和低质量的车各占一半，则二手车买家购买到高质量的车和低质量的车的可能性都是 0.5，其愿意为一辆车支付的期望价格为 $10×0.5+5×0.5=7.5$（万元）。因为无论是高质量的车还是低质量的车，都只能按照这一价格成交，所以那些高质量二手车的所有者就会把他们的车撤出，而低质量的车则会选择留在市场里。其最终结果就是高质量的车全部退出市场，市场上全部都是低质量的车。这违背了市场竞争中优胜劣汰的选择法则。

　　道德风险是指交易双方在签订交易协议后，占据信息优势的一方在使自身利益最大化的同时，损害处于信息劣势一方利益的倾向性。道德风险是一个事后的信息不对称问题。它产生的原因在于交易协议给交易双方建立起了一种关系，在关系中处于信息劣势的一方无法观察到处于信息优势一方的行为，最多只能观察到行为产生的不利后果，但又无法确定这种不利后果的产生是否与处于信息优势一方的行为不当有关。

生活中的实例

售货员的工资

　　如果某个百货公司的老板对所雇用的售货员支付固定工资，那么这个老板可能会遭遇道德风险：售货员可能会付出最小努力且不积极售货。这会减少百货公司的利润。由于这个原因，通常售货员的工资收入分成两部分：一部分是基本工资，与售货量无关；另一部分是业绩工资，与售货量挂钩，销售得越多，这部分工资就会越高。

知识拓展

委托—代理问题

　　在信息不对称的条件下，拥有更多私人信息的一方称为代理人，而另一方则被称为委托人。当代理人为了追求自己的利益而忽视或牺牲委托人的利益时，就产生了委托—代理问题。

在委托—代理关系中，委托人与代理人追求的目标不完全一致。代理人追求自身利益最大化时可能会损害委托人的利益。受不对称信息的影响，委托人不能及时、充分识别这种对自己不利的行为并予以相应的惩罚，从而产生委托—代理问题。例如，在企业中，作为委托人的股东不能完全监控公司经理的行为，经理可能只顾追求闲暇与豪华舒适的办公环境，或者一味追求企业规模，以扩张自己的特权，这就是委托—代理问题。

三、解决信息不对称的对策

1. 发出市场信号

发出市场信号即市场上的卖方向买方用令人信赖的方式发出信号，以显示产品或其他交易对象的质量信息。例如，在二手车市场，为防止出现逆向选择问题，政府或汽车行业协会可以规定二手车出售者必须向购买者发送有关二手车质量的信号，如提供二手车运行公里数及事故或大修次数等，还可以让出售者提供一定时间的保修记录等。汽车出售者可以自行做出一些可信的承诺或发出一些关于汽车质量的信号，这些都可以抑制逆向选择的产生。

2. 政府管制

在信息不对称的市场失灵情况下，政府对信息问题可以做出相应的规定。首先，政府可以强制性制定信息公开制度，为消费者获取企业信息提供多个渠道，避免消费者权益受到损害。其次，政府可以对虚假广告、虚假信息进行惩罚，增加企业提供虚假和违法信息的成本，减少或杜绝这一现象出现。最后，出台相关法律，保证信息提供的真实性。例如，《中华人民共和国证券法》规定，必须真实地披露证券信息等。

本 章 小 结

市场失灵是指由于垄断、外部性、公共产品等导致资源配置不能达到最优，即资源配置处于低效率或无效率的状态。在市场经济条件下，市场失灵的实质是价格机制对某些问题无能为力，表现出一定的局限性。引起价格调节局限性的主要原因有垄断、外部性、公共物品和信息不对称。市场失灵的事实说明，仅仅依靠价格机制本身并不能解决一切问题，政府必须运用经济政策来克服市场机制本身的缺点。

市场存在自身的缺陷，导致市场失灵，因此产生了政府干预的必要性。政府经济职能的目的，一方面是提高经济效率，另一方面是实现社会公平。

垄断造成社会经济福利的损失以及资源配置的低效率。垄断的形成发展是对帕累托最优状态的直接挑战。对垄断的管制措施有反垄断法和公共管制。

公共物品由政府提供。公共物品具有非排他性、非竞争性和一定的强制性特征。公共物品分为纯公共物品和准公共物品两大类。公共物品在需求和供给方面存在着如"搭便车"现象等效率问题。

外部性是市场交易对交易外的第三方所造成的非市场化影响，即人们的经济活动对他人造成的影响，而未将这些影响计入市场交易的成本和价格。负的外部性可能导致资源配置失当，其原因在于它使得私人成本和社会成本出现差异。对于外部性，西方经济学家提出的纠正方法主要有征税或补贴、外部影响内部化及确定产权。

　　信息不对称是指市场上买卖双方所掌握的信息是不对称的，即一方掌握的信息多些，一方掌握的信息少些。在不完全信息或不对称信息条件下，原有市场的均衡就可能导致低效率。逆向选择和道德风险是不对称信息条件下两种低效率的表现形式。

关 键 概 念

　　市场失灵、垄断、反垄断、私人物品、公共物品、外部性、正外部性、负外部性、生活活动的外部性、消费活动的外部性、非竞争性、非排他性、纯公共物品、准公共物品、科斯定理、信息不对称、逆向选择、道德风险

边 学 边 练

一、单项选择题

1．为了提高资源配置效率，政府对自然垄断部门的垄断行为是（　　　）。

　　A．坚决反对的　　　　B．不管的　　　　C．尽量支持的　　　　D．加以管制的

2．人的吸烟行为属于（　　　）。

　　A．生产的正外部性　　B．消费的负外部性　C．生产的负外部性　　D．消费的正外部性

3．当正外部性发生在一种产品的生产中时，（　　　　）。

　　A．太多的资源被分配给该产品的生产　　　B．社会边际收益大于私人边际收益

　　C．社会边际收益小于私人边际收益　　　　D．社会边际收益等于私人边际收益

4．某项生产活动存在负外部性时，其产量（　　　）帕累托最优产量。

　　A．大于　　　　　　　　　　　　　　　　B．等于

　　C．小于　　　　　　　　　　　　　　　　D．以上三种情况都有可能

5．政府提供的物品（　　　）公共物品。

　　A．一定是　　　　B．少部分是　　　　C．大部分是　　　　D．不都是

6．市场不能提供纯粹的公共物品，是因为（　　　）。

　　A．公共物品不具有排他性　　　　　　　　B．公共物品不具有竞争性

　　C．消费者都想"免费乘车"　　　　　　　　D．以上三种情况都是

7．交易双方信息不对称，比方说买方不清楚卖方一些情况，是由于（　　　）。

　　A．卖方故意要隐瞒自己的一些情况　　　　B．买方认识能力有限

　　C．完全掌握情况所费成本太高　　　　　　D．以上三种情况都有可能

8．被称作外部性的市场失灵发生在（　　　）。

　　A．当市场不能完全出清时

　　B．当竞争建立在自身利益最大化的前提上时

　　C．当厂商追求利润最大化目标时

　　D．当市场价格不能反映一项交易的所有成本和收益时

9. 如果上游工厂污染了下游居民的饮水，则按照科斯定理，（ ），问题即可妥善解决。

    A. 不管产权是否明确，只要交易成本为0   B. 不管产权是否明确，交易成本是否为0

    C. 只要产权明确且交易成本为0   D. 只要产权明确，不管交易成本有多大

10. "搭便车"是对（ ）的一种形象描述。

    A. 社会福利问题   B. 公共选择问题   C. 公共产品问题   D. 市场失灵问题

二、多项选择题

1. 下列选项中，（ ）属于造成市场失灵的原因。

    A. 垄断   B. 公共物品   C. 外部性   D. 信息不对称

2. 下列选项中，（ ）属于纯公共物品。

    A. 私人汽车   B. 无线广播   C. 住宅   D. 国防

3. 下列选项中，（ ）属于私人物品。

    A. 海洋   B. 空气   C. 住宅   D. 水杯

4. 经济交易双方对相关信息的了解和掌握不一样多，可能会引起（ ）问题。

    A. 外部性   B. 道德风险   C. 逆向选择   D. 公共物品

5. 为纠正由外部影响所造成的资源配置不当问题，可采用（ ）方法。

    A. 征税   B. 明确产权   C. 补贴   D. 立法

6. 在现实经济中，政府对市场经济主要行驶（ ）职能。

    A. 促进公平   B. 维护市场秩序   C. 促进经济稳定增长   D. 提高经济效率

7. 与私人物品相对应，公共物品具有（ ）特征。

    A. 竞争性   B. 非竞争性   C. 排他性   D. 非排他性

8. 外部性可以分为（ ）。

    A. 正外部性   B. 负外部性   C. 消费的外部性   D. 生产的外部性

9. 科斯定理发挥作用的基本条件包括（ ）。

    A. 产权明确   B. 具有非排他性   C. 具有非竞争性   D. 交易成本为零

10. 下列选项中，解决信息不对称的对策有（ ）。

    A. 信息公开   B. 发出市场信号   C. 加强监督   D. 政府管制

三、判断题

1. 完全竞争市场一定比垄断更能保证生产资源的有效利用。   （   ）

2. 垄断寻租会产生低效率。   （   ）

3. 市场失灵指的是市场没有达到可能达到的最佳结果。   （   ）

4. 公用事业委员会执行严格的价格管制方法会导致经营者经营效率的下降。 （   ）

5. 在一定条件下，增加公共产品消费者人数并不需要减少其他消费品的生产。 （   ）

6. 可用外部经济来描述一个养蜂王与其临近的经营果园的农场主之间的影响。（   ）

7. 公共物品的定价方法主要是用成本—效益分析法进行评估。   （   ）

8. 政府体提供的物品都是公共物品。   （   ）

9. 公共物品具有外部性。   （   ）

10. 从社会的角度看，私人成本和社会成本差异是导致市场失灵的原因之一。 （   ）

四、简答题

1．请以垄断为例分析不完全竞争市场为什么会降低效率。

2．什么叫外部性？外部性怎样使资源配置失当？

3．公共物品与私人物品相比有什么特点？这一特点是怎样使公共物品在生产市场上失灵的？

五、思考讨论题

解决两个企业争端的办法

在一条河的上游和下游各有一个企业，上游企业排出的工业废水经过下游企业，造成下游企业的河水污染，为此两家企业经常争吵，上游企业与下游企业各自都强调自己的理由。怎样使上游企业可以排污，而下游企业的河水不被污染呢？对此经济学家科斯拿出了两个好办法：一是两个企业要明确产权；二是两个企业可以合并。

讨论题：

1．什么是外部性？

2．科斯定理的含义是什么？

3．分别论述两种方法的意义。

4．解决外部性有什么办法？

六、课外实践题

1．请区分下列物品是公共物品还是私人物品，并在对应的选项框中打√。

名　　称	公共物品	私人物品
衣　　服	☐	☐
高速公路	☐	☐
智能手机	☐	☐
咖　　啡	☐	☐
公　　园	☐	☐

2．市场竞争不充分很大程度上是由垄断引起的，政府有时会诉诸反托拉斯法政策来促进竞争，比如国家发改委对广汽丰田、日本住友涉嫌垄断的重罚等。建议读者在国家发改委价格监督检查与反垄断局网站"反垄断"栏目查阅有关反垄断调查的案例。

扩展阅读推荐

《财务自由之路：7年内赚到你的第一个1000万》

作　　者：博多·舍费尔

出版社：现代出版社

出版时间：2017年

简介：博多·舍费尔著的《财务自由之路》介绍了简单易学的赚钱术和理财术，通过7年努力，你也能实现财务自由，不再做金钱的奴隶，让自己和家人获得舒适而有尊严的生活！

《财务自由之路》指导工薪族存钱、冻薪族理财，指导为钱所困的人走出困境，整理自己的金钱，成为一个富有之人。博多·舍费尔极简理财术，用7年让工薪族变身富一代。

第八章

国民收入核算

【学习要点】

◆学习重点
国内生产总值的概念、国民收入核算中的其他总量指标、支出法、投资恒等式

◆学习难点
国内生产总值的概念、国民收入核算中的其他总量指标、支出法

【导入案例】

　　20世纪末，中国绝大部分家庭已经摆脱贫穷，年轻的读者可能对贫穷、饥饿没有太多印象，也许对父辈和祖辈辛勤工作、努力挣钱还有少许的不理解。俗语讲"穷爱财，富惜命"，读者祖辈曾经历的贫穷使他们追求财富的动力更为强劲，鸦片战争之后100多年的中国贫穷、落后、饱受欺凌，也一样使国人对国家富强充满渴望。

世界银行网站"数据"栏目可查询世界各国（地区）国内生产总值历史数据（可添加多国进行查询）。

　　各位读者，我们已经过上小康或富裕的生活，我们的中国呢？富强了吗？读者可先看以下几组数据：

　　1980年，中国国内生产总值（1894亿美元）世界排名第13位，落后于印度（1896亿美元）；

　　1990年，中国国内生产总值（3569亿美元）世界排名第11位，落后于巴西（4619亿美元）；

　　1994年，中国国内生产总值（5592亿美元）世界排名第8位，落后于加拿大（5760亿美元）；

　　1999年，中国国内生产总值跻身"万亿俱乐部"（10 833亿美元），世界排名第7位，落后于意大利（12 082亿美元）；

　　2007年，中国国内生产总值（34 941亿美元）世界排名第3位，落后于日本（43 563亿美元）、美国（144 803亿美元）；

　　2010年，中国国内生产总值（59 305亿美元）超越日本（54 954亿美元），排名世界第2位，虽然排名上升，但离美国的149 583亿美元好像还很遥远；

　　2014年，中国国内生产总值突破10万亿美元（104 242亿美元），距离富足的美国（173 926亿美元）似乎已经不再遥远；

　　2017年，中国国内生产总值超过12万亿美元（127 238亿美元），据相关机构测算，2024年，中国208 139亿美元的国内生产总值将超越美国的205 996亿美元，并且超越还将一路领先，

到 2031 年，中国的国内生产总值将是美国和日本两国国内生产总值之和，中国将屹立于世界民族之林，成为全球唯一强国。

2013—2017 年以人民币计量的国内生产总值及其增长速度如图 8.1 所示。

案例思考：国内生产总值是什么？它可以衡量国家的富裕程度吗？用它衡量合理吗？

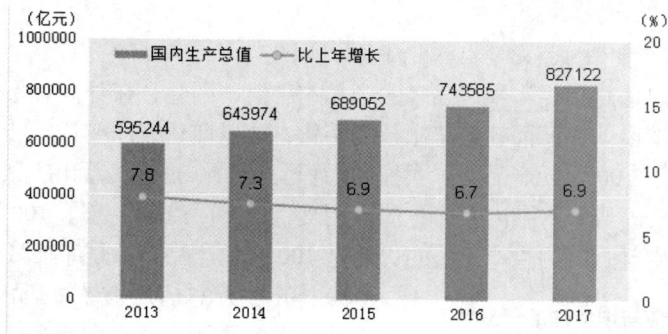

图 8.1　2013—2017 年中国国内生产总值及其增长速度

微观经济学以个体为研究对象，个体对财富的拥有量可以以个人收入、家庭收入和企业收入表示，宏观经济学则以地区、国家为单位，其财富的多寡也同样应该有表示的方法，这就是国民收入。

衡量国民收入的指标有很多，目前运用最广泛也最受关注的是国内生产总值。美国著名经济学家保罗·萨缪尔森曾说："国内生产总值是 20 世纪最伟大的发现之一。"因为透过国内生产总值，我们不但可以看到国内经济形势和趋势，而且可以看到国与国财富的差距，以及各国经济发展的排位趋势。

本章将解读国内生产总值等国民收入指标，这将有助于读者了解经济报告、新闻中相关数据的实质。

第一节　国民收入的指标体系

一国经济的运行情况可以通过一定的指标体系来反映。既然国民收入是揭示国民经济总体运行趋势和规律的重要指标，那么如何衡量国民收入，即如何核算国民收入，是宏观经济学最基本的问题。国际上通常用国内生产总值和国民生产总值这两个统计数据来反映国民收入，随着世界经济一体化的深入，国内生产总值的核算显得尤为重要，不只因为世界上大多数国家运用国内生产总值来反映国民收入，便于进行国家间比较，更因为这个指标适应了世界经济一体化的进程，在以国民为原则的生产总值的核算中，要想把本国企业与外国企业所创造的商品和劳务价值明确地分割开来，已经越来越困难了。

一、国内生产总值

通常所说的国内生产总值，是用来评价一国经济增长状况的指标。

1. 国内生产总值的概念

国内生产总值（Gross Domestic Product，GDP）是指一定时期内、一个国家的国土范围内，本国和外国居民所生产的最终产品和劳务的市场价值总和。其中，最终产品是指以消费和投资为目的现期生产和出售的产品。最终产品是相对于中间产品而言的，国内生产总值不包括中间产品的价值。

在理解国内生产总值的定义时，需要注意以下四点。

（1）国内生产总值是指当年生产出来的产品的总值，因此，在计算时不应该包括以前所生产的产品的价值，即以前生产而在该年出售的存货，或以前建成而在该年转手出售的房屋等。如某厂商一年生产了 100 万元产品，只卖掉 80 万元，那所剩的 20 万元产品可以看作是厂商自己买下来的存货投资，应计入国内生产总值。相反，虽然厂商只生产了 100 万元产品，却卖掉了 120 万元产品，则计入国内生产总值的仍然是 100 万元产品，只是库存减少了 20 万元。

表 8.1 最终产品价值与增值法的一致性

（单位：元）

产品类型	生产阶段	产品价值	中间产品成本	增加价值
中间产品	棉花	15	—	15
	棉纱	25	15	10
	棉布	40	25	15
最终产品	服装	60	40	20
合计		140	80	60

（2）国内生产总值是指最终产品价值，因此，计算时不应包括中间产品，以避免重复计算。如购买了一辆汽车，该汽车便是最终产品，而用来制造汽车的轮胎、玻璃和引擎等，则都是中间产品。所有中间产品的价值都已经包含在最终产品的价值里面了，如果再计算中间产品的价值，就会导致重复计算。在现实经济中，许多产品难以区分是最终产品还是中间产品，所以只计算生产各阶段上所增加的价值。在表 8.1 中，服装是最终产品，总价值为 60 元，按增值法计算也是 60 元。如不区分最终产品和中间产品，则会有 80 元的重复计算。而只要用增值法统计，无论把上述哪种产品作为最终产品，都不会造成重复计算。

知识拓展

最终产品和中间产品的划分依据不是产品的自然属性，而是产品的用途，看其是否是最终使用。例如，煤被个人买回去生炉烤火，这时候煤就是最终产品；但如果被化工厂买过去用于化工生产，那它就是中间产品。

（3）国内生产总值中的最终产品不仅包括有形的产品，还包括无形的产品——劳务。第三产业提供劳务，虽然劳务无形，但却是社会经济发展不可或缺的部分，因此，第三产业所提供的劳务价值也应计入国内生产总值。

（4）国内生产总值指的是最终产品市场价值的总和。市场价值一定要有市场交易行为才能形成，这样一国经济中有些活动不进入公开市场，因而没有价格，也就无法计入国内生产总值，这主要有两种情况：一是地下经济，主要指为了逃避政府管制所从事的经济活动，如逃税、走私和贩毒等。曾有数据显示，美

知识点滴

用市场价格来衡量产品价值，对于统计国内生产总值提供了很大方便，也符合市场经济原则，但是也存在一些不足：其一，不经过市场交易的自给性产品和劳务无法统计；其二，市场价格经常变动会影响国内生产总值的准确统计。

国地下经济的规模估计为 4000 亿～13 000 亿美元，占其国内生产总值的 9%～30%。二是非市场经济活动，是指那些公开的但没有进行市场交易行为的经济活动。自给自足的生产和家务劳动等都是典型的非市场经济活动，没有经过交换，没有市场价值，不计入国内生产总值。

📖 知识拓展

地下经济是一种国民经济中未向政府申报登记，不受经济活动法律法规约束，且不向政府纳税的经济成分。地下经济活动涉及生活中的各个方面，无所不在，是当前世界经济范围内的一种普遍现象，被国际社会公认为"经济黑洞"。从表现形式来看，地下经济大致可以分为以下两大类。

第一类被称为灰色经济或影子经济，是指其所从事的生产经营活动本身是合法的，但因为逃避税收等原因没有从国家税务、工商和质检等部门获得相关的手续并拒绝国家监管，如无证照经营行为（如民间交易、现金交易、劳务交易和网络交易等），部分或全部收入隐匿不报而偷税、逃税、漏税（如隐性就业的隐性收入，企业通过做假账逃避税收等），等等。

第二类被称为黑色经济，如贪污受贿、侵吞国家财产、制假卖假、传销、走私贩毒、卖淫嫖娼、贩卖人口、非法融资、非法博彩、网络诈骗、洗钱和黑社会等。

🖊 探索与思考

国内生产总值计算经济福利吗？

国内生产总值计算的是经济活动，但并不是经济福利。用于战争的军火生产是国内生产总值的一部分，但超过国防需要的军火并不能给人们带来福利；引起污染的生产也带来国内生产总值，但也许污染给人们带来的福利损失大于产品带来的福利；可以给人们带来幸福感的闲暇同样不能计入国内生产总值。

📘 生活中的实例

中国的经济总量

建国以来，中国经济总量连上新台阶，2015 年中国国内生产总值超过 67 万亿元，稳居全球第二位，占世界的比例为 15.5%，中国经济成为全球经济增长和复苏最重要的引擎。

请观看新闻视频后思考：中国经济总量的快速增长对全球经济意味着什么？如何理解"中国经济增长的奇迹"？

2. 名义国内生产总值与实际国内生产总值

由于国内生产总值是用货币来计算的，一国国内生产总值的变动由两个因素造成：一是所生产的物品和劳务的数量的变动；二是物品和劳务的价格的变动。国内生产总值不仅要受产品和劳务数量的影响，而且要受价格水平的影响。为了弄清国内生产总值变动究竟是由产量还是由价格变动引起的，需要区分名义国内生产总值和实际国内生产总值。

<u>按当年价格计算的某一年国内生产总值，称为名义国内生产总值。按不变价格计算的某一年国内生产总值，称为实际国内生产总值。</u>

174经济学基础（第3版）

不变价格是指统计时确定的某一年（称为基年）的价格。因为实际国内生产总值不受价格变动的影响，只反映生产的产量变动，反映经济满足人们需要与欲望的能力，所以在衡量经济福利时，实际国内生产总值是比名义国内生产总值更好的一个指标。当讨论一国经济增长时，往往是用该国实际的国内生产总值的变动百分比来衡量经济增长率。两者之间的关系可以用式（8.1）表示：

$$实际 GDP = \frac{名义GDP}{物价指数} \times 100\% \qquad (8.1)$$

为了准确反映一个国家生产的真实变动情况，使国民收入具有纵向可比性，就需要消除价格变动的影响，用物价指数（或平减指数）来比较各个年度的国民收入的真实情况：

$$GDP 物价指数（或平减指数）= \frac{名义GDP}{实际GDP} \times 100\% \qquad (8.2)$$

这一指数衡量的是相对于基期价格的现期物价水平，是用来监视经济中物价水平的重要物价指数之一，能反映通货膨胀的程度。

探索与思考

假设有一个国家，只生产鸡蛋和面包（相关数据见表 8.2），以 20×5 年为基期，请计算后在表内填写 20×5—20×7 年的名义国内生产总值、实际国内生产总值以及国内生产总值折算指数。如果 20×8 年鸡蛋和面包的价格分别比 20×7 年上涨 10%，鸡蛋的产量为 400 千克，面包的产量为 600 个，试计算该地区的 20×8 年名义国内生产总值、实际国内生产总值以及国内生产总值折算指数并填在表内。

表 8.2　名义 GDP 和实际 GDP 与 GDP 折算指数

年份	鸡蛋的价格（元/千克）	鸡蛋的产量（千克）	面包的价格（元/个）	面包的产量（个）	名义 GDP	实际 GDP	GDP 折算指数
20×5	3.3	250	5.2	380			
20×6	3.7	300	6.1	460			
20×7	4.9	350	7.2	500			
20×8							

二、国内生产总值与国民生产总值的关系

生活中的实例

日本丰田汽车制造公司在美国分公司所生产的汽车的价值计入美国的国内生产总值；而美国通用电气公司在日本分公司所制造的产品价值则不计入美国国内生产总值。

国民生产总值（Gross National Product，GNP）是指一定时期内本国国民所生产的最终产品和劳务价值的总和。它所依据的是国民原则，以本国人口为统计标准。凡是本国国民，无论是在国内还是在国外，其所生产的最终产品的价值都统计入国民生产总值，它不包括外国国民在本国领土上所创造的价值。

国内生产总值与国民生产总值的关系，表示为

GDP=GNP+外国人在本国生产的最终产品价值−本国人在外国生产的最终产品价值　　　（8.3）

知识拓展

国内生产总值能真实反映一国的经济实力吗？

过去西方国家曾经把国民生产总值作为衡量一国总体经济活动的核心指标。国内生产总值计算使用的是国土原则，国民生产总值计算使用的是国民原则。在使用国民生产总值时，强调的是民族工业，即本国人办的工业；在使用国内生产总值时，强调的是境内工业，即在本国领土范围之内的工业。在全球经济一体化的当代，各国经济更多地融合，很难找出原来意义上的民族工业。联合国统计司1993年要求各国在国民收入统计中用国内生产总值代替国民生产总值正反映了这种趋势。现在各国基本采用国内生产总值这一指标。

20世纪80年代以前，包括许多发达国家在内的大多数国家和地区的国内生产总值与国民生产总值之间的差距甚微，但随着经济全球化的不断加快，国内生产总值与国民生产总值之间的差额正在逐渐发生变化。许多发达国家的国民生产总值都大于国内生产总值，而许多发展中国家的情形则截然相反。

国内生产总值只能反映一个地区、一个国家经济增长与否，而不能说明资源消耗和环境质量的变化情况。1946年希克斯提出绿色国内生产总值（绿色GDP）的概念，旨在把资源和环境核算纳入国内生产总值，以实现经济的可持续发展。联合国统计署于1989年和1993年先后公布了《综合环境与经济核算体系》，为建立绿色国民经济核算总量、自然资源账户和污染账户提供了一个共同的框架。

从国内生产总值中扣减自然部分的虚数（环境污染、自然资源退化的损失成本），称为狭义的绿色国内生产总值；在此基础上再扣除人文部分的虚数（如疾病支出、失业损失、管理不善造成的损失等），则称为广义的绿色国内生产总值。

挪威是世界上第一个进行自然资源核算的国家。以美国为代表的发达国家根据联合国和世界银行的基本思路，在1991年对其国家基本资源进行了核算。在发展中国家，墨西哥率先开展绿色国内生产总值核算，印度尼西亚、泰国等国纷纷仿效，并已开始实施，我国也进行了多年的探索。绿色国内生产总值统计的复杂性和计算标准的难确定性，使其在短期内推广尚有困难。

三、国民收入核算中的其他总量指标

除国内生产总值与国民生产总值两个指标外，国民收入的核算指标还有很多，最常用的有以下几个。

探索与思考

由本章引例的数据可以看到中国已经比较"富强"，我国人口众多，人均国内生产总值和世界其他国家相比怎么样呢？读者可登录世界银行网站查询各国上年度人均国内生产总值，填入表8.3，做横向和纵向对比，与同学交流分析本表数据的心得。

1. 人均国内生产总值

用当年的国内生产总值除以同一年的人口数量，则可以得出当年的人均国内生产总值。国内生产总值有助于了解一国经济实力与市场规模，而人均国内生产总值则有助于了解一国的富裕程度与生活水平。

人均国内生产总值的计算公式为

$$某年人均 GDP = \frac{某年 GDP}{某年人口数} \tag{8.4}$$

这里所用的人口数量是当年年初与年末的人口数平均值，或者是年中（当年 7 月 1 日零时）的人口数。

表 8.3 世界部分国家人均国内生产总值

国家	人均国内生产总值（美元）				国家	人均国内生产总值（美元）			
	1980 年	2000 年	2010 年	上年度		1980 年	2000 年	2010 年	上年度
中国	193.0	949.2	4433.3		美国	12 597.6	36 449.9	48 377.4	
印度	271.2	457.3	1417.1		英国	10 070.3	26 296.4	38 363.4	
巴西	1930.5	3694.5	10 978.3		日本	9307.8	37 291.7	43 117.8	
南非	2920.8	3019.9	7175.6		法国	12 739.3	22 466.2	40 706.1	
俄罗斯	—	1771.6	10 709.8		德国	12 092.4	23 685.4	41 723.4	

2. 国内生产净值

国内生产净值（Net Domestic Product，NDP）是指一个国家在一定时期内（通常为一年）在本国领土范围内所生产的全部最终产品（包括产品与劳务）按市场价格计算的净值，即在国内生产总值中扣除生产资本的消耗后得到的国内生产总值，等于国内生产总值减去折旧：

$$NDP = GDP - 折旧 \tag{8.5}$$

3. 国民收入

国民收入这一概念有广义和狭义两种用法。宏观经济学中有"国民收入核算理论""国民收入决定理论"，这里的国民收入都是广义的。当说到五个总量中的国民收入指标时，国民收入是狭义的。

狭义的国民收入（National Income，NI）是指一个国家一定时期内（通常指一年）用于生产的各种生产要素所得到的实际收入，即工资、利息、地租和利润的总和。

（1）工资在这里指税前工资，包括社会保险税和个人所得税，以及货币工资之外人们获得的各种实物补贴。

（2）租金包括地租、房租、专利使用费和版权收入等。人们的自有住房即使没有出租，它可能获取的房租也计入租金。

（3）利息是用于生产目的的资本报酬，即净利息，它等于总利息扣除政府公债利息与消费信贷利息之后所剩的余额。政府发行公债所筹得的资金主要用于非生产活动，消费信贷所资助的也是典型的非生产活动，只有净利息才是用于生产目的的资本报酬。在开放经济中，净利息还要加上本国由国外得到的利息，并减去本国向国外支付的利息。

（4）利润指公司税前利润，包括股息、红利和未分配利润。对于非公司企业，业主收入纳入广义的利润范围。这部分收入既包括业主所获利润，也包括自有土地、资金、劳动的报酬。

从国内生产净值中扣除间接税和企业转移支付再加上政府补助金，就可以得到一国要素在一定时期内所得报酬，即狭义的国民收入。间接税指货物税、消费税、周转税、关税等不是直接与要素收入挂钩的税种。它可以在销售过程中通过产品加价转移到买者身上，在国民生产净值所统计的销售额中包括间接税。国民收入则不包括间接税，但是其中包括直接税即直接与要素报酬挂钩的税种，如个人所得税和公司所得税。

狭义的国民收入（NI）可用公式表示为

$$NI=NDP-企业间接税-企业转移支付+政府补助金 \qquad (8.6)$$

知识拓展

转移支付

转移支付包括企业的转移支付、政府的转移支付和政府间的转移支付。

企业的转移支付通常是指企业对非营利组织的赠款或捐款，以及对非企业雇员的人身伤害赔偿等。

政府的转移支付主要是指政府财政资金的单方面的无偿转移，大多具有福利支出的性质，如社会保险福利津贴、抚恤金、养老金、失业补助、救济金，以及各种补助费等；农产品价格补贴也属于政府的转移支付。因为政府的转移支付实际上是把国家的财政收入还给个人，所以有的经济学家称之为负税收。

政府间的转移支付一方面是指一国向他国政府提供的单方面无偿转移，另一方面是指国内不同政府之间的无偿转移。后者主要体现在中央政府向地方政府的补助上，其主要目的是平衡各地区由于地理环境不同或经济发展水平不同而产生的政府收入的差距，以保证各地区的政府能够有效地按照国家统一标准为社会提供服务。

4. 个人收入

个人收入（Personal Income，PI）是指一个国家或地区，在一定时期内（通常为一年），所有个人得到的各种来源的收入总和。个人收入具体包括劳动收入、业主收入、租金收入、利息和股息收入、政府转移支付和企业转移支付等，但不包括个人之间的转移支付。个人收入这个概念是用来表示个人实际得到的收入的，并以此区别于国民收入。个人收入的构成可用公式表示为

$$PI=NI-（公司未分配利润+公司利润税+公司和个人缴纳的社会保险费）$$
$$+（政府对个人的转移支付+企业对个人的转移支付） \qquad (8.7)$$

5. 个人可支配收入

个人可支配收入（PDI）是指一个国家或地区所有个人在一定时期内（通常指一年）所得到的收入总和减去个人所得税和非税支付部分后可以由个人直接支配的收入，也就是个人可以随意支配的收入。个人税包括个人所得税、财产税、房地产税等；非税支付包括罚款、教育费和医疗费等。

个人可支配收入用于两个方面：一是个人消费支出，包括食品、衣物、居住、交通、文娱和其他杂项；二是个人储蓄，包括个人存款、个人购买债券等。个人可支配收入用公式表示为

$$PDI = PI-（个人税+非税支付）$$
$$=个人消费支出+个人储蓄 \qquad (8.8)$$

第二节 国民收入核算的基本方法

在国民经济核算体系中，最重要的是计算国内生产总值这个指标。因此，我们从国内生产总值出发来介绍国民收入核算的基本方法。国内生产总值的基本核算方法有支出法、收入法和部门法。理论上三种核算方法得出的国内生产总值（或国民生产总值）应该是一致的，因为它们是使用不同的方法对同一事物进行核算，但在实际操作中因为资料来源的不同以及基础数据质量上的差异，三种方法计算的国内生产总值之间存在着一定的计算误差。下面我们介绍最常用的两种方法——支出法和收入法。

一、支出法

支出法又叫产品流量法或最终产品法。这种方法是从产品的使用出发，把一定时期内购买各项最终产品的货币支出加总，计算出该时期生产出的最终产品的市场价值总和。

用支出法核算国内生产总值，是从对最终产品的需求方面来衡量的，通过核算在一定时期内整个社会购买最终产品的总支出即社会购买最终产品的总卖价来计量国内生产总值。支出法计算时一般不直接以产量乘价格，而是将各种支出分类加总。用于购买最终产品的全部支出可分为消费、投资、政府购买和净出口。一定时期内这四类支出的总和，就构成了一个国家在这一时期生产的国内生产总值。

如果用 Q_1，Q_2，Q_3，$\cdots$，Q_n 表示购买的各种产品和劳务的数量，用 P_1，P_2，P_3，$\cdots$，P_n 表示购买的各种产品和劳务的价值，则国内生产总值可表示为

$$GDP = Q_1 \cdot P_1 + Q_2 \cdot P_2 + \cdots + Q_n P_n = \sum_{i=1}^{n} Q_i P_i \tag{8.9}$$

1. 个人消费支出

个人消费支出（C）包括一年内居民户除了购买住房外的一切满足消费者欲望的消费品和劳务的购买支出。消费者的购买支出通常分为三大类。

（1）耐用品，一般是指在较长时间内消费的物品，如汽车、家具、电器等。

（2）非耐用品，一般是指短期内消耗完的物品，如毛巾、牙膏等日用品和食品。这时的短期内并无严格限制，如衣服可以穿好几年，有的甚至可以穿十几年，但也将其归在非耐用品中。

（3）消费性劳务，如理发、旅行、娱乐和医疗等。

2. 私人国内投资

私人国内投资（I）是指厂商和居民户不是为了现期消费而是为了扩大再生产所添置的新厂房、耐久性生产设备（包括居民住宅）和企业存货变动的净增加额。投资又可分为固定资产投资和存货投资两大类。固定资产投资是指用来增加新厂房、新设备、营业用建筑物和住宅用建筑物的支出。存货投资是指厂商持有的存货价值的变动，从总投资的用途来看可以把它分为两个部分，即净投资和重置投资。只有净投资才能增加资本存量。重置投资是指弥补当期资本设备的生产消耗和意外损耗的投资支出，总投资减去重置投资就是净投资。

探索与思考

住房是我们生活中的必需品，可是为什么建造住宅的支出不包括在消费中呢？

知识拓展

建造住宅的支出不包括在消费之中，而归入固定资产投资。这是因为，住房是分段、分年度消费的。一般来说，新房至少折旧15年，或者更长时期。而在几十年的折旧期间，房子还有可能升值，所以国际上通行的标准是买房不算居民消费，而是算作投资。

3. 政府购买

政府购买（G）包括各级政府购买物品和劳务的支出。政府出资设置法律系统、国防系统，兴建道路、港口，开办学校等，都属于政府购买，都要作为对最终产品的购买支出计入国内生产总值。政府购买也包括政府雇员的薪金支出。需要注意的是，政府购买支出和政府支出是有区别的。政府购买支出只是政府支出的一部分，政府支出的另一部分是政府转移支付，转移支付不能计入国内生产总值。

知识拓展

转移支付是政府的一种不以购买本年的商品和劳务而作的支付。转移支付是包括养老金、失业救济金、退伍军人补助金、农产品价格补贴、公债利息等政府支出的一笔款项。这笔款项不计入国内生产总值的原因在于这笔款项的支付不是为了购买商品和劳务。

4. 净出口

净出口是商品和劳务的出口价值减去其进口价值的差额。如果用 X 表示出口，用 M 表示进口，则净出口就是（$X-M$）。国家间贸易往来的普遍存在，会使一个国家公众、企业和政府在购买最终产品方面的支出和这个国家的总产出经常不相等。进口是本国对外国生产的商品和劳务的购买，进口产品不应计入国内生产总值。相反，国内有些产品出口到国外，被国外购买，这些出口产品应计入国内生产总值。

通过以上分析，用支出法计算国内生产总值的公式，可以表示为

$$GDP=C+I+G+(X-M)$$
（8.10）

二、收入法

收入法又称成本法或要素收入法。它是从收入的角度出发，把投入生产的各种生产要素（土

地、资本、劳动和企业家才能）所获得的各种收入相加来计算国内生产总值。在采用收入法计算国内生产总值时，一般包括以下项目。

（1）工资，指税前工资，是因工作而取得的酬劳的总和，既包括工资、薪水，也包括各种补助或福利项目，如雇主依法支付给雇员的社会保险金、养老金等。这是国内生产总值中数额最大的组成部分。

（2）租金。在租金收入中，既包括个人出租房屋、土地而得到的租金收入，专利所有人的专利使用费收入，也包括使用自有房屋、土地等的估计租价。

（3）净利息，是个人及企业因进行储蓄在本期内发生的利息收入与因使用由他人提供的贷款而在本期发生的利息支出之间的差额，不包括在以前发生但在本期收入或支付的利息，也不包括政府公债利息等转移性支出。

（4）非公司企业收入，是指合伙企业和个人经营企业的收入，如医生、律师、农民和小店铺主的收入。他们使用自己的资金，自我雇用，其工资、利息、利润、租金常混在一起作为非公司企业收入。

（5）公司税前利润，是公司经营所得的全部收入，包括即将向国家缴纳的公司所得税、将要分配给股东的股息、以企业存款形式留存的企业未分配利润、对存货及折旧进行的调整。

知识拓展

工资、租金、利息和（正常）利润分别是对劳动、土地、资本、企业家才能四类生产要素所支付的报酬，即生产要素收入的总和，它与一个国家最终产品和劳务的市场价格在金额上仍有差别，其中最主要的因素是在商品与劳务的价格中，除包含生产要素报酬外，还包括其他一些费用。因此，若要准确核算国内生产总值，就要在要素收入的基础上再加上折旧和企业间接税。

（6）企业间接税，是指税收负担不由纳税人本人承担的税种，这种税负可以通过流通渠道转嫁出去。例如，对商品征收的货物税由生产厂商支付，但厂商可以把税收加入成本，通过提高价格转嫁给消费者。营业税、消费税和进口关税等都属于间接税。尽管这些税收不是生产要素获得的收入，却是消费该商品时所必须支付的，故应作为成本。

（7）资本折旧，是对一定时期内因经济活动而引起的固定资本消耗的补偿。折旧与企业间接税一样不属于生产要素的收入，但因为折旧已被分摊在商品和劳务的价格中，所以在计算国内生产总值时要加上折旧。

综上所述，按收入法核算的国内生产总值可表示为

$$GDP＝工资＋利息＋租金＋非公司收入＋公司税前利润＋企业间接税＋资本折旧 \qquad (8.11)$$

按支出法和收入法两种方法计算得出的结果，从理论上说应该是一致的，因为它们是从不同的角度来计算的同一国内生产总值，但在实际中这两种方法所得出的结果往往不一致。在实际经济分析中，因为最终产品的使用去向比较清楚，资料收集比较容易，所以世界各国政府比较重视支出法。如果两种核算方法得出的结果不一致，一般以支出法统计的结果为准，然后利用统计误差调整收入法和部门法所得的数值。

探索与思考

国民收入核算原理简单，但实际操作比较复杂，有兴趣的读者可以利用表8.4中的数据分别用支出法和收入法进行核算，看看两种方法核算的结果是否有差异。

表8.4　某国某年投入产出简表　　　　　　（单位：亿元）

产出 投入	中间使用				最终使用					总产出
	第一产业	第二产业	第三产业	中间使用合计	总消费	资本形成	净出口	其他	合计	
第一产业	4036	8 99	1149	13 984	10 956	1109	42	358	12 464	26 448
第二产业	5473	97 931	16 508	119 911	21 186	30 445	1131	296	53 058	172 970
第三产业	1644	17 786	11 880	31 311	23 935	946	2345	−401	26 824	58 135
中间投入合计	11 152	124 517	29 537	165 206	56 077	32 500	3517	253	92 347	257 553
固定资产折旧	597	8598	5411	14 606						
劳动者报酬	13 443	20 863	15 614	49 920						
生产税净额	415	8889	4108	13 412						
营业盈余	841	10 103	3465	14 409						
增加值合计	15 296	48 453	28 598	92 347						
总投入	26 448	172 970	58 135	257 553						

知识拓展

国内生产总值不是万能的

国内生产总值通常被用于计算国民经济的增长速度，计算产业结构，分析和评价经济发展态势，其重要性毋庸置疑。但是它并不是完美无缺的，把国内生产总值作为衡量一国经济发展水平的主要指标，存在下列缺陷。

（1）国内生产总值对经济活动反映不全面。国内生产总值只对有市场价格的产出进行统计，而对不用来交换的经济活动不进行统计，因此，那些不经过市场交换但却有用的产品和服务就无法计入。

（2）国内生产总值对经济发展带来的负面效应不进行统计。经济增长势必会对环境造成损害，使人民生活质量下降。但现行的国内生产总值核算体系把所有的市场交易活动都看成对社会经济具有正面价值的活动，并不区分其对环境的影响，难以反映经济活动对环境造成的负面影响。

（3）国内生产总值不能反映产品和服务的销售、实现情况。按照生产法计算的国内生产总值，实质上是把生产过程中的增加值相加，反映的是一个国家在某一时期内所有新创造的最终产品价值之和。这里的"价值"指的是生产价值，而不是销售价值。国内生产总值作为生产总值指标，并不能反映产品和服务的销售、实现情况。如果社会总产品的实现率降低，产品不能及时地通过市场交换实现其价值，那么，生产得越多，存货就越多。

（4）国内生产总值对居民经济福利的反映不够全面。一是用人均国内生产总值表示的经济福利是用产出的市场价格计算的，因此，不同国家的人均国内生产总值因为其市场价格的不同而缺乏可比性，不能完全反映不同国家居民生活水平的实际差异。二是表示居民福利的人均国内生产总值反映的是经济福利的一般水平，并不能反映收入的分配情况。如果一个国家的人均国内生产总值很高，但是收入分配很不平均，那么这个国家的人均国内生产总值就没有反映大多数人的福利状况。

（5）国内生产总值对其增长部分是由国内企业拉动的还是由外资企业拉动的不加区分。在我国，国内生产总值的增长有相当大的一部分是由外商投资企业拉动的，并不是我国企业生产能力的真实反映，但在国内生产总值总量的统计上对此并不加以区分。

（6）国内生产总值的增长并不一定能带来居民收入的普遍提高。一是由经济结构变化所带来的国内生产总值的增长是由新兴产业的发展造成的，只带来部分人群收入水平的提高。而与此同时，传统产业的萎缩又造成就业岗位的减少，从而降低了传统产业从业者的收入。二是由基础设施建设、楼堂馆所建设带来的国内生产总值的增长，对广大居民收入水平的提高所起的作用是微乎其微的。三是由存货增长而引起的国内生产总值的增长，更不能带来居民收入水平的提高。

思考： 国内生产总值作为一国经济发展水平主要指标有这么多的缺陷，那为什么还是普遍采用国内生产总值作为经济发展水平的主要指标呢？

第三节　国民收入核算中的恒等关系

一、总需求与总供给的恒等关系

从支出法和收入法所得出的国内生产总值理论上的一致性，说明了国民经济中一个基本的平衡关系。总支出代表社会对最终产品的总需求，而总收入代表社会对最终产品的总供给。因此，从国内生产总值核算方法中可以得出通用恒等式：

$$总需求＝总供给 \tag{8.12}$$

总需求（Aggregate Demand，AD）是一定时期内整个社会对产品与劳务（最终产品）的需求总量。在现实经济中，它由消费需求、投资需求、政府需求和国外需求构成。这些需求最终都是以支出的形式表现出来的，即总需求所衡量的是国民经济活动中各种行为主体的总支出。因此，总需求可以用总支出来表示。

总供给（Aggregate Supply，AS）是一定时期内国民经济各部门提供的物质产品和劳务的总和，是全社会经济活动的总成果。总供给是由各种生产要素生产出来的，是各种生产要素供给的总和，而生产要素（劳动、资本、土地、企业家才能）供给的总和又可以用它们相应得到的收入（工资、利息、地租、利润）的总和（总收入）来表示。因此，总供给也可以用总收入来表示。可以用公式表示总支出、总收入和总需求、总供给的关系为

$$总支出＝总收入＝GDP \tag{8.13}$$
$$总支出＝AD＝GDP$$
$$总收入＝AS＝GDP$$

因此，

$$AD＝AS＝GDP \tag{8.14}$$

二、两部门经济中的储蓄—投资恒等式

两部门经济实际上是一种理论的简化，它是指一个假设的经济社会仅由厂商和居民户这两

种经济单位组成，不存在企业间接税。同时，为了方便大家理解，我们忽略折旧问题（假设它为零）。两部门经济是一种最简单的经济。在两部门经济中，居民户向厂商提供各种生产要素并且得到相应的收入，并用这些收入购买与消费各种产品、劳务；厂商购买居民户提供的各种生产要素进行生产，并向居民户提供各种产品与劳务。这时，两部门经济流量循环模型如图 8.2（a）所示。

面对上述问题，每个生活在现实经济中的人都会说，不可能。没有政府，只有企业和居民户的社会那一定是无政府主义的社会，这样的社会是很难存在的。但为了简化理论分析，我们必须做这样的假定，并以两部门经济的收入流量循环模型为基础，去分析三部门、四部门经济的国民收入流量循环模型。

如果居民户把一部分收入用于购买厂商生产的各种商品和劳务，把另一部分收入用于储蓄，通过金融机构形成了厂商新的投资来源，那么两部门国民收入流量循环模型如图 8.2（b）所示。

因为居民户的消费支出和厂商的投资支出都是总需求的构成部分，所以在包括居民户与厂商的两部门经济中，总需求分为居民的消费需求（C）和厂商的投资需求（I）。消费需求与投资需求可以分别用消费支出与投资支出来表示，于是有

$$AD=C+I \tag{8.15}$$

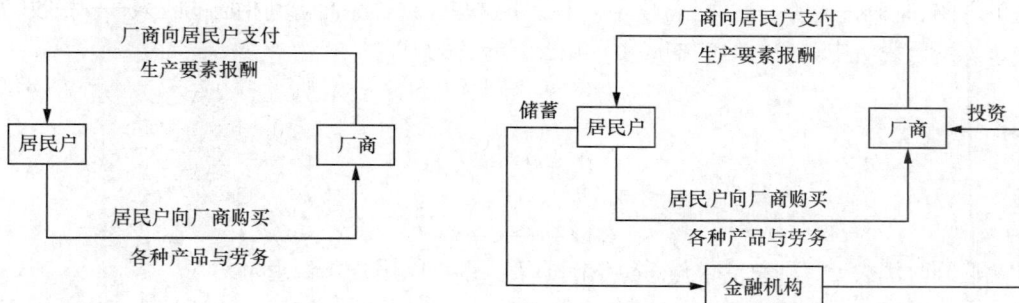

（a）两部门经济流量循环模型　　　（b）两部门国民收入流量循环模型

图 8.2　两部门经济的收入循环模型

总供给是各种生产要素收入的总和，这些收入可分为消费（C）、储蓄（S）两部分，用公式可以表示为

$$AS=C+S \tag{8.16}$$
$$AD=AS$$
$$C+I=C+S \tag{8.17}$$

如果两边同时消去 C，则总需求与总供给的恒等式可以写成：

$$I=S \tag{8.18}$$

三、三部门经济中的储蓄—投资恒等式

三部门经济是指由厂商、居民户和政府这三种经济单位组成的经济社会。在三部门经济中，

政府的经济活动包括两个方面：一方面是政府收入，主要是政府向企业和居民征税；另一方面是政府支出，包括政府对商品和劳务的购买，以及政府给居民的转移支付，如救济金、福利开支等。因此，政府与居民户、政府与厂商之间的货币流向是双向的，这时收入循环模型如图8.3所示。

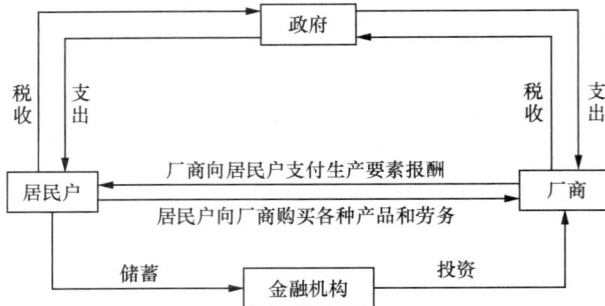

图 8.3　三部门经济的收入循环模型

在三部门经济中，总需求不仅包括消费需求（C）、投资需求（I），而且包括政府需求，政府需求可以用政府支出（G）来表示。上述关系可以用公式表达为

$$AD=C+I+G \tag{8.19}$$

三部门的总供给除各种生产要素供给之外，还包括政府供给。政府供给是指政府为整个社会提供国防、基础设施等公共物品。政府由于提供这些公共物品而得到相应的收入——税收（T）。因此，三部门经济中，总供给的构成可以用公式表达为

$$AS=C+S+T \tag{8.20}$$

因为：

$$AD=AS$$

所以：

$$C+I+G=C+S+T$$

两边同时消去 C，则总需求与总供给的恒等关系可以用公式表达为

$$I+G=S+T \tag{8.21}$$

这样，$I=S+(T-G)$，也就是三部门经济中的储蓄（私人储蓄和政府储蓄的总和）—投资恒等式。

四、四部门经济中的储蓄—投资恒等式

在三部门经济中加入一个国外部门，就成了四部门经济。在四部门经济中，国外部门的经济功能主要体现在两个方面：一是作为国外生产要素的供给者，向国内各部门提供产品与劳务，构成社会总供给的一部分，对国内来说，就是进口（M）；作为国内产品与劳务的需求者，向国内进行购买，对国内来说，就是出口（X）。这时，收入循环的模型如图8.4所示。

因此，在四部门经济中，总需求除了包括消费需求、投资需求、政府需求之外，还包括国外需求，即本国的出口，用公式可以表示为

$$AD=C+I+G+X \tag{8.22}$$

相应地，四部门经济的总供给除了各种生产要素的供给和政府的供给之外，还有国外供给，即本国的进口，用公式可以表示为

$$AS=C+S+T+M \tag{8.23}$$

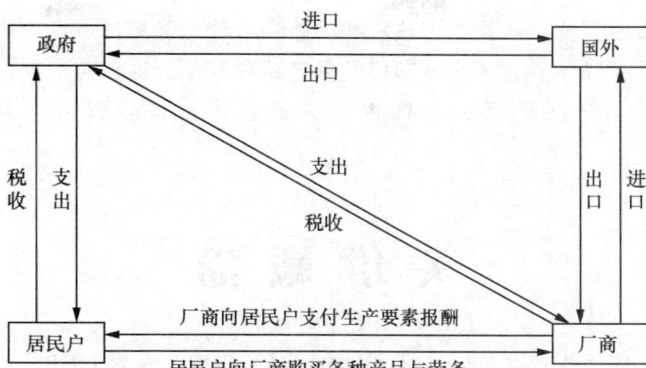

图 8.4　四部门经济的收入循环模型

因为:

$$AD = AS$$

所以:

$$C + I + G + X = C + S + T + M$$

两边同时消去 C,则总需求与总供给的恒等关系可以用公式表达为

$$I + G + X = S + T + M \qquad (8.24)$$

这样, $I = S + (T - G) + (M - X)$,也就是四部门经济中的储蓄(私人储蓄和政府储蓄的总和)—投资恒等式。

> **知识点滴**
>
> 现实中的四部门经济需要考虑转移支付。转移支付包括两部分:一是本国对外国的转移支付(如给外国的无偿援助);二是外国对本国的转移支付。由于这两部分占整个国民收入的比重很小,故在分析四部门经济恒等关系时没有考虑。

本 章 小 结

国内生产总值(GDP)是指一国或一地区所有常住单位在一定时期内(通常为一年)所生产的最终产品和劳务的价值总和。国内生产总值是衡量一国总体经济活动的核心指标。

名义国内生产总值是用生产产品和劳务的当年价格计算的全部最终产品和劳务的市场价值。实际国内生产总值是用以前某一年作为基期的价格计算全部最终产品和劳务的市场价值,它主要衡量在两个不同时期中产量的变化。

人均国内生产总值是用当年的国内生产总值除以同一年的人口数量。国内生产总值有助于了解一国经济实力与市场规模,而人均国内生产总值则有助于了解一国的富裕程度与生活水平。

用支出法计算国内生产总值,是把一定时期内购买各项最终产品和劳务的支出加总,计算出该时期生产出的最终产品和劳务的市场价值的总和。用收入法计算国内生产总值,是将经济系统内各生产要素取得的收入相加,计算出考察期内一个国家生产的最终产品和劳务的价值总和。

两部门经济是指由厂商和居民户这两种经济单位所组成的经济,也是一种最简单、最抽象的经济。两部门经济的恒等关系式是 $I = S$。

三部门经济是指由厂商、居民户与政府这三种经济单位所组成的经济。政府的经济职能是通过税收与政府支出来实现的。三部门经济的恒等关系式是 $C + I = S + T$。

四部门经济是指由厂商、居民户、政府和国外这四种经济单位所组成的经济。在这种经济中，作为国外生产要素提供者向国内各部门提供产品和劳务，这就是进口；作为国内产品和劳务的需求者，向国内进行购买，对国内来说这就是出口。四部门经济恒等关系式是 $I+G+X=S+T+M$。

关 键 概 念

国内生产总值、国民生产总值、名义 GDP、实际 GDP、人均 GDP、收入法、支出法、消费支出、投资支出、政府购买、净出口、两部门经济、三部门经济、四部门经济

边 学 边 练

一、单项选择题

1. 一国的国内生产总值大于国民生产总值，则该国公民从国外取得的收入（　　）外国公民从该国取得的收入。

   A. 大于　　　　　　B. 小于　　　　　　C. 等于　　　　　　D. 不能确定

2. "面包是最终产品，而面粉是中间产品"这一命题（　　）。

   A. 一定是对的　　　　　　　　　　B. 一定是不对的
   C. 可能是对的，也可能是不对的　　D. 在任何情况下都无法判断

3. 以下（　　）不属于国民收入核算的同一类。

   A. 利润　　　　　　　　　　　　B. 政府转移支付
   C. 企业净利息支付　　　　　　　D. 租金收入

4. 下列项目中，（　　）不属于要素收入，但要计入个人收入（PI）。

   A. 房租　　　B. 养老金　　　C. 红利　　　D. 银行存款利息

5. 在四部门经济中，国内生产总值是指（　　）的总和。

   A. 消费、净投资、政府购买和净出口　　B. 消费、总投资、政府购买和净出口
   C. 消费、总投资、政府购买和总出口　　D. 消费、净投资、政府购买和总出口

6. 在一般情况下，国民收入核算体系中，数值最小的是（　　）。

   A. 国民生产净值　　　　　　　　B. 个人收入
   C. 个人可支配收入　　　　　　　D. 国民收入

7. 下列各项指标中，由现期生产要素报酬加总得到的是（　　）。

   A. 国民收入　　B. 国民生产总值　　C. 可支配收入　　D. 国民生产净值

8. 以下因素不会影响国内生产总值测量的是（　　）。

   A. 产品价值的变化　　　　　　　B. 对政府提供的服务价格的估计
   C. 出口的增加　　　　　　　　　D. 对非市场商品价值的估计

9. 国内生产总值等于工资、利息、租金、利润以及间接税支付的总和,也可以表述为(　　　)。

    A. 总需求等于总供给　　　　　　　　　　B. 总供给等于总产出

    C. 总产出等于总收入　　　　　　　　　　D. 总收入等于总需求

10. 已知,C=3000 亿元,I=800 亿元,G=960 亿元,X=200 亿元,M=160 亿元,折旧=400 亿元,则(　　　)不正确。

    A. GDP=3800 亿元　　　　　　　　　　B. NDP=4400 亿元

    C. 净出口=40 亿元　　　　　　　　　　　D. GDP=4800 亿元

二、多项选择题

1. 下列说法中,(　　　)是国内生产总值的特征。

    A. 它是用价值量测度的　　　　　　　　　B. 它测度的是最终产品和劳务的价值

    C. 它只适用于给定的时点　　　　　　　　D. 它测度的是销售的产品价值

2. 经济学上的投资是指(　　　)。

    A. 企业增加一批库存商品　　　　　　　　B. 建造一批商品房

    C. 企业购买一辆轿车　　　　　　　　　　D. 居民购买一套新建商品房

3. 下列项目中,(　　　)不属于政府购买。

    A. 地方政府投资兴建一所小学　　　　　　B. 政府购买电脑和轿车

    C. 政府支付的公债利息　　　　　　　　　D. 政府给低收入者提供一笔住房补贴

4. 下列说法中,(　　　)项不正确。

    A. NNP－直接税=NI　　　　　　　　　B. GDP=GNP＋国外净要素收入

    C. 总投资等于净投资加折旧　　　　　　　D. PI=DPI＋个人所得税

5. 最终产品法是将以下(　　　)项加总起来计算国内生产总值。

    A. 消费和投资　　B. 储蓄　　　　　　C. 净出口　　　　　　D. 政府购买

6. 下列选项中,国民收入核算的方法包括(　　　)。

    A. 支出法　　　　B. 收入法　　　　　　C. 生产法　　　　　　D. 企业法

7. 下列选项中,计入国内生产总值的是(　　　)。

    A. 为他人提供家教所得收入　　　　　　　B. 出售股票的收入

    C. 拍卖徐悲鸿作品的收入　　　　　　　　D. 从政府部门获得的困难补助收入

8. 国内生产总值的含义有(　　　)。

    A. 是市场价值的概念

    B. 测度的是最终产品和服务的价值

    C. 是一定时期内生产的最终产品和服务的价值

    D. 计算的是流量而不是存量

9. 国民收入核算体系包括的总量指标有(　　　)。

    A. 国民生产总值　　B. 国民生产净值　　C. 国民收入　　　　　D. 个人收入

10. 在国民收入核算体系中,个人收入不包括(　　　)。

    A. 社会保险税（费）　　　　　　　　　　B. 公司所得税

    C. 公司未分配利润　　　　　　　　　　　D. 转移支付

三、判断题

1. 厂商所购买的产品一定是中间产品。 （   ）

2. 国内生产总值被定义为本国国土内在一定时期所生产的最终产品和服务的市场价值总量。 （   ）

3. 一个在中国工作的美国公民的收入是美国国内生产总值的一部分。 （   ）

4. 个人收入是人们可随意用来消费或储蓄的收入。 （   ）

5. 三部门经济的投资储蓄恒定式为 $I=S+(T-G)$。 （   ）

6. 煤炭一定是中间产品。 （   ）

7. 某人出售一幅旧油画所得到的收入应该计入当年的国内生产总值。 （   ）

8. 国内生产总值减去折旧就是国内生产净值。 （   ）

9. 在国民收入核算中，产出等于收入。 （   ）

10. 名义 GDP 和实际 GDP 的不同在于它们的实际产出不相同。 （   ）

四、简答题

1. 在计算国内生产总值时，必须注意哪几个问题？

2. 为什么居民购买住宅不被看作消费而被看作投资？

3. 政府购买在计入国内生产总值时有何特点？

五、思考讨论题

1. 有经济学家认为，闲暇时间是生活水平的反映，是文明生活的体现。随着经济的发展、人们收入不断提高，将更多地追求闲暇，这与国内生产总值的生产要求是矛盾的，因而国内生产总值不能反映一个国家和地区的福利水平。你认为这一观点有道理吗？

2. 国内生产总值的组成部分"政府购买"，并不包括用于社会保障这类转移支付的支出。想一想国内生产总值的定义，解释一下为什么转移支付不包括在政府购买内。

六、课外实践题

人们普遍认为中国东西部地区经济发展水平差距很大，登录国家数据库网站，查询上海、内蒙古、湖南、甘肃的国内生产总值、人均国内生产总值最新年度数据，填入表 8.5，与同学讨论东西部经济发展水平悬殊的原因（也可自行选择熟悉的省份）。

表 8.5　部分省份地区生产总值和人均地区生产总值

所查年份：20　　年　　　　　　　　　　　　　　　　　　　　（单位：亿元）

省份	地区生产总值	人均地区生产总值
上海		
内蒙古		
湖南		
甘肃		

> 查询方法：国家数据库"分省年度数据"栏目，在"指标"中选择"国民经济核算→地区生产总值"，输入地区和年份，刷新即可查询"地区生产总值"和"人均地区生产总值。

扩展阅读推荐

《激荡十年，水大鱼大》

作　　者：吴晓波

出 版 社：中信出版社

出版时间：2017 年

简　　介："对于过往的十年，如果用一个词来形容，您的答案是什么？"当我将这个问题抛给北京大学国家发展研究院的周其仁教授时，这位善于用简洁的表述把深刻的真相揭露出来的教授，回答说："水大鱼大！"

的确是"水大鱼大"！

急速扩容的经济规模和不断升级的消费能力，如同恣意泛滥的大水，它在焦虑地寻找疆域的边界，而被猛烈冲击的部分，则同样焦虑地承受着衍变的压力和不适。它既体现为各社会阶层之间的冲突、各利益集团之间的矛盾与妥协，同时，也体现为中国与美国、日本、欧盟，以及其他邻国之间的政治及经济关系。

大水之中，必有大鱼。

在这十年当中，中国公司的体量发生了巨大的变化，在世界 500 强的名单中，中国公司的数量从 35 家增加到了 115 家，其中，有四家进入前十大的行列。在互联网及电子消费类公司中，腾讯和阿里巴巴的市值分别增加了 15 倍和 70 倍，闯进全球前十大市值公司之列；在智能手机领域，有四家中国公司进入前六强，而在传统的冰箱、空调和电视机市场，中国公司的产能均位列全球第一。在排名前十大的全球房地产公司中，中国公司占到了 7 家。全球资产规模最大的前四大银行，都是中国的。

中国的商业投资界发生了基础设施级别的巨变，以互联网为基础性平台的生态被视为新的世界，它以更高的效率和新的消费者互动关系，重构了商业的基本逻辑，在十年的时间里，中国人的信息获取、社交、购物、日常服务以及金融支付等方式都发生了令人难以置信的改变。

因此，这个十年，是中国水大鱼大的十年、风云激荡的十年。这十年的变化，对很多人来说，可能更甚于之前的三十年。在这本《激荡十年，水大鱼大》之中，我们将跟随作者的笔触，再次经历这改变了每个人的十年。

第九章

国民收入决定

【学习要点】

◆学习重点

消费函数、储蓄函数、简单的国民收入决定模型、*IS-LM* 模型、总需求—总供给模型

◆学习难点

简单的国民收入决定模型、*IS-LM* 模型、总需求—总供给模型

【导入案例】

战争与经济

震惊世界的"9·11"事件之后，美、英两国对阿富汗发动了军事打击。战争对经济产生了一些积极影响。不少人希望军事支出增加能带动总需求增加，从而使就业情况得到缓解，美国股市乃至经济能借此一扫之前的连连晦气。

然而，战争对美国经济的影响后果是不同的。20 世纪 60 年代末，越南战争引发的巨大开支，使本来已经强劲的总需求进一步增强，并积聚了很大的通货膨胀压力，这种压力在整个 20 世纪 70 年代都未能得到充分缓解。因此，一直到 20 世纪 80 年代末，美国大部分经济决策的主要任务都是抑制通货膨胀。相反，海湾战争却引发了一次经济衰退，这是"沙漠盾牌行动"初期消费者信心急剧下降的结果。

阿富汗战争同以往迥异，这场对抗隐藏敌人的战争主要是通过非常规手段进行的，与此相关的国防资源大多是军备库存中所没有的，需要新的开支计划，这对经济中的总需求产生了积极的影响。许多经济学家认为，这种新的开支带动了总需求增加，从而使美、英就业情况得以缓解。

案例思考：一国的总需求由哪几个部分构成？军费开支的增加如何影响总需求？影响总需求的因素包含哪些？

本章将逐一解决案例思考中提到的几个问题。

第一节　简单的国民收入决定理论

简单的国民收入决定理论，仅研究产品市场实现均衡时国民收入的决定，而不考虑货币市

场、劳动市场和国际市场的影响。我们在研究简单国民收入的决定时，首先必须了解三个重要的假设。

第一，各种生产资源没有得到充分利用。也就是说，通过提高资源的配置效率，就可以在不提高价格水平的情况下使总供给增加，以满足总需求增加的需要。

第二，价格水平保持不变。

第三，充分就业的国民收入水平不变。所谓充分就业的国民收入，是指劳动力实现了充分就业时所达到的国民收入。

> **探索与思考**
>
> 有人说，充分就业就是实现百分之百的就业，即社会上没有人失业。你同意这样的说法吗？

上面的问题对初学宏观经济学的人来说可能有一定的难度，但通过观察，其实我们很容易发现，即便在我国经济增速超过 10% 以上的年份，社会上也并非每个人都能就业，因此，充分就业并不是百分之百的就业。充分就业是指一切具有劳动能力和劳动意愿的劳动者在现行工资水平下都得到了工作。此时所对应的失业率是自然失业率，而不是 0。

一、消费函数与储蓄函数

消费是总需求中最重要的部分，消费由多种因素决定，如收入水平、商品价格、利率水平、消费者偏好、消费者年龄构成及制度、风俗习惯等。英国经济学家凯恩斯认为，在所有影响消费的因素中，最重要的是居民的可支配收入。

1. 消费函数

消费函数是指消费支出与收入之间的依存关系。一般来说，在其他条件不变的情况下，消费与收入呈同方向变动关系，即收入增加消费也增加，收入减少消费也减少，但是，消费与收入并不一定按同一比例变动。若以 C 表示消费，Y 表示收入，则消费函数可表达为

$$C = f(Y) \tag{9.1}$$

在初步讨论中，我们通常简单地假定消费与收入之间存在着线性关系，则消费函数可进一步表达为

$$C = a + bY \tag{9.2}$$

式中，a 表示自发消费或基本消费，即由人的生存需求决定的最必要的消费量，它不随收入的变动而变动，是一个固定的量；bY 是引致消费，即由收入变化引起的消费，系数 b 也称作边际消费倾向。

2. 储蓄函数

一般来讲，人们总是会将自己的收入分为消费和储蓄两个部分。在收入既定的情况下，储蓄的增加就意味着消费的减少，也就是说，消费和储蓄之间存在着此消彼长的关系。

储蓄函数是指储蓄与收入之间的依存关系。储蓄受很多因素影响，但凯恩斯假定收入是储蓄的唯一决定因素，收入变化决定储蓄变化。在其他条件不变的情况下，储蓄与收入呈同方向变动关系，即收入增加储蓄增加，收入减少储蓄减少。若以 S 表示储蓄，以 Y 表示收入，则储蓄函数可表达为

$$S = f(Y) \tag{9.3}$$

二、消费倾向与储蓄倾向

　　消费与收入的关系，储蓄与收入的关系，可以用消费倾向与储蓄倾向来说明。我们假设收入是一定的，那么消费数量的多少取决于消费倾向，储蓄量的多少也取决于人们的储蓄倾向。

（一）消费倾向

　　消费倾向（Propensity to Consume，PC）是指消费在收入中所占的比例。消费倾向分为平均消费倾向（Average Propensity to Consume，APC）和边际消费倾向（Marginal Propensity to Consume，MPC）。

1. 平均消费倾向

　　平均消费倾向指平均每一单位收入中消费所占的比重，或总收入（Y）中总消费（C）所占的比重。若以 APC 表示平均消费倾向，则有表达式：

$$APC = \frac{C}{Y} \tag{9.4}$$

2. 边际消费倾向

　　边际消费倾向指每一单位收入增量中消费增量所占的比重。若以 MPC 表示边际消费倾向，以 ΔC 表示消费增量，以 ΔY 表示收入增量，则有表达式：

$$MPC = \frac{\Delta C}{\Delta Y} \tag{9.5}$$

　　边际消费倾向是决定最终消费的重要因素。一般来说，边际消费是大于 0 小于 1 的。这是因为，通常随着人们收入的增加，消费必然增加，所以边际消费倾向大于零。与此同时，人们在正常情况下不会把所有增加的收入全部用于消费，因而边际消费倾向总是小于 1。另外，随着人们收入的增加和生活水平的提高，边际消费倾向会趋于递减。因此，在不断增加每一单位收入中，用于消费的比重会越来越小，而用于储蓄的比重会越来越大。

探索与思考

　　为什么富人的边际消费倾向总是小于穷人的边际消费倾向？

　　为什么在现实经济中刺激消费的政策的作用总是有限的？

知识拓展

边际消费倾向递减规律

关于收入和消费的关系，凯恩斯认为，消费需求取决于收入的大小，以及在收入中有多少会被用来消费。随着收入的增加，消费会随收入的增加而增加，但消费增加的幅度低于收入增加的幅度，即在增加的收入中用于增加的消费部分的比例越来越小，这就是著名的"边际消费倾向递减规律"。边际消费倾向递减规律是凯恩斯的三大心理规律之一，他的另两大心理规律分别是资本边际效率递减规律和流动偏好规律。按照凯恩斯的分析，这三大心理规律的存在影响着人们的消费与投资，导致有效需求不足。其中，边际消费倾向递减说明消费需求不足，资本边际效率递减说明投资需求不足，流动性偏好则说明利率下降有个限度，使得投资不能完全，于是宏观经济在完全自由的市场经济中无法得到平衡，其结果必然会出现经济危机，而要解决经济危机，就需要政府出面刺激需求以稳定经济。

（二）储蓄倾向

储蓄倾向（Propensity to Save，PS）是指储蓄（S）在收入中所占的比例。储蓄倾向分为平均储蓄倾向（Average Propensity to Save，APS）和边际储蓄倾向（Marginal Propensity to Save，MPS）。

探索与思考

既然个人的全部可支配收入可分为消费和储蓄，全部收入的增量可分为消费的增量和储蓄的增量，那么，消费倾向与储蓄倾向、边际消费倾向与边际储蓄倾向之间有什么关系呢？

（1）平均储蓄倾向是指每单位收入中储蓄所占的比例。通常来说，随着收入的增加，平均储蓄倾向是递增的。平均储蓄倾向的公式为

$$APS = \frac{S}{Y} \tag{9.6}$$

（2）边际储蓄倾向是指在收入的增加量中储蓄的增加量所占的比例。以 ΔS 表示储蓄增加量，以 ΔY 表示收入增加量，那么边际储蓄倾向用公式可表示为

$$MPS = \frac{\Delta S}{\Delta Y} \tag{9.7}$$

让我们来简单地做些推理，因为 $Y = C + S$，所以：

$$APC + APS = \frac{C}{Y} + \frac{S}{Y} = 1 \tag{9.8}$$

这表明平均消费倾向与平均储蓄倾向之和等于1。

同样，因为 $\Delta Y = \Delta C + \Delta S$，所以：

$$MPC + MPS = \frac{\Delta C}{\Delta Y} + \frac{\Delta S}{\Delta Y} = 1 \tag{9.9}$$

这表明边际消费倾向和边际储蓄倾向之和也等于1。

理论上，一般认为随着收入的增加平均消费倾向数值趋于下降，平均储蓄倾向数值趋于上升，高收入家庭的储蓄倾向高于低收入家庭。但实际的统计资料却表明，在实际收入明显增加的情况下，有时一个国家的平均消费倾向和平均储蓄倾向能在较长时期内保持相对的稳定。

储蓄与收入呈反方向变动对吗？

　　众所周知，在既定的收入中，个人和家庭的消费与储蓄呈反方向变动，即消费增加储蓄就会减少，消费减少储蓄就会增加；储蓄与个人或者家庭的收入呈同方向变动，节制消费，增加储蓄就会增加个人或家庭的财富，因此，节约对个人和家庭来说是好事。

　　但在宏观经济中，储蓄与国民收入呈反方向变动，储蓄增加国民收入就会减少，储蓄减少国民收入就会增加。这是因为，增加消费减少储蓄会通过增加总需求而引起国民收入增加，导致经济繁荣。这样，从宏观经济角度来看，个人和家庭的节俭将不利于国民收入的增加。

思考： 为什么微观和宏观视角下的节俭会产生完全相反的效果呢？

三、简单的国民收入决定模型

　　均衡的国民收入水平是由总需求与总供给的相互作用决定的。当代西方宏观经济学的奠基人凯恩斯在建立这一理论体系时，采用的是一种短期静态分析，他认为在短期内因为生产技术、自然和经济资源等的供给都不会发生变化，所以决定国民收入水平的是总需求。因此，我们的分析也将从总需求分析开始。

1. 总需求与国民收入决定

　　简单的国民收入决定模型的建立，除进行总需求分析的三个重要假设外，还有两个假设：一是利息率水平为既定的，即不考虑利息率水平的变动对国民收入水平的影响；二是投资水平为既定的。简单地说，就是假设总供给不变，这样，国民收入就决定于总需求。当不考虑总供给这一因素时，均衡的国民收入水平就是由总需求水平决定的，如图 9.1 所示。

　　在图 9.1 中，横轴表示国民收入，纵轴表示总需求，45° 线为总需求与总供给相等线。AD_0 为某一情况下的总需求水平线,当它与45° 线相交于 E_0 点时,便决定了均衡的国民收入水平为 OY_0。

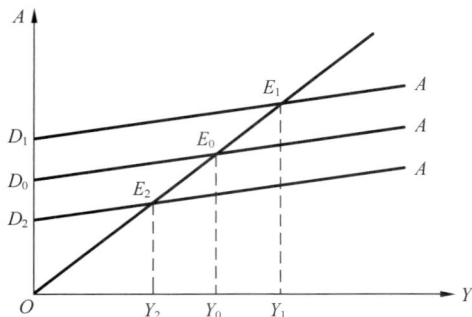

图 9.1　总需求决定的均衡国民收入

　　因为均衡的国民收入水平是由总需求决定的，所以总需求的变动必然引起均衡的国民收入变动。这种变动是同方向的，总需求增加，均衡的国民收入增加，总需求减少，均衡的国民收入减少。在图 9.1 中，与 AD_1 线相应的 OY_1 所表示的均衡国民收入水平比与 AD_2 线相应的 OY_2 所表示的均衡国民收入水平要高得多。总需求是由消费、投资、政府支出与出口四个部分组成的。因此，总需求中任何一部分的增加都会使国民收入水平提高。

2. 节俭的悖论

　　在消费与储蓄关系的分析中，我们已经看到了消费与储蓄间存在着互为消长的关系，即消费增加储蓄减少，消费减少储蓄增加。按照生活常识，全民节俭应该有利于国民收入增加，但果真是这样吗？

探索与思考

节俭对国民收入增加是好事吗？

18 世纪，荷兰人曼德维尔在《蜜蜂的寓言》中讲了一个有趣的故事：一群蜜蜂为了追求豪华、奢侈的生活，大肆挥霍，整天大吃大喝，结果这个蜂群很快就兴旺发达起来。而后来，一位哲人告诫蜜蜂们，生活应该节俭，不能这样挥霍奢侈。于是这群蜜蜂听从了哲人的话，改变了自己的生活习惯，放弃了奢侈的生活，开始崇尚节俭，结果导致了整个蜜蜂社会的衰败。英国经济学家凯恩斯受到启发，提出了经济学上著名的命题"节俭的悖论"。

实际上，这里蕴含着一个矛盾，即公众越节俭，降低消费，增加储蓄，往往越会导致社会收入的减少。因为在既定的收入中，消费与储蓄呈反方向变动，即消费增加储蓄就会减少，消费减少储蓄就会增加。

根据凯恩斯的总需求决定国民收入的理论，总需求增加会使国民收入增加，总需求减少会使国民收入减少，由于消费是总需求中的一个重要组成部分，储蓄的增加必然会使消费减少，从而使总需求减少，进而使国民收入水平降低；反之，就会使国民收入水平提高。作为总需求组成部分的消费减少必然会使国民收入减少，因此，减少消费，增加储蓄的节俭行为，不利于国民收入增加，消费与国民收入呈同方向变动，储蓄与国民收入呈反向变动。不仅如此，增加的收入中用于增加的消费的比例，即边际消费倾向大小不同，对国民收入的影响程度也不同，边际消费倾向越大，对国民收入的影响就越大，反之，则越小。这就是乘数原理要揭示的内容。

知识拓展

节俭悖论

悖论是表面上同一命题或推理中隐含着两个对立的结论，而这两个结论都能自圆其说。

节俭是大多数国家公认的传统美德，但"节俭悖论"却说这种美德并不怎么美好，为什么呢？下面我们从不同角度来进行解读。

从微观来看，节俭是个人积累财富最常用的方式。单个家庭勤俭持家，节制消费，增加储蓄，往往会变得更富有。从宏观经济来看，如上文所述，全社会的节俭会引起国民收入的减少甚至经济萧条。

读者应注意，任何理论的使用都是有其前提条件（基本假设）的，也就是是有适用边界的，仅从经济学角度来讲，节俭悖论也有其适用条件，而且只有在产能过剩需求不足时才可使用刺激消费的方式来促进经济增长。如果社会已达到充分就业，但资源紧缺，甚至存在通货膨胀风险时，节俭则能抑制过高的总需求，也有助于消除通货膨胀。

读者更应该注意，人类面临的不仅仅是经济问题，国民收入决定理论只是一种经济理论，只能使用在"经济"范畴。进入 21 世纪，人类的过度需求已经造成各种资源紧缺和严重的环境污染。对于全人类而言，节俭是最重要的美德，把我们的需求限制在地球可循环供给的范围内，是今后全人类面临的重大课题。

四、乘数原理

乘数原理是现代西方经济学的重要理论之一。乘数概念最早由英国经济学家卡恩在 1931 年发表的《国内投资与失业的关系》中提出，后被凯恩斯用来说明收入与投资之间的关系，它成为凯恩斯主义的一个重要思想。

1. 乘数的含义

乘数，又称为倍数，在西方经济学中常用来表示总需求的增加所引起的国民收入增加的倍数，或者说是国民收入增量与引起这种增加的总需求增量二者之间的比率。若以 K 表示乘数，以 ΔY 表示国民收入增量，以 ΔAD 表示总需求增量，则乘数的公式为

$$K = \frac{\Delta Y}{\Delta AD} \tag{9.10}$$

> **生活中的实例**
>
> 总需求增加了 100 万元，国民收入增加了 500 万元，那么乘数为 5，说明国民收入的增加五倍于总需求的增加。一般认为，乘数总是大于 1 的。这是因为，国民经济各部门之间存在着密切的关系，对某一部门需求的增加，不仅会使本部门的收入增加，而且会在其他部门引起连锁反应，从而使这些部门需求与收入也增加，最终使整个国民收入的增加数倍于初始的总需求的增加。

乘数原理应用广泛，总需求中不同部分的增加都会有这种乘数作用。如果是总需求中投资的增加，便有投资乘数；如果是总需求中政府支出的增加，便有政府支出乘数；如果是总需求中出口的增加，便有对外贸易乘数。为了便于进一步了解乘数，下面我们以投资乘数为例加以分析。

2. 投资乘数

投资乘数是指每增加一单位投资所增加的国民收入量，它等于收入的变动量与投资变动量之比。若以 ΔY 表示国民收入增量，以 ΔI 表示投资增量，则投资乘数的公式为

$$K = \frac{\Delta Y}{\Delta I} \tag{9.11}$$

投资乘数的大小取决于边际消费倾向（MPC）。它与边际消费倾向呈正向关系，边际消费倾向越高，投资乘数就越大，反之亦然。若以边际消费倾向来表示投资乘数，则投资乘数为：

$$K = \frac{1}{1 - MPC} \tag{9.12}$$

> **生活中的实例**
>
> #### 投资乘数有多大？
>
> 假如一场暴风雨毁坏了一家电脑公司的所有窗户玻璃，公司更换玻璃花掉 2000 元，这 2000 元属于投资。假设国民边际消费倾向为 0.8（增加的消费在增加的收入中所占的比例），国民边际储蓄倾向为 0.2。玻璃店把得到的 2000 元收入（国内生产总值增加 2000 元）的 80%即 1600 元用于购买衣服，20%用于储蓄。服装店又把得到的 1600 元收入（国内生产总值增加 1600 元）的 80%即 1280

元用于购买食物……这样的过程还会一轮一轮地持续进行下去，直到企业可支出的钱无限趋向于零。因此，第一家电脑公司初始花费的2000元投资，会引起许多部门收入和支出增加，最后各部门增加的收入之和（国内生产总值增加）一定大于最初的2000元。最后，各部门增加的收入之和与最初增加的投资2000元之比就是乘数。

这个例子的乘数究竟是多大呢？这2000元投资引起收入增加的大小取决于得到收入的部门把多少收入用于再引起下一轮收入增加的支出，即边际消费倾向的大小。根据投资乘数公式计算：

$$K = \frac{1}{1-MPC} = \frac{1}{1-0.8} = 5$$

因此，增加的国民收入为

$$\Delta Y = \frac{\Delta I}{1-MPC} = \frac{2000}{1-0.8} = 10\ 000$$

3. 乘数发生作用的条件

乘数原理所反映的国民经济各部门之间的连锁关系是客观存在的，国民收入增量大于初始总需求的增量，这也是经济中的常见现象。但应注意的是，乘数发生作用必须具有一定的前提条件。

（1）边际消费倾向和边际储蓄倾向稳定。如果储蓄和消费倾向发生变化，则实际的投资乘数作用就会降低。

（2）社会上各种资源尚未得到充分利用。只有在这一前提下，总需求的增加才会使各种资源得以充分利用，从而产生乘数作用。当社会上各种资源已得到充分利用，甚至在某些关键部门（如能源、交通和原材料等）已出现了制约其他资源利用的"瓶颈现象"时，总需求的增加也就不会再使实际的国民收入增加，从而乘数作用也就不再存在了。

知识点滴

乘数的作用是双重的，即当总需求增加时，所引起的国民收入的增量会大于初始总需求的增量；当总需求减少时，所引起的国民收入的减少量也会大于初始总需求的减少量。由此，西方经济学家将乘数形象地比喻为一把"双刃剑"。

第二节 *IS-LM*模型

*IS-LM*模型是西方经济学家用来分析在利息率与投资水平发生变动的情况下，总需求对国民收入水平的决定，以及利息率与国民收入之间的关系的模型工具。模型中的 I 指的是投资，S 指的是储蓄，L 指的是货币需求，M 指的是货币供给。*IS-LM*模型是说明商品市场与货币市场同时达到均衡时国民收入与利息决定的模型。

名人有约

约翰·希克斯（1904—1989），英国著名经济学家，毕业于牛津大学，1932年获博士学位。他1952—1964年任牛津大学教授，1964年晋升勋爵，1972年获诺贝尔经济学奖。*IS-LM*模型是由约翰·希克斯创立并完善推广的。

1936 年，希克斯在一篇论文中研究了凯恩斯体系，该论文经修改后以《凯恩斯与古典学派》为题于 1937 年发表。论文中的 IS-LM 分析对凯恩斯体系进行了修正，被认为是当时许多修正凯恩斯的《就业、利息和货币通论》中最有影响的一种。希克斯在对凯恩斯体系进行修正时，通过 IS-LM 分析把凯恩斯的四个基本概念即消费函数、资本边际效率、流动性偏好和货币数量结合成一个整体，为解释收入决定提供了新的和更为一般的均衡方法。

一、IS 曲线

IS 曲线也称投资储蓄曲线，是描述产品市场达到均衡即 $I=S$ 时，国民收入与利率之间存在着反方向变动关系的曲线。IS 曲线如图 9.2 所示。

在图 9.2 中，横轴 Y 代表国民收入，纵轴 r 代表利率。IS 曲线上任何一点都是 $I=S$，即产品市场上实现了均衡。IS 曲线向右下方倾斜，表明当产品市场上实现均衡时，利率与国民收入呈反方向变动，即利率高则国民收入低，利率低则国民收入高。

在产品市场上，利率与国民收入呈反方向变动关系，这是因为利率与投资呈反方向变动。我们知道，投资的目的是实现利润最大化，投资者一般要用贷款来投资，而贷款必须付出利息。这样，投资就取决于利润率与利率。在利润率既定的条件下，投资就取决于利率。利率越低，投资者借贷资金的成本越小，则纯利润就越大，从而投资就越多；反之，利率越高，投资者借贷资金的成本就越大，纯利润就越小，从而投资就越少。由此可见，利率与投资呈反方向变动关系。由于投资是总需求的一个重要组成部分，投资增加，总需求增加，从而国民收入就增加；投资减少，总需求减少，从而国民收入就减少。因此，利率与国民收入呈反方向变动关系。

总需求的变动会引起曲线的位置发生平行移动。当自发总需求增加时，IS 曲线向右上方移动，即从 IS_0 移动到 IS_1；当自发总需求减少时，IS 曲线向左下方移动，即从 IS_0 移动到 IS_2。IS 曲线的移动如图 9.3 所示。

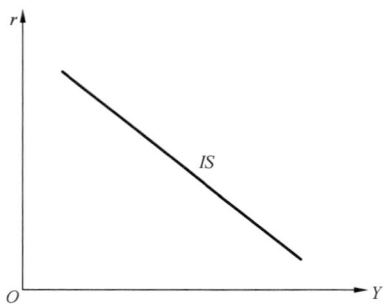

图 9.2　IS 曲线

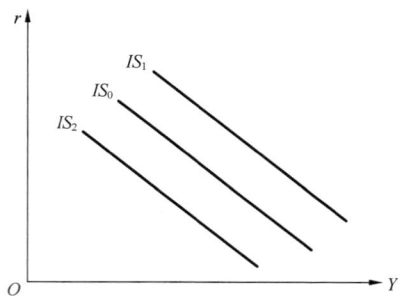

图 9.3　IS 曲线的移动

二、LM 曲线

LM 曲线也称货币供求曲线，是描述货币市场达到均衡时国民收入与利率之间存在同方向变动关系的曲线。LM 曲线如图 9.4 所示。

在图 9.4 中，横轴代表国民收入 Y，纵轴代表利率 r。LM 曲线上任何一点都是 $L=M$，即货币市场上实现了均衡。LM 曲线向右上方倾斜，表明在货币市场上实现均衡时，利率与国民收入呈同方向变动关系，利率高则国民收入高，利率低则国民收入低。

可用凯恩斯的货币理论来解释货币市场上利息率与国民收入呈同方向变动关系的原因，货币需求（L）是由货币的交易需求与谨慎需求（L_1）和货币的投机需求（L_2）构成的。L_1取决于国民收入并与国民收入呈同方向变动，记为$L_1 = L_1(Y)$；L_2取决于利息率并与利息率呈反方向变动，记为$L_2 = L_2(i)$；货币的供给（M）指的是实际的货币供给量，它由中央银行的名义货币供给量与价格水平决定。

货币市场均衡的条件是

$$L = M = L_1(Y) + L_2(i) \tag{9.13}$$

从式（9.13）中可以看出，当货币供给既定时，L_1若增加则L_2必然减少，而L_1的增加又是国民收入增加的结果，L_2的减少又是利息率上升的结果。因此，在货币市场上达到均衡状态时，国民收入与利率呈同向变动关系。

知识拓展

凯恩斯提出货币需求的三大动机：交易性需求、预防性需求和投机性需求。①货币的交易性需求是指个人或企业为应付日常交易的需要而持有一定数量的货币。②货币的预防性需求是指人们为了应付意外发生的支出，为了不错过意外的有利的购买机会，以及为了偿付未来债务而持有一定数量的货币。③货币的投机性需求是指人们为了在未来的某一适当时机从事以债券的买卖为典型的投机活动而持有一定数量的货币。交易性需求和预防性需求主要取决于人们的收入，投机性需求则主要取决于市场利率。

货币供给量的变动会使LM曲线的位置平行移动，可用图9.5来说明这一点。

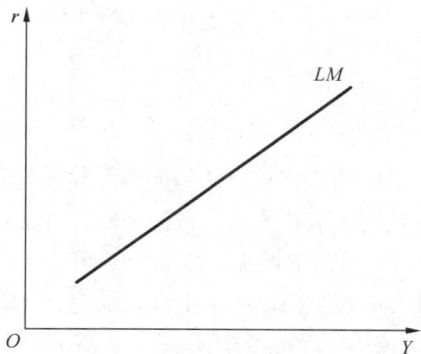

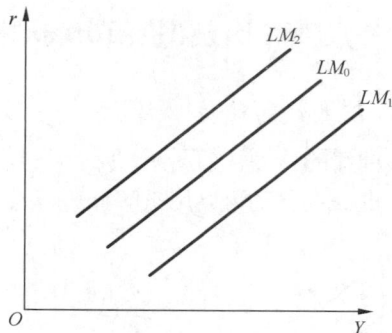

图 9.4　LM曲线　　　　图 9.5　LM曲线的移动

在图9.5中，当货币供给量增加时，LM曲线向右下方移动，即从LM_0移动到LM_1。当货币供给量减少时，LM曲线向左上方移动，即从LM_0移动到LM_2。

生活中的实例

流动性偏好陷阱

当利率极低时，人们会认为这时利率不大可能再下降，或者说有价证券市场价格不大可能再上

升而只会跌落，因而会将持有的有价证券全部换成货币。人们不管有多少货币，都愿意持有在手中，这种情况被称为流动偏好陷阱或凯恩斯陷阱。

央行公布的 2016 年 7 月金融数据显示，M1（狭义货币）和 M2（广义货币）增速的剪刀差不断扩大，呈现出部分企业有流动资金而不进行投资的局面，货币供给难以形成有效投资，企业从而陷入了某种程度上的"流动性陷阱"。

三、IS-LM 模型

IS-LM 模型是宏观经济分析的重要工具，IS 曲线代表了产品市场的均衡，LM 曲线代表了货币市场的均衡。两条曲线相交即两个市场同时实现了均衡的一般均衡状态。下面我们分别来进行分析。

（一）产品市场与货币市场同时均衡时的利率和国民收入

IS-LM 模型就是将 IS 曲线与 LM 曲线合并在一起时，表明商品市场与货币市场同时达到均衡状态时的国民收入与利息率的关系的一种坐标图，如图 9.6 所示。

在图 9.6 中，IS 曲线上的任意一点都代表着商品市场的均衡，即 $I = S$。LM 曲线上的任意一点都代表着货币市场的均衡，即 $L = M$。IS 曲线与 LM 曲线相交于 E 点，表明的是两种市场同时达到均衡，这一点决定了均衡的利息率水平为 i_0，均衡的国民收入为 Y_0，并且也只有在这一利息率水平和国民收入水平时两种市场才能同时达到均衡。

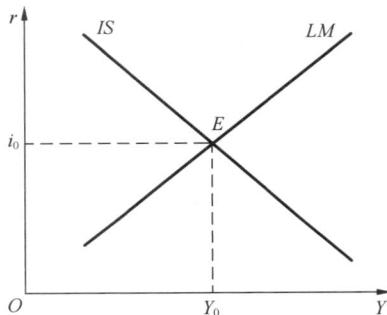

图 9.6　IS-LM 曲线

（二）产品市场和货币市场均衡的变动

1. IS 曲线的移动

IS 曲线的移动，如图 9.7 所示。总需求变动会引起 IS 曲线移动，从而使国民收入与利率变动。IS 曲线的移动可以用来解释政府的财政政策。当政府采取扩张性财政政策时，在 LM 曲线不变的情况下，总需求增加，IS 曲线向右上方平行移动，从而国民收入增加，利率上升；反之，如果政府采取紧缩性的财政政策，总需求减少，IS 曲线向左下方平行移动，从而国民收入减少，利率下降。

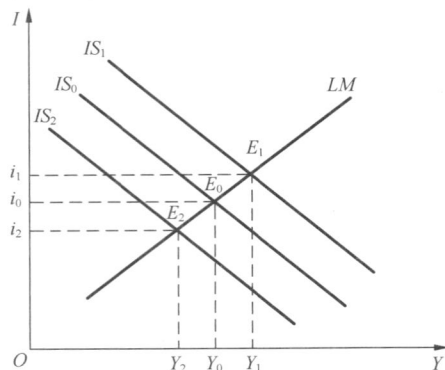

在图 9.7 中，IS_0 与 LM 相交于 E_0 点，决定了利息率为 i_0，国民收入为 Y_0。当财政支出增加（即实行扩张性财政政策）时，总需求增加，IS 曲线从 IS_0 移至 IS_1 并引起国民收入从 Y_0 增至 Y_1，利息率从 i_0 升至 i_1。与此相反，当财政支出缩减（即实行紧缩性财政政策）时，总需求减少，IS 曲线从 IS_0 移至 IS_2 并引起国民收入从 Y_0 减至 Y_2，利息率从 i_0 降至 i_2。

图 9.7　IS 曲线的移动对均衡
国民收入和利率的影响

📖 生活中的实例

2018财政政策凸显"积极"和"稳健"

据中新社北京2017年12月20日电 中央定调2018经济工作:继续实施积极财政政策和稳健货币政策。积极的财政政策取向不变,调整优化财政支出结构,确保对重点领域和项目的支持力度,压缩一般性支出,切实加强地方政府债务管理。

稳健的货币政策要保持中性,管住货币供给总闸门,保持货币信贷和社会融资规模合理增长,保持人民币汇率在合理均衡水平上的基本稳定,促进多层次资本市场健康发展,更好地为实体经济服务,守住不发生系统性金融风险的底线。

2. LM曲线的移动

LM曲线的移动,如图9.8所示。货币量的变动会引起LM曲线移动,从而使国民收入与利率变动。LM曲线的变动主要用来解释中央银行的货币政策。在IS曲线不变的情况下,当中央银行采取扩张性货币政策时,增加货币供给量,LM曲线向右下方平行移动,国民收入增加,利率下降;反之,中央银行采取紧缩性的货币政策,减少货币供给量,LM曲线向左上方平行移动,国民收入减少,利率上升。

🖨 探索与思考

通过上面的分析,我们已经知道了产品市场与货币市场各自均衡时国民收入与利率的关系。请你想一想,如果两个市场同时达到均衡,又会是一种什么样的状况呢?

在图9.8中,LM_0与IS相交于E_0点,决定了均衡利率为i_0,国民收入为Y_0。当货币量增加时,LM曲线从LM_0移动到LM_1,引起国民收入从Y_0增加到Y_1,利率从i_0下降为i_1;反之,当货币量减少时,LM曲线从LM_0移动到LM_2,引起国民收入从Y_0减少到Y_2,利率从i_0上升为i_2。

3. IS曲线与LM曲线同时移动

IS曲线与LM曲线同时移动,如图9.9所示。政府实行扩张性的财政政策时,IS曲线从IS_0移至IS_1并与LM_0相交于E_1点,决定了国民收入为Y_1,利息率为r_1。这表明使用扩张性财政政策后国民收入增加了,但利息率也上升了,而利息率的上升却不利于国民收入的进一步增加。这时,若再配合以扩张性货币政策,即增加货币量,就会使LM曲线从LM_0移至LM_1并与IS_1相交于E_2点,E_2点决定了国民收入为Y_2,利息率为r_0。这就表明当采用扩张性财政政策时若再配合以扩张性货币政策,会导致利息率下降,使国民收入有较大的增长,从而使经济得到有效刺激。

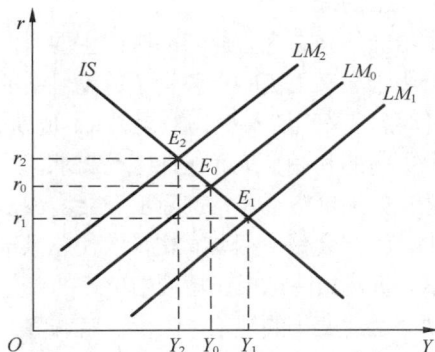

图9.8 LM曲线的移动对均衡国民收入和利率的影响

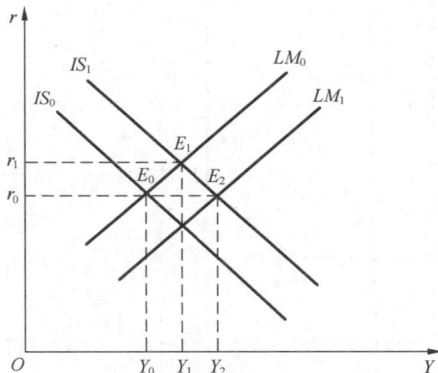

图9.9 扩张性财政政策和货币政策的配合

第三节　总需求与总供给

一、总需求曲线

总需求曲线是平面坐标图上用以表明商品市场与货币市场同时达到均衡时总需求与价格水平之间关系的曲线，如图 9.10 所示。

在图 9.10 中，横轴代表国民收入，纵轴代表价格水平。总需求曲线 AD_0、AD_1、AD_2 均为向右下方倾斜的曲线，说明总需求与价格水平呈反方向变动关系，即价格水平上升总需求减少，价格水平下降总需求增加。

总需求曲线由 AD_0 移向 AD_1 或 AD_2，是由总需求变动引起的。当价格水平既定时，总需求会由于某种原因（如消费、投资或政府支出等的增加）而增加，这时总需求曲线向右上方推移；同样，总需求也会由于某种原因（如消费、投资或政府支出等的减少）而减少，这时总需求曲线向左下方推移。

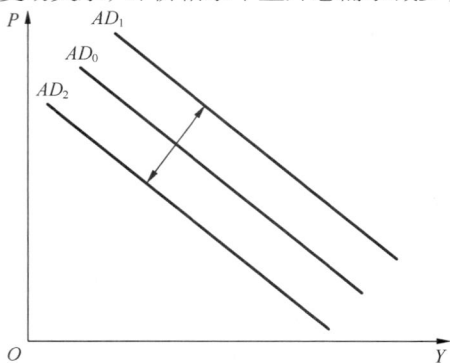

图 9.10　总需求曲线

二、总供给曲线

总供给曲线是表明产品市场与货币市场同时达到均衡时总供给与价格水平之间关系的曲线。

总供给曲线反映的是在每一既定的价格水平上所有厂商愿意提供的产品与劳务的总和。总供给取决于资源利用的情况。在不同的资源利用情况下，总供给曲线，即总供给与价格水平之间的关系是不同的。图 9.11 说明了总供给曲线的三种不同情况。

（1）总供给曲线是一条与横轴平行的线，如图 9.11 中的 ab 线段。它表明在资源尚未得到充分利用的条件下，可以在不提高价格的情况下增加总供给。该曲线被称为凯恩斯主义总供给曲线。

（2）总供给曲线表现为一条向右上方倾斜的线，如图 9.11 中的 bc 段。它表明在资源接近充分利用的条件下，产量的增加会使生产要素的价格上涨，从而使生产成本增加，进而推动整个价格水平的上升，但这是短期内存在的情况。该曲线被称为"短期总供给曲线"。

短期总供给曲线向右上方倾斜的原因主要有两个：一是黏性工资。由于名义工资的调整慢于劳动供给的变化，故当价格上升时，名义工资不变，这样实际工资就会减少。厂商因此获得更多的利润，从而增加劳动需求，致使总供给增加。反之，如果价格下降，实际工资会增加，厂商获得的利润减少，因此会减少劳动雇用，致使总供给减少。二是黏性价格。价格黏性是指在短期中价格的调整不能随总需求的变动而迅速变化的现象。由于厂商调整价格存在菜单成本，当物价上升时，厂商产品的价格不能及时变动，

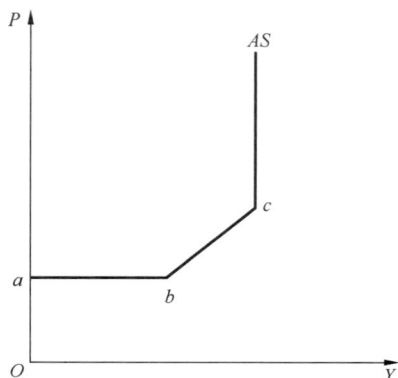

图 9.11　总供给曲线

从而使产品的相对价格下降，需求量增加，厂商会因此增加生产，从而造成总供给增加；反之，当物价下降时，总供给会减少。

（3）总供给曲线表现为一条与横轴垂直的线，即图 9.11 中的 c 点以上的线。它表明的是在资源已得到充分利用的条件下，无论价格水平如何上升，总供给都不会增加。该曲线被看作"长期总供给曲线"。

> **知识拓展**
>
> 　　在长期中，决定总供给的是制度、资源和技术，这些因素都与货币量的大小、物价水平的高低无关。物价水平的变动并不影响长期总供给，除了短期总供给曲线它会由于技术进步等发生向左上方或右下方的平行推移外，其他两种情况的总供给曲线在资源既定即潜在的国民收入水平既定的条件下，均不会发生上下或左右的平行推移。

三、总需求-总供给模型

　　总需求-总供给模型就是将总需求曲线与总供给曲线放在一个坐标图上，用以解释国民收入和物价水平的决定的模型。在总供求模型中，国民收入取决于总供给曲线和总需求曲线的交点，如图 9.12 所示。

　　根据总供给曲线的特点，下面我们分别来讨论三种总供给曲线与总需求曲线的关系。

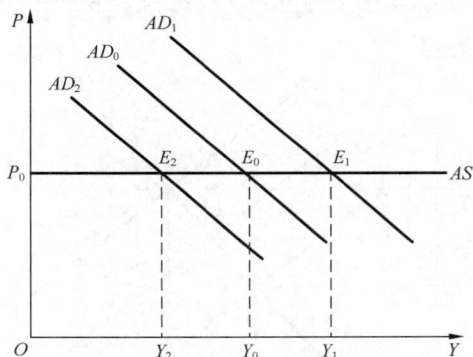

图 9.12　凯恩斯主义总供给曲线下的模型

1. 凯恩斯总供给曲线

　　在凯恩斯主义总供给曲线的情况下，总需求的增加会使国民收入增加，但价格不变；总需求的减少会使国民收入减少，而价格水平仍然不变。这就意味着，在资源尚未被充分利用的总供给情况下，总需求的变动会引起国民收入同方向变动，但不会引起价格水平变动，如图 9.12 所示。

> **知识点滴**
>
> 　　在价格水平不变的情况下总供给仍可增加，这是因为社会上存在大量失业与闲置设备资源，企业不必为增加产量而付出更高的成本，这种情况往往发生在经济萧条时期，所以短期总供给曲线也被称为经济萧条总供给曲线。

　　在图 9.12 中，AS 为凯恩斯主义总供给曲线，它与总需求曲线 AD_0 相交于 E_0 点，决定国民收入水平为 Y_0，价格水平为 P_0。当总需求增加后，总需求曲线由 AD_0 移至 AD_1，并与 AS 相交于 E_1 点，决定了国民收入为 Y_1，价格水平仍为 P_0。当总需求减少后，总需求曲线由 AD_0 移至 AD_2，并与 AS 相交于 E_2 点，决定了国民收入为 Y_2，价格水平仍为 P_0。

2. 短期总供给曲线

　　在短期总供给曲线的情况下，即在资源接近充分利用的总供给情况下，总需求的增加会使国民收入增加，但价格水平也会同时上升；总需求的减少会使国民收入减少，同时价格水平也会下降。这就意味着，在资源接近充分利用的总供给情况下，总需求的变动会同时引起国民收入和价格水平的同方向变动，如图 9.13 所示。

在图 9.13 中，AS 为短期总供给曲线，与 AD_0 相交于 E_0 点，决定了国民收入为 Y_0，价格水平为 P_0。当总需求增加后，总需求曲线由 AD_0 移至 AD_1，与 AS 相交于 E_1 点，决定了国民收入为 Y_1，价格水平为 P_1。当总需求减少后，总需求曲线由 AD_0 移至 AD_2，并与 AS 相交于 E_2 点，决定了国民收入为 Y_2，价格水平为 P_2。

3. 长期总供给曲线

在长期总供给曲线的情况下，因为资源已得到了充分利用，所以总需求的增减只会引起价格水平的升降，而不会使实际的国民收入发生变化，如图 9.14 所示。

在图 9.14 中，AS 为长期总供给曲线，并与总需求曲线 AD_0 相加于 E_0 点，决定了充分就业的国民收入水平为 Y_0，价格水平为 P_0。当总需求增加后，总需求曲线由 AD_0 移至 AD_1，并与 AS 相交于 E_1 点，决定了国民收入仍为 Y_0，价格水平为 P_1。当总需求减少后，总需求曲线由 AD_0 移至 AD_2，并与 AS 相交于 E_2 点，决定了国民收入仍为 Y_0，价格水平为 P_2。

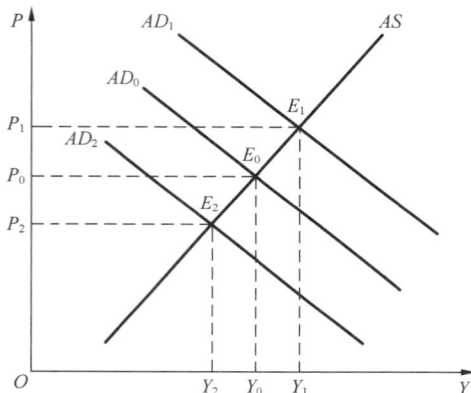

图 9.13　短期总供给曲线下的模型　　　　图 9.14　长期总供给曲线下的模型

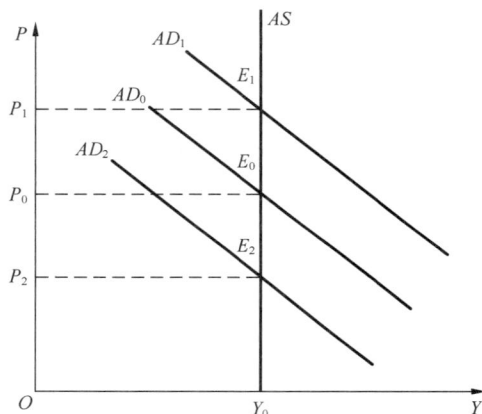

我们可以用总需求-总供给模型来分析滞胀的产生。20 世纪 70 年代初石油价格大幅度上升，石油价格是成本中重要的一部分，石油价格上升使成本增加，短期总供给曲线向上移动。石油价格上升只影响短期总供给，并不影响总需求和长期总供给，这两条曲线没有移动。均衡的国内生产总值为小于充分就业的国内生产总值，存在失业。这时决定的物价水平为高于充分就业的物价水平，存在通货膨胀，这就出现了滞胀。这个实例告诉我们，在短期中，短期总供给曲线的移动影响会均衡的国内生产总值与物价水平。短期总供给曲线向上移动，均衡的国内生产总值减少，物价水平上升；短期总供给曲线向下移动，均衡的国内生产总值增加，物价水平下降。

探索与思考

20 世纪 70 年代初，石油输出国组织大幅度提高石油价格，西方国家受到冲击。美国石油主要依靠进口，受到的冲击最大，美国出现了历史上从未有过的高通货膨胀与高失业并存的滞胀。你能用总需求-总供给模型说明美国经济中出现的滞胀现象吗？

本 章 小 结

　　说明消费与收入之间依存关系的函数是消费函数。在其他条件不变的情况下，消费随收入的变动而同方向变动。消费倾向可分为平均消费倾向和边际消费倾向。因为整个社会人们的全部收入除了消费之外，便是储蓄，所以 $APC+APS=1$。同样，因为整个社会的收入增量可分为消费增量与储蓄增量，所以 $MPC+MPS=1$。

　　在简单的国民收入决定理论中，我们在假设各种生产资源没有得到充分利用且价格水平不变的条件下，讨论了产品市场实现均衡时的国民收入的决定。简单的国民收入决定模型，说明了总需求与总供给相等时的国民收入为均衡的国民收入。当不考虑总供给这一因素时，均衡的国民收入就是由总需求决定的。总需求是由消费、投资、政府支出与出口四个部分组成的，总需求中任何一部分的增加都会使国民收入水平提高。

　　乘数是指总需求的增加所引起的国民收入增加的倍数，或者说是国民收入增量与引起这种增加的总需求增量这二者之间的比率。乘数的大小取决于边际消费倾向的高低，边际消费倾向越高，乘数就越大；边际消费倾向越低，乘数就越小。

　　IS-LM 模型是说明商品市场与货币市场同时达到均衡时国民收入与利息决定的模型。*IS-LM* 模型不仅精练地概括了总需求分析，而且可以作为分析财政政策与货币政策对利息率与国民收入影响的便利工具。

　　总需求–总供给模型是在总供给发生变动的情况下，把总需求分析与总供给分析结合起来，说明国民收入与价格水平是由总需求与总供给共同决定，并随着总供给和总需求的变化而变化的。

关 键 概 念

　　总需求、总供给、消费函数、自发消费、引致消费、储蓄函数、自发储蓄、引致储蓄、平均消费倾向、平均储蓄倾向、边际消费倾向、边际储蓄倾向、乘数、投资乘数、政府购买乘数、税收乘数、产品市场均衡、货币市场均衡、*IS* 曲线、*LM* 曲线、货币需求、交易动机、预防动机、投机动机、货币供给、*IS-LM* 模型、总需求曲线、总供给曲线、未充分就业的供给曲线、短期总供给曲线、长期总供给曲线、总需求–总供给模型

边 学 边 练

一、单项选择题

　　1. 消费函数的斜率取决于（　　）。

　　　　A. 边际消费倾向　　　　　　　　B. 平均消费倾向

　　　　C. 与可支配收入无关的消费总量　　D. 由收入变化引起的投资量

2．简单国民收入决定理论涉及的市场是（　　）。

    A．产品市场　　　B．货币市场　　　　C．劳动市场　　　　D．国际市场

3．乘数的作用必须在（　　）条件下才可发挥。

    A．经济实现了充分就业　　　　　　　B．总需求大于总供给

    C．政府支出等于政府税收　　　　　　D．经济中存在闲置资源

4．在四部门经济中，假设其他条件不变，投资（I）、储蓄（S）、政府购买（G）、税收（T）、进口（M）同时增加，则均衡的国民收入（　　）。

    A．保持不变　　　　　　　　　　　　B．趋于增加

    C．趋于减少　　　　　　　　　　　　D．变化趋势不能确定

5．如果利率上升，货币需求将（　　）。

    A．不变　　　　　　　　　　　　　　B．受影响，但不可能说出是上升还是下降

    C．下降　　　　　　　　　　　　　　D．上升

6．下列（　　）假设不构成 $IS\text{-}LM$ 模型的基础。

    A．货币供给与利率负相关　　　　　　B．所有债券有同样的利率

    C．货币需求与产量正相关　　　　　　D．有两种金融资产：货币和债券

7．（　　），LM 曲线向右移动。

    A．名义利率下降　　　B．总产量增加　　　C．货币需求增加　　　D．货币供给增加

8．关于投资与利率的关系，以下判断正确的是（　　）。

    A．投资是利率的增函数　　　　　　　B．投资是利率的减函数

    C．投资与利率是非相关关系　　　　　D．以上判断都不正确

9．IS 曲线上的每一点都表示（　　）。

    A．产品市场投资等于储蓄时收入与利率的组合

    B．使投资等于储蓄的均衡货币额

    C．货币市场的货币需求等于货币供给时的均衡货币额

    D．产品市场与货币市场都均衡时的收入与利率组合

10．IS 曲线与 LM 曲线相交时表示（　　）。

    A．产品市场处于均衡状态，而货币市场处于非均衡状态

    B．产品市场处于非均衡状态，而货币市场处于均衡状态

    C．产品市场与货币市场都处于均衡状态

    D．产品市场与货币市场都处于非均衡状态

二、多项选择题

1．关于边际消费倾向的内容，正确的有（　　）。

    A．消费水平的高低会随着收入的变动而变动，收入越高消费水平越高

    B．消费水平的高低与收入的变动无关

    C．随着人们收入的增加，消费数量的增加赶不上收入的增加

    D．随着人们收入的增加，消费数量的增加赶不上投资的增加

2．下列乘数中，作用是双向的是（　　）。

    A．投资乘数　　　B．政府购买乘数　　　C．税收乘数　　　　D．平衡预算乘数

3．凯恩斯主义理论涉及的市场有（　　）。

    A．产品市场　　　B．货币市场　　　　　C．劳动市场　　　　　D．国际市场

4．下列引起 *IS* 曲线，向左移动的因素有（　　）。

    A．投资需求增加　B．政府购买减少　　C．政府税收增加　　D．政府税收减少

5．关于 *LM* 曲线，以下判断正确的是（　　）。

    A．在凯恩斯区域，*LM* 曲线水平　　　　　B．在中间区域，*LM* 曲线向右上方倾斜

    C．在中间区域，*LM* 曲线向右下方倾斜　　D．在古典区域，*LM* 曲线垂直

6．消费函数与储蓄函数的关系有（　　）。

    A．$C+S=Y$　　　B．$APC+APS=1$　　C．$MPC+MPS=1$　　D．$APC+MPC=1$

7．短期总供给曲线之所以向右上方倾斜，是因为（　　）。

    A．工资黏性　　　　　　　　　　　　B．价格黏性

    C．相对价格错觉　　　　　　　　　　D．实际价格偏离预期价格

8．使长期总供给增加的因素有（　　）。

    A．劳动增加　　　B．资本增加　　　　C．预期物价下降　　D．技术进步

9．在总需求不变的情况下，长期总供给增加会导致（　　）。

    A．总产量增加　　B．总产量减少　　　C．物价下降　　　　D．物价上升

10．以下关于总需求的论述，正确的是（　　）。

    A．总需求是在某个特定的价格水平下，经济社会需要的总产量水平

    B．根据总需求函数，价格水平与国民收入呈反方向变动

    C．总需求曲线反映的是产品市场和货币市场同时处于均衡时价格水平和总产出水平的关系

    D．总需求即总收入

三、判断题

1．消费倾向是指随着收入的增加，消费也会增加，但消费不如收入增加得多。（　　）

2．当产出水平达到充分就业的产出水平时，意味着全部可用的生产资源均已得到充分利用。（　　）

3．投资乘数的取值范围是大于 0 小于 1。（　　）

4．*IS* 曲线和 *LM* 曲线的交点是充分就业时产品市场和货币市场同时达到均衡。（　　）

5．其他条件不变，自发投资增加时，*IS* 曲线将会变得更加陡峭。（　　）

6．在 *LM* 曲线上，利率与国民收入是同方向变动的。（　　）

7．在 *IS* 曲线上，随着利率的降低，国民收入会增加。（　　）

8．根据 *IS-LM* 模型，货币供给量增加会使国民收入增加，利率下降。（　　）

9．*IS* 曲线上的点并非都是投资等于储蓄的点。（　　）

10．总需求曲线与微观经济学中的单个商品的需求曲线完全相同。（　　）

四、简答题

1．乘数原理发生作用应具有哪些基本条件？

2．决定和影响货币需求的因素主要有哪些？

3．在两部门经济中，*IS* 曲线的位置主要取决于哪些因素？

五、课外实践题

登录国家数据库，在"年度数据"页面"指标—人民生活"下查询"城乡居民人民币储蓄存款年底余额"，在"指标—固定资产投资和房地产"中查询"全社会固定资产投资"数据，在表9.1中补全2013年之后的数据，并计算各年度较上年度的增减额，对比近几年经济情况，做简单分析。

表 9.1　城乡居民储蓄、固定资产投资数据　（单位：亿元）

年度	城乡居民人民币储蓄存款年底余额	城乡居民储蓄增减额	全社会固定资产投资	固定资产投资增减额
2000	64 332.38	—	32 917.70	—
2005	141 050.99	—	88 773.61	—
2010	303 302.49	—	251 683.77	—
2011	343 635.89	40 333.4	311 485.13	59 801.36
2012	399 551.00	55 915.11	374 694.74	63 209.61
2013	447 601.57	48 050.57	446 294.09	71 599.35
2014				
2015				
2016				
2017				
2018				
2019				
2020				
2021				
2022				

扩展阅读推荐

《回荡的钟摆》

作　　者：许小年

出 版 社：中国计划出版社

出版时间：2017 年

简　　介：目前，中国经济进入了一个困难期，在思考解决方案之前，我们需要对中国经济的严峻现实有个清醒的认识。

要想经济复苏，必须先化解凯恩斯模式所积累的种种风险，这个过程在时间上可能不会太短。在清理了债务、过剩产能和银行坏账后，需要回归改革开放前半段的中国模式，也就是亚当·斯密模式。国际上一些人以为中国模式就是大政府、强干预，这是误解，他们不清楚中国经济改革的路是怎么走过来的，一路上又发生过什么样的变化，他们也没有搞懂亚当·斯密模式和经济增长的关系，生搬主流的凯恩斯经济学理论，硬套在中国的经济现实上。

我们需要独立思考，了解改革的历史，深入分析过去成功的原因和当前困难的根源，找到解决的方案。只要坚定不移地推动市场化改革，中国经济重回繁荣完全是可以预期的。

第十章

当代宏观经济问题

【学习要点】

◆学习重点

失业的定义、失业的种类、通货膨胀的定义、通货膨胀的度量、原始的菲利普斯曲线、经济周期的含义、经济周期的阶段、经济增长的含义、经济增长的源泉、

◆学习难点

失业的定义、摩擦性失业、结构性失业、周期性失业、消费者物价指数、经济增长的源泉

【导入案例】

就业竞争依然激烈

新浪湖南 2017 年 10 月 20 日讯　智联招聘发布的长沙市 2017 年秋季雇主需求与白领人才供给方面的数据与分析显示，长沙市竞争指数排名前五位的行业中，房地产/建筑/建材/工程行业的竞争指数最高，其次是医药/生物工程行业，大型设备/机电设备/重工业行业排在第三，快速消费品（食品/饮料/烟酒/日化）行业和能源/矿产/采掘/冶炼行业的竞争指数分别位列第四和第五（如图 10.1 所示）。

长沙市 2017 年秋季竞争最为激烈的职业是交通运输服务、财务/审计/税务和高级管理等（如图 10.2 所示）。

排名	行业
1	房地产/建筑/建材/工程
2	医药/生物工程
3	大型设备/机电设备/重工业
4	快速消费品（食品/饮料/烟酒/日化）
5	能源/矿产/采掘/冶炼

排名	职业
1	交通运输服务
2	财务/审计/税务
3	高级管理
4	土木/建筑/装修/市政工程
5	采购/贸易

图 10.1　长沙市竞争最激烈的五大行业　　图 10.2　长沙市竞争最激烈的五大职业

近年来，长沙市成立多个技术开发区，发展高新产业，进一步提高经济实力。为了吸引人才，长沙市近日推出"长沙人才新政 22 条"，吸引近万高校毕业生落户，在新一轮人才抢夺大

战中表现抢眼，吸引人才，留住人才，是长沙下一步需要思考的经济命题。

从全国范围来看，今年的就业竞争依然激烈，对于企业来说，自身的发展状况是考虑招聘计划及人才储备的主要标准；结合招聘市场的整体状况，把握好招聘的节奏，充分地利用招聘资源。对于广大求职者来说，不管在何种情况下，保持自身的职场竞争力仍是"第一要务"，只有具备坚实的职场技能和知识，才能立于不败之地。

案例思考： 就业竞争激烈对劳动力市场来说意味着什么？会有什么不利影响？政府该如何应对呢？

本章将逐一解决案例思考中提到的几个问题。

第一节　失业理论

一、失业与失业率

失业是指劳动力没有就业但在积极地寻找工作或等待返回工作岗位的一种状态。处于此种状态的劳动力被称为失业者。

> **知识点滴**
>
> 城镇登记失业人员的定义是指拥有非农业户口、在一定的劳动年龄内（16周岁至退休年龄）、有劳动能力、无业而要求就业并在当地就业服务机构进行求职登记的人员。

联合国国际劳工局给失业者下的定义：在一定年龄范围内，有工作能力、愿意工作、正在找工作但仍没有工作的人。在一定年龄范围外，已退休的、丧失工作能力的、在校学习的，以及不愿意寻找工作的自愿失业者，都不计入失业人数。

衡量一个国家或地区在一定时期内失业状况的基本指标是失业率。所谓失业率，是失业人数与全社会劳动力总数的比率，计算公式为

$$失业率 = \frac{失业人数}{劳动力总数} \times 100\%$$

(10.1)

二、失业的类型

> **探索与思考**
>
> 一个国家的劳动力总数与人口总数相同吗？

（一）自然失业

自然失业是指由于经济中某些难以避免的原因所引起的失业，在任何市场经济中这种失业都是不可避免的。现代经济学家按照引起失业的具体原因把自然失业分为以下四种类型。

1. 摩擦性失业

摩擦性失业是指人们在不同的地区、职业或生命周期的不同阶段不停地变动而引起的失业。由于社会存在着迁徙自由，人们常从一个城市迁往另一个城市，在迁徙过程中会产生短暂的失业。由于就业者有选择职业的自由，人们通常愿意辞去现有工作，寻找工作环境更好、更适合自己才能的工作或者担任同样工作但工资待遇比较高的工作。在辞去旧工作，尚未找到或已找到尚未办理新的就业手续时也会产生短暂的失业。这种失业即使在经济处于充分就业的状态时也会存在。

📖 **生活中的实例**

我国每年都有 1 亿多人次的春运规模，形成了一个独特现象。春运的主体是民工。跨地区流动的成本是高昂的，不但有很高的物质成本，还有信息收集的成本。有实证研究表明，民工外出找工作绝大部分是经过同乡或者亲戚介绍的，这就意味着，如果没有这两个介绍源，外出民工不能很快找到工作，这就会导致摩擦性失业。如果农民工失业找不到工作，就会返回家乡，他们就成了隐性失业者。

2. 结构性失业

结构性失业是指因技术进步、市场需求发生变化而引起的经济结构变化所造成的失业。随着科学技术的发展，有些部门萎缩或淘汰消失，而有些新部门大量出现，这样由旧部门排挤出来的工人在经过一段时期的培训后才能适应新的工作，如果不接受培训，就可能找不到工作。此外，人们生活水平的不断提高，使消费需求不断发生变化，会导致市场需求不断变化。为了适应市场需求的变化，企业就必须对生产进行调整，在产业结构、产品结构调整期，必然导致一些行业的劳动者失业。

结构性失业的产生必须同时具备两个条件：一是经济变动使社会对劳动力的需求结构发生了变化（这是必要条件）；二是种种条件的限制使劳动力的供给结构满足不了需求结构的变化（这是充分条件）。满足不了需求结构变化的那部分劳动者便成了失业人员，得不到满足的工作岗位则成了空位，这就构成了结构性失业的重要特征——失业和空位并存。

👓 **知识拓展**

摩擦性失业与结构性失业有何异同？

两者的相同之处是两者都是空位与失业并存。

两者的不同之处是摩擦性失业强调的是由于信息不充分而形成的暂时性、过渡性的失业，失业者的技能与空位是相匹配的；而结构性失业是由经济结构变化导致的，强调的是失业者的技能与空位不相符，无法填补空位，是长期性的。

结构性失业比摩擦性失业持续的时间长，因为工人往往需要重新培训或者只有迁移到另一个城市才能重新找到一份工作。

3. 季节性失业

季节性失业是指由某些行业生产的季节性变动所引起的失业。某些行业的生产具有季节性，生产繁忙的季节所需的员工多，生产淡季所需的员工少，这样就会引起具有季节性变化特点的失业。这些行业生产的季节性是由自然条件决定的，很难改变。因此，这种失业也是正常的。在农业、建筑业、旅游业中，这种失业最为严重。

📖 **生活中的实例**

如果你听说一家雪糕厂在寒冬也能开足马力生产雪糕，或者一个人在 6 月还能卖出圣诞卡，你一定会觉得这是奇迹。的确，一些工作是有季节性的，随着季节的交替，这些工作机会也会周而复始地出现、消失，于是就会产生季节性失业——随季节变换而变化的失业。

4. 古典失业

古典失业是由工资刚性所引起的失业。按古典经济学家的假设，若工资具有完全的伸缩性，则通过工资的调节便能实现人人都有工作。这就是说，如果劳动的需求小于供给，工资下降，则直至全部工人全被雇用，也不会出现失业。工会的存在及最低工资法均限制了工资的下降幅度，从而使工资具有能升不能降的所谓"工资刚性"，这种工资刚性的存在，会使一部分工人无法受雇，从而出现失业。

> **知识拓展**
>
> 自然失业率指充分就业下的失业率，是摩擦性失业率及结构性失业率之和。自然失业率最早由美国经济学家米尔顿·弗里德曼提出。他指出，由于人口结构的变化、技术的进步、人们的消费偏好改变等因素，社会上总会存在着摩擦性失业和结构性失业。就长期而言，经济景气循环带来的失业情形常会消弭无踪，社会上只留下自然失业现象。"自然"的定义并不明确，没有人能明确地指出一个社会的自然失业率是多少，自然失业率会随着人口结构的变化、技术进步、产业升级而变化。西方国家的大多数学者认为，自然失业率一般在 4%~6%。

（二）周期性失业

周期性失业又称需求不足失业，也就是凯恩斯所说的非自愿失业。根据凯恩斯的分析，就业水平取决于国民收入水平，而国民收入又取决于总需求，周期性失业是由总需求不足而引起的失业。它一般出现在经济周期的萧条阶段，故又称为周期性失业。

凯恩斯用三大心理规律来说明总需求不足的原因，这三大心理规律分别是边际消费倾向递减规律、资本边际效率递减规律和流动偏好规律。

1. 边际消费倾向递减规律

边际消费倾向递减规律是指人们的收入越增加，消费支出占增加收入的比重就越小。由于消费是总需求的一个重要组成部分，边际消费倾向递减会导致总需求不足。边际消费倾向递减规律是由人类的天性所决定的。由于这一心理规律的作用，增加的产量在扣除个人增加的消费以后，就留下了一个缺口，即总需求紧缩缺口。假如没有相应的投资来填补这个缺口，产品就会有一部分无法销售出去，于是就出现了消费不足，引起生产紧缩和失业。

2. 资本边际效率递减规律

资本边际效率递减规律是指资本投入越增加，利润占资本投入的比重就越小。投资需求取决于资本边际效率与利息率的对比关系。资本边际效率，就是厂商增加投资与所增利润量之比。投资需求是总需求的另外一个重要组成部分。投资是一种牺牲当前消费以获取未来收益的行为，所以投资获得利润率和资本边际效率的高低直接影响着投资需求的大小，两者呈正比关系。如果利息率不变，利润率和资本边际效率越高，则越能刺激人们投资的积极性。然而，资本边际效率递减规律的作用，使人们对投资前景缺乏信心，必然会使投资需求不足。

> **知识拓展**
>
> 资本边际效率递减主要有两方面原因：从微观角度看，其在选择投资项目时总是先选择预期收

益较高的项目，然后才考虑预期收益较低的项目，从而随着投资增加，资本边际效率递减；从宏观角度看，随着投资的增加，对资本品需求的增加会导致资本品价格的上升，而以后产出的增加则会导致产品价格下降，从而使得资本边际效率递减。

3. 流动偏好规律

流动偏好规律是指人们在心理上总喜欢以现金的形式保存自己的一部分收入，这种以货币形式保存收入的心理动机，就是流动偏好。正是由于流动偏好的存在，为了鼓励人们放弃流动偏好进行储蓄，就要提高利息率。流动偏好造成利息率提高的压力，使得利润率和资本边际效率更低，从而使投资需求"雪上加霜"。

（三）隐蔽性失业

隐蔽性失业者是指表面上有工作，实际上对生产没有做出贡献的人，或者说，这些工人的边际生产力为零甚至是负数。当经济中减少就业人员而产量仍没有下降时，就存在着隐蔽性失业。这种失业在发展中国家存在较多，尤其是农业部门，隐蔽性失业更严重。

知识点滴

最明显的表现，就是一个单位里"一个人的活，三个人干"，机构臃肿，人浮于事。例如，一个经济单位有5000万工人，如果减少500万工人而国内生产总值并不减少，则说明这个经济单位中存在着10%的隐蔽性失业。

三、充分就业

充分就业并非人人都有工作，消除了周期性失业时的非自愿失业状态，就是充分就业。充分就业与自然失业的存在并不矛盾甚至可以并存。实现了充分就业时的失业率称为自然失业率或充分就业的失业率。

充分就业时仍然有一定的自然失业。这是因为，经济中有些造成失业的原因（如劳动力的流动等）是难以克服的，劳动力市场总是不十分完善的。自然失业的存在不仅是必然的，而且是必要的。因为这种失业者的存在，能作为劳动后备军随时满足经济对劳动的需求，能作为一种对就业者的"威胁"而促使就业者提高生产效率。此外，各种福利支出（失业补助、贫困补助等）的存在，也使得存在一定水平的失业不会成为影响社会安定的因素，因而是社会可以接受的。

自然失业率的高低，取决于劳动力市场的完善程度、经济状况等各种因素。自然失业率由各国政府根据实际情况确定，各国在各个时期所确定的自然失业率都不同。

探索与思考

失业率有多重要？

失业率是当今社会最为关注的民生问题，西方各国政府每到选举换届的时候他们的候选人都会拿出自己关于控制失业的目标。根据统计，美国在1932年、1960年、1980年、1992年的衰退时期，高失业率都使执政党失去了总统的宝座，而在1964年、1972年、1984年、1996年这样的低失业率的繁荣年份，执政党都会得以连任。可见失业率在各国政府心目中的重要性。失业率的高低可以体现政府的执政能力，可以获得民众的好感，而且失业率还会间接地反映一国经济的好坏，从而影响投资者的投资行为。

就个人而言，大多数人依靠他们的劳动收入来维持生活水平，许多人在工作中得到了收入也得到了成就感。在人的一生中，失去工作可能是最悲惨的经济事件。失去工作意味着生活水平的降低，对未来的担忧，以及自尊心的伤害。尽管几乎所有政府都致力于创造新的就业岗位，但即使在经济运行良好的状况下，也会有一些人找不到工作。

问题：

1．为什么社会上总会有人处于失业状态？

2．政府会采取哪些措施应对高失业水平？为什么政府需要这么做？

四、失业对社会的影响

对社会来说，失业者增加，一方面会影响社会的安定，带来一系列社会问题，另一方面失业者过多增加了社会福利支出，会造成政府财政困难。同时，从整个经济来看，失业会引起实际国民收入的减少。美国经济学家阿瑟·奥肯在20世纪60年代提出的奥肯定理，试图说明失业率与实际国民收入增长率之间的关系。

奥肯定理是说明失业率与实际国民收入之间关系的经验统计规律。这一规律表明，失业率每增加1%，实际国民收入减少2.5%；反之，失业率每减少1%，则实际国民收入增加2.5%。

名人有约

阿瑟·奥肯（1928—1980），经济学家，1956年获哥伦比亚大学经济学博士学位后任教于耶鲁大学，讲授经济学。1961年，担任总统经济顾问委员会成员。1964年，被聘为约翰逊总统经济顾问委员会成员，而且于1968年被任命为该委员会主席。

他倾向于凯恩斯主义学派，长期致力于宏观经济理论及经济预测的研究，并且从事政策的制定及分析工作。

奥肯的主要贡献是分析了平等与效率的替换关系，他提出了著名的"奥肯定理"。

在理解这一规律时应该注意以下三点。

（1）它表明失业率与实际国民收入增长率之间是反向变动的关系。

（2）失业率与实际国民收入增长率之间1∶2.5的关系只是一个平均数，这一平均数是根据经验统计资料得到的，在不同的时期有所不同。例如，在20世纪60年代，这一比例是1∶3；在70年代，这一比例是1∶2.5～1∶2.7；在80年代，这一比例是1∶2.5～1∶2.9。

（3）奥肯定理主要适用于没有实现充分就业的情况。在实现了充分就业的情况下，自然失业率与实际国民收入增长率的相关性就要弱得多了，二者之间的比例一般在1∶0.76左右。

知识拓展

失业对个人、家庭和社会的影响都比较大，俗话说"贫贱夫妻百事哀[①]"，失业引起的压力常成

---

① 本句出自唐代诗人元稹的《遣悲怀》，原意为"对同贫贱共患难的夫妻来说，一旦永诀，会让人更为悲哀"。后人望文生义，理解成"处于贫困之中的夫妻，干什么事都不顺"。本处借用后者。

为家庭暴力及夫妻失和的导火线。失业的人失去自尊和成就感，家人对其失去尊重和耐性，暴力容易一发而不可收拾，从而产生严重问题。失业率增加会使犯罪率和自杀率增加，并易使健康恶化。失业在每个国家都存在，失业者的存在会增加社会的不稳定性，影响经济发展。因此，每个国家都会有适合他们本国国情的失业保障。

第二节 通货膨胀理论

一、通货膨胀的含义

对于通货膨胀这样一个普遍现象，经济理论界对它的解释各不相同，但一般都接受这样的定义：通货膨胀是指物价水平有相当幅度的普遍持续上涨的情况。

在理解这一定义时，必须把握以下四点。

（1）反映通货膨胀的物价水平是各种物品的平均价格水平，而不是指某一种或某几种物品的价格，指的是所有商品和劳务的总物价水平。

（2）物价是有"相当幅度"的上涨。如果每年的物价水平尽管持续上涨，但上涨幅度很小，那就不能说是通货膨胀。这就有一个"临界值"的问题，究竟物价上涨多少才算通货膨胀？这要根据各国不同的具体情况而定。

（3）物价是"普遍"上涨。物价上涨不是局部地区、某种或某几种物品的物价上涨，而是全局性的、全社会性的、所有地区的所有物品物价都在上涨。

（4）物价是"持续"上涨。一般以年为单位观察，如果一年内上半年物价上涨了 5%，而下半年又下降了 4%，则不属于通货膨胀。

生活中的实例

适度通胀为什么是政府追求的目标？

请设想一下：如果钱总是在变得更值钱，会发生什么情况？如目前早餐时间 8 块钱可以买到 A 套餐，3 个月后 7 块钱就可以买到，一年后 6 块钱就可以买到，其他物品也是这样，在这种情况下，大家一定会选择存钱，控制消费和投资，因为"现金为王"了，持有现金回报率非常高。在这种情况下，企业要挣钱是很困难的，企业家肯定不愿意去贷款，因为贷款成本会越来越高，负担会越来越重。这样，经济的车轮就会慢下来，股票下跌，房价下跌，最终工资下跌，所有人的收入都下降，经济进入低通胀或者说进入通货紧缩期。因此，对现代政府，一般都认为通货紧缩非常可怕，可怕程度甚至超过了中度通胀。通货紧缩这种情况在金属货币统治时代时有发生。

请再设想一下有适度通胀的情况。例如，每年有 3.5%左右的通胀率，物价呈现一种缓慢上升的趋势，那么有消费能力、投资能力的人，自然会消费、投资，因为钱存着会贬值，或者仅仅能保值。暂时没有消费能力、投资能力的人，也能看到希望：物价虽然在涨，但非常缓慢，他们有信心通过奋斗让工资追上通胀，也有信心存钱买房。

而且，由货币超发引起的通胀在推动经济增长的同时，还可以使政府获得铸币税。一般来说，只有国家才有铸币权。假如在使用金属货币的时代，铸造 1 块钱的成本是 0.4 元，那么 0.6 元就成为政府的收入，这被称为"铸币税"。每一个政府，都有多"铸币"的冲动，因为这样可以轻松获取"铸币税"，这是一种隐性税收，成本低，利润高。在信用货币时代，"铸币税"的内涵发生了很大变化，且负责任的中央银行不会直接超发货币，但仍存在"铸币税"现象。

因此，适度通胀是信用货币制度下所有政府和央行追求的目标。当然，政府会通过各种货币工具，试图将通胀控制在适度范围内。

不仅当代社会，古代也有类似情况。铜钱是秦朝之后两千多年中我国最主要的货币，虽然铜钱也非足值货币，但限于铜料的缺乏，政府铸币不可能太多，这使币值相对稳定。但某些时期所铸造的"一当十""一当百"甚至"一当千"铜钱，或者以铁代铜，则和当代各国政府推动货币超发极为相似，但这种行为带来的通货膨胀相对较低；元朝、明朝纸币的过度发行则产生了严重的通货膨胀，以致纸币失去价值。

二、通货膨胀的测定

测定通货膨胀水平的是通货膨胀率。通货膨胀率是一个时期的价格指数比另一个时期的价格指数增加的百分比，计算公式为

$$通货膨胀率 = \frac{本期价格指数 - 上期价格指数}{上期价格指数} \times 100\%$$ （10.2）

衡量通货膨胀的价格指数一般包括以下三种。

1. 消费价格指数

消费价格指数（CPI），它是衡量各个时期居民个人消费的商品和劳务零售价格变化的最基本的指标。其是将各种消费品价格与其权数的乘积求和来计算价格指数。我国编制消费价格指数的商品和服务项目，主要根据全国城乡 12 万户居民家庭消费支出构成资料和相关的资料确定，目前共包括食品、烟酒及用品、衣着、家庭设备用品及服务、医疗保健及个人用品、交通和通信、娱乐教育文化用品及服务、居住八大类。

📖 **知识拓展**

中国居民消费价格指数（CPI）涵盖全国城乡居民生活消费的食品、烟酒及用品、家庭设备用品及维修服务、医疗保健和个人用品、交通和通信、娱乐教育文化用品及服务、居住八大类，262 个基本分类的商品与服务价格。数据来源于全国 31 个省（区、市）、500 个市县、6.3 万家价格调查点，包括食杂店、百货店、超市、便利店、专业市场、专卖店、购物中心，以及农贸市场与服务消费单位等。

中国的 CPI 月度数据由国家统计局通过新闻发布的形式统一公布，月度数据一般在月后 3 日左右公布，季度、年度数据则延至月后 20 日左右公布。

> 国家数据库月度数据、季度数据、年度数据可查询各种价格分类指数，读者可重点关注其中的"居民消费价格指数（上年=100）"和"工业生产者出厂价格指数"。

2. 生产价格指数

生产价格指数（PPI），即批发物价指数，是衡量各个时期生产资料（资本品）与消费资料批发价格变化的指标。设计这一指标是为了衡量第一级销售点上的价格，因为它包括的商品比较详尽（大约有 3400 种商品），因而这一指标对反映物价水平也较为有用。

3. 国内生产总值平减指数

国内生产总值平减指数，是衡量一国经济不同时期内所生产的最终产品和劳务的价格总水平变化程度的经济指标，它由名义国内生产总值除以实际国内生产总值计算得来。该指数比消费价格指数更全面，因为它包括国内生产总值中所有产品和劳务的价格。

生活中的实例

物价指数

物价指数亦称商品价格指数，是反映各个时期商品价格水准变动情况的指数。物价指数是一个与某一特定日期一定组合的商品或劳务有关的价格计量。当该商品或劳务的价格发生了变化时，其价格指数也随之变化。居民消费价格统计调查的是社会产品和服务项目的最终价格，一方面同人民群众的生活密切相关，同时在整个国民经济价格体系中也具有重要的地位。它是进行经济分析和决策、价格总水平监测和调控及国民经济核算的重要指标。其变动率在一定程度上反映了通货膨胀或紧缩的程度。一般来讲，物价全面地、持续地上涨就被认为发生了通货膨胀。

请观看动画视频后思考：在你的生活中、新闻里见过哪些物价指数？

《蜗牛一家亲·消费者物价指数》（中央电视台财经频道）

三、通货膨胀的分类

按照不同的划分标准，可以把通货膨胀划分为不同的类型。

通货膨胀按物价上涨的速度和趋势可分为以下三类。

（1）温和的通货膨胀。它是指每年物价上涨的幅度在10%以内的通货膨胀。许多国家都曾有过这种温和的通货膨胀，凯恩斯主义者认为这种温和的通货膨胀虽然使物价有些上升，但却增加了社会需求，促进了资源的利用和就业的增加，对整个社会发展是有利的。

（2）奔腾式的通货膨胀。它是指两位数的通货膨胀，即年物价上涨幅度在10%以上，100%以下的情况。对于这种通货膨胀，政府必须采取强有力的政策措施加以控制，以免对一国经济和人民生活造成不利影响。

（3）恶性通货膨胀。它是指年物价上涨幅度在100%以上的通货膨胀。发生这种通货膨胀时，物价持续上涨，货币体系崩溃，正常经济秩序遭到破坏，会导致经济崩溃乃至政府更迭。

生活中的实例

委内瑞拉陷入恶性通货膨胀

凤凰卫视2016年12月7日新闻片段

下面为恶性通货膨胀的一些知名例子：德国20世纪20年代初的物价，曾每49小时增加1倍；20世纪40年代初的希腊被德国占领时，物价每28小时上升1倍。这种极端例子一般在战事发生时出现，近数十年也时有出现。1993年10月—1994年1月，南斯拉夫的通货膨胀就曾达到每16小时增加1倍；乌克兰、秘鲁、墨西哥、阿根廷、巴西等，也在20世纪80年代或90年代面对过严重的通货膨胀。

石油价格在2014年见顶回落之后，委内瑞拉陷入恶性通货膨胀。委内瑞拉官方货币急剧贬值，使得购买一些基本的日用品也需要"一麻袋"钞票，甚至劫匪也放弃了抢劫钞票。2018 年 8 月 20 日新货币主权玻利瓦尔替代原有货币强势玻利瓦尔（Strong Bolivar），兑换比率为 1∶10 万，与美元的官方汇率从 1∶28.5 万变为 1∶600 万，贬值 95%。新货币与其加密货币石油币挂钩，石油币将作为该国的国际记账单位，以及国内工资和商品、服务定价的基准。

请观看新闻视频后思考：发生恶性通货膨胀对社会有什么影响？

通货膨胀按照对价格影响的性质，可分为以下两类。

（1）平衡式的通货膨胀。它是指各种商品（包括生产要素）的价格以相同比例上升的通货膨胀。

（2）非平衡式的通货膨胀。它是指各种商品和生产要素的价格上涨幅度不相同的通货膨胀。

通货膨胀按照人们对通货膨胀的预期程度，可分为以下两类。

（1）可预期的通货膨胀，又称为惯性通货膨胀，主要是指一国政府、厂商和居民对未来某一时期通货膨胀可以在一定程度上加以预期的通货膨胀。

（2）不可预期的通货膨胀。它是指物价上涨的速度超出人们的预料，或者人们对未来的物价变化趋势无法预测的通货膨胀。这种类型的通货膨胀在短期内对就业与产量有扩张效应。

探索与思考

2010 年 2 月消费价格指数公布后人们惊奇地发现，2.7% 的消费价格指数增速已经超过了 1 年期基准利率 2.25% 的水平。这意味着，在银行存款已经跑不赢通货膨胀率了。消费价格指数上涨，意味着消费同样的商品老百姓要掏更多的钱。管好消费价格指数，就是不让消费价格指数"偷走"老百姓的钱。正因为消费价格指数事关民生，所以老百姓对于通货膨胀心有余悸，政府也表示要管理通货膨胀预期。高涨的通货膨胀同样会对经济带来不利影响。因此，解决通货膨胀问题和解决失业一样，是政府调控经济的重要目标。

与高通货膨胀不同，通常把过低的通货膨胀视同通货紧缩。价格指数低位运行对消费者而言是好消息，但也意味着需求不够旺盛，这是经济扩张步伐放缓的迹象。2018 年 5 月我国居民消费价格总水平（CPI）同比增长 1.8%，同比涨幅有所回落。

推荐读者登录国家数据库，在"年度数据"页面"指标—价格指数"下查看"各种价格指数"，将新数据填入表 10.1。

表 10.1　中国年度居民消费价格指数

（CPI，年度居民消费价格指数，上年=100）

年度	1978	1979	1980	1981	1982	1983	1984	1985	1986	1987
CPI	100.7	101.9	107.5	102.5	102	102	102.7	109.3	106.5	107.3
年度	1988	1989	1990	1991	1992	1993	1994	1995	1996	1997
CPI	118.8	118	103.1	103.4	106.4	114.7	124.1	117.1	108.3	102.8
年度	1998	1999	2000	2001	2002	2003	2004	2005	2006	2007
CPI	99.2	98.6	100.4	100.7	99.2	101.2	103.9	101.8	101.5	104.8
年度	2008	2009	2010	2011	2012	2013	2014	2015	2016	2017
CPI	105.9	99.3	103.3	105.4	102.6	102.6	102	101.4	102	101.6
年度	2018	2019	2020	2021	2022	2023	2024	2025	2026	2027
CPI										

四、通货膨胀的成因

通货膨胀的成因较复杂，最主要的影响因素有以下几种。

（一）需求拉动的通货膨胀

需求拉动的通货膨胀是从需求角度来解释通货膨胀形成的原因，认为通货膨胀的原因是总需求过度增长。总需求过度增长，必然总需求大于总供给，供不应求，结果物价上涨，从而导致通货膨胀。

根据凯恩斯的有效需求决定国民收入原理，均衡国民收入和价格水平由总供给曲线 AS 和总需求曲线 AD 的交点决定，如图 10.3 所示。

图 10.3 中横轴代表国民收入，纵轴代表物价水平，AS 代表总供给曲线，AD 代表总需求曲线。Y_1 代表充分就业时的实际国民收入，即总供给的最高限。当总需求为 AD_1 时，AD_1 与 AS 相交于 E_1 点，这表明 E_1 点为总供求均衡点，E_1 点对应的国民收入 Y_1 为均衡国民收入，均衡国民收入与充分就业的国民收入正好相等，此时的物价水平为 P_1。当由于某种原因需求增加时，AD_1 转至 AD_2，但因为已经充分就业，

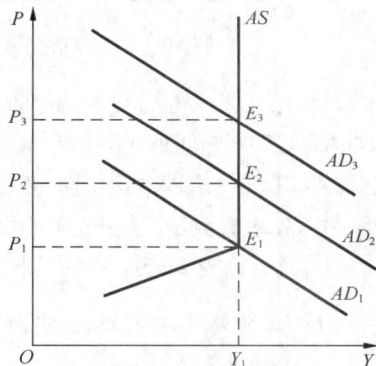

图 10.3　纯粹需求拉动通货膨胀

所以实际的总供给不可能增加，AS 曲线在充分就业后即变为一条垂线，AD_2 与 AS 相交于 E_2 点。由于供给不变，需求增加，导致供不应求，拉动物价上涨，使物价水平由原来的 P_1 提高到 P_2。同时，如果需求连续增加，假设增加到 AD_3，则物价会上升至 P_3。可见，在充分就业以后，总需求的增加必然导致物价上升，形成通货膨胀。这种通货膨胀纯粹是由需求过度引起的，称为纯粹的需求拉动通货膨胀，凯恩斯称之为"真正的通货膨胀"。

还有一种情况，如图 10.4 所示。最初总需求为 AD_1，均衡点为 E_1，此时的均衡国民收入为 Y_1，均衡价格为 P_1。当需求增加到 AD_2 时，因为社会还没有实现充分就业，所以企业还有可能增加产量，因此，新的均衡点为 E_2，此时均衡国民收入由 Y_1 增加到 Y_2，但物价水平也由 P_1 上升到 P_2。如果需求继续增加至 AD_3，则新的均衡点为 E_3，均衡国民收入为 Y_3，价格上为 P_3。由图 10.4 可知，在 E_3 点社会已实现充分就业，如果继续增加需求，则供给量不能再增加，供求均衡情况则和第一种情况相同。这说明，在社会没有实现充分就业时，尽管供给量可以增加，但过度的需求仍然会使物价上升。这种通货膨胀，凯恩斯称之为"半通货膨胀"。

（二）成本推动的通货膨胀

成本推动的通货膨胀是从总供给的角度来分析通货膨胀的成因的。这种理论认为，从总供

给的角度来看，引起通货膨胀的原因是成本增加。成本的增加意味着只有在高于以前的价格水平下，才能达到与以前相同的产量水平，即总供给曲线向左上方移动。在总需求不变的情况下，总供给曲线向左上方移动，使国民收入减少，价格水平上升，这种价格上升就是成本推动的通货膨胀，如图 10.5 所示。

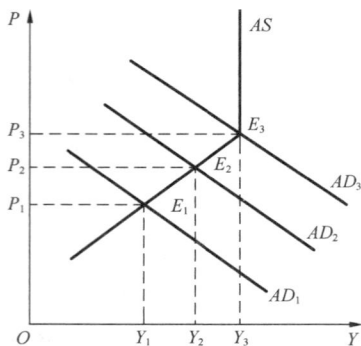

图 10.4 半通货膨胀

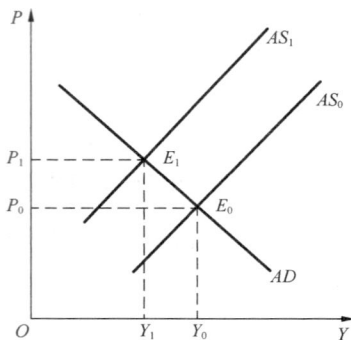

图 10.5 成本推动通货膨胀

图 10.5 中，横轴代表国民收入，纵轴代表物价水平。原来的总供给曲线 AS_0 与总需求曲线 AD 决定了均衡的国民收入为 Y_0，均衡的价格水平为 P_0。成本增加，总供给曲线向左上方移动到 AS_1，这时总需求曲线没有变化，决定了均衡的国民收入为 Y_1，均衡的价格水平为 P_1。价格水平由 P_0 上升到 P_1 是由成本的增加所引起的，这就是成本推动的通货膨胀。

因为引起成本增加的原因不同，所以成本推动的通货膨胀可以有以下几种。

1. 工资成本推动的通货膨胀

工资是成本中的主要部分，工资的提高会使生产成本增加，从而引起价格水平上升。在劳动市场存在工会的卖方垄断的情况下，工会利用其垄断地位要求提高工资。雇主迫于压力提高工资以后，就把增加的工资加入产品成本，提高产品的价格，从而引起通货膨胀。

知识拓展

工资的增加往往是从个别部门开始的，但由于各部门之间工资的攀比，个别部门工资的增加往往会导致整个社会的工资水平上升，从而引起普遍的通货膨胀。而且，这种通货膨胀一旦形成，便会形成"工资—物价螺旋式上升"，即工资上升引起物价上升，物价上升又推动工资上升。这样，工资与物价不断相互推动，形成严重的通货膨胀。

2. 利润推动的通货膨胀

利润推动的通货膨胀是指垄断厂商为了增加利润而提高价格所引起的通货膨胀。在完全竞争的市场上，厂商无法自行定价，只能成为市场价格的接受者。但在垄断市场上，具有垄断地位的厂商控制了产品的销售价格，从而可以提高价格，以增加利润。这一行为传导到其他行业，就会使整个社会物价上涨，引起利润推动的通货膨胀。

3. 进口成本推动的通货膨胀

进口成本推动的通货膨胀，是指在开放经济中随着重要进口原材料价格的提高而带来的国内生产成本上升引起的通货膨胀。当某些行业生产所需的原材料部分需要进口，而且进口的原材料在这些行业的生产成本中占有较大的比例时，那些进口原材料价格的上升将提高这些行业的产品成本，从而引起这些行业产品价格的提高。当这些行业产品价格的上升波及整个经济时，便会形成进口成本推动的通货膨胀。

（三）供求混合推动的通货膨胀

供求混合推动的通货膨胀是将总需求与总供给结合起来分析通货膨胀形成的原因。如果通货膨胀由需求拉动开始，过度的需求引起物价上升，物价上升引起工资增加，即供给成本增加，从而便引起成本推动的通货膨胀。反之，如果通货膨胀是由成本推进开始，工资上升，利润上升，消费上升，总需求增加，最终会导致需求拉动的通货膨胀。

（四）结构性通货膨胀

结构性通货膨胀是指由经济结构的特点引起的通货膨胀。经济中可以分为产品供不应求部门和产品供过于求部门。供不应求部门为了满足公众的要求，需要扩大生产规模，增加生产资源和工人，而供过于求的部门则会缩减生产、资源并导致工人过剩。如果资源与工人能迅速地由供过于求的部门顺利地流到供不应求部门，则结构性通货膨胀不会发生。但在现实中，由于各种限制，供过于求部门的资源与工人不能迅速地流到供不应求的部门，这样供不应求的部门由于资源与人力短缺，资源价格上升，工资上升，而供过于求的部门尽管资源与人力过剩，但资源价格并不会下降，尤其是工资，不仅不会下降，反而还会上升。这样，由于产品供不应求部门总需求过度增长和两部门的成本增加，尤其是工资成本增加，从而引发通货膨胀。

此外，各经济部门的劳动生产率不同（如加工部门劳动生产率高、服务部门劳动生产率低），而各部门的工资水平由于攀比行为而向高工资水平看齐，也会使整个社会的工资增长率超过劳动生产率而引起通货膨胀。这种通货膨胀也是结构性通货膨胀。

五、通货膨胀对经济的影响

通货膨胀会给社会经济生活的各个方面带来程度不同的影响，通货膨胀的影响也可称为通货膨胀的经济效应。一般来说，通货膨胀对经济的影响主要体现在以下三个方面。

1. 通货膨胀对收入和财富分配的影响

对于大多数人来说，工资是其主要的收入来源。如果货币工资是固定的，或其增长慢于通货膨胀，或在调整的时间上滞后于通货膨胀，则在通货膨胀中实际工资降低，利润增加，使得工资收入者受损、利润收入者受益，后者的收益往往是以前者的牺牲为代价的。

> **知识拓展**
>
> 在通货膨胀中，贫困家庭的财产中"固定价格资产"比重大，家庭所遭受的损失较大，而富裕家庭"变动价格资产"比重大，因而所遭受的损失较小。

通货膨胀还降低了获取地租、利息、退休金等固定收入的人们所持有货币的实际购买力。

通货膨胀对人们所拥有的财产的影响，主要决定于人们拥有的财产或债务的种类。如果债务是按固定利率支付的，则急剧的通货膨胀可能会使债务人得益，而使债权人受到损失。家庭财产可分为"固定价格资产"和"变动价格资产"，前者指储蓄、银行存款和购买的各种债券等，其实际价值随物价的上涨而下降；后者是房屋、土地、黄金等，其价格随物价的上涨而提高，实际价值不变或上升。

2. 通货膨胀对资源配置的影响

在市场经济中，价格对资源配置具有重要的调节作用。如果价格水平的上升是不平衡的，那么各种商品和劳务的价格发生了相对变化就会引起资源的重新配置。那些在通货膨胀期间价格上升快于成本上升的行业便会得到扩张，而价格上升慢于成本上升的行业则会相应收缩。在通货膨胀中，各行业产品和劳务的价格与成本上升往往具有盲目性，因而会扰乱价格体系，引起资源配置的失调，降低整个经济的效率。

在通货膨胀中，受影响最大的价格是现金的价格。通货膨胀会导致现金的实际利率为负，因此，发生通货膨胀时人们会急于将现金脱手或频繁地去银行提取现金，或将现金换成实物，增加存货，从而引起资源的浪费。

知识点滴

富人希望高通胀？

这个命题成立有其前提，这就是富裕阶层使用贷款或者债券更多，更多地充当"债务人"的角色。实际上，越是经济发达国家，富裕阶层债务比例就越高。因此，多数富人都希望永远执行"宽松的货币政策"。

此外，价格是人们比较各种商品和劳务的尺度。在持续的通货膨胀中，这个尺度本身是不断变化的，因此，通货膨胀对价格体系的扰乱还会给经济核算带来困难，干扰资源的配置，降低整个经济的效率。

3. 通货膨胀对产出和就业总水平的影响

一般来说，在短期内，由意料之外的需求拉动的通货膨胀会使产品价格的上涨快于货币工资率的上涨，实际工资率有所下降，从而促使企业增雇工人，扩大产出，以谋取利润，使就业和国民产出增长。但在长期内，工人工资与物价变动的"时差"消失后，通货膨胀会使就业和产量增加的效果消失。因此，通货膨胀对就业和国民产出的影响只能是暂时的，并且工人们会对通货膨胀进行预测，采取措施防止工资增长率滞后于价格上涨的情况。如果通货膨胀是人们预料之中的，那就不会对就业和国民产出水平产生直接的、实质性的影响。

六、失业与通货膨胀的关系

失业与通货膨胀是宏观经济运行中的两个主要问题，那么这两者之间有什么关系呢？这就是菲利普斯曲线所要分析的问题。

1. 菲利普斯曲线

1958 年，在英国伦敦经济学院任教的新西兰籍经济学家菲利普斯研究了英国 1862—1957 年失业率与货币工资变动率之间的关系，提出了表示失业率和货币工资变动率之间关系的菲利普斯曲线，如图 10.6 所示。

图 10.6 中，横轴表示失业率，纵轴表示货币工资变动率，菲利普斯曲线 PC 表现为一条向右下方倾斜的线。它表明，货币工资变动率与失业率之间存在着一种相互交替的关系：货币工资变动率较高时，失业率较低；货币工资变动率较低时，失业率较高。

萨缪尔森和索洛于 1960 年对菲利普斯曲线做了修正，他们认为，在工资和利润比例不变的情况下，通货膨胀率等于货币工资增长率与劳动生产增长率之差。通过这种关系，可以把失业率与货币工资变动率的关系转换成失业率与通货膨胀率之间的关系。例如，如果已知工资增长率为4%，若劳动生产增长率为1%，则通货膨胀率为3%。这样，菲利普斯曲线就成为了表示通货膨胀率与失业率之间交替关系的曲线，如图10.7所示。

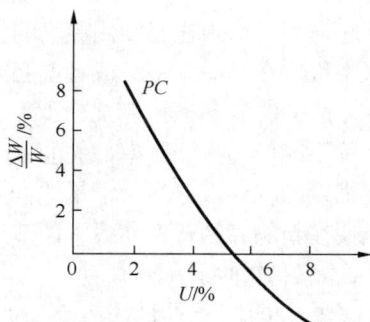

图 10.6　菲利普斯曲线　　　　　图 10.7　修正后的菲利普斯曲线

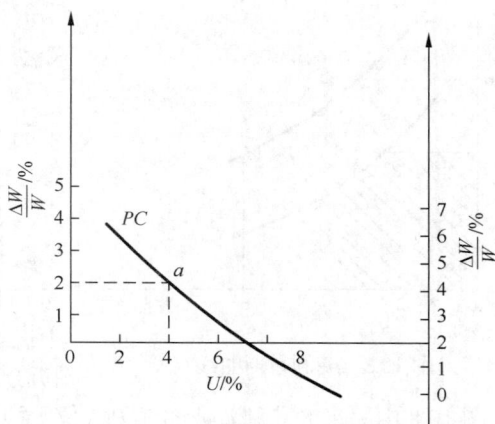

图10.7中 a 点的含义是当失业率为4%时通货膨胀率为2%，此时货币工资增长率为4%。由图10.7可以看出，较低的失业率与较高的通货膨胀率相对应，较高的失业率与较低的通货膨胀率相对应。

失业率与通货膨胀率的这种交替关系会使政策制定者进退两难。如果要控制通货膨胀率，那么必须以较高的失业率作为代价；而如果要控制失业率，则又必须以较高的通货膨胀率为代价。因此，如何选择菲利普斯曲线上的一点作为经济活动的政策，就取决于选择主体对失业率与通货膨胀率两者利弊得失的权衡。不同选择主体会选择不同的点，如工会会选择失业率较低的点，而中央银行会选择通货膨胀率较低的点。一般来说，人们对失业比较敏感，如果有工作保障，即使有一点通货膨胀也可以忍受，如果没有工作保障，则即使没有通货膨胀也难以忍受。

探索与思考

菲利普斯曲线上的失业率有临界点，你认为应该是多少？你和经济学家的认识一致吗？

经济学家一般把菲利普斯曲线上失业率为4%的点称为"临界点"，因为4%的失业率是充分就业与否的临界点，失业率低于4%被认为社会是充分就业的。政府可以根据实际情况与"临界点"的差异进行适当的调节。

知识拓展

与社会不安指数相联系的是政府不受欢迎指数。根据美国耶鲁大学的学者调查，人们对失业的重视程度是通货膨胀的6倍，因此，表示人们对政府不欢迎程度的指数就等于6乘以失业率加通货膨胀率。在前面的例子中，政府不受欢迎程度的指数为 $6 \times 5\% + 6\% = 36\%$。这一指标越高，政府越不受欢迎，该届政府获得连任的机会就越小。

2. 菲利普斯曲线的新变化

菲利普斯曲线反映了失业率与通货膨胀率之间的替代关系。较低的失业率和较低的通货膨胀率不可兼得，可以用牺牲就业来维持物价的稳定，或以牺牲物价稳定来维持充分就业。但从20世纪70年代以来，菲利普斯曲线的上述内容发生了很大的变化，这种变化表现为菲利普斯曲线本身的变动。菲利普斯曲线的变动反映在三个方面。

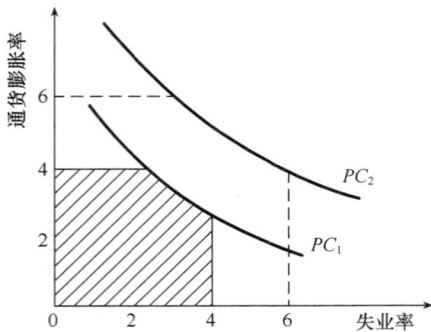

图 10.8　菲利普斯曲线

（1）菲利普斯曲线向右上方移动。这就是说，原来的"临界点"不起作用了，现在必须用更高的失业率才能使通货膨胀率维持在某一水平，或者说必须用更高的通货膨胀率才能使失业维持在某一水平。不论政府怎样调节，都不能使通货膨胀率与失业率降到原先的社会可接受程度的临界点之内。于是他们不得不提高临界点，以便在新的菲利普斯曲线下调节通货膨胀与失业的水平，如图 10.8 所示。

图 10.8 中原来的菲利普斯曲线 PC_1 位于社会可接受程度之内，即位于图上阴影部分为"临界点"以下的安全范围。但当菲利普斯曲线从 PC_1 上移到 PC_2 以后，PC_2 不超过原来的安全范围，此时无论政府采取什么样的政策措施，都不能将失业率与通货膨胀率下降到图上阴影部分所表示的安全范围，于是只得提高"临界点"。图上的虚线框表示提高临界点以后的安全范围。这就形成了滞胀，即高失业率与高通货膨胀率同时并存，停滞与膨胀并发。

为什么菲利普斯曲线会向右上方移动？西方经济学家认为，原来的菲利普斯曲线 PC_1 反映的是通货膨胀预期为零的失业率与通货膨胀率之间的交替关系。如果通货膨胀连年上升，特别是政府利用菲利普斯曲线进行相机抉择，用高通货膨胀率换取低失业率的话，就会形成一种通货膨胀预期。如果通货膨胀预期到了，工人就会要求提高货币工资，以避免生活水平受到通货膨胀的影响。如果人们预期通货膨胀会以 4%的速度增加，那么当货币工资率上升 7%时，人们会以为实际工资率只上升了 3%。因此，如果以往货币工资率上涨 6%便能使失业率降到 3%的话，那么现在达到 3%的失业率就必须使货币工资率上涨 10%，即以往的货币工资上涨率6%加上 4%的通货膨胀预期。

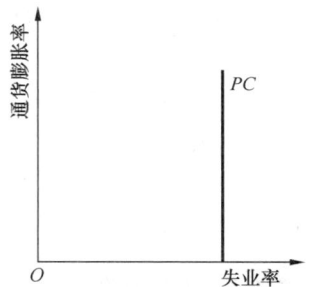

图 10.9　长期的菲利普斯曲线

（2）从长期来看，失业率与通化膨胀率之间已不存在交替关系，菲利普斯曲线变为一条垂直于横轴的直线。从长期来看，不论通货膨胀率上升多少都不能使失业率降下来，如图 10.9 所示。

（3）菲利普斯曲线成为一条由左下方向右上方延伸的线，如图 10.10 所示。由于临界点在不断提高，若把所有的临界点连接起来，菲利普斯曲线就成为了一条从左下方向右上方延伸的线，这说明失业率与通货膨胀率是同向变动的，通货膨胀率越高，失业率将会越高，高失业率与高通货膨胀率同时存在。

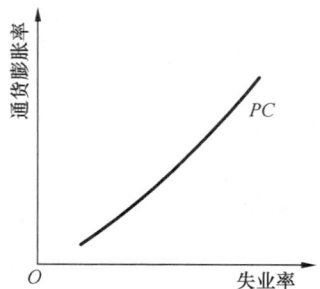

图 10.10　菲利普斯曲线成为向右上方延伸的线

知识拓展

三种主要的失业理论

1. 凯恩斯学派的失业理论，其基础是有效需求原理。在凯恩斯看来，仅仅依靠市场自发的力量，不能达到供给与需求的均衡状态，从而不能形成足以消灭"非自愿失业"和实现充分就业的"有效需求"。因此，凯恩斯关于减少"非自愿失业"的主要建议有刺激消费、扩大有效需求，鼓励投资，增加就业机会等。

2. 货币学派的失业理论。货币学派的代表人物是美国的经济学家弗里德曼，其失业理论可以简单地归结为"自然失业率"假说。弗里德曼所说的"自然失业率"，是指在没有货币因素干扰情况下的劳工市场的商品市场自发供求力量发挥作用应有的均衡状态的失业率。弗里德曼认为，"自然失业率"在现代社会中始终存在，但并不是一个固定不变的量。

3. 发展经济学派的失业理论。发展经济学派是旨在研究和解决发展中国家经济问题和经济发展问题的经济学派，该学派的主要代表问题是刘易斯、费景汉和拉尼斯研究的二元结构发展模式下的失业问题。刘易斯等人认为，传统的农业部门的劳动生产率很低，边际劳动生产率甚至为零或者负数，这里有大量的非公开性失业，而现代工业部门的劳动生产率相对较高，但从业人数较少，其相对较高的工资水平可以吸收传统农业部门劳动力的转移。他们认为，加快现代工业部门的资本积累，可以增强其吸纳传统农业部门劳动力的能力，从而最终解决二元结构失业问题。

发展经济学的理论对我国的就业问题有很强的指导性，对于有13亿人口、9亿农民的中国来说，解决二元发展模式是一项长期任务。与之相伴的失业问题，也将是长期困扰我国经济发展的关键问题。

第三节 经济周期与经济增长

经济周期是指经济运行中周期性出现的经济扩张与经济紧缩交替更迭、循环往复的一种现象，表现为国民总产出、总收入和总就业的波动。早期的经济学家对经济周期的定义是建立在实际的国民收入或总产量绝对量的变动基础上的，认为经济周期是指国民收入上升和下降的交替过程。现代关于经济周期的定义，是建立在经济增长率变化的基础上的，认为经济周期是指经济增长率上升和下降的交替过程。根据这一解释，衰退不一定表现为国民收入绝对量的下降，只要国民收入的增长率下降，就可以称之为衰退，所以在西方有增长性衰退的说法。

一、经济周期

（一）经济周期的特征

一般而言，经济周期有以下几个特征。

（1）各个经济周期在持续时间和变化幅度上并不相同，可以有很大的差别。

（2）每个经济周期的高峰并不一定超过上一个经济周期的高峰阶段，但从整个经济发展的趋势来看，经济活动水平是上升的。

（3）经济周期波动会使经济体系内的自动调整因素起作用，促使波动幅度减缓。

📖 **知识拓展**

　　经济周期不同于经济危机。任何发达的市场经济社会都不能避免经济周期的不断循环，但处于低谷时的经济周期环节并不属于经济危机的范畴。经济周期的低谷环节如果控制不好，就会造成经济危机。经济危机也不同于金融危机，只有当大面积的实体企业宣告破产，大批工人失业，社会生产和消费陷入瘫痪状态时才是金融危机。

（二）经济周期的阶段

　　经济周期一般划分为四个阶段，即繁荣、衰退、萧条和复苏。图 10.11 中，横轴 T 代表时间（年份），纵轴 Y 表示国民收入或经济水平即总体经济活动状况。N 代表正常的经济活动水平。经济在 A 点时达到峰顶，$A \sim B$ 为衰退，$B \sim C$ 为萧条，C 点时达到谷底，$C \sim D$ 为复苏，$D \sim E$ 为繁荣。在 E 点时又达到峰顶，从一个峰顶到另一个峰顶，经济经历了四个阶段，其中，繁荣和萧条是主要阶段，衰退和复苏是过渡阶段。

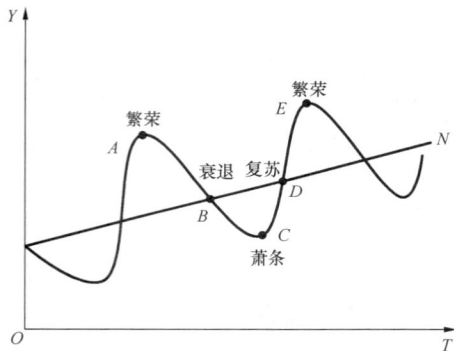

图 10.11　经济周期的阶段

　　繁荣阶段，产量增加，资本借贷增长，物价上涨，利息率上升，就业增长，公众对未来预期乐观。当到达顶峰时，就业与产量达到最高水平，但股票与商品价格开始下跌，存货水平增高，公众的情绪由乐观转为悲观，经济由繁荣转向衰退。

　　萧条阶段，产量减少，资本借贷紧缩，物价下跌，利息率下降，失业严重，公众对未来预期悲观。当达到谷底时，就业与产量跌至最低，但股票与商品的价格开始回升，存货减少，公众的情绪由悲观开始转向乐观，经济由萧条转向复苏。

📖 **知识拓展**

　　经济周期经过繁荣、衰退、萧条和复苏四个阶段所需要的时间称为经济周期的长度。根据经济周期长度的不同，西方经济学家把经济周期分为短周期（基钦周期）、中周期（朱格拉周期）和长周期（康德拉季耶夫周期），时间分别是 3～4 年、9～10 年和 50～60 年。此外，美国经济学家库兹涅茨提出了存在一种与房屋建筑相关的经济周期，平均长度为 20 年，被称为库兹涅茨周期。奥地利经济学家熊彼特认为，长周期的不同阶段仍然存在中周期的波动，而中周期的不同阶段仍然存在短周期的波动。每个长周期包括六个中周期，每个中周期包括 3 个短周期。他以三次重大创新为标志，将资本主义经济划分为三个长周期：1780—1842 年的"产业革命时期"；1842—1897 年的"蒸汽和钢铁时期"；1897 年以后的"电气、化工和汽车时期"。

（三）经济周期的成因

　　对经济周期成因的解释，大体可以分为外因论和内因论两种。内因论认为经济的周期性波动是由经济体系内部的因素引发的，虽然外部因素有一定的作用，但它更强调内部因素的作用。

外因论则认为，经济周期的根源在于经济体系之外的某些因素变动，而且这些外生因素本身不受经济因素的影响。

最主要的外因论有创新理论、政治周期理论、太阳黑子理论等，最主要的内因论有纯货币理论、投资过度理论、消费不足理论和心理理论等。

1. 创新理论

创新是奥地利经济学家熊彼特提出的用以解释经济波动与发展的一个概念。所谓创新，是指一种新的生产函数，或者说是生产要素的一种"新组合"。生产要素新组合的出现，会刺激经济的发展与繁荣。当新组合出现时，老的生产要素组合仍然在市场上存在。新老组合的共存必然给新组合的创新者提供获利条件。而一旦新组合的技术扩散，被大多数企业获得，最后的阶段——停滞阶段也就临近了。在停滞阶段，因为没有新的技术创新出现，所以很难刺激大规模投资，从而难以摆脱萧条。这种情况直到新的创新出现才会被打破，才会有新的繁荣出现。该理论把周期性的原因称之为科学技术的创新，而科学技术的创新不可能始终如一地持续不断出现，从而必然有经济的周期性波动。

2. 政治周期理论

这种理论将经济周期的根源归于政府对通货膨胀采取的周期性制止政策，主要代表人物是波兰经济学家卡莱斯基。该理论认为，经济周期与政策的稳定和经济政策的行为紧密相关。政府为了维持较高的经济增长速度，往往扩大总需求，从而导致通货膨胀。政府制止通货膨胀的唯一方法，是人为地制造一次衰退。当经济出现衰退后，政府在人民的压力下又不得不再次执行充分就业政策，结果就推动了新的高涨，也就不可避免地会出现第二次人为衰退。政治性周期理论把经济周期性循环的原因归之为政府的周期性决策（主要是为了循环解决通货膨胀和失业问题）。

👤 名人有约

米哈尔·卡莱斯基（1899—1970），具有犹太血统的波兰经济学家。卡莱斯基是当代资本主义经济动态理论、社会主义经济增长理论和发展经济学这三个领域的最早开拓者之一。卡莱茨基曾任波兰中央计划局顾问和法国财政部顾问、联合国经济署经济稳定与发展局副局长。

卡莱茨基的政治周期理论提出于1943年，但长期未被引起注意。但是卡莱茨基的理论对后来的新马克思主义经济学家产生了深远影响。1963年出版的《社会主义经济增长大纲》是经济学史上最早完整研究社会主义经济增长理论体系的著作。

📖 知识拓展

美国哈佛大学经济系政治经济学教授艾尔波托·艾莱斯那（Alberto Alesina）通过大量研究发现，1961—1985年美国在净转移支付上存在选举周期（1988）；他认为，德国尽管拥有独立的中央银行和保守的财政政策，但仍然存在政治经济周期（1992）；他还得出了18个经合组织国家的货币政策在理性预期条件下存在党派周期的结论等（1997）。可见，理论与实践方面的研究成果表明政治周期与经济周期存在一定的联系。

3. 太阳黑子理论

太阳黑子理论把经济的周期性波动归因为太阳黑子的周期性变化。因为据说太阳黑子的周期性变化会影响气候的周期变化，而这又会影响农业收成，而农业收成的丰歉情况又会影响整个经济。太阳黑子的出现是有规律的，大约每 10 年出现一次，因而经济周期大约也是每 10 年一次。该理论由英国经济学家杰文斯于 1875 年提出。

> **名人有约**
>
> 威廉姆·斯坦利·杰文斯（1835—1882），他既是边际效用价值论的创立者之一，也是数理经济学派的创始者之一。
>
> 1866 年，他开始担任曼彻斯特大学欧文学院逻辑、道德哲学及政治经济学教授。
>
> 1871 年发表代表作《政治经济学理论》。1875 年他转任伦敦大学政治经济学教授。1880 年被选为伦敦统计学会（英国皇家统计学会前身）副主席。1882 年，杰文斯在一次游泳中不幸溺死，年仅 47 岁。他的主要著作《政治经济学理论》（1871）奠定了他在经济学思想史和边际效用学派与数理学派中的地位。杰文斯以太阳黑子的活动来解释经济危机的原因和周期性。

4. 纯货币理论

该理论主要由英国经济学家霍特里在 1913—1933 年的一系列著作中提出。纯货币理论认为，货币供应量和货币流通速度直接决定了名义国民收入的波动，而且该理论极端地认为，经济波动完全是由银行体系交替扩张和紧缩信用造成的，尤其是短期利率在其中起着重要的作用。现代货币主义者在分析经济的周期性波动时，几乎一脉相承地接受了霍特里的观点。但应该明确肯定的是，把经济周期性循环唯一地归结为货币信用扩张与收缩，是欠妥的。

5. 投资过度理论

投资过度理论把经济的周期性循环归因于投资过度。由于投资过多，与消费品生产相比，资本品生产发展过快。资本品生产的过度发展，促使经济进入繁荣阶段，但资本品过度生产从而导致的过剩，又会促使经济进入萧条阶段。

6. 消费不足理论

消费不足理论的出现较为久远。早期有西斯蒙第和马尔萨斯，近代则以霍布森为代表。该理论把经济的衰退归因于消费品的需求赶不上社会对消费品生产的增长。这种消费不足又根源于国民收入分配不公所造成的过度储蓄。该理论一个很大的缺陷是，它只解释了经济周期危机产生的原因，而未说明其他三个阶段。因此，在周期理论中，它并不占有重要位置。

7. 心理理论

心理理论和投资过度理论是紧密相连的。该理论认为，经济的循环周期取决于投资，而投资大小主要取决于业主对未来的预期，而预期却是一种心理现象，而心理现象又具有不确定性特点。因此，经济波动的最终原因取决于人们对未来的预期。当预期乐观时，增加投资，经济步入复苏与繁荣；当预期悲观时，减少投资，经济则陷入衰退与萧条。随着人们情绪的变化，经济也就周期性地发生波动。

二、经济增长

美国经济学家库兹涅茨给经济增长下过一个定义：一个国家的经济增长，可以定义为给居民提供种类日益繁多的经济产品的能力长期上升，这种不断增长的能力，是建立在先进技术以及所需要的制度和思想意识的相应调整的基础上的。

> **知识拓展**
>
> 库兹涅茨定义包括了三方面的含义：①经济增长的表现为商品总供给量的不断增加，即国内生产总值或国民收入的增加；②技术进步是实现经济增长的必要条件，即影响经济增长的诸因素中技术是最关键的；③制度与意识形态的相应调整是经济增长的充分条件，技术进步只是为经济增长提供了一种潜在的生产能力，要使之转变为现实，还必须有与之相适应的社会制度和意识形态。

（一）经济增长的特征

根据库兹涅茨的总结，经济增长有以下五个特征。

（1）按人口计算的产量的高增长率和人口以及资本形成的高增长率。

（2）生产率的高速增长，这是技术进步的标志和结果。这里的生产率既包括劳动生产率，也包括生产要素的全要素生产率。

（3）经济结构的迅速变革，主要包括产业结构、就业结构、消费结构以及进出口结构的变革。

（4）社会结构和意识形态的迅速变化，如城市化、文化教育和宗教信仰等的变化。

（5）增长是世界性的，但全世界的增长又是不平衡的。

（二）经济增长因素分析

影响经济增长的因素，首先是生产要素的投入数量，包括资本、自然资源和劳动力的投入，这些是影响经济增长的直接因素。

1. 资本

资本包括物质资本和人力资本，这里所研究的物质资本是指设备、厂房、存货等的存量。英国古典经济学家亚当·斯密就曾把资本的增加作为国民财富增加的源泉。现代经济学家认为，在经济增长中资本的增加要快于人口的增加，即人均占有的资本是增加的，人均产量才会提高。在经济增长的开始阶段，资本增加所做的贡献还要大一些。因此，许多经济学家都把资本积累占国民收入的 10%～15% 作为经济起飞的先决条件。

> **知识拓展**
>
> **投资与增长的关系**
>
> 投资是国民经济总需求的一个重要组成部分，是经济增长的主要动力，又是诱发经济波动的主要因素，具有"双刃剑"的作用。没有投资行为，经济增长就缺乏后劲，没有经济增长，投资就成

为无源之水。

> 投资是国民经济持续、稳定、快速增长的关键因素。投资应服从和服务于消费，消费产生需求，投资产生供给，在处理投资与经济增长关系时，既不能忽视投资对经济增长的作用，也不能盲目地依赖于投资。减少购买，减少需求，就会抑制供给，压抑经济增长；适当增加购买、扩大需求，就可以刺激生产，增加供给，促进经济增长。
>
> 投资效率和投资结构是经济增长与投资关系是否协调的两个影响因素。投资资金本身的运行效率、投资结构的优化与否，是投资增长机制形成的重要基础，也是创造增收机制的关键环节。

投资波动会对国民经济造成严重危害，投资总量膨胀可加剧国内资源短缺的程度，导致国民经济失衡，同时也刺激社会总需求的迅速膨胀和通货膨胀，导致市场供应紧张，价格居高不下；而一旦投资大幅度下降，又会导致生产部门开工不足，出现严重的结构性资源闲置、市场疲软。因此，需要合理确定适度投资标准，对投资进行适时检测，以确保经济的稳定运行。

2. 自然资源

自然资源的贫乏会对经济增长产生约束作用，人们经常用自然资源的富庶与否来解释不同国家发展水平的差异，如加拿大和挪威就是凭借其丰富的资源在农业、渔业和林业等方面获得高产而发展起来的，美国因为拥有广袤的良田，所以成为当今世界最大的谷物生产和出口国。然而，在现代，一些拥有丰富自然资源的国家发展水平却很低，相反，一些国家资源贫乏却跻身发达国家行列。因此，自然资源并不是经济发展取得成功的必要条件。

3. 劳动力

劳动力是经济生活的主体，劳动力人口的增长率和劳动生产率的增长率，决定了一个国家潜在的国民收入增长率。劳动力的增加可以分为劳动力数量的增加和劳动力质量的提高两种，劳动力数量的不足可以用质量的提高来弥补。在经济增长的开始阶段，人口增长率较高，这时劳动力的增加主要依靠劳动力数量的增加。当经济增长到一定阶段，人口增长率下降，劳动工时缩短，就要依靠提高劳动力质量来弥补劳动力数量的不足了。

除了上述因素外，还有一些间接因素，虽然它们不作为生产过程中的投入要素，但会对生产要素的投入数量和使用效率产生影响，从而间接地影响经济增长。间接因素中最重要的是技术进步和制度变迁。

生活中的实例

中国人口老龄化始于 20 世纪 90 年代末。2017 年年底，中国 60 岁以上老年人数量已超过 2.41 亿，占总人口的 17.3%，老年人口年均增长 800 万人，其中，2017 年新增老年人口首次超过 1000 万，预计到 2050 年左右中国老年人口将达到 4.87 亿人，占全部人口的 34.9%。

推荐阅读《我国人口老龄化现状及成因分析》（徐光瑞、韩力，2014 年 4 月 9 日《中国经济时报》），思考人口老龄化对劳动力供给的影响。

4. 技术进步

即使各种生产要素的投入数量不变，如果技术取得进步并导致商业生产模式和组织架构发生变革之后，技术进步的双倍累积的外溢效应会凸显，就能获得较高的生产效率，从而提高产出，带来经济增长。从人类历史上两次重要的技术革命对劳动生产率的影响来看，在技术的开始阶段，生产率增长并不显著，但当技术进步导致商业生产模式和组织架构发生变革之后，生产率增长加速。20 世纪 90 年代的第二次机器革命时期发生的劳动生产率增长，也呈现出相同的规律。目前，网购、移动互联网、物联网、3D 打印技术、机器人的制造和广泛应用和大数据等，都在改变着民众的生活方式，这不仅带来相关企业和产业的高速增长，也成为今后经济发展的巨大潜力。2014 年，中国经济增速放缓，尽管传统行业产能过剩，结构调整慢，经济增长困难较多，但新产业、新技术、新业态、新模式和新产品的加速成长，成为工业经济增长的新动力。

生活中的实例

经济史学家麦迪逊在其著作《世界经济千年史》中给出了一组数字：18 世纪以前的一两千年，最发达的欧洲国家平均每年人均国内生产总值的增长速度只有 0.05%，要经过 1400 年的时间人均收入才能翻一番。工业革命以后，欧洲国家的经济发展速度加快，18 世纪、19 世纪人均收入平均每年增长 1%，人均收入翻一番的时间缩短为 70 年。到了 20 世纪，年均增长速度提高到 2%，人均收入翻一番的时间只需要 35 年。这种翻天覆地的变化，充分说明了技术变迁对经济发展的关键性作用。

5. 制度变迁

如果把人类所有活动都看作游戏，制度就是游戏规则。制度规范人们的行为，同时也提供激励。一些劳动、自然资源、资本和技术四个经济增长要素状况相仿的国家，经济发展状况却大相径庭，原因就在于制度差异。人类社会出现过多种经济制度，但事实证明最适于经济增长的是市场经济制度，只有选择了这种经济制度，经济迅速增长才成为可能。

探索与思考

在这些经济增长因素里面，哪些因素带来的经济增长是有上限的？哪些是可持续的？

（三）经济增长理论的沿革

在近代经济学史上，英国古典经济学家亚当·斯密、大卫·李嘉图，以及新古典学派的熊彼特，都曾对经济增长理论进行过研究，但现代经济增长理论的真正发展，是在第二次世界大战以后。我们可以把第二次世界大战后增长理论的发展大致分为四个时期。

第一个时期是 20 世纪 50 年代，经济学家建立了许多增长模型，探讨经济长期稳定发展的途径。第二个时期是 20 世纪 60 年代，主要是对影响经济增长的各种因素进行定量分析，寻求促进经济增长的途径。第三个时期是 20 世纪 70 年代以后，研究了经济增长的极限，即经济能不能无限增长与应不应该无限增长的问题。此外，美国经济学家 W. 罗斯托关于经济增长阶段的研究、S. 库兹涅茨关于经济增长统计资料的整理分析和关于社会经济制度与经济增长关系的研究，在经济增长理论中也有相当大的影响。第四个时期是 20 世纪 80 年代以后，新古典学派在经济增长问题研究中成为主流，另外，以

探索与思考

1978 年年底中国开始改革开放，2010 年中国超过日本成为世界第二大经济体，2013 年超过美国成为第一大贸易国，2014 年我国国内生产总值超过 10 万亿美元。

建议自行罗列中国经济自 1978 年以来增长的原因，并分析中国经济目前面临的困难。

P. 罗默为代表的经济学家将技术因素引入经济增长模型，说明了技术与资本、劳动力的关系，以及在经济增长中的作用，被认为是经济增长理论的一大突破。

名人有约

大卫·李嘉图（1772—1823），英国资产阶级古典政治经济学的主要代表人物之一，也是英国资产阶级古典政治经济学的完成者。

李嘉图早期是交易所的证券经纪人，受亚当·斯密《国富论》一书的影响，激发了他对经济学研究的兴趣，其研究的领域主要包括货币和价格，其对税收问题也有一定的研究。

李嘉图的主要经济学代表作是1817年完成的《政治经济学及赋税原理》，书中阐述了他的税收理论。1819年他曾被选为上院议员，极力主张议会改革，支持自由贸易。李嘉图继承并发展了亚当·斯密的自由主义经济理论。他认为限制国家的活动范围、减轻税收负担是增长经济的最好办法。

（四）哈罗德–多马经济增长模型

哈罗德–多马经济增长模型是在20世纪40年代分别由英国经济学家哈罗德和美国经济学家多马提出来的。他们所提出的模型基本相似，故称之为哈罗德–多马模型。

1. 哈罗德–多马模型的基本假设

哈罗德–多马模型试图说明的是稳定经济增长应具备的条件，即为了使经济按一个固定不变的增长率持续增长收入和投资应按什么速度增长。它以下列假定为前提：将一个社会生产的多种产品抽象为一种产品，这种产品既可用于消费，也可用于投资；只有两种生产要素，即劳动和资本，且资本与劳动、资本与产量的比例是固定的；规模收益不变，即生产规模扩大时不存在收益递增或递减；不存在技术进步。

2. 哈罗德–多马模型的基本公式

从资本供求的角度来看，哈罗德–多马模型把有关的经济因素抽象为三个变量。

（1）储蓄率 s。$s = S / Y$，在这里，S 是储蓄量，Y 是国民收入。

（2）资本–产出比例 v。$v = K / Y$，其中，K 为资本存量，Y 为国民收入。v 的大小基本上取决于生产技术。

（3）有保证的增长率 G_w。它是指在 s 和 v 既定的条件下，使计划投资等于储蓄，从而实现稳定增长所要求的收入或产量的增长率。

哈罗德–多马模型以凯恩斯的有效需求原理为基础，计划投资等于储蓄是国民收入均衡的条件，要满足这一条件，以上三个变量应满足公式：

$$G_w = \frac{s}{v} \qquad (10.3)$$

这就是哈罗德–多马模型的基本方程。

探索与思考

关于发行公债，西方经济学家观点不一。有人认为，发行公债会有利于经济增长。也有人认为，发行公债就是赤字财政，当经济衰退时，政府将无力偿还公债，从而可能增发货币，引起通货膨胀。你的看法呢？

3. 经济长期稳定增长的条件

为了说明稳定经济增长应具备的条件，哈罗德-多马模型提出了"自然增长率"这个概念。自然增长率（G_n）取决于劳动力的年均增长率和劳动生产率的年均增长率。根据模型假设，不存在技术进步，即劳动生产率的增长率为 0，自然增长率等于劳动力的年均增长率。自然增长率是一个国家能够实现的最大增长率。实际增长率不能大于 G_n，但如果增长率达不到 G_n 的水平，将会出现失业。因此，G_n 又是适应劳动力增长情况，实现充分就业的增长率。

因此，长期中实现充分就业的均衡增长条件是实际增长率、有保证的增长率与自然增长率相一致，即 $G = G_w = G_n$。如果这三种增长率不一致，就会引起经济中的波动。具体来说，实际增长率与有保证的增长率相背离，会引起经济中的短期波动。当实际增长率大于有保证的增长率（$G > G_w$）时，会引起积累性的扩张；相反，当实际增长率小于有保证的增长率（$G < G_w$）时，会引起累积性的收缩。

在长期中，有保证的增长率与自然增长率的背离也会引起经济波动。当有保证的增长率大于自然增长率（$G_w > G_n$）时，由于有保证的增长率超过了人口增长和技术进步所允许的程度，将会出现长期停滞。反之，当有保证的增长率小于自然增长率（$G_w < G_n$）时，由于有保证的增长率不会达到人口增长和技术进步所允许的程度，将会出现长期繁荣。因此，应该使这三种增长率达到一致。

（五）新古典经济增长模型

新古典经济增长模型简称新古典模型，它是由美国经济学家索洛等提出来的。这一模型认为，哈罗德-多马模型所指出的经济增长途径是很难实现的。这也就是说，在现实中由于各种因素的影响，实际增长率、有保证的增长率和自然增长率很难达到一致。因此，他们把哈罗德-多马模型所指出的经济增长途径称为"刃锋"问题，并且考虑技术进步对经济增长的作用。

> ### 🦫 名人有约
>
> **罗伯特·默顿·索洛**（1924—），美国经济学家，麻省理工学院荣誉研究机构教授。
>
> 新古典主义经济增长模型由于索洛的开创性工作，也被称为索洛模型。哈罗德-多马模型强调资本积累在经济增长中具有压倒一切的重要性，新古典增长模型的出现，破除了资本积累被夸大了的作用，将技术进步看成增长模型中的主要决定因素。
>
> 索洛的开创性工作之后，许多模型在此基础上被不断提出，但这些模型基本上都把技术进步视为某种外生的冲击，与 20 世纪 80 年代中后期产生的注重技术进步内生化的新经济增长模型（或内生经济增长模型）形成鲜明对照。
>
> 由于对经济增长理论的贡献，索洛在 1961 年被美国经济学会授予青年经济学家的"约翰·贝茨·克拉克奖"，1987 年被瑞典皇家科学院授予诺贝尔经济学奖。

1. 新古典模型的基本假设

新古典模型也假设只生产一种产品，使用两种生产要素（资本与劳动），以及规模收益不变。这一模型与哈罗德-多马模型的差别，首先在于假定生产中资本与劳动的比例是可以变的，其次是它考虑到了技术进步的情况。

2. 新古典模型的基本公式

新古典模型的基本公式为

$$G = a\left(\frac{\Delta K}{K}\right) + b\left(\frac{\Delta L}{L}\right) + \frac{\Delta A}{A} \tag{10.4}$$

式中，$\Delta K / K$ 代表资本增加率，$\Delta L / L$ 代表劳动增加率，a 代表经济增长中资本所做的贡献比例，b 代表经济增长中劳动所做的贡献比例，a 与 b 之比即资本—劳动比率，$\Delta A / A$ 代表技术进步率。

这一模型有如下三个方面的含义。

（1）决定经济增长的因素是资本的增加、劳动的增加和技术进步。

（2）资本—劳动比率是可变的，从而资本—产量比率也是可变的。这是对哈罗德-多马模型的重要修正。

（3）资本—劳动比率的改变是通过价格的调节来实现的。如果资本量大于劳动量，则资本的相对价格下降，劳动的相对价格上升，从而使生产中更多地利用资本而更少地利用劳动，通过资本密集型技术来实现经济增长。反之，如果资本量小于劳动量，则资本的相对价格上升，劳动的相对价格下降，从而就使生产中更多地利用劳动而更少地利用资本，通过劳动密集型技术来实现经济增长。这样，通过价格的调节，使资本与劳动都得到充分利用，经济得以稳定增长。因为这一模型强调了价格对资本—劳动比率的调节作用，与新古典经济学的观点相似，所以称其为新古典模型。

3. 经济长期稳定增长的条件

新古典模型从资本—产量比率的角度探讨了经济长期稳定增长的条件。这一模型认为，在长期中实现均衡的条件是储蓄全部转化为投资，即对凯恩斯储蓄等于投资这一短期均衡条件的长期化。这种情况下，如果储蓄倾向不变，劳动增长率不变，则长期稳定增长的条件就是经济增长率（$\Delta Y / Y$）与资本存量增长率（$\Delta K / K$）必须相等，即

$$\frac{\Delta Y}{Y} = \frac{\Delta K}{K} \tag{10.5}$$

如果 $\Delta Y / Y > \Delta K / K$，这就意味着收入的增长快于资本存量的增长，从而资本生产率提高，这就会刺激厂商用资本代替劳动。使用的资本量的增加，一方面使资本边际生产率下降，另一方面也使资本价格提高，从而最终会减少资本使用量，最后达到 $\Delta Y / Y = \Delta K / K$。

可见，通过市场调节，会使经济在长期中保持 $\Delta Y / Y = \Delta K / K$，从而实现稳定增长。

本 章 小 结

失业是指劳动力没有就业但在积极地寻找工作或等待返回岗位的一种状态。失业率是失业人数与全社会劳动力总数的比例。自然失业是指由经济中某些难以避免的原因所引起的失业，在任何市场经济中这种失业都是不可避免的。现代经济学家按引起失业的具体原因，把自然失业分为摩擦性失业、结构性失业、季节性失业和古典失业四种类型。周期性失业是由总需求不

足引起的失业，它一般出现在经济周期的萧条阶段。凯恩斯用三大心理规律来说明总需求不足的原因。三大心理规律是边际消费倾向递减规律、资本边际效率递减规律和流动偏好规律。充分就业并非人人都有工作，消灭了周期性失业时的就业状态就是充分就业。充分就业与自然失业的存在并不矛盾甚至可以并存。实现了充分就业时的失业率，称为自然失业率或充分就业的失业率。

通货膨胀是指物价水平相当幅度地普遍持续上涨。衡量通货膨胀的指数是物价指数，它一般包括三种：消费价格指数、生产者价格指数和国内生产总值平减指数。从成因上看通货膨胀可分为需求拉动的通货膨胀、成本推动的通货膨胀、供求混合推动的通货膨胀和结构性通货膨胀。

奥肯定理是说明失业率与实际国民收入之间关系的经验统计规律。这一规律表明，失业率每增加 1%则实际国民收入减少 2.5%；反之，失业率每减少 1%则实际国民收入增加 2.5%。菲利普斯曲线说明的是失业与通货膨胀之间存在的交替关系。20 世纪 70 年代以来，菲利普斯曲线出现了一些的新变化，菲利普斯曲线向右上方移动，原来的临界点不起作用了，现在必须用更高的失业率才能使通货膨胀率维持在某一水平。从长期来看，失业率与通货膨胀率之间已不存在交替关系，菲利普斯曲线变为一条垂直于横轴的直线，不论通货膨胀率上升多少，都不能使失业率降下来。

经济周期是指经济运行中周期性出现的经济扩张与经济紧缩交替更迭、循环往复的一种现象，表现为国民总产出、总收入和总就业的波动。它可以划分为繁荣、衰退、萧条和复苏四个阶段。每次经济周期并不完全相同，却具有共同的特点。对经济周期成因的解释，大体可以分为外因论和内因论两种。内因论认为，经济的周期性波动是由经济体系内部的因素引发的，如纯货币理论、投资过度理论、消费不足理论和心理理论等。外因论认为，经济周期的根源在于经济体系之外的某些因素变动，而且这些外生因素本身不受经济因素的影响，如创新理论、政治性周期理论、太阳黑子理论等。经济增长取决于资本、劳动力、自然资源、技术进步和制度变迁。

经济增长模型研究的主要是如何才能实现经济稳定增长、哪些因素影响经济增长。哈罗德-多马模型认为经济增长取决于储蓄率，实际增长率、有保证的增长率和自然增长率之间的相互关系决定了经济的收缩与扩张，三者相等才能保证经济的长期稳定增长。新古典模型认为，决定经济增长的因素是资本的增加、劳动力的增长和技术进步，实现经济长期稳定增长的条件是国民收入的增长率等于资本存量的增长率，市场机制的作用会实现这一目标。

关 键 概 念

失业、自然失业、失业率、摩擦性失业、结构性失业、周期性失业、奥肯定理、通货膨胀、物价指数、消费者物价指数、生产者物价指数、国内生产总值折算指数、需求拉动型通货膨胀、成本推动型通货膨胀、供求混合型通货膨胀、通货膨胀率、菲利普斯曲线、经济周期、经济周期的阶段、经济增长、经济增长模型

边 学 边 练

一、单项选择题

1. 由于经济衰退而形成的失业属于（　　　）。
   A. 摩擦性失业　　　B. 结构性失业　　　　C. 周期性失业　　　　D. 自然失业

2. 奥肯定理是说明（　　　）的。
   A. 失业率与通货膨胀率之间的关系　　B. 通货膨胀与国民收入之间的关系
   C. 失业率与国民收入增长率之间的关系　D. 人口增长率与失业率之间的关系

3. 今年的物价指数是 180，通货膨胀率为 20%，则去年的物价指数是（　　　）。
   A. 144　　　　　　B. 150　　　　　　C. 160　　　　　　D. 216

4. 如果发生了未预期的通货膨胀，那么（　　　）。
   A. 工人和雇主都受损失　　　　　　B. 工人和雇主都受益
   C. 工人受益而雇主受损失　　　　　D. 工人受损失而雇主受益

5. 利润推动的通货膨胀的根源在于（　　　）。
   A. 工会的垄断　　　　　　　　　　B. 市场的完全竞争
   C. 厂商的垄断　　　　　　　　　　D. 进口原材料价格的上升

6. 短期菲利普斯曲线是一条（　　　）。
   A. 向右上方倾斜的曲线　　　　　　B. 向右下方倾斜的曲线
   C. 水平线　　　　　　　　　　　　D. 垂线

7. 经济周期的四个阶段依次是（　　　）。
   A. 繁荣、衰退、萧条、复苏　　　　B. 衰退、复苏、繁荣、萧条
   C. 衰退、萧条、繁荣、复苏　　　　D. 繁荣、萧条、衰退、复苏

8. 国内生产总值被普遍用于衡量经济增长，其主要原因是（　　　）。
   A. 国内生产总值的增长总是意味着已经发生的实际经济增长，没有误差
   B. 国内生产总值以货币表示，易于比较
   C. 国内生产总值的值不仅可以反映一国的经济增长情况，而且可以反映就业率水平和社会福利水平
   D. 主要的经济增长理论都用国民生产总值作为指标

9. 在新古典增长模型中，均衡点是指（　　　）。
   A. 实际增长率等于有保证的增长率，又等于自然增长率
   B. 产量正好用来满足新增加的人口
   C. 人口的增长率为零
   D. 整个社会的积累正好用于装备新增加的人口

10. 根据哈罗德的定义，社会所能达到的最大的、最适宜的增长率是（　　　）。
    A. 实际增长率　　　　　　　　　　B. 有保证的增长率
    C. 自然增长率　　　　　　　　　　D. 以上均不正确

二、判断题

1．无论什么人，只要没有找到工作就属于失业。　　　　　　　（　　）
2．充分就业意味着失业率为零。　　　　　　　　　　　　　　（　　）
3．在一个国家里，自然失业率是一个固定不变的数值。　　　　（　　）
4．只要存在失业者，就不可能有工作空位。　　　　　　　　　（　　）
5．通货膨胀是指物价水平普遍而持续地上升。　　　　　　　　（　　）
6．从长期来看，通货膨胀率与失业率之间不存在交替关系。　　（　　）
7．根据奥肯定理，实现充分就业后，失业率每增加 1%则实际国民收入会减少 2%。
　　　　　　　　　　　　　　　　　　　　　　　　　　　　（　　）
8．经济周期一般是指总体经济活动的波动，而不是指某一个具体经济变量的波动。
　　　　　　　　　　　　　　　　　　　　　　　　　　　　（　　）
9．温和的通货膨胀对生产有一定的扩张作用。　　　　　　　　（　　）
10．结构性失业的存在是因为工作空缺的类型同失业者的技能不相符合。（　　）

三、简答题

1．什么是自然失业？引起自然失业的原因有哪些？
2．凯恩斯是如何解释周期性失业存在的原因的？
3．20 世纪 70 年代，世界石油价格大幅度上升，引起美国通货膨胀加剧。这属于哪种通货膨胀？试用图形加以说明。
4．如果你的房东说："工资、公用事业以及别的费用上升都太快了，我只得提高你的房租。"这属于成本推动的还是需求拉动的通货膨胀？用图形加以说明。
5．通货膨胀会对经济产生哪些影响？
6．经济增长的源泉是什么？
7．经济发展与经济增长有什么不同？
8．经济周期各个阶段的特征是什么？
9．西方经济学家是如何解释经济周期产生的原因的？

四、课堂实训题

人力资源和社会保障部发布的《2017 年度人力资源和社会保障失业发展统计公报》显示，2017 年年末全国就业人员 77 640 万人，比 2016 年年末增加 37 万人。其中，第一产业就业人员占 27%，第二产业就业人员占 28.1%，第三产业就业人员占 44.9%。此外，全国新增就业人数 1351 万人，年末城镇登记失业人数为 972 万人，城镇登记失业率 3.9%。

国情问题专家、清华大学教授胡鞍钢讲过一句话："中国正面临世界上最大的就业战争。"将就业视为一场战争，当然不只是一个简单的比喻，而是有事实依据的。据他测算，中国以世界上 9.6%的自然资源、9.4%的资本资源、1.85%的知识技术资源，以及 1.83 的国际资源等，来为世界人口 26%的劳动力创造就业机会。换句话说，世界上还没有哪个国家要像中国这样要提供 7 亿多个工作岗位，所有西方发达国家加在一起才提供 4.3 亿个工作岗位。因此，说"中国正面临世界上最大的就业战争"一点也不为过。

至少在未来 10 年，中国的人口还将呈增加的趋势，劳动力供大于求的矛盾将长期存在。中国将进入严酷的高失业率风险和就业结构大调整时期。

问题：

1．失业和就业的含义是什么？

2．衡量失业的标准是什么？

3．我国目前失业率居高不下的原因有哪些？

五、课外实践题

2017年中国新增就业人口37万人，登记失业率3.9%左右，2018年一季度又增加就业人口12.84万人，单看城镇新增就业人数，就比以往增加很多，但全国总就业增加人数就比这一数字就少很多了。之所以出现这种情况，是因为中国进入退休年龄阶段的人口增多了，腾出了更多岗位，更多的人填补了空缺，这样总体就业人数增加就没有那么快。45～70岁这一年龄段，有的人退出了劳动力市场，这并不是主动的，而是被动的或者是受其他条件影响的。

> 国家数据库年度数据中"就业人员与工资"中有"城镇登记失业率"，如果查不到"城镇调查失业率"数据，可在页面搜索栏检索，国家数据库中已有2012年之后的数据。

我国原来一直采用城镇登记失业率来反映社会失业状况，但城镇登记失业率难以全面反映城镇失业状况，存在一定的局限性。从2011年（"十二五"起始年）起，增加城镇调查失业率，并对这一就业指标予以公布。

问题：请通过互联网检索有关资料，了解城镇登记失业率的主要缺陷和城镇调查失业率的优势。

扩展阅读推荐

《经济的限度》

作　　者：汪丁丁

出　版　社：中国计划出版社

出版时间：2017年

简　　介："中国奇迹"分为三个维度：物质生活、社会生活和精神生活。其中，中国经济近40年来取得了举世瞩目的成就，完成了"中国奇迹"的一个维度。但在经济奇迹的背后，却是整个社会正义与道德感的缺失，腐败横行。要想让经济奇迹延续，必须同步进行社会改革，提高中国人的道德水平。三者并驾齐驱，才可能赢来真正的"中国奇迹"。

第十一章

宏观经济政策

【学习要点】

◆学习重点

宏观经济政策的定义和目标、需求管理、财政政策的定义和工具、斟酌使用的财政政策、货币政策

◆学习难点

斟酌使用的财政政策、货币政策工具

【导入案例】

2014—2018 年我国政府经济工作的主要任务

2013 年，我国政府经济工作的主要任务：一是加强和改善宏观调控，促进经济持续健康发展；二是夯实农业基础，保障农产品供给；三是加快调整产业结构，提高产业整体素质；四是积极稳妥推进城镇化，着力提高城镇化质量；五是加强民生保障，提高人民生活水平；六是全面深化经济体制改革，坚定不移地扩大开放。

2014 年，我国政府经济工作的主要任务：一是切实保障国家粮食安全；二是大力调整产业结构；三是着力提高防控债务风险；四是积极推进区域协调发展；五是着力做好保障和改善民生工作；六是不断提高对外开放水平。

2015 年，我国政府经济工作的主要任务：一是努力保持经济稳定增长；二是积极发现、培育新增长点；三是加快转变农业发展方式；四是积极促进区域协调发展；五是加强保障和改善民生工作。

2016 年，我国政府经济工作的主要任务：一是积极稳妥化解产能过剩；二是帮助企业降低成本；三是化解房地产库存；四是扩大有效供给；五是防范化解金融风险。

2017 年，我国政府经济工作的主要任务：继续积极吸引外资，进一步扩大开放，改善投资环境，要继续深入推进去产能、去库存、去杠杆、降成本、补短板这"三去一降一补"五大任务。

2018 年，我国政府经济工作的主要任务：深入推进供给侧结构性改革，加快建设创新型国家，深化基础性关键领域改革，坚决打好三大攻坚战，大力实施乡村振兴战略，扎实推进区域协调发展战略，积极扩大消费和促进有效投资，推动形成全面开放新格局，提高保障和改善民生水平。

案例分析：经济政策问题在宏观经济学中占有十分重要的地位。正如美国著名经济学家、诺贝尔经济学奖获得者 J. 托宾所说："宏观经济学的重要任务之一就是如何运用中央政府的财

政工具和货币工具来稳定经济。"政府为什么要参与宏观经济管理？政府的职能是什么？这些职能是如何体现的？

本章主要讨论需求管理的财政政策和货币政策。

第一节　宏观经济政策目标与工具

宏观经济政策，是指国家或政府运用其能够掌握和控制的各种经济变量进行总量调控，以实现其总体经济目标而制定的指导原则和措施。基于凯恩斯的有效需求不足理论，宏观经济政策最常用的工具是财政政策和货币政策，本节主要介绍宏观经济政策的目标和工具。

一、宏观经济政策的目标

宏观经济政策是要对经济总量进行调控，宏观调控的具体目标是什么呢？按照西方经济学的解释，宏观经济政策的目标有充分就业、物价稳定、经济增长和国际收支平衡四个。

1. 充分就业

充分就业是指消灭了周期性失业的就业状态。经济学中常用失业率来判断充分就业目标的实现程度。充分就业并不是人人都有工作，而是维持一定的失业率，这个失业率是在社会允许的范围内能为社会所接受的自然失业率。自愿失业和不可避免的摩擦性失业等自然失业的存在，使得自然失业率大于零。实现充分就业，就是把失业率保持在自然失业率的水平，让自然失业以外的所有愿意为现行工资工作的人都可以找到工作，实现最大量的就业。

2. 物价稳定

物价稳定是指经济运行中保持一般物价水平的相对稳定。物价稳定不是价格不变，而是维持一个低而稳定的通货膨胀率，这种通货膨胀率能为社会所接受，对经济也不会产生不利的影响。在现实生活中，物价水平由于社会总需求过大、商品成本提高、结构性因素等的作用而呈上涨趋势。各国政府和经济学家多采用消费物价指数、批发物价指数、国民（内）生产总值物价平减指数等指标来衡量物价水平。

3. 经济增长

经济增长是指在一个特定时期内，经济运行要达到一个适度的增长率，这种增长既能满足社会发展的需要，又能满足人口增长和技术进步的条件约束。经济不可能无限地增长，而要受到各种资源条件的限制。第二次世界大战后，西方国家的经济增长经历了一个从高速增长到低速增长的过程。经济增长需要实现与本国具体情况相符合的适度的增长率，这种增长率既要能满足社会发展的需要，又要是人口增长和技术进步所能达到的。

4. 国际收支平衡

国际收支平衡是指既无国际收支赤字也无国际收支盈余。过度的赤字和盈余都不利于本国经济的发展。当一国出现大量国际收支赤字时，需要动用外汇储备或加大举债，从而导致国内通货膨胀；同时，过量进口会使本国经济发展受到冲击，长期的国际收支盈余是以减少国内消费与投资为代价的。当一国国际收支处于失衡状态时，必然会导致国内总供给与总需求之间的失衡，从而影响国内就业水平、价格水平和经济增长。

二、宏观经济政策目标之间的关系

长期来说，充分就业、物价稳定、经济持续增长和国际收支平衡这四个宏观经济政策目标是相互促进的。充分就业有利于促进经济增长；物价稳定是经济增长的前提；经济增长是充分就业、物价稳定和国际收支平衡的基础；国际收支平衡有利于国内物价的稳定，有利于利用国际资源扩大本国生产能力，加速经济增长。

短期来说，充分就业、物价稳定、经济增长和国际收支平衡之间又存在着矛盾，具体表现如下。

1. 充分就业与物价稳定之间的矛盾

要实现或维持充分就业，通常要运用扩张性的财政政策和货币政策，而这些扩张政策又会增加财政赤字和货币供给量，从而引发物价上涨和通货膨胀。反之，要实现物价稳定，就必须运用紧缩性的财政政策和货币政策，而这些紧缩政策又会减少货币供给量和总需求，从而导致较高的失业率。

2. 充分就业与经济增长之间的矛盾

经济平稳持续增长，有利于创造更多的工作岗位和实现充分就业，然而，这就意味着提高潜在国民生产总值的增长率，需要提高生产的技术水平。经济增长中的技术进步又会引起资本对劳动的替代，从而相对地减少对劳动的需求，使部分工人尤其是技术水平低的工人失业，这就是技术对工人的排斥。

3. 充分就业与国际收支平衡之间的矛盾

为了实现充分就业，一国往往需要扩大出口、限制进口，这会妨碍国际收支平衡和对国外质优价廉商品的进口，降低本国居民的效用水平。而为了享受国外的低价商品和维持国际收支平衡，又需要增加进口，其结果往往是引起国内相关行业的工人失业。在充分就业的情况下，工资率与收入水平上升，引起国民收入增加。而在边际进口倾向既定的条件下，国民收入增加会引起进口增加，从而导致国际收支状况恶化。

4. 物价稳定与经济增长之间的矛盾

当一国社会资源未得到充分利用时，经济增长不会引起严重的通货膨胀。但当接近充分就业或某种资源处于整个经济发展的"瓶颈"状态时，经济增长就会使生产要素价格上升，导致通货膨胀。一国要抑制通货膨胀，维护物价稳定，需要实行紧缩的经济政策。必要时，还要实行工资和价格管制。这势必会恶化投资环境，造成价格扭曲，滞缓经济增长，降低经济效率。

5. 经济增长与国际收支平衡的矛盾

一国的国际收支状况不仅反映了本国的对外经济交往情况，还反映了该国经济的稳定程度。当一国的国际收支失衡时，必然会对其国内经济形成冲击，影响经济持续增长；当一国经济高速增长时，需要增加进口国外的机器设备、先进技术和原材料等，这无疑会导致国际收支失衡。

探索与思考

既然宏观经济政策目标之间常常是相互矛盾的，那政府该如何取舍呢？

面对宏观经济政策目标间的矛盾，政府应该如何做选择呢？宏观经济学认为，政府应该首先确定重点政策目标，然后正确运用各种政策手段，保证重点政策目标的实现，并尽可能地协调和兼顾上述政策目标。

生活中的实例

自改革开放以来，我国事实上一直把经济增长作为主要政策目标。我国政府确定的宏观调控的主要目标，是促进经济增长、增加就业、稳定物价、保持国际收支平衡。就业作为仅次于经济增长的重要目标，被列入政府宏观调控的范围。

实际上，这四大宏观经济政策目标的次序选择，在不同时期是有所不同的。

在经济"软着陆"期间，宏观经济政策以稳定物价为优先目标。自"软着陆"以来，政府扩大内需的目的是力图保持较快的经济增长。随着国有企业改革的推进和国民经济战略改组的实施，我国就业形势日趋严峻。政府虽然努力以经济增长带动就业，但并不是将就业作为宏观经济政策的优先目标。事实上，就业增长是经济增长的配套措施和"副产品"。

随着就业形势的日趋严峻，学术界对现阶段政府调控的次序发生了一定的分歧。有学者认为，中国应该实施就业优先的改革战略，把就业作为政府工作的首要目标。这些学者主张以就业带动增长，实现增长的可持续发展。也有学者提出不同的看法，认为就业问题不单单与宏观经济相联系，而且与人口问题和就业制度相关。就业问题不仅是宏观问题，也和微观政策和制度改革密不可分。他们认为，在现阶段，以就业带动经济增长不利于就业问题的解决，而应在经济增长的基础上兼顾就业。

思考：为什么当前要把促进就业作为政府工作的首要目标？

三、宏观经济政策工具

宏观经济政策工具是指用来达到政策目标的手段。实现一项政策目标，可供选择的政策工具是多种多样的。根据调节对象的不同，宏观经济政策工具可以分为需求管理、供给管理和对外经济管理三种类型。

1. 需求管理

需求管理是指通过调节总需求来达到一定的政策目标。这是凯恩斯主义特别重视的政策工具，需求管理政策是短期调控政策手段。

根据凯恩斯经济学的国民收入均衡分析，国民收入和社会总就业量取决于总需求和总供给的均衡。在短期内，生产技术、资本设备的数量和质量、劳动力的数量和技能等不变，即假定总供给不变，则经济调节的重点就应在总需求一边。凯恩斯及其追随者认为，在私人经济无法自动使总需求与总供给趋于一致的条件下，政府应在总供给既定的前提下来进行需求管理。

知识拓展

需求管理政策主要包括财政政策与货币政策。总需求小于总供给时，经济中会产生失业，这时就要运用扩张性的政策工具来刺激总需求。总需求大于总供给时，经济中会出现通货膨胀，这时就要运用紧缩性的政策工具来抑制总需求。需求管理的目的是通过对总需求的调节，使总需求等于总供给，达到既无失业又无通货膨胀的目标。

2. 供给管理

供给管理是指通过对总供给的调节来达到一定的宏观经济政策目标的政策工具。短期内影响供给的主要因素是生产成本，特别是生产成本中的工资成本；长期中影响供给的主要因素是生产能力，即经济潜力的增长。因此，供给管理主要包括控制工资与物价的收入政策、指数化政策、改善劳动力市场状况的人力资源政策，以及促进经济增长的增长政策。

知识拓展

供给管理是供给学派的代表思想。供给学派是 20 世纪 70 年代在美国兴起的一个新自由主义经济学派。该学派反对和批判凯恩斯主义经济学，主张从调节供给方面去谋求经济的均衡发展。供给学派的先驱者是诺贝尔经济学奖获得者、"欧元之父"罗伯特·蒙代尔。供给学派主张实行供给管理，通过减税、削减政府开支、控制货币发行量等措施来解决经济停滞和通货膨胀的问题。

3. 对外经济管理

对外经济管理是指通过对国际贸易、国际资本流动、劳务的国际输出和输入等进行管理和调节，以实现国际收支平衡的目标。经济全球化时代，各国经济间存在着日益密切的往来和相互影响。一国宏观经济政策的目标不仅要实现国内均衡，还要实现国际均衡，这就需要采取必要的措施对国际收支进行调节。对外经济管理政策主要包括对外贸易政策、汇率政策、对外投资政策和国际经济关系协调等。

生活中的实例

"十三五"时期主要目标任务和重大举措

《国民经济和社会发展第十三个五年规划纲要》紧紧围绕全面建成小康社会奋斗目标，针对发展不平衡、不协调、不可持续等突出问题，强调要牢固树立和贯彻落实创新、协调、绿色、开放、共享的发展理念，明确了"十三五"时期经济社会发展的主要目标任务，提出了一系列支撑发展的重大政策、重大工程和重大项目。

请观看视频后思考："十三五"时期和之前相比我国经济政策有哪些不同？

中央电视台
新闻片段

第二节 财 政 政 策

财政政策是政府需求管理的重要工具。短期内，财政政策是刺激或减缓经济发展的最直接的方式。

财政政策是指政府为了提高就业水平、减轻经济波动、防止通货膨胀、实现稳定增长而对政府收入和支出水平所做的决策。财政政策是国家干预经济的主要政策之一。

一、财政政策的分类

财政政策主要包括政府收入政策、政府支出政策、国家债务政策和预算平衡政策，其中，政府收入和政府支出是两种最常用的财政政策工具。

1. 政府收入政策

政府收入指整个国家中各级政府收入的总和，财政收入的最主要来源是税收。税收可以分为不同的种类。根据课征对象，税收可以分为财产税、所得税和流转税。公债是政府收入的又一组成部分，它是政府对公众的负债。公债不同于税收，是政府运用信用形式筹集财政资金的特殊方式。政府收入政策是指政府通过税收、公债等调节财政收入量的多少，进而对国民经济产生刺激增长或减缓增长的作用所做的决策。

> **生活中的实例**
>
> 2016年5月1日起，我国全面实施"营改增"试点，将试点范围扩大到建筑业、房地产业、金融业、生活服务业，并将所有企业新增不动产所含增值税纳入抵扣范围。为落实"确保所有行业税负只减不增"的要求，我国政府本着促改革和稳增长两兼顾、两促进的原则，对改革的力度和节奏做了妥善安排，针对建筑业等四个行业的特点，制定了相应的过渡性措施，全年降低企业税负5700多亿元。其中，通过取消、停征、免征和减征496项收费基金，每年为企业和个人减少负担超过1500亿元。

2. 政府支出政策

政府支出是各级政府支出的总和，政府支出包括政府的购买和转移支付两部分内容。政府购买是指政府在市场上对商品和劳务的购买，这是政府作为市场主体而存在，满足社会的公共需要的活动；政府转移支付是指各级政府之间为解决财政失衡而通过一定的形式和途径转移财政资金的活动。政府支出政策是指通过政府购买和转移支付手段，刺激经济增长或减缓经济增长的政策手段。

3. 国家债务政策

国家债务是财政政策的组成部分，债务收入也是财政收入的一个来源。大多数国家的政府，都发行债券取得收入，增加政府财力。政府发行的债券称为公债，公债可由中央政府发行，也可由地方政府发行。中央政府发行的债务称为"国债"，其收入列入中央政府预算；地方政府发行的债务称为地方公债，其收入列入地方政府的预算范围。

4. 预算平衡政策

预算平衡是指在一定时期内政府的财政预算收支平衡。政府作为管理一国收支的机构，预算是必不可少的。政府的预算实际上是一国政府对下一年总的收入和支出所做的预先安排，也就是政府的收支计划。它反映了政府取得收入的规模、财力的使用方向和结构。通常为满足支出的需要，政府以向公众征税的方式来获取大部分收入。如果政府的预算收入和支出相一致，则称为预算平衡。如果政府的预算收入大于预算支出，则政府存在预算盈余。如果政府的预算收入小于预算支出，则政府存在预算赤字。

经济新常态下政府支出的变化

2008 年美国次贷危机暴发后，中国迅速启动了积极的财政政策，推出高达 4 万亿元的经济刺激计划。从公布的情况来看，4 万亿元财政支出的大部分资金流向了公路、铁路和机场建设。基础设施建设是一部推动中国经济高速增长的可靠"发动机"，但是，在年均 20%左右的高增速下，其能否继续加速并保持增长，令人怀疑，而这显然也无益于中国经济重新获得平衡。

2014 年以后，中国官方已做出明确判断，中国经济进入了新常态，由高速增长转向中高速增长是经济新常态的首要特征，经济必须由要素驱动、投资驱动的粗放型增长转向由创新驱动的集约型增长，传统投资领域已经饱和，新兴投资至关重要，因此，除高铁、公共设施等投资托底外，投资的重点将集中在新技术研发、新兴产业、新兴业态等上。经济新常态下，政府支出将集中力量培育新的经济增长点，定向精准加大对环保、新兴业态等的投资，避免腐败、重复建设、能源浪费和环境污染等问题。

二、财政政策工具

财政政策是指国家为了实现既定的政策目标所选择的操作手段。西方政府为了实现既定的经济政策目标，使用的财政政策工具主要有政府购买、政府转移支付、税收、公债及预算规模等。

1. 政府购买支出

政府购买支出是指政府对商品和劳务的购买。政府购买支出是决定国民收入大小的主要因素之一，其规模直接关系到社会总需求的增减。政府购买是一种实质性支出，有着商品和劳务的实际交易，因而形成直接的社会需求和购买力。

政府支出是财政政策的重要工具。在本节实例与分析中，政府将支出重点放在了培育新的经济增长点，定向精准投资，引导民间投资加大对环保、新兴业态等的投资上，政府支出将避免腐败、重复建设、能源浪费和环境污染等老问题，反映了中国政府支出的重点随着政府职能转变和经济新常态发生了新的变化，也表明财政政策的使用是灵活、有弹性的。

2. 政府转移支付

政府转移支付，是指政府在社会福利保险、贫困救济和补助等方面的支出。这种支付并无商品和劳务的交换与之相对应，属于货币性支出，是政府将收入在不同社会成员之间进行的转移和重新分配。政府转移支付也是一项重要的财政政策工具，它能够通过转移支付乘数作用于国民收入，但乘数效应要小于政府购买支出乘数效应。

3. 税收

税收是政府财政收入最主要的组成部分，税收政策主要通过税率和税收绝对量的变动来影响国民经济运行。与政府购买支出一样，税收同样具有乘数效应。税收乘数有两种：一种是税率的变动对总收入的影响；另一种是税收绝对量的变动对总收入的影响。一般来说，降低税率减少税收都会引起社会总需求的增加和国民产出的增长。反之，提高税率增加税收，则会引起社会总需求的减少和国民产出的下降。因此，在总需求不足时，政府降低税率，让个人和公司有更多的可支配收入，从而刺激总需求。相反，总需求过旺时政府提高税率，减少个人和公司的可支配收入，从而降低总需求。

生活中的实例

减税降费助实体经济轻装上阵

中央电视台新闻片段

2015 年 12 月 21 日闭幕的中央经济工作会议多次强调"减税降费"，并将"结构性减税"的表述方式直接改为"实行减税政策"，表明 2016 年工作将"减税降费"突出在重要的位置。2016 年 8 月 22 日国务院公布《降低实体经济企业成本工作方案》，部署今后一个时期降低实体经济企业成本的工作，方案提出 3 年左右使实体经济企业综合成本合理下降，赢利能力较前明显增强的目标。

请观看视频后思考：减税降费对于实体经济有哪些好处？

---

4. 公债

公债是指政府对公众举借的债务，或公众对政府的债权，它包括内债和外债。公债也是一种有效的财政政策工具。公债是政府财政收入的重要组成部分，包括中央政府的债务和地方政府的债务，其中，中央政府的债务又称国债。公债不仅是政府弥补财政赤字的一个重要手段，同时也是重要的政策工具。政府发行或购买公债，一方面，可以增加财政收入或财政支出，影响财政收支；另一方面，还能在货币市场和资本市场实行金融扩张或金融紧缩。因此，公债政策起着双重的经济政策作用。

知识拓展

经济学家对公债的不同看法

一部分经济学家认为，公债和税收一样，都是政府在公民身上的一种负担。这是因为公债一定要还本付息，这就必须用征税和多发行货币来解决，结果必然是公众负担增加。

另一部分经济学家认为，公债的发行不会给公民造成负担，原因有三方面：首先，公债的债务人是政府，债权人是公众，可以说是自己欠自己的债；其次，政府的政权是稳定的，可以确保债务的兑现；最后，债务用于发展经济，使政府有能力偿还债务，弥补赤字。

---

5. 财政预算

财政预算是指政府的收支计划。政府可以通过增加或压缩财政预算规模来调节国民经济的运行，主要表现为调节国民收入的分配和再分配、调节社会总供给和总需求的平衡、调节国民经济中各种比例关系和产业结构。

三、财政政策的应用

（一）自动的财政政策

自动的财政政策又称内在稳定器，是指经济系统本身存在的一种会减少各种干扰对国民收入冲击的机制。这种财政政策能够在经济繁荣时自动抑制通货膨胀，在经济衰退时自动减轻萧条。

1. 政府税收的自动变动

政府税收的自动变动，主要指的是个人所得税和公司所得税。当经济衰退时，国民产出水平下降，个人收入减少。在税率不变的情况下，政府税收会自动减少，留给人们的可支配收入就会自动地少减少一些，从而使消费和需求自动地少下降一些。在实行累进税的情况下，经济衰退使纳税人的收入自动进入较低纳税档次，政府税收下降的幅度会超过收入下降的幅度，从而可以起到抑制衰退的作用。反之，经济繁荣时，失业率下降，人们的收入自动增加，税收会随着个人收入的增加而自动增加，留给人们的可支配收入也就会自动地少增加一些，从而使消费和需求自动地少增加一些。在实行累进税的情况下，繁荣使纳税人自动进入较高的纳税档次，政府税收上升的幅度会超过收入上升的幅度，从而起到抑制通货膨胀的作用。

2. 政府支出的自动变动

这里主要是指政府的转移支付，它包括政府的失业救济和其他社会福利支出。经济出现衰退时，失业增加，符合救济条件的人数增多，失业救济和其他社会福利开支会相应增加，这会抑制人们收入特别是可支配收入的下降，进而抑制消费需求的下降。经济繁荣时，失业人数减少，政府的转移支付也会自然减少，从而抑制可支配收入和消费的增长。

📖 知识拓展

经济萧条时，农产品价格下降，政府根据农产品价格维持制度按支持价格收购农产品，可以使农民收入和消费维持在一定的水平。经济繁荣时，农产品价格上升，政府减少对农产品的收购并抛售农产品，从而限制农产品价格上升，这样不但抑制了农民收入的增长，也减少了总需求的增加。

（二）斟酌使用的财政政策

斟酌使用的财政政策，是指为确保经济稳定，政府审时度势，通过主动变动支出水平或税收以稳定总需求的政策。斟酌使用的财政政策包括扩张性的财政政策和紧缩性的财政政策。有些教材也称之为补偿性的财政政策，它是凯恩斯主义的重要组成部分。斟酌使用的财政政策认为，自动性财政政策的作用十分有限，只能缓和而不能消除经济波动。当社会总需求过大（过小）时，必须主动降低（提高）总需求，以稳定经济增长。

斟酌使用的财政政策的基本原则是"逆经济风向行事"，即在经济繁荣时，采取紧缩性的财政政策，通过增加税收和减少政府支出以减少总需求；在经济萧条时，通过减少税收和增加政府支出，以增加总需求。

下面具体来介绍扩张性的财政政策和紧缩性的财政政策。

1. 扩张性财政政策

扩张性财政政策，是指在经济萧条时期，通过财政分配活动来增加或刺激社会总需求，以防止经济衰退所产生的各种负面影响的政策措施。主要的政策手段包括减少税收和扩大预算支出的规模。

（1）减税。减税增加了企业和个人的可支配收入，相应地减少了国家的财政收入，在支出规模不变的情况下，相应地扩大了社会总需求。同时，减税扩大了企业和个人在国民分配中所占的份额，有助于促进其扩大经济活动范围和规模。

（2）增加政府支出。作为社会总需求的一部分，政府支出的扩大会带来社会总需求相应数量的扩大。实行扩张性财政政策，往往能够增加就业，刺激经济增长，但也会造成财政赤字，引起通货膨胀，特别是在总需求大于总供给的条件下，会引起经济波动，因此，使用该工具时要全面考虑经济发展的状况。

2. 紧缩性财政政策

紧缩性财政政策，是指在经济高涨时期，通过财政分配活动减少或抑制社会总需求，降低经济过热所产生的各种负面影响的政策措施。其主要的政策手段包括缩小预算规模、增加税收、减少国家信用和实行财政盈余等。

（1）减少预算支出。国家预算的规模，是指以正常的财政收入安排的财政支出，不包括国家债务和向银行透支。国家预算规模的大小和社会总需求的大小存在正相关关系，政府支出规模的缩小会减少总需求，从而使经济降温，但也会因此造成一定的失业。

（2）增加税收。增加税收实质上是把部分居民用于消费支出的货币收入转移到国家手里，以抑制社会总需求。增加税收对投资具有较强的抑制作用，是紧缩性财政政策的有力手段。

（3）减少国家信用。国家信用的减少直至取消，实质上是把一部分原先由国家安排的货币收入还原为储蓄。相对于存在国家信用的情况来说，缩小或取消国家信用就是减少了社会总需求。需要注意的是，如果国家信用来源于企业和居民对即期消费的节约，又用于本期投资，那么社会总需求水平便不可能收缩，只会产生结构性调整社会总需求的效应。

（4）实行财政盈余。财政盈余是缩小社会总需求的一种典型形态。财政收入本身代表一部分社会购买力，财政盈余则意味着把相应数量的社会购买力冻结起来，因此，可以把财政盈余的数量视为社会总需求相对缩小的数量。

知识拓展

相机抉择的财政政策是如何稳定经济的？

在经济萧条时期，总需求小于总供给，经济中存在失业，政府采取的扩张性财政政策，包括增加政府购买支出，以刺激私人投资；增加政府转移支付，以增加个人消费；减少个人所得税（主要通过降低税率），使个人可支配收入增加，从而使消费增加；减少公司所得税，使公司收入增加，从而使投资增加。这些措施都会增加总需求。反之，在经济繁荣时期，政府可以采取紧缩性财政政策，包括减少政府购买支出和政府转移支付和增税等措施，以此来抑制总需求。

四、财政政策的挤出效应

财政政策的挤出效应，是指政府购买增加会使利率上升，利率的上升对消费或投资会产生一定的抑制作用。财政政策的挤出效应可以用 IS–LM 模型清楚地说明，如图 11.1 所示。

在图 11.1 中，假定政府实行一项扩张性财政政策，增加政府购买，使 IS 曲线向右移动到 IS'，右移的距离为 EE_2，这时，国民收入从 Y_0 增加到 Y_2。但是，如果考虑到货币市场，实际上国民收入不可能增加到 Y_2。因为如果国民收入增加到 Y_2，必须假定利率 r_0 不变，而利率肯定是上升的。当 IS'曲线向右方移动时，收入增加，人们对货币的交易需求也会增加，但货币供给并未变动（LM 曲线未发生变动），因而人们用于投机需求的货币就会减少，这将推动利率上升。利率上升抑制了私人投资，从而使新的均衡点位于 E_1 处，这时的收入是 Y_1，而不是 Y_2。

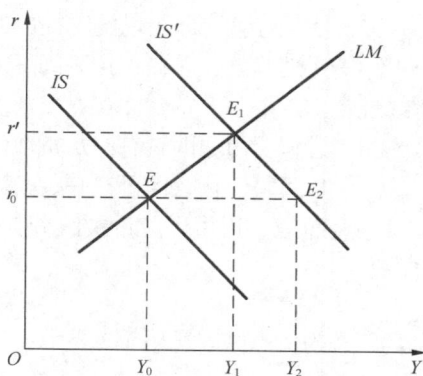

图 11.1　财政政策的挤出效应

财政政策挤出效应的大小取决于多种因素。在实现了充分就业的情况下，挤出效应为 1，也就是政府的支出增加等于私人支出的减少，扩张性的财政政策对经济没有任何刺激作用；在没有实现充分就业的情况下，挤出效应介于 0 到 1 之间，其大小主要取决于政府支出增加所引起的利率上升的大小，利率上升高则挤出效应大，利率上升低则挤出效应小。

知识拓展

当 LM 曲线的斜率不变时，IS 曲线越陡峭，挤出效应越小，财政政策的效果越大；反之，IS 曲线越平缓，则挤出效应越大，财政政策的效果越小。

当 IS 曲线的斜率不变时，LM 曲线越陡峭，挤出效应越大，财政政策的效果越小；反之，LM 曲线越平缓，则挤出效应越小，财政政策的效果越大。

第三节　货　币　政　策

货币政策是中央银行通过管理货币供应量来调节利率，进而影响投资和整个经济，以实现一定经济目标的政府决策。了解货币政策，有必要了解有关货币政策的基本知识和基本概念。

一、货币政策的基础知识

（一）货币供应量与基础货币

货币是指人们普遍接受的，充当交换媒介的一般商品。根据流动性或变现能力，可以把货币分成不同的层次，如 M0、M1、M2 等。

1. 货币供应量

货币供应量是指一国在一定时点上的货币总量。在现代社会中，存在各种各样的货币形式，货币形式主要包括以下几种。

（1）现金，包括纸币、硬币。

（2）活期存款，即可以随时提取的存款。

（3）定期存款，即在一定时间后才能提取的存款，但通过预先通知银行即可转化成活期存款或现金。

（4）近似货币，即具有一定货币价值并易于转换为现金的资产，如股票、债券等。

（5）货币替代物，即可在一定条件下执行货币交换职能的东西，如信用卡。

一般而言，货币供应量被区分为狭义货币供应量和广义货币供应量。狭义货币供应量用 M1 表示：

$$M1 = 现金 + 活期存款 \tag{11.1}$$

广义的货币供应量用 M2 表示：

$$M2 = M1 + 定期存款 \tag{11.2}$$

还有更广义的货币供应量，用 M3 表示：

$$M3 = M2 + 近似货币 + 货币替代物 \tag{11.3}$$

知识拓展

M1 反映经济中的现实购买力。M2 不仅反映现实的购买力，还反映潜在的购买力。若 M1 增速较快，则消费和终端市场活跃。若 M2 增速较快，则投资和中间市场活跃。中央银行和各商业银行可以据此判定货币政策。M2 过高而 M1 过低，表明投资过热、需求不旺，有危机风险；M1 过高而 M2 过低，表明需求强劲、投资不足，有涨价风险。

2. 基础货币

基础货币（M0）又称高能货币，是指中央银行发行的货币。它具有创造更多其他货币的能力，在整个货币系统中处于基础地位。从数量上来看，基础货币由银行体系的法定准备金、超额准备金、库存现金，以及银行体系之外社会公众的手持现金四部分构成，其公式为

$$基础货币 = 法定准备金 + 超额准备金 + 银行系统的库存现金 + 社会公众手持现金 \tag{11.4}$$

3. 货币乘数

货币乘数是指当基础货币变动一单位时货币供给量的变动规模。如果用 H 表示基础货币，M 表示货币供给，m 代表货币乘数，则有如下关系式：

$$m = \frac{M}{H} \tag{11.5}$$

（二）商业银行的货币创造功能

西方经济学家认为，货币供给量取决于流通中现金和商业银行存款的数量。商业银行在吸收存款和发放贷款的业务活动中，具有创造货币从而增加货币供给量的功能。

商业银行的活期存款本身就是一种货币，它可以用支票在市场上流通。客户在得到商业银

行的贷款后，一般并不取出现金，而是把所得到的贷款作为活期存款，这样就可以用支票在市场上流通了。因此，增加活期存款就是增加货币供给。这样，商业银行体系就在增加贷款的同时促成了体系内存款的增加。由于存款就是货币，商业银行通过贷款而增加的存款就是商业银行在业务活动中所创造的货币。在中央银行货币发行量既定的情况下，商业银行创造的存款会使流通中的货币数量增加。

商业银行创造货币的能力受两个因素的影响：一是商业银行所吸收的最初存款；二是法定准备金率。如果以 R 代表最初存款，以 D 代表存款总额即创造出的货币量，以 r 代表法定准备金率（$0<r<1$），则商业银行体系所能创造出的货币总量可以用公式表示为

$$D=\frac{R}{r}$$ （11.6）

式（11.6）表明，商业银行创造货币的多少与法定准备金率成反比，与最初存款成正比。假定存款额为既定，则法定准备金率越低，银行存款和放款所增加的倍数越大；假定法定准备金率不变，则银行吸收的存款越多，银行所"创造"的货币总额越大。假定法定准备金率为20%，最初某商业银行（A）所吸收的存款为 100 万元，那么，整个商业银行体系可以增加的存款总额为 100/20% = 500 万元。

知识拓展

商业银行将其吸收的存款的一部分存在中央银行，用于银行间的资金清算和保证客户取款的需要，这部分存款就叫作存款准备金。存款准备金分为两部分，其中一部分是法律规定金融机构必须存在中央银行里的，这部分资金叫作法定存款准备金；超出法定存款准备金的部分称为超额准备金，这一部分准备金数额的大小由商业银行自主决定。法定存款准备金与银行存款总额的比率，就是法定存款准备金率。

二、货币政策工具

货币政策是指货币当局为了实现既定的政策目标所选择的货币政策、手段。为了实现既定的宏观经济目标，政府除了使用适度的财政政策外，还经常性地运用货币政策工具进行调控。

1. 调整法定准备金率

法定准备金率，是指中央银行以法律形式规定的商业银行将其吸收存款的一部分上缴中央银行作为准备金的比率。提高法定准备金率，将增加商业银行的准备金，削弱商业银行的贷款能力，并减小货币创造乘数，从而缩小货币扩张的规模；反之，降低法定准备金率，将减少商业银行的准备金，扩大商业银行的贷款能力，并增大货币创造乘数，从而扩大货币扩张的规模。改变法定准备金率的货币政策是一种强有力的货币政策手段，但这种政策手段对商业银行的影响很大，不利于货币供给和经济的稳定，因此不宜经常使用。

2. 调整再贴现率

（1）贴现，是指商业银行从收受的未到期商业票据面值中扣除利息，并把票面余额以现金形式支付给持票人的信用活动。

（2）再贴现率，是中央银行通过变动给商业银行的贷款利率来控制货币供给量与利率的货币政策手段。也就是中央银行向商业银行贷款的利率，调整再贴现率就是中央银行调高或降低对商业银行发放贷款的利率。经济萧条时期，中央银行降低再贴现率可以鼓励商业银行借款，从而增加商业银行的准备金，这样可以增加它对客户的放款，放款的增加又会通过银行创造货币的机制增加货币的供给量并降低利率。经济繁荣时期，中央银行提高再贴现率，可以限制商业银行贷款，使商业银行准备金短缺，这样商业银行必须减少对客户的放款或收回贷款，贷款的减少又会通过银行创造货币的机制减少货币的供给量并且提高利率。

> **知识拓展**
>
> 如果存款准备金率为 20%，就意味着金融机构每吸收 100 万元存款要向央行缴存 20 万元的存款准备金，商业银行手中的可贷资金为 80 万元。倘若将存款准备金率降到 15%，那么金融机构的可贷资金将增加到 85 万元。

> **知识拓展**
>
> 再贴现率的特点：①短期性，中央银行提供的贷款以短期为主，再贴现票据一般为 3~6 个月，最长不超过 1 年；②官方性，再贴现率是中央银行规定的利率，不同于市场利率，随供求变化而变化；③标准性或示范性，再贴现率在利率体系中是基础利率，其变动表示中央银行正在采取的措施和经济景气的变化，有一种告示效应。

3. 公开市场业务

公开市场业务，是指中央银行在公开市场上买卖政府债券，以控制货币供给与利率的货币政策手段。公开市场业务是中央银行稳定经济的最灵活的政策手段，也是最常使用的一种政策手段。中央银行在公开市场上买进政府债券，将增加商业银行的准备金、提高市场上政府债券的价格，从而增加货币供给、降低利率、刺激投资、促进经济发展；反之，卖出政府债券，将减少商业银行的资金储备、降低市场上政府债券的价格，从而减少货币供给、提高利率、控制需求、平抑物价。

除了上述一般性的货币政策工具外，还有以下几种可供选择使用的货币政策工具。

（1）道义劝告，中央银行对商业银行发出口头或书面的谈话或声明，劝说商业银行自动遵循中央银行所要求的信贷政策，这种劝告没有法律约束力，但能发挥一定的作用。

（2）利率上限，中央银行规定商业银行和其他储蓄机构定期存款和储蓄存款的利率上限。

（3）控制消费信贷，中央银行控制分期付款的条件，包括消费者购买耐用消费品的最低现付额和最长偿还期。

> **知识点滴**
>
> 与法定准备金率和再贴现率相比，公开市场业务具有明显的优势，主要是主动性强、灵活性高、调控效果和缓、震动性小，以及影响范围广等。

三、货币政策的效应

货币政策效应，指在其他情况不变的条件下货币供给量的变动对总需求从而对国民收入和就业的影响。从 *IS-LM* 模型来看，货币政策效应是指 *LM* 曲线的移动对国民收入变动的影响，如图 11.2 所示。

IS 曲线和 LM 曲线相交于 E_1 点，对应的利率和国民收入分别为 r_1 利 Y_1。假定中央银行采用扩张性的货币政策，LM 曲线向右下方移动到 LM'，LM'曲线与 IS 曲线相交于 E_2 点，对应的利率和国民收入分别为 r_1 和 Y_2。国民收入由 Y_1 增加为 Y_2，利率由 r_1 下降为 r_2，这就是扩张性货币政策的政策效应。同理，如果中央银行采用紧缩性货币政策，国民收入将会减少，利率将会上升。货币政策效应的大小可以用货币政策乘数来计量和反映。影响货币政策效应大小的因素，主要是投资需求和货币需求对利率的反应敏感程度。

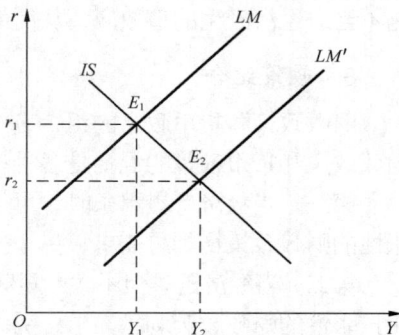

图 11.2　货币政策效应

各国竞相货币贬值，实际上就是实施扩张性货币政策，其根本目的是在经济低迷的状态下通过大量印钞的量化宽松货币政策来刺激经济增长。一般来说，一国依据其经济发展的需要实行扩张或紧缩的货币政策，是本国宏观调控的重要手段，而如上例中各国货币竞相贬值，则有其深刻的时代背景，全球金融危机对各国经济的冲击，是竞相实行量化宽松货币政策刺激经济复苏的主因，而硝烟四起的货币战，则是各国在全球经济竞争中不输于他国的必要手段。

第四节　财政政策与货币政策的组合

一、相机抉择

相机抉择是指政府在进行需求管理时，应根据不同的经济形势和各项政策的特点，机动地选择适当的政策工具，以形成合力来稳定经济。如何依据不同的经济形势，将各项政策组合起来使用，以便更好地达到预期的效果，是政策运作过程中一个极其重要的问题。下面将从政策特点、经济形势以及政策组合三个方面来对其进行简要说明。

1. 政策特点

宏观财政政策和货币政策各有特点，主要表现在四个方面。首先，作用的猛烈程度不同。例如，政府支出的增加与法定准备率的调整，作用都较为猛烈，而税收政策与公开市场业务的作用则较为缓慢。其次，政策的时滞不同。例如，财政政策的内在时滞较长而外在时滞较短，与此相反，货币政策的内在时滞较短而外在时滞较长。再次，政策作用的范围不同。例如，政府支出政策影响面相对较大，公开市场业务的影响面相对较小。最后，政策所受阻力不同。例如，增税与减少政府支出的阻力较大，货币政策遇到的阻力较小。由此可见，政府只有依据不同的经济形势，才能具体选择确定用哪一项或哪几项政策手段来进行富有成效的宏观经济调控。

探索与思考

凯恩斯需求管理政策主张相机抉择，即灵活选择财政政策和货币政策，你认为这一主张有道理吗？

2. 经济形势

经济形势的演化有程度上的不同，因此，应根据不同形势采取不同的政策。当经济发生严重的衰退时，只有采用作用较猛烈的政策，才能有效地抑制经济形势的进一步恶化，而不能运用作用迟缓的政策。当经济出现衰退的征兆时，要采用作用缓慢的政策，使经济运行和缓地恢复到正常状态，而不能采取作用猛烈的政策实施予以打压。总之，只有对症下药，才能最大限度地减少政策实施不当对经济产生的负效应，从而最大限度地发挥政策对经济的正效应。

3. 政策组合

财政政策和货币政策的组合方式不同，产生的政策效应不同，适用的经济环境也就不同。财政政策和货币政策的混合是多种多样的，其基本组合有以下四种。

第一，当经济严重萧条时，可采用扩张性的财政政策和扩张性的货币政策。一方面，用扩张性的财政政策增加总需求；另一方面，用扩张性的货币政策降低利率，避免挤出效应。

第二，当经济萧条但不太严重时，可采用扩张性的财政政策和紧缩性的货币政策。一方面，用扩张性的财政政策刺激需求；另一方面，用紧缩性的货币政策抑制通货膨胀。

第三，当经济出现通货膨胀但又不太严重时，可采用紧缩性的财政政策和扩张性的货币政策。一方面，用紧缩性的财政政策压缩总需求；另一方面，用扩张性的货币政策降低利率，刺激投资，遏制经济的衰退。

第四，当经济发生严重的通货膨胀时，可采用紧缩性的财政政策和紧缩性的货币政策。一方面，用紧缩性的货币政策提高利率抑制投资；另一方面，用紧缩性的财政政策控制总需求。

知识拓展

财政政策和货币政策及其组合的选用，不仅取决于经济因素，而且取决于政治等其他因素。财政政策和货币政策作用的后果，会使国民收入的组成比例发生变化，从而对不同阶层和不同利益集团产生不同的影响。因此，政府在选用财政政策和货币政策及其组合时，必须全面考察，兼顾各方面的利益。

二、财政政策与货币政策的组合运用

在实践中，因为宏观经济问题十分复杂，单一的财政政策或货币政策往往很难起到良好的作用，所以通常将二者结合起来混合使用。

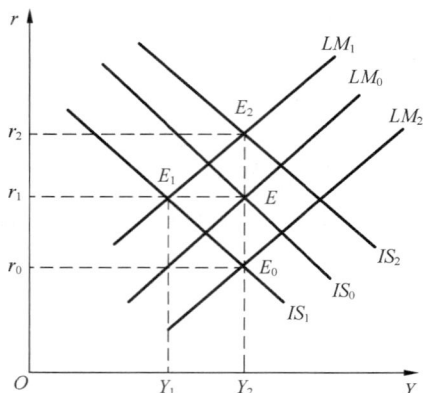

图 11.3　财政政策与货币政策的组合使用

一国经济低于充分就业的水平时，政府既可以采用扩张性财政政策，也可以采用扩张性货币政策。只采用扩张性财政政策，会引起货币需求增加，导致利率上升，抑制私人投资，产生挤出效应；但若采用扩张性货币政策增加货币供给，则会导致利率下降。而如果在采用扩张性财政政策的同时采用扩张性货币政策，则可使利率维持在一定的水平上，降低挤出效应。这样既稳定了利率，又促进了经济增长，如图 11.3 所示。

图 11.3 中，IS_1 曲线和 LM_1 曲线相交于 E_1 点，相应地，利率和国民收入分别为 r_1 和 Y_1，但 Y_1 不是充分就业的国民收入，充分就业的国民收入为 Y_2。为了实现

充分就业，政府既可以实施扩张性的财政政策，将 IS_1 曲线向右移动，也可以实施扩张性的货币政策，将 LM_1 曲线向右移动。这两种政策都能实现充分就业，使国民收入增加为 Y_2。但只采用财政政策，需将 IS_1 曲线移至 IS_2 的位置，这时利率上升为 r_2；只采用货币政策，需将 LM_1 曲线移至 LM_2 的位置，这时利率降为 r_0。这两种方法都会导致利率的大起大落，不利于经济的稳定。如果同时采用扩张性财政政策和扩张性货币政策，即同时将 IS_1 和 LM_1 分别移到 IS_0 和 LM_0 位置，则利率可保持不变，而国民收入可达到充分就业水平 Y_2。

生活中的实例

2018 年"积极的财政政策加稳健的货币政策"组合不变

2018 年，我国经济发展向好的基本面没有改变，但经济稳定运行仍面临着很多困难和挑战：国际环境复杂多变，不稳定的因素增多，国内经济结构性矛盾突出等。综合国内外形势，2018 年积极的财政政策取向不变，稳健的货币政策要保持中性。通过梳理可以发现，在宏观调控政策取向上，我国已经连续八年采取"积极的财政政策加稳健的货币政策"这一组合。

2018 年需要保持一定力度的扩张性财政政策，以稳定经济增长。实施积极有效的财政政策，不仅要求在财政支出方面保持适度的增速，并优化支出结构，提高资金使用效率，更要以税制改革为重心，完善税收体系，减轻宏观税负，从而激发企业生产活力，增强居民购买力。同时，合理利用税收、社会保障、转移支付等手段，进一步增强当前财政再分配效应，协调货币政策和审慎监管政策，稳定流动性和风险预期，稳步推进创新驱动发展战略，继续加强供给侧结构性改革，从提升劳动力质量、优化投资结构以及增加研发强度、改革科研体制等方面，促进全要素生产率不断提升，从而促进新旧动能的转换，确保经济中长期稳定较快增长。

2018 年政府工作报告中，关于货币政策的表述为：稳健的货币政策保持中性，要松紧适度。管好货币供给总闸门，保持广义货币 M2、信贷和社会融资规模合理增长，维护流动性合理稳定，提高直接融资特别是股权融资比重。疏通货币政策传导渠道，用好差别化准备金、差异化信贷等政策，引导资金更多投向小微企业、"三农"和贫困地区，更好地服务实体经济。

本 章 小 结

宏观经济政策是指政府对宏观经济运行过程进行管理与调节，实现经济均衡增长的各项政策措施的总称。宏观经济政策的目标是充分就业、经济增长、物价稳定和国际收支平衡。从根本上来说，这四个目标是一致的，但在实际经济运行中，宏观调控的四个政策目标之间既存在着某种互补关系，也存在着矛盾和冲突。

财政政策是为了提高就业水平，减轻经济波动，防止通货膨胀，实现稳定增长，而对政府收入和支出水平所做的决策。财政政策的主要内容包括政府支出政策和政府收入政策。财政政策工具是指财政当局为了实现既定的政策目标所选择的操作手段，财政政策的工具主要有政府购买、政府转移支付、税收、公债，以及财政预算等。财政政策具有自动稳定器的作用，政府应根据对经济情况的判断，主动地采取补偿性财政政策，对宏观经济进行调节。

货币政策是政府根据宏观经济调控目标，通过中央银行对货币供给和信用规模管理来调节信贷供给和利率水平，以影响和调节宏观经济运行状况的经济政策。货币政策工具，是指货币当局为了实现既定的政策目标所选择的操作手段。西方国家经常实施的货币政策工具包括一般性政策工具和选择性政策工具。

关 键 概 念

宏观经济政策、充分就业、物价稳定、经济持续稳定增长、国际收支平衡、宏观经济政策工具、需求管理、供给管理、财政政策、政府收入、政府支出、货币政策、相机抉择、自动稳定器、挤出效应、法定准备金率、再贴现率、公开市场业务

边 学 边 练

一、单项选择题

1. 经济中存在失业时，应采取的财政政策是（　　）。

　　A. 增加政府支出　　B. 提高个人所得税　　C. 提高公司所得税　　D. 增加货币发行量

2. 经济过热时，应采取的财政政策是（　　）。

　　A. 减少政府支出　　B. 增加财政支出　　C. 扩大财政赤字　　D. 减少税收

3. 紧缩性货币政策会导致（　　）。

　　A. 减少货币供给量，利率降低　　　　B. 增加货币供给量，利率提高

　　C. 减少货币供给量，利率提高　　　　D. 增加货币供给量，利率降低

4. 下列对利率反应最敏感的是（　　）。

　　A. 货币的交易需求　　　　　　　　　B. 货币的预防需求

　　C. 货币的投机需求　　　　　　　　　D. 三种需求敏感程度相同

5. 当经济出现通货膨胀但不十分严重的时候，可以（　　）。

　　A. 采用扩张性的财政政策和紧缩性的货币政策组合

　　B. 采用扩张性货币政策和紧缩性财政政策组合

　　C. 采用紧缩性货币政策和紧缩性财政政策组合

　　D. 只采用紧缩性财政政策

6. 中央银行降低法定准备金率的结果是，商业银行的可贷资金（　　）。

　　A. 增加　　　　　　B. 减少　　　　　　C. 不变　　　　　　D. 皆有可能

7. 中央银行在公开市场上卖出政府债券，其目的是（　　）。

　　A. 收集一笔资金帮助政府弥补财政赤字　B. 减少商业银行在中央银行的存款

　　C. 减少流通的基础货币以紧缩货币供给　D. 通过买卖价差来牟利

8. 高能货币是指（　　）。

　　A. 商业银行准备金　　　　　　　　　B. 活期存款

　　C. 非银行部门持有的通货　　　　　　D. 商业银行准备金和流通中的现金

9. 凯恩斯的三大心理需求是（　　　）。

A. 投机需求、预防需求和商业需求　　　B. 交易需求、投资需求和商业需求

C. 交易需求、投机需求和预防需求　　　D. 投资需求、商业需求和投机需求

10. 宏观经济政策的目标是（　　　）。

A. 充分就业、物价稳定、经济增长和国际收支平衡

B. 物价稳定、经济增长、充分就业和分配平等

C. 充分就业、物价稳定、减少经济波动和实现经济增长

D. 充分就业、物价稳定、国际收支平衡、分配平等

二、多项选择题

1. 属于财政政策主要工具的是（　　　）。

A. 变动税收　　　B. 政府转移支付　　　C. 政府购买　　　D. 公开市场业务

2. 货币政策的主要工具有（　　　）。

A. 法定准备金率　　B. 政府支出　　　C. 再贴现率　　　D. 公开市场业务

3. 在经济过热时，政府应该采取（　　　）的财政政策。

A. 增加财政支出　　　　　　　　B. 减少政府财政支出

C. 扩大财政赤字　　　　　　　　D. 增加税收

4. 在经济陷入衰退时，政府应采取（　　　）的货币政策。

A. 降低法定准备金率　　　　　　B. 减税

C. 从市场上买回债券　　　　　　D. 降低再贴现率

5. 下列属于宏观调控的政策手段的有（　　　）。

A. 通货膨胀　　　B. 财政政策　　　C. 货币政策　　　D. 供给管理

6. 宏观经济政策的目标是（　　　）。

A. 充分就业　　　B. 物价稳定　　　C. 经济增长　　　D. 国际收支平衡

7. 需求管理的宏观经济政策主要包括（　　　）。

A. 财政政策　　　B. 货币政策　　　C. 收入政策　　　D. 汇率政策

8. 下列选项中，紧缩性货币政策有（　　　）。

A. 提高法定准备金率　　　　　　B. 中央银行买入政府债券

C. 提高再贴现率　　　　　　　　D. 实行赤字预算

9. 属于内在稳定器的项目有（　　　）。

A. 所得税　　　　　　　　　　　B. 政府购买

C. 政府转移支付　　　　　　　　D. 农产品价格维持制度

10. 假如中央银行在公开市场上大量购买政府债券，会（　　　）情况。

A. 利率下降　　　B. 收入增加　　　C. 引发通货膨胀　　　D. 投资增加

三、判断题

1. 把失业率降低到自然失业率以下是宏观经济政策的主要目标之一。　　　（　　　）

2. 中央银行在公开市场卖出政府债券是试图回笼资金用于弥补财政赤字。　　（　　　）

3. 充分就业意味着失业率为零。　　　　　　　　　　　　　　　　　　　（　　　）

4. 自动稳定器能完全抵消经济的波动。　　　　　　　　　　　　　　（　　　）

5. 中央银行能控制国家的货币供给。　　　　　　　　　　　　　　　（　　　）

6. 财政政策和货币政策混合使用的政策效用是不确定的。　　　　　　（　　　）

7. 货币供应量的过快增长会引发通货膨胀问题。　　　　　　　　　　（　　　）

8. 要减少货币供给时，中央银行应该降低再贴现率。　　　　　　　　（　　　）

9. 内在稳定器有助于缓和经济的波动。　　　　　　　　　　　　　　（　　　）

10. 政府收入中最主要的来源是税收。　　　　　　　　　　　　　　（　　　）

四、简答题

1. 什么是自动稳定器？请说明它对缓和经济波动的作用。

2. 在经济萧条时应该如何运用财政政策？

3. 财政政策工具主要有哪些？

4. 试分析财政政策的挤出效应。

五、课堂实训题

运用所学理论分析当前我国的宏观经济形势，解读我国的宏观经济政策。

六、课外实践题

中国宏观经济论坛（2018 年中期）报告会于 2018 年 6 月 23 日在京举行。中国人民大学经济学院副院长陈彦斌代表课题组发布了论坛主报告《结构性去杠杆下的中国宏观经济》。报告指出，2018 年上半年中国经济平稳运行，物价水平稳定，就业形势整体向好，经济增长质量稳步提升。预计上半年经济增速达到 6.8% 左右，在全世界主要经济体中继续位居前列。不过，在经济运行平稳的同时，需要注意的是，当前中国经济运行呈现明显的供给强劲、需求疲软的特征。

2018 年下半年中国经济下行压力将有所加大，需要警惕六大风险点。一是，房价持续上涨与家庭债务压力不断加大背景下，需警惕消费增速过快下滑的风险。二是，广义财政收入增速加快虽然减轻了政府的收支压力，但需警惕宏观税负进一步加重的风险。三是，民间投资增速虽然短暂回升，但掣肘民间投资增长的核心因素没有发生本质性改善，需警惕民间投资增速再次下滑的风险。四是，固定资产投资增速放缓势头明显，加上贸易摩擦加剧背景下出口增速可能出现的快速下滑，由此需警惕下半年经济增速出现超预期下滑的风险。五是，规模以上工业企业利润增速存在一定虚高，大多数行业亏损面持续扩大，需警惕部分企业效益状况显著恶化的风险。六是，融资环境收紧导致企业信用风险加速暴露，需警惕去杠杆过程中金融体系不稳定性加剧的风险。基于上述考虑，预计 2018 年中国经济运行将呈现“前稳后降”的走势，全年增速预计为 6.7% 左右。

问题：根据报告内容，思考并谈谈我国下一阶段应该实施什么样的财政政策和货币政策，并说明原因。

扩展阅读推荐

《超级版图：全球供应链、超级城市与新商业文明的崛起》

作　　者：帕拉格·康纳

出 版 社：中信出版社

出版时间：2016 年

简　　介：全球化并未进入深水区，与之相反，全球化正在进入超级全球化阶段，一幅全世界范围内互联互通的超级版图正在形成。何谓互联？传统的国界线表示国与国的隔离，强调本国的国土主权，限制人员、资本、资源、技术的流动，而在互联时代，国家必须选择与其他国家、其他区域连接，连接的力量远远大于政治和军事的力量。

如何实现连接？通过修建基础设施，打造供应链，实现资源、生产、服务、消费的连接。21 世纪本质上是一场争夺供应链的角力，新军备竞赛的内容是连接全球各大市场。比起争夺领土，争夺连接本区域与其他区域的输油管道、铁路、公路、隧道、大洋航线、网络电缆和电网，更符合各国利益。在这场角逐中，中国领先，中国围绕"一带一路"，已启动一大波连接欧亚大陆的基础设施投资。而美国则需要与邻国携手，建立跨北美洲的超级联盟，共享资源和繁荣。

在这张全球互联互通的超级版图上，我们也能看到超级城市的出现。到 2030 年，全球将会出现 50 个超级城市群。为什么打造超级城市群？因为超级城市群是一连串基础设施最便利、供应链网络最发达的全球地理节点，超级城市群吸引着全球的资金、资源、人才、技术，小城市也必须将自身融入超级城市群，这是获得繁荣的仅有方法。同时，供应链将代替任何超级大国或者多国联盟，成为稳定全球社会的锚，没有任何国家，哪怕是美国和中国，能够打破供应链系统。供应链将全球迅速增长的超级城市连接在一起，这对地缘政治、经济、人口、环境、社会认知，都将持续产生深远影响。

康纳结合 20 年间超过 100 个国家的环球观察实践，从经济基础设施建设的角度探讨地缘政治变迁。该书视野开阔，却不失严谨的细节。得基础设施者得天下，一条条供应链就是人类发展进步的脉络，从《超级版图》中，你不仅能看到 21 世纪的全球文明图景，更能看到在各国各地区以新的形式互联的情况下，国家和城市应如何重新思考发展目标。

主要参考文献

[1] 陈伟，李冰，王志山. 2013. 经济学基础. 北京：电子工业出版社.
[2] 邓先娥. 2015. 经济学基础. 北京：人民邮电出版社.
[3] 段军山. 2017. 金融学. 北京：人民邮电出版社.
[4] 高鸿业. 2015. 西方经济学. 6 版. 北京：中国人民大学出版社.
[5] 胡希宁. 2011. 当代西方经济学概论. 5 版. 北京：中共中央党校出版社.
[6] 梁小民. 2008. 经济学是什么. 北京：北京大学出版社.
[7] 厉以宁. 2010-1-26. 失业和通货膨胀：政府调控的警戒线. 光明日报
[8] 马津. 2000-10-18. 彩电价格大战. 中国工商时报.
[9] 曼昆. 2012. 经济学原理. 6 版. 北京：北京大学出版社.
[10] 曼昆. 2015. 经济学原理. 7 版. 北京：北京大学出版社.
[11] 茅于轼. 2015. 生活中的经济学. 3 版. 广州：暨南大学出版社.
[12] 萨缪尔森，诺德豪斯. 2012. 微观经济学. 19 版. 萧琛，等，译. 北京：人民邮电出版社.
[13] 斯蒂格利茨. 2005. 经济学. 北京：中国人民大学出版社.
[14] 谭保罗. 2017. "一带一路"的柬埔寨特区正在崛起. 南风窗，22.
[15] 梶井厚志. 2008. 成语经济学. 北京：中国人民大学出版社.
[16] 杨柏，许劲. 2013. 微观经济学（双语版）. 北京：人民邮电出版社.
[17] 颜家水. 2017. 经济学基础. 2 版. 北京：人民邮电出版社.
[18] 张建伟. 2018. 经济学基础. 3 版. 北京：人民邮电出版社.
[19] 《西方经济学》编写组. 2012. 西方经济学（上下册）. 北京：高等教育出版社，人民出版社.

更新勘误表和配套资料索取示意图

说明1：本书配套教学资料在人邮教育社区（www.ryjiaoyu.com）本书页面内下载。下载本书配套教学资料受教师身份、下载权限限制，教师身份、下载权限需网站后台审批，参见示意图。

说明2："用书教师"，是指学生订购本书的授课教师。

说明3：本书配套教学资料将不定期更新、完善，新资料会随时上传至人邮教育社区本书页面内。

说明4：扫描二维码可查看本书现有"更新勘误记录表""意见建议记录表"。如发现本书或配套资料中有需要更新、完善之处，望及时反馈，我们将尽快处理！

咨询邮箱：13051901888@163.com

更新勘误及意
见建议记录表

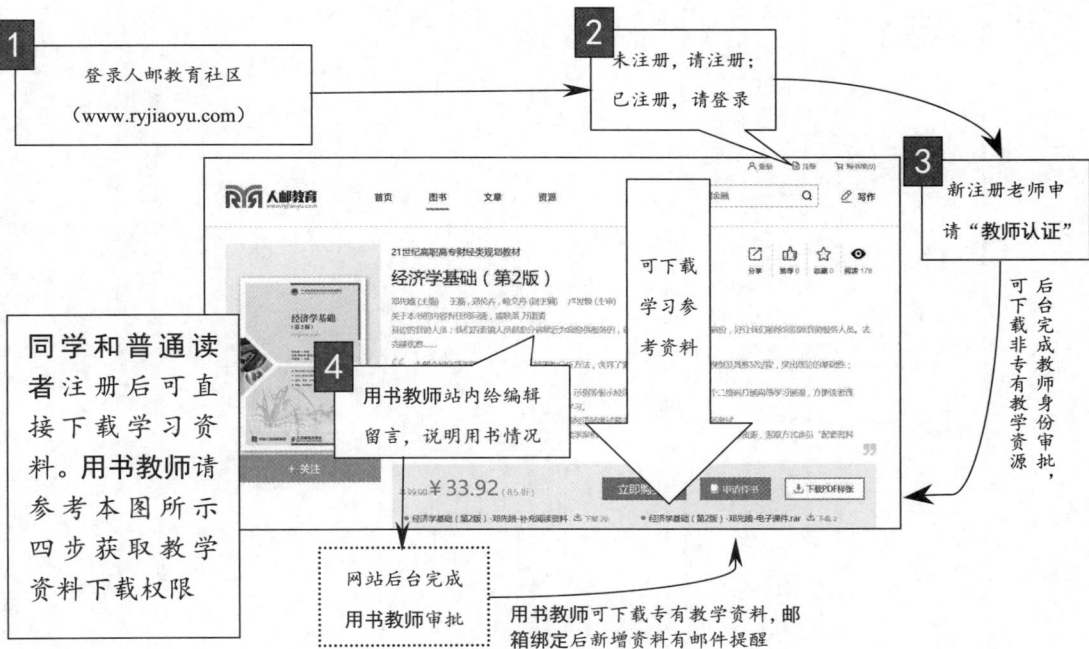

1　登录人邮教育社区（www.ryjiaoyu.com）

2　未注册，请注册；已注册，请登录

3　新注册老师申请"教师认证"

可下载学习参考资料

同学和普通读者注册后可直接下载学习资料。用书教师请参考本图所示四步获取教学资料下载权限

4　用书教师站内给编辑留言，说明用书情况

网站后台完成用书教师审批

用书教师可下载专有教学资料，邮箱绑定后新增资料有邮件提醒

后台完成教师身份审批，可下载非专有教学资源